フルーツ・ハンター

果物をめぐる冒険とビジネス

アダム・リース・ゴウルナー
立石光子［訳］

白水社

上　1　ドラゴンフルーツ

左　2　「平均的なサイズの」ジャックフルーツを持つ著者

下　3　ジャックフルーツをむいたところ

4　ミラクルフルーツ

左　5　幹にじかに実がつくジャボチカバ

下　6　カシューアップル。先端の勾玉状の部分にカシューナッツが入っている。（右は熟していない状態）

7　オオミヤシの種子を持つ女性

8　キンバラン

9　ドリアン

10　ソーセージノキ

フルーツ・ハンター——果物をめぐる冒険とビジネス

写真提供
カバー　© Muriot/SoFood/Corbis
口絵　2, 5, 8 © Adam Gollner
1, 3, 4, 6, 9, 10 © Ken Love
7 © Hartmut Evers

装丁　奥定泰之

リアーヌへ

ここに永久《とこしえ》の春とすべての実あり、どの
詩人も口にのぼす「不老の神酒《ネッタレ》」はこれ
なり

ダンテ『神曲』煉獄篇

目次

プロローグ　はじまりはブラジルだった

摘むのはここだよ
きみたちの心が待ちこがれている奇跡の木の実を。
さあ　ここにきて　不思議な心地よさに酔いしれなさい
シャルル・ボードレール「旅」

目に入った砂をぬぐいながら、ぼくはリオデジャネイロ植物園の前でよろよろとバスから降り、入口のイオニア式円柱をくぐった。舗装されていない道が温室までつづく。ダイオウヤシが道沿いにずらりと並び、大聖堂の柱のような幹から巨大な葉が広がって、ひさしのように張り出している。細かな毛におおわれた、毒々しい緑色のホットドッグが、のたくりながら道を横切っていった。ぼくはさっそく、その生き物——巨大なヤスデ——がくねくねと、熱で変形したプラスチック製のオレンジ色のゴミ箱まで這っていくところを写真に収めた。植物園のずっと奥まで行くと、世間から忘れられた植物学者の胸像があった。樹液が一滴、額をつたっているのが、まるで場所をまちがえた涙のように見える。

ぼくはベンチに腰かけて、スイレンが茂った小さな池のほとりでひと休みした。キリストの像がコルコヴァードの丘の上にそびえている。リオはぼくが想像していたような、ボサノヴァが流れ、海の眺望に恵まれたこの世の楽園ではなかった。ホームレスの子どもたちが、イパネマ海岸のモザイク模様の遊歩道に突っぷして眠っている。青い煙がゆらゆらと貧民街の下水から立ち昇る。これまでに撮った写真でいくらかましなのは、黒い犬が夕暮れのビーチで寝ころんでいる一枚だけ。犬が不吉な黒い染みのように、白い砂と、碧青色の海と、淡い紫色の夕闇に囲まれているところだ。

ぼくは家族のことを頭から締め出そうとした。祖父はつい先日亡くなった。両親は結婚を解消しようとしている。家族のひとりは躁鬱病が高じて、薬のつらい依存症と戦っている。親友は自殺未遂を起こし、妄想型統合失調症と診断された。おまけに、八年間つきあったガールフレンドはこの年末をヨーロッパで、新しい恋人のフランス人兵士と一緒に過ごしている。

そんなぼくをからかうように頭上の茂みがカサカサ鳴ったので、そっとのぞくと、オオハシのカップルが色鮮やかなくちばしでキスを交わしていた。だしぬけに、すぐそばの木が激しく揺れた。尻尾に輪っかの模様があり、白いほおひげを生やした二匹の猿が追いかけっこをしている。ぼくにすばやい一瞥をくれると、一匹が別の木に飛び移った。カメラをのぞいてズームアップすると、妙なものが目に入った。その木の枝から、マフィンがいくつも生えているのだ。

マフィンのようなその実をひとつ、地面から拾い上げた。茶色で木のように硬い。バターを塗ったトレイに載せて、二〇〇度で二時間少々焼きすぎたという感じ。がちがちに硬いばかりか、なかはがらんどうで、まるでだれかがひっくり返して、中身をすっかりくり抜いてしまったかのようだ。殻の内側には引っかいた跡があり、繊維が二、三本残っている。この空っぽのお菓子のなかには、どんな中身が詰まっていたのだろう。

名札によると、この木はサプカイアナットノキだった。花が終わると、マフィンが生えてきて、なかにミカンの袋のような形をした種子が五、六個詰まっているという。熟すと底が割れて、種子が地面に散らばる。せっかちな若い猿はときおり、まだ熟していない実に手を突っこんで、ナッツをわしづかみにする。浅知恵の悲しさで、手を抜くにはナッツを離さなければならないことがわからず、何キロもサプカイアの手錠を引きずって歩くとか。

英語ではサプカイアをパラダイスナッツとよぶが、そう名づけられたのは新世界が発見された時代にまでさかのぼる。その当時、新世界には天国があると思われていた。十六世紀のフランス人、ジャン・ド・レリィはブラジルのパイナップル畑を見て、エデンの園を発見したと思いこんだ。一五六〇年にはポルトガル人探検家のルイ・ペレイラが、ブラジルはこの世の楽園であると宣言した。

ブラジルで楽園《パラダイス》を見つけることはできなくても、パラダイスナッツなら見つかるかもしれない。ぼくは植物園を出て、小さな果物屋をのぞいた。サプカイアはありますか？　店主は首を振ったが、代わりにブラジルナッツをすすめてくれた。サプカイアによく似ているという。ひと口かじって、クリームのような舌ざわりとココナッツのような風味に驚いた。子どものころ、クリスマスのナッツボウルにひそんでいた、硬くて殻も割ることもできない恐ろしい代物とはおお違いだ。

けたはずれに大きなパイナップル、メロン、それにバナナの房が天井からネットで吊るされている。カシューアップルを手にとると、怒った赤ピーマンが三日月型のナッツを頭にかぶっているように見えた。緑色のカンブシーは、Ｂ級映画に出てくるミニチュアの空飛ぶ円盤にそっくりだ。ビリヤードボールほどのグアバはえもいわれぬ芳香があり、買って帰ったグアバのおかげで、ホテルの部屋はリオに滞在中ずっとよい香りが立ちこめていた。

浜辺に向かいながら、紙袋に詰めこんだ果物をつぎからつぎへと味見した。店主おすすめの、英語には訳せないような果物ばかりだ。深紅のナシのようなマレーフトモモは、さわやかな甘みのある発泡スチロールをバリバリとかじっているような歯ごたえだ。透明でねっとりした果肉をもつレモン形のアビウは、ワイン味のガムと、わが家の近所にあるフレンチ・ビストロのカスタードプリンをかけ合わせたような味がする。鉈を腰に差したココナッツ売りは、ぼくがマラクジャーの苦い皮をちびちびかじっているのを見ると、卵形の果実を半分に切って、薄紫色をしたフルーツポンチのような果肉を、種ごとズルズルとすする食べ方を伝授してくれた。

ぼくはスッコ・バーとよばれるジュース・スタンドに入った。この手の店は数えきれないほどあって、リオの古びた街角を明るく彩っている。店にある果物のどれかひとつでも見覚えがあるだろうか。メニューに載っている暗紫色のアサイーは、ぼくたちが小学校二年生のときに「悪夢」とよんでいたビー玉にそっくりだ。カウンターの奥にある木箱には、目玉のようなものがぎっしり詰まっている。店のおやじさんが、赤い縁どりのある目玉をひとつくれた。真っ黒な瞳から視神経がだらりと垂れさがり、白い部分が流し目をくれる。そいつはガラナの実だよ、と店主がいった。天然の興奮剤で、シェイクや清涼飲料に加工したものは精力を増進させるという。ガラナをまじまじと見ていると、ガラナもにらみ返してきた。

ぼくは催眠術にかかったようにぼんやりした頭で、メニューに載っている果物の名前をせっせと手帳に書き写した。

そろそろ、夕陽が淡い色合いの水平線に沈もうとしていた。あたりには大量の紙吹雪が舞い、熱帯の雪が地面をおおっている。今日が大晦日だということをうっかり忘れていた。ビーチには、ブラジルの年越しにお決まりの白い服を着た群衆がつめかけている。大勢の人が丘の上のスラム街から、マクンバというブラジルの民間信仰の聖人たちの像をかついで海辺にやってきた。ろうそくに火をつけ、海の神さまイエマンジャに捧げる花をリボンで束ねる。祈りの声が波にぶつかり、海面に供物がゆらゆらと漂う。

ぼくは手帳に写した果物のリストを見下ろし、すぐそばで演奏されているバトゥカーダーのドラムに合わせて、果物の名前を小声で読みあげた。小さな声で唱えながら、目を閉じると、穏やかな気分に包まれた。その一瞬、ぼくは何もかも忘れた。自分の名前も。どうしてここにきたのかも。頭のなかにあるのは、アバカシー、アサイー、アメイシャ、クプアスー、グラヴィオラ、マラクジャー、タペレバー、ウーヴァ、ウンブーという名前だけだった。

はしがき　果物の黄泉《よみ》の国

なあ、アダムは楽しんできたのさ。王さまや女王さまには決して味わえない、手に入らない、それどころか知りもしないお楽しみをな。

ハウリン・ウルフ「ゴーイング・ダウン・スロウ」

人間が果実に寄せる共感をうまく説明できる仮説がある。バイオフィリア、生命への愛だ。社会心理学者のエーリッヒ・フロムが一九六四年に、生まれつき生命や生長の過程に引きつけられるさまを表現する方法としてつくりだした新語である。この説は、死に瀕した生物でも、ほかの生物と触れ合うことで命を守ることができると示唆している。その後、生物学者たちがこの言葉を用いて、人間が自然に対して精神的な結びつきを感じる傾向があることに注目した。「われわれの存在の基盤にあるのは、このバイオフィリアという性向である」と、ハーバード大学の昆虫学者エドワード・O・ウィルソンは書いている。病人が緑あふれる景色に触れることで回復が早まるという証拠を挙げて、科学者たちはバイオフィリアは進化の仕組みのひとつで、もちつもたれつの関係にある生物が生き延びることを確実にする工夫だと考えている。

ブラジルで、ぼくは果物から呼びかけられたように思った。ぼくもその呼びかけに応えた。どうやらそのときから、果物に取りつかれてしまったようだ。

果物は何くわぬ顔をしながら、こちらを誘ってくる。そもそも、いつでもどこにでもあるということからして、あやしい。果実は実際、どこにでもある。街角で汗をかき、ホテルのロビーや教卓の上でしんと冷え、ヨーグルトや飲み物に混ぜられ、パソコンの画面や美術館の壁を飾っている。

選ばれたひと握りの果物が国際貿易を支配している一方で、この惑星は人間の手が届かない、あるいは人間に無視され、忘れられた果物であふれている。たとえば、ピニャ・コラーダ〔ラム酒、ココナッツクリーム、パイナップルジュースのカクテル〕味のマンゴー。オレンジ色のホロムイイチゴ。白いブルーベリー。青いアンズ。赤いレモン。金色のラズベリー。ピンク色をしたチェリモヤもある。『チャーリーとチョコレート工場』のウィリー・ウォンカも、母なる自然の前では形なしだ。

果物の多様性には目まいがする。ぼくたちの大半はアラサーという果実に聞きおぼえがないが、アマゾンの果実専門家にいわせれば、この黄緑色をしたグアバの近縁種は、ブラジルの砂浜に負けないくらいたくさんの種類があるそうだ。食用になる植物の品種が数万なら、その変種は数十万にのぼる――おまけに、新種がつぎつぎと発見されている。たとえばマジックビーン、サンドロップス、キャノンボール（砲丸の木）、デリシャス・モンスター（ホウライショウ）、ゾンビヤシ、ジンジャブレッド・プラム、スワンエッグ・ペア、オアハカノキの小さな頭蓋骨のような実、コンゴマメ、ブラジルナッツと近縁のスローマッチの実、ロウソクノキの実、バスタード・チェリー、ビグネイ（ブニノキ）、ビリンビ（ナガバノゴレンシ）、ビリバ。ハムレットならこういうかもしれない。「この天と地のあいだにはな、ホレーシオ、哲学では思いもよらぬ果実があるのだ」

果実の世界でも語呂のよいことでは一、二を争うフトモモ科のクローヴ・リリー・ピリーは、オーストラリア原産の小さな果樹だが、パンプキンパイのような味で、カンガルー肉とよく合う。実存主義者なら「カムカム（カミュカミュ）」のほうがお気に召すかもしれない。紫色をした、少し酸味のあるおいしい果実をつける。ヤムヤムノキには、ふわふわした黄色いはたきのような実がなる。太平洋諸島の島々に生える「陽々《ヤンヤン》の木」は中国の陰陽《インヤン》思想を思わせる。その他、音を重ねる果実にはファーファー、ラブラブ（フジマメ）、ナムナム、ジャムラム、ロビロビ（オオミイヌカンコ）などがある。

文献に残された多くの植物には、「鏡の木」（サキシマスオウノキ）のように、アヘン中毒者の幻覚を思わせるルイス・キャロルの著作から抜け出してきたような名前がついている。長いトゲを白い光線のようにまとった頭花から、「針さし《ピンクッション》」とよばれるレウコスペルムム属は、爆発した星が瞬時に凍りついたように見える。「歯ブラシの木」の果実はインドのパンジャブ地方では寝るまえに食べ、「歯痛の木」ことアメリカザンショウの実は、アメリカのヴァージニア州では実際に歯痛を和らげるために用いられる。果汁たっぷりの「傘の木」の実は、アフリカのコンゴで珍重されている。つややかなプリンのようなエータの実を食べるときは、頭をそらして、牡蠣のようにズルズルとすする。キョウチクトウ科サンユウカ属の「蝦蟇《がま》の木」の実は、姿はカエル、味はニンジンに似ている。山吹色をしたウンシュウミカンは、皮をむくとさやわかな香りがあたりに立ちこめる。子どもたちは「金の木」の実でサッカーをして遊ぶ。エミュー・アップルの実は四、五日土に埋めてから食べる。幹から突っ立った長い花序をつけるソリザヤノキは、月光に照らされたサーベルを思わせる。「砕けた骨の木」や「真夜中の恐怖」ともよばれるのは、落下した果実のかたまりがしばしば骸骨に見まちがえられるからである。

子どもたちが夢中になって読む海賊の本には折にふれて、信じられないほどおいしそうな果物が登場する。海賊たちが熱帯の島に隠れているあいだの食糧だ。ピーターパンと迷子の男の子たちはネバーランドで、「枯れて筋だけになった葉っぱを樹液でつづった服を着て」、焼いたパンノキの実とマメイリンゴとメロンによく似たポポーの実（アケビガキ）を食べていた。ぼくはブラジルに行ってはじめて、そんな果物が実在することを知った。この世にはぼくたちが想像したこともないような果物が何千何万とあり、この先もごく少数の人しか味わうことができない——果物採集の旅にでも出かけないかぎりは。

熱帯地方では、子どもたちがめずらしいジャングルの果物を、北アメリカの子どもたちがキャンディを食べるような感覚で食べている。スーパーマーケットでは避けて通るような果物でも、原産地では極上の味がする。ぼくがはじめてパパイアに出会ったのは、中央アメリカを旅したティーンエージャーのころだが、その風味にはあっと驚いた。口のなかに食べられる香水があふれたのだ。カナダで食べたものはどれもみな、そこはかとなく不衛生な味がしたものだが。

ぼくの経験では、果物は旅、外国、そして束縛からの自由と分かちがたく結びついている。モントリオールの郊外で育ったころは、冬のあいだ果物がほとんどなかった。十三歳のとき、ハンガリーのブダペストに移り、二年ほど暮らした。ぼくも弟たちも、うちの庭や親戚の畑でとれるものほどおいしいアンズやモモやトマトをそれまで食べたことがなかった。ハンガリー語で「天国」を表わすparadiscomがどうして「トマト」なのか、すぐに合点がいった。

それから十年後、ハンガリーにある父の果樹園でブドウを食べていると、四、五歳のころの記憶がふとよみがえった。ある夜明け、弟とぼくは早起きして、通りのずっと先にある駄菓子店の黒猫屋へ風船ガムのバブリシャスを買いにいった。その店に出入りするのは——買い食いも含めて——禁じられていたが、真四角で紫色のいかめしいガムへの執着は断ちがたく、ぼくたちは両親が起きだすまえに、こっそり買いにいくことにした。黒猫屋に着いたのはちょうど朝日が昇るころ。いうまでもないが、店はまだ閉まっていた。ぼくたちは窓の外から花火、コミック誌、ゲーム機、そして当のガムを穴のあくほど見つめた。小銭をむなしく握りしめ、ぼくたちは心配していた両親の待つ家にとぼとぼと引き返した。ベルイマン監督の『野いちご』で、老教授が野いちごから過去を思い出すように、ぼくもコンコード種のブドウをひと口食べたとたん、記憶の奥にうずもれていた冒険を思い出したのだ。

パブロ・ネルーダは、「リンゴにかぶりつくと、われわれはたちどころに子どもに戻る」と書いた。ぼくがパリを訪れたとき、アルジェリア人のタクシー運転手は道中ずっと、若いころに食べたとげのあるナシ（カクタス・ペア）について語り、フランスのナシはまずいと文句をいいながら、故郷の果物の思い出にひたっていた。ニューヨークの卸売業者は、子どものころ母親が衣装だんすに入れていた芳香剤代わりのマルメロの実をたまたま見つけたという話をした。「それを見つけたときどうしました?」とぼくはたずねた。「鼻を寄せて、くんくんにおいを嗅いだよ」と彼は答えた。

ベルトルト・ブレヒトは、自宅の窓ごしにニワトコの茂みが実をつけているのを見て、無垢な少年時代を思い出したという詩を書いている。詩のなかで、彼は「いまいちど、赤い小枝についている黒い実を見るために」、眼鏡をとりにいこうかと思案している。詩はそこで終わり、ブレヒトはどちらとも決めかねているようだが、ぼくなら悩んだりしない。さっさと眼鏡をかけて、プルースト風のとめどない回想に満ちた虫食い穴に吸いこまれるだろう。その穴のなかには、ほかの近視の果実愛好家たちもいるはずだ。

世人の目にはあまり触れないが、果物の探求に人生をささげた熱烈な愛好家たちによる独特の文化がある。北アメリカ果実探検家協会、国際稀少果実振興会などの団体がそうで、これら果物の黄泉の国に住む人たちは、彼らが追いかけている植物に負けず劣らず個性的だ。英語の「森 forest」は、「〜の外 outside」を意味するラテン語の floris から派生した言葉で、これまで常に社会の「異端者 outsider」を惹きつけてきた。一九一〇年以降、「果物 fruit」という単語は、奇人変人を指す言葉としても使われている。本書の執筆を進めるなかで、ぼくは果物マニア、果物の密輸業者、探検家、倒錯者、発明家、果物の警官、泥棒、果食主義者と知り合い、果物を使ったマッサージ師ともお近づきになった。彼らはこの惑星の多様性をかいま見せてくれる——植物と人間、そのどちらについても。

果物が人間をどれだけとりこにするか。それは、ロバート・ポルターが二〇〇二年に上梓した『モルフィ公爵夫人のアンズ、その他の文学作品に登場する果物たち The Duchess of Malfi's Apricots, and Other Literary Fruits』を読めば明らかだ。熱烈な果物愛好家である著者が、古代から現代にいたるさまざまな小説、歌、映画、詩、その他の文学作品に登場する果物を細大もらさず記録し、そのひとつひとつについて論じた八七二ページの労作である。ある章では、その場にない果物がかえって気になる例をいくつかの作品から検証している。

ポルターは八十代の元大学教授で、第二次世界大戦ではマンハッタン計画に参加して、原子爆弾の開発に関わった。彼の筆がいちだんと熱を帯びるのは、「広大な宇宙に通じる意味」を付与された果物に関する、難解な詩の断片を論じているときだ。たとえば、アンソニー・ヘクトの「ブドウ」では、ブドウの一粒一粒が「ガラスでできた小さな袋」にたとえられ、それらが寄り集まって房をなしているさまが、「惑星の集まり」と比喩的に表現されている。

ポルターはまた、ウィリアム・ディッキーの「スモモ」という詩をとりあげ、「力づくでしゃにむに侵入しようとする／春のこぶし　傷ついた植物の膜はかたくなに閉じて／小刻みに震える」という詩行を引用しながら、こぶしの行為をこと細かに分析してみせる。ポルターはこの詩が、「伝統的な田園詩の形式がもつかたくなな繊細さを、いましも打ち破ろうとしている」と断じている。

ぼくはポルターの番号を電話帳で調べて電話をかけた。彼は食用にする果実にはあまり興味を示さなかった。「いまの果物はろくなものはない」と、コネチカット州の自宅にいるポルターはため息をついた。だが、そこで急に口調が明るくなり、先日はじめて生のイチジクを食べたという話をした。「『こんなおいしいものがあるはずがない』と思ったよ」と声を震わせた。短くはずんだ息づかいが受話器から伝わってきた。

ぼくは、文学作品に描かれている果物に興味をもったいきさつをたずねた。「果物と人間の生活、愛、セックス、快楽のあいだには明らかに関連がある」と彼は答えた。「だが、果物は傷む。つまり、暗い一面もあるわけだ。たとえば、果物で政治の腐敗も象徴できる。例ならいくらでもあるが、文学は果物を利用して人間のどんな感情も、ときには微妙なあやまで表現してしまう――果物は感情のあらゆる領域にまたがっているんだ」

ボブ・ディランの『追憶のハイウェイ61』のライナーノートには、「ナシのほんとうの意味について本を書いている」人間を皮肉った文章がある。ポルターの本にはディランの引用は見当たらないが、ナシには無限の意味があると記されている。性の対象、ついえた希望の象徴、あるいはエントロピーの暗喩など。ポルターの研究をひと言でいうなら、果物には、人間を誘惑する力があるということだ。

ポルターは当初、果物に関する短いエッセイを書くつもりだったが、資料はあれよあれよというまに山積みになり、まもなく事例のあまりの多さに音をあげた。「小説でまたしても果物の例にぶつかるたびに、『おいおい、またか』とつぶやいたものだ」図書館の職員たちは彼のことを「あの果物の人よ」と陰でよびはじめた。果物の逸話をいやというほど集めたところで、サウスカロライナ大学出版局に三百ページの本を出す気はあるかと打診した。ところが原稿を渡すころには、六百ページに膨れあがっていた。校正に入ってからも追加の資料を送りつづけるので、とうとう先方から「もうけっこうです」と断られてしまった。

序文によれば、この企画はもともと終わりがあってないようなもので、この本はいうなれば「中間報告」にすぎない。まだまだつづくしるしに、巻末には句点をつけないことにした。出版からずいぶんたっても、いまだに果物の逸話が目についてしかたない。「わたしの果物の大著」と題された追記にはこう書かれている。「その気もないのに、それどころかもうやめようと自分にいい聞かせているのに、活字や絵を見るたびに目を皿にして果物を探している」

会話の終わりちかく、ポルターは果物の本を一式、図書館に寄贈することを考えているといった。「そろそろ果物と縁を切る潮時だ」といって、またひとつ大きなため息をついた。とはいえ、この電話から数か月たってからも、彼は果物の逸話をeメールで送ってきた。そのひとつに、「最近見つけたばかり」という、スペインの小説家ハビエル・マリアスの『すべての魂 All Souls』の一場面が含まれていた。ページ数と教授会の夕食の席という背景を記したあとで、ポルターはデザートのあいだ学長が「ヨーク大聖堂主席司祭の夫人の胸に、ミカンの小袋をつなげたネックレスを飾ろうと主張した」ことを挙げて、「なんたる情景だ！　敬具　ロバート」と結んでいる。

文学上の果物は魅力的とはいえ、ぼくはふだん食べている実物の果実のことも知りたくなった。スーパーマーケットの主要商品なら、特定の個人や場所まで来歴をたどることができる。ハス種のアボカドは、カリフォルニア州パサデナの郵便局員ルドルフ・ハスの子どもたちが、庭に生えてきた若い木を切り倒さないでと父親にせがんだのが始まりである。彼は一九三五年にそのアボカドの特許をとった。今日、世界じゅうで販売されているアボカドの圧倒的多数はハスである。ビングチェリーは十九世紀にオレゴン州に移民した満州人のアー・ビン〔「ビンさん」の意〕にちなんで名づけられた。クレメンティンはマンダリンの一種で、クレマン・ロディエール神父が一九〇二年アルジェリアの孤児院で名づけた。タンジェリンもマンダリンの枝変わりで、モロッコのタンジール産。ディンガーンという南アフリカのリンゴは、兄を殺したあと自分も殺されたズールー人の王にちなんだ名前である。リンゴのマッキントッシュは失恋に端を発する。

ジョン・マッキントッシュは一七七七年、ニューヨークで生まれた。若いころ、ドリー・アーウィンと恋仲になるが、ドリーの両親は王党派でアメリカ独立にも娘の結婚にも反対。十八歳のマッキントッシュはカナダに移住したドリー一家のあとを追った。ところが、悲しいかな、コーンウォールの野営地に到着したときには、ドリーはすでに帰らぬ人となっていたのである。悲嘆にくれたマッキントッシュはドリーが死んだことを確かめるために、亡骸を掘り起こした。変わりはてた姿を見てひとしきり泣いたあと、野営地をあとにして、やがてオンタリオ州のイロコイ族の村に近い狭い土地に住みつく。そのあたりは一面、雑草とイバラと低木が生い茂っていた。それをすっかり刈りとると、リンゴの苗木が二〇本見つかった。みなすぐに枯れてしまったが、一本だけ残った木がみごとな実をつけた。その枝を接ぎ木で増やした結果、二十世紀初めにはマッキントッシュは広く栽培されるようになった。

今日、リンゴの品種は名づけられたものだけで二万種以上、名もない野生種を含めるとおびただしい数になる。わざわざ「一日一個のリンゴ」などといわなくても、その気になれば、毎日ちがう種類のリンゴをこの先死ぬまで、あるいは、少なくとも今後五十五年間は食べつづけることが可能だ。とくに優良な品種はラズベリー、ウイキョウ、パイナップル、シナモン、スイカ、ブロッコリー、クレヨン社のフルーツドリンク、あるいはバナナとヘイゼルナッツ入りのアイスクリームのような味がする。長方形で黄色い品種は、かじると空洞になった芯の部分から蜜のように甘い液体がにじみ出す。いうなれば、天然の果汁入り風船ガムである。果皮の黒いギリフラワー、象牙色の黄魁、果肉がオレンジ色のアプリコット・アップル、中身が濃赤色のものまである。数年前の夏のこと。バンクーバー島のストラスコナ州立公園にあるリンゴのエアルーム〔ある地域や家族などで何代も選抜を重ねて受け継がれてきた品種。家宝種ともいう〕を育てている果樹園で、真珠のような光沢のある、名札によればピンク・パールというリンゴを見つけた。何人かの友人に切り分けたところ、みなあっと息をのんだ。果肉が鮮やかなピンク色だったからだ。

果物を食べるたびに、ぼくたちは忘れられた歴史を味わっている。皇帝、ツァーリ、国王、女王たちは果物を珍重した。イブン・サラの詩では、オレンジは乙女の頰、石炭の燠火、愛の苦悩による紅涙、そしてトパーズの枝についた紅玉髄《カーネリアン》にたとえられている。果物は比喩的にも文字どおりの意味でも大騒動を引き起こした。パイナップルがはじめてイギリスに到着したときには、貴族たちのあいだで大ブームになった。バナナは昔アメリカでもてはやされたので、独立宣言の百周年を記念する祝賀会では主菜に使われた。バナナは自由の象徴であり、ベルリンの壁が崩れたときゴミ箱にバナナの皮があふれたのは、東ドイツの人びとが真っ先に買ったのがバナナだったからだ。

カシミールの帰属をめぐるインド・パキスタンの紛争では、シャルバット〔果物を煮詰めて作ったシロップを、水で薄めて氷で冷やした飲み物〕のおかげで、一時的に休戦が成立した。二〇〇〇年、二万五千人のインド人がパキスタンの国境警備隊に善意の証として、両国で愛されているシャルバットを差し入れたのである。イスラエル人、パレスチナ人はどちらも、カクタス・ペア（ウチワサボテンの果実）を民族のシンボルと見なしている。イスラエル人にとっては、トゲのある外皮と甘い果肉が彼らの国民性を表わす。パレスチナ人から見れば忍耐の象徴、つまり手間のかかる皮むきや下準備を、いまなおつづく苦難に対処するための忍耐と重ね合わせているのだ。

果物は戦争の引き金となり、独裁をもたらし、新大陸の発見をあと押しした。トロイ戦争の決着をつけたのは木馬かもしれないが、そもそものきっかけは、パリスがアフロディテに「不和のリンゴ」を渡したからである。アッティカのイチジクを手に入れるためにクセルクセス一世はギリシア遠征を決意し、ペルシア戦争の火蓋が切られた。第三次ポエニ戦争は、古代ローマの政治家、大カトーが新鮮なイチジクを掲げて、「これは二日まえにカルタゴで摘まれたものだ。敵軍はわが城壁からかくも近くにいる」と元老院で演説したのが決め手となった。アルビオンの色鮮やかなオレンジは、ロンバルド族をイタリア侵攻に駆り立てた。イギリスと中国によるアヘン戦争の核心にあったのは、中毒性のあるケシの実である。十九世紀、ニュージーランドのマオリ人がチャタム諸島にいたモリオーリ人を皆殺しにしたのは、その島に彼らの重要な食糧であるカラカ（ニュージーランドクスノキ）の実が豊富にあるという噂を聞いたからだ。スカンジナビア半島ではフィンランド、スウェーデン、ノルウェーのホロムイイチゴ収穫業者のあいだで小競り合いが起こり、各国外務省は「ホロムイイチゴ外交」を担う部署を立ち上げた。

果物は見かけどおりではない。赤い心臓に黒い目、日光を閉じこめたカプセル、血のしずくの結晶。思わせぶりで、しかも、不実なところは聖書に出てくる善悪の知識を思わせるが、この甘い幻影は有史以前から人間の心を驚異の念で満たしてきた。

人間の祖先は木から木へと移動しながら、腹いっぱい果物を食べた。定住して農耕を始めた彼らの子孫は、果物を崇拝した。宗教は果物を神として祀り、王たちは果物をかしがましく要求した。詩人たちは言葉にできない象徴を果物から刻みだそうとした。神秘主義者たちは儀式に果物を使って、幻覚を見る手助けにした。果物は人間の根底にある遺伝的な本能を活性化し、恍惚とした高みへと押し上げる。

そもそも、アダムとイヴは永遠の楽園よりも刹那的な味覚の楽しみを選んだ。釈迦は菩提樹の下で悟りを開いた。ムハンマドは天国に行った者について、「彼らにはおなじみの食物、すなわち果実が与えられる」といった。アステカ人の地上の楽園トラロカンには果樹がすくすくと育っている。マレー半島の先住民ジャクン人やセマン人は、死者の魂が行き着く「果物の島」について語り伝えている。エジプト人の約束の地はヤーとよばれる美しい国で、象形文字で書かれた『シヌへの物語』によれば、そこにはイチジクやブドウはもちろん、ありとあらゆる果物がなっている。北欧神話でアスガルズに住まう神々は、リンゴの力で不老不死を保つことができる。古代ギリシアの楽園エーリュシオンの野は、ロバート・グレーヴスの『ギリシア神話』によると、リンゴが植わり、英雄の魂だけが死後そこに赴くことができるという。ケルト神話のアヴァロンは「リンゴの島」、あるいは「リンゴの木の楽園」の意味で、アーサー王はそこでリンゴを食べ、永遠の生を生きている。ユダヤの伝承では、人は天国に行くと八個のギンバイカの実を受けとり、拍手で迎えられるそうだ。アフリカの遊牧民ブラクナ人は天国にはヒョウタンほど大きいキイチゴがたわわにみのっていると信じている。アメリカのニューイングランド州に住む先住民ワンパノーアグ人は、イチゴの匂いをたどって霊界にたどり着く。十七世紀のイギリス人作曲家で詩人のトマス・キャンピオンは、楽園を甘い果物があふれんばかりの場所だと描写した。インドのヨガ行者パラマハンサ・ヨガナンダは「ヒンドゥー教徒には、マンゴーのない天国など考えられない」と記している。

中国の神話では、天界の最高仙女、西王母《せいおうぼ》がふるまう仙桃には、不老不死の力があるといわれている。西王母は西方の崑崙山の山頂で、金色の塀をめぐらせた宮殿に住んでいる。庭はよい香りのする花が咲き乱れ、木々からは碧青色の妖精の宝玉がしたたっている。瑶池のほとりでは姿の見えない楽器が穏やかな曲を演奏し、西王母の美しい侍女たちが、三千年に一度しか実がならないという仙桃でもてなしてくれる。この桃を食べた者は不老長寿に恵まれるという。

近年、イスラム教のある教義の解釈をめぐって学術的な論争が起こった。ドイツの言語学者クリストフ・ルクセンベルクは、コーランの現在の解釈は原典の誤訳で、殉教者を天国で待っているという七十二人の処女《フーリー》とは、じつは「白いブドウの実」、「汁気の多い果実」だと主張している。ルクセンブルクの説をかいつまんでいえば、コーランの原典はアラビア語ではなく、かつてアジア南西部で広く使われていたアラム語に近い言語で書かれていた。楽園を描写した箇所をアラム語で解釈すると、神秘的なフーリーは果物となる——楽園神話にはおなじみの要素である。

「楽園 paradise」という言葉そのものは、古代イランのアヴェスタ語から派生した。Pairidaeza はそもそも、果樹が生い茂る肥沃な庭園を意味した。イスラムの伝統では、庭は天国を模したものである。おなじことは古代中国にも当てはまり、王宮の御苑は来世を表わした魔法の設計図であった。英国式庭園の生みの親で、『実用的な果樹栽培 The Practical Fruit Gardener』（一七二四年）の著者スティーヴン・スウィツァーは、「巧みに工夫された果樹園は楽園のひな形である」と書いた。クリスマスツリーの電飾は、異教徒であるゲルマン人が信仰した、さまざまな果実がみのる「望みのかなう木」と関係がある。果実の学名に、「神」は頻繁にあらわれる。分類学者はカカオの実をテオブロマ、ギリシャ語で「神々の食物」と名づけた。バナナのラテン語による学名はムサ・パラディィシアカ、「楽園の果実」だ。一八三〇年、グレープフルーツは「楽園の柑橘類」ことキトルス・パラディィシと命名された。柿はディオスピロス、すなわち「神々の果実」である。

昔は果物はめったに口にできないご馳走だった。ぼくの父は一九五〇年代に東欧の小学校に通っていたが、その年の一番優秀な生徒に贈られる賞品はオレンジ半個だった。マーク・トウェインはスイカをこの世で最高の贅沢品だと考えた。ソローはリンゴを「美しすぎて食べられない妖精の食物」と見なしている。中世初期には、物めずらしさが高じて天使の歓喜の涙にたとえられた。一生に一度か二度しかスモモを味わう機会がなければ、妖精の金粉を振りかけた聖なる紫玉と思っても不思議はない。

現代では、果物は日常生活の一部になっている。だれでも好きなだけ食べられる。一年じゅう店頭に並び、安価で、いつのまにか台所の調理台の上でしなびてカビだらけになっている。果物を食べるのは義務に近い。果物が苦手だという人も大勢いる。たぶんそれは、果物を食べるのが、収穫してから平均して二、三週間たっているせいだろう。

グローバル経済では規格化された製品、つまり、信頼性があり、むらがなく、均質な製品が求められる。自然を商品化したことで、ぼくたちはいま、世界標準という名の爆弾の破片を食べている。ぼくが買ったリンゴは、ボルネオでも、ブラジルでも、ブダペストでも、ボストンでもまったく同じものだった。ぼくたちが口にする果物の多くは輸送に強く、スーパーマーケットのぎらつく蛍光灯の下で十日間鮮度を保つように改良されている。その結果が「サイボーグ果実」だ。外見は非の打ちどころのないゴージャスな複製だが、手ざわりはシリコン製インプラントで、味ときたらテニスボールか防虫剤か、ぼそぼそした綿のかたまりを食べているようだ。

本物の果物は繊細な生もので、慎重な取り扱いを必要とする。人間がさまざまに加工してきたとはいえ、果実は本質的には御しがたく、予測もできない。同じ木からとれたリンゴでも風味はそれぞれ異なる。何時に収穫されたかで品質に差が出る。一個のオレンジでもひと房ごとに糖度が変わる。このつぎおいしそうなモモを見つけたら、お尻からかぶりついてほしい。そちらのほうが甘いので。果物は短命で、収穫してすぐに食べるようにできている。人間は食べごろの制約にしばられないさまざまな方法——低温流通によるコールドチェーン、きめ細かな管理で生産性と環境保全を目指す精密農法、遺伝子操作——を開発したが、その一方で味や香りは犠牲にされてきた。果物は今日どこにでもあるが、そのどれもが風味に欠ける。

知識と引き換えに魂を売ったファウスト博士のように、この取引にも不快な副作用がある。殺虫剤に残留農薬。ワックスに着色料。とどまるところを知らない石油の大量消費。バナナ共和国。放射線照射および燻蒸施設。冷蔵室での数か月にわたる保存。違法物質を大型トレーラーに積みこんでコロンビアから密輸する果物長者。熱帯の畑で苛酷な労働を強いられている年季労働者たち。

けれども事態は変わりつつある。いまでは単一栽培の代わりに、ビロードのような舌ざわりの多汁なモモや、ルネサンスまでさかのぼる伝統種のナシなど、選択肢は広がっている。これら味覚の祝福ともいうべき優良種を育てるには、粘り強さ、忍耐力、そして何よりも情熱が必要である。さいわい小規模生産者の熱意は消費者や料理人に伝わり、マスコミがそれを報じることで、ロックスターが農業に手を染めるという現象が起こっている。つぎなる段階は、失われた熱帯作物の再発見かもしれない。それらの多くは世界の飢餓を緩和する力を秘めている。エドワード・ウィルソンは『バイオフィリア』のなかで、この希望を体現するものとして、三つの「スター品種」を挙げている。シカクマメ、トウガン、バブーサヤシで、ちなみに、そのいずれもが果実である。将来を悲観するのはまだ早い。

今日、世界各国のフルーツボウルの定番といえば、国連の統計によると、バナナ（料理用バナナのプランテインを含む）、リンゴ、柑橘類、ブドウ、マンゴー、メロン、ココナッツ、それにナシである。モモ、スモモ、ナツメヤシの実、パイナップルはひとまわり小さな脇皿に載っている。先進国のボウルは大きくて、イチゴも山盛りだ。一方、発展途上国のボウルには、まだ充分に活用されていないさまざまな熱帯果実がごたごたと詰めこまれている。

裏庭であれ外国であれ、果実を発見することで、人間は自然という崇高な王国とふたたびつながりをもつことができる。生命を愛するということは、その多様性を愛するということだ。無限にあるとはいえ、壊れやすく繊細な果物が、ぼくたちの頭から離れず、ぼくたちの胸を希望で満たす。そういうわけで、本書は果物の物語であり、果物と人間の強いきずなの物語でもある。ただし、果物に取りつかれたら最後、身も心も焼き尽くされてしまうことになるので、くれぐれもご用心を。

「風変わりな趣味に全身全霊で打ちこむことは、十九世紀には称賛に値し、道徳にもかなうことだとみなされた」と、科学史家のロレーヌ・ダストンは説明している。ところが二十世紀になると、自然の知識を一途に追い求めることは「病気と紙一重の、壮大だが危険な強迫観念」と評価は一変する。喜びには代価がある。ダストンは自然の驚異に酔った人たち、とりわけひとつの対象にのめりこんでいる人たちが神経を病み、孤独に陥り、また奇妙なことに、中毒患者とまったく同じ問題に直面するという例をいくつも挙げている。そういえば、知識欲は「創世記」の昔から危険をはらんでいた。

ぼくは果物の夢を毎晩のように見るようになった。夢のなかで、貴重な巻物が八百屋のモモの下に隠されているのを発見した。マンゴーでこしらえた楽器を演奏する方法、オレンジで写真を撮る方法も夢で学んだ。食用になる万華鏡を見つけたのは、秘密の島の迷路のような洞窟で宝探しをしていたときである。自分が生贄になる夢を見たときは、燃えあがる炎のなかから、果物があらわれた。

そもそもの最初から、ぼくが果物を追っているのか、それとも果物がぼくを追っているのか定かではなかった。セイレンがうたう果物の歌に心を奪われたのはブラジルだが、ニュートンのリンゴのように、ぼくに果物の語り部になれという天啓が訪れたのは、それから二年ほどあとのことである。ぼくはそのときハリウッドのハイランド・ガーデンズホテルで、プールサイドのデッキチェアに寝そべり、おとぎ話がもとになって現代小説が生まれたという本を読んでいた。魔法の種子に案内され、主人公が危険な小道を通り抜けるという段落に差しかかったとき、金色の粉のようなものがページに落ちてきた。ぼくは頭上にある木の枝を見上げた。しばらくすると、二粒目が開いた本の上、それも eternity（永遠）という単語の y の真上にぽとりと落ちた。指先を押しつけて植物の小さな粒子をもち上げ、間近からじっくり観察した。コショウよりひとまわり小粒で、細長くて、小さなとげのようなものでびっしりおおわれている。鉛筆の先でつつくと、未熟な黄色い種子が転がり出た。植物についてはごく初歩的な知識しかなく、その粒が植物のどの部分なのかもよくわからなかったが、それでもぼくの勘は当たっていた。果物が、あまりにも平凡なようでそのじつ非凡な果物が、ぼくを招いていたのである。

第1部　自然

1　野生、成熟、多汁——果物とは何か？

ホーマー「リサ、ドーナッツはどう？」
リサ「いらない。それより果物はないの？」
ホーマー「ほら、ここに紫色があるだろう。この紫のが果物なんだ」
『シンプソン一家』

「暖炉の前で本でも読もうかと思っても、果物の話というのはちょっとね」家族ぐるみの友人はぼくが果物の本を書いていると聞いて、そういった。ところが、子どものころに好きだった果物の話になると、恋人が何年かまえに彼をびっくりさせようとして家のなかにグアバを隠したことを急に思い出した。「家に一歩入ったとたん、においでぴんときた」と彼はいった。十五歳のときにイスラエルを出てからもう何十年というもの、一度も食べたことがなかったのだが。彼はグアバを見つけると、意気揚々とベッドに連れこみ、共寝した。甘い香りを胸いっぱい吸いこむと、長いあいだ離れ離れになっていた恋人のようにキスを浴びせ、体じゅうにこすりつけた。

「そのグアバと愛を交わしたんだ」と、友人はうめくようにいった。

果物とはそもそもエロティックなもので、性的な含意のある小道具として語られてきた伝統がある。中世には催淫剤とみなされ、女性はリンゴの皮をむいて脇にはさみ、体臭が移ったところで、その「愛のリンゴ」を恋人に贈った。スモモやプルーンはエリザベス朝の売春宿でなくてはならぬものだった。

「オレンジ娘」たちはチャールズ二世の時代、芝居小屋で体と果物を売った。果物は世界じゅうで媚薬として使われている。中国ではビワ、ペルシアではグミの実、チュニジアではザクロがそうだ。ブラジルの先住民たちはかつてサイズを大きくするために、バナナとよく似たアニンガの果実で性器を打った。古代インドの性愛経書『カーマスートラ』は、「口で行なう」場合、多汁なマンゴーをするように、と指南している。一九五〇年代に活躍したアメリカの歌手ファッツ・ドミノは、「ブルーベリーの丘」で初恋の思い出を歌った。性文学のアンソロジーを編纂したガーション・レグマンによると、「その道の達人は、しばしば女性器にイチゴやサクランボなどの果物を挿入する」そうである（ただし、入れ歯や差し歯の人はその誘惑を退けたほうがよいと付記されている）。

イチジクは紀元前十九世紀のバビロニアの時代から、生殖器官を模した呪術的な魔よけとして用いられてきた。今日、モントリオールの市場では、露天商がイチジク一個に五グラムのバイアグラが含まれていると、声を枯らして宣伝している。ある朝コーヒーを飲みながら、モントリオール在住の絵本作家ビリー・マヴリアスは数人の友人とぼくに、行ってきたばかりのギリシア旅行の話をした。あちらでは老人たちがわれがちに初物のイチジクに手を伸ばしていたそうだが、その気持ちはよくわかるという。「イチジクの実を割るたびに」と彼は説明した。「ぼくもそそられるから」。

果物にさわると鳥肌の立つ人がいる。「触覚恐怖症」とは、キウイやモモなど細かな毛におおわれた果実に触れたときに感じる総毛立つような感覚を指す。この細毛のことを、植物学では「軟毛」とよぶ。『オックスフォード食品事典 The Oxford Companion to Food』は、「モモはあらゆる果物のなかで、人体の肌ざわりにもっとも近い」と主張している。

果肉が軟らかく、とろけるようなメロンを好む人もいる。ブラジルには、「子作りには女、いざとなればヤギ、戯れるなら少年、悦楽にはメロン」ということわざがある。monkeymask と名乗る人のブログには、メロンにまつわる災難が紹介されている。なんでも、カンタループ種のメロンが当初、氏の目的には冷えすぎていたので電子レンジで温めた。中身が煮えたぎっていることに気づいたときには、もう後の祭りだったとか。

果物崇拝と肉欲との結びつきは、森のなかで始まった。人間とDNAの九八パーセントを共有するボノボは、現存する霊長類のなかではヒトにもっとも近い。コンゴ民主共和国でボノボを調査した日本人研究者は、移動中のボノボの群れが実をいっぱいつけた木を見つけると、手近な相手といっせいに性行動を始めることを記録している。この一見みさかいのない行動は、緊張を解消し、仲良く暮らしていくためのものだと考えられている。

果物が引き起こす集団性交は、原初の農耕社会でも実際に行なわれた。ボノボの場合と同じく、収穫祭は大騒ぎ《オルギー》を引き起こす最大の機会だったと、ルーマニア出身の宗教学者ミルチャ・エリアーデは記している。これらのオルギーは混沌とした、聖なるエネルギーを基盤としているが、エリアーデはそれを「無制限な性的放埒さ」とよび、何をしても許され、公序良俗がすべてはぎとられた状態と説明した。たとえばペルーで毎年行なわれていたアカタイ・ミタとよばれる祭りでは、男や少年が裸で果樹園を走りまわり、途中でつかまえた女たちをみな乱暴した。人類学者は世界各地の先住部族、たとえばインドやバングラデシュに住むオラオン人、ニューギニア西部にあるレティ島やサルマタ群島の人びと、アフリカのウガンダに住むバガンダ人、フィジー島民たち、ブラジルのカナ人が行なう収穫祭の乱交について記録してきた。ヨーロッパでは、五九〇年のオーセール教会会議で非難されたにもかかわらず、収穫祭のオルギーは中世までつづいた。

西洋美術の謎めいた傑作のひとつ、初期ネーデルランド絵画の巨匠ヒエロニムス・ボスの『快楽の園』には、裸の男女が巨大な果実とたわむれているさまが描かれている。この絵は、植物界にそなわった奇妙なエロティシズムが、植物の使命に役立っていることをほのめかしているように思われる。つまり、ぼくたちは果物を食べることで、植物の生殖活動に関わっているのだ。

あらゆる果実は花から始まる。花の第一義は、植物界における生殖の仕掛けである。十八世紀、花に男性器官と女性器官があることが発見されたとき、世間と教会はショックを受けて猛反発した。植物学者のカール・リンネによる、ひとりの女性が複数の男性と床を共にするという説明は、「忌まわしい売春行為」だと非難された。

そういう事情から、花の膣は「花柱」、陰茎は「花糸」、陰門は「柱頭」、精子は「花粉」とよばれるようになった。しかしどう名づけようと、花が植物の生殖器官であることはまちがいない。そして花が交尾すれば、果実が生まれる。果実は花の胚珠が受精した結果である。果実はしたがって、雌しべと雄しべの交合によって生まれた子どもなのである。

ハリウッドでぼくの膝の上に落ちてきた金色の粒もそうだが、種子を含んだ植物の器官が果実とよばれる。植物学の用語を使えば、果実とは花の子房と、子房とともに成熟し、ひとつのまとまりを構成するその他の器官を合わせたものをいう。果実は基本的には植物の卵だ。人間にたとえるなら、妊娠している女性を想像してほしい。果実は胎児を包む羊膜の袋で、赤ん坊が種子（あるいは種子たち。たとえば五つ子のように）。つまり、赤ん坊が浮かんでいる球形の容器全体が果実なのである。果実は植物が出産する仕組みだといえる。

果実は種子をおおう外皮であり、種子は内部に遺伝子情報をもち、それがやがて植物全体を複製する。果実の役割はふたつある。種子を保護し、栄養を与えること。そして、種子の拡散を容易にすること。これから見ていくように、この第二の側面が人間の性的衝動を呼びさますのである。

この議論は、トマトやアボカドは果物かそれとも野菜か、という食卓でおなじみの議論よりはやや専門的かもしれない。そちらでは、たいてい甘みが決め手となる。この甘みの問題は一八九三年、アメリカの最高裁判所で争われた。判決では、トマトは野菜とされた。甘くないからである。タデ科のルバーブは、食用になるのはじつは葉柄の部分だが、法的には果実の地位を一九四七年に獲得した――ヨーロッパではたいてい熱を加えて甘くして食べるからだ。

そこで平たくいえば――および農産物への課税という目的からも――果物に分類されるには、甘くてデザートに出されるか、あるいは少なくとも、まちがいなくレモンでなければならない。とはいえ、科学的には果実の定義はもっと幅広い。ピーマン、アボカド、キュウリ、ズッキーニ、カボチャ、ナス、トウモロコシは、どれもみな厳密には果実である。なぜかといえば、種子を含んでいるから。オリーブも果実の仲間だ。ゴマの種子はゴマの果実から採取する。風呂で使うヘチマのスポンジは、ルッファ・キリンドリカという一年草の果実である。バニラ・ビーンズはランの仲間の果実である。バラもローズヒップという実をつける。ユリにもビーズのような実がなる。ケシの種子はケシ坊主とよばれる大型の果実から採れるが、果皮からにじみ出る乳液には大量のモルヒネが含まれている。ヒマワリは種皮を吐き出して、なかの仁《じん》を食べる。

ガールフレンドのリアーヌは、花がみな果物になるとはじめて聞いたときは、半信半疑だった。「うちのベランダにあるフクシアはどうなの?」と、ビロードのような花をあふれんばかりに咲かせている吊り鉢を指さした。ぼくは、花のまわりをぶんぶん飛びまわっているハチのおかげで受粉すれば、いずれ莢《さや》がふくらんでくるはずだといった。その予言はみごとに的中し、二、三か月して、リアーヌは深紅色の花びらのあいだに焦茶色の実がかたまってついているのを見つけた。皮をむくと中身は汁気たっぷりで、ブルーベリーによく似ている。ぼくたちはおそるおそるその実をかじってみた。味気なくて、なんだか季節はずれの果物のようだったが、それでも果実にはちがいなかった。

エンドウであれ、インゲンであれ、マメ科植物の莢はすべて果実だ。ピーナッツは地中で大きくなる。花は受粉したあと、おびえたダチョウのように地面にもぐり、果実は地下で熟す。世界の食糧作物のなかで上位六種を占める小麦、トウモロコシ、米、大麦、モロコシ、大豆は、厳密にいえばどれも果実だ。穀類の実は小さいとはいえ、そのなかに種子を含んでいる。アフリカのサバンナにはおよそ一四〇〇万年前に、野生のイネ科植物が群生する草原が出現した。そのおかげでヒトは木から降りて、二足動物として進化することが可能になった。

堅果、いわゆるナッツ類は、硬い果皮のなかに種子が一個入った果実とされている。ナッツとよばれるものの多くは、じつはこの定義にあてはまらない。アーモンドも厳密にはナッツではなく、果実の中心部にある硬い核の、さらにそのなかにある仁の部分を指し、果実そのものはモモ、アンズ、スモモの親戚に当たる。そう、アーモンドは木になる果実で、これを食べるのは、モモの硬い核の中身を食べるようなものなのだ。ちなみに、ココナッツはナッツとはまったく別物で、こちらはれっきとしたココヤシの果実である。

自然を分類しようとするすべての試みがそうであるように、例外はたくさんある。イチゴの外側にある種子を含んだ粒の部分は痩果《そうか》とよばれ、その痩果のひとつひとつがじつは果実なのである。赤い果肉はふくらんだ花床で、果実の種子散布を助けるために肥大した。イチジクは内部に無数の小さな花をたくわえている花嚢《かのう》だ。パイナップルは小果がたがいに癒合して、松かさのように大きな集合果になる。それでは、野菜とは何か？　食用となる部位がどこであれ、種子をなかに含まないもの。根（ニンジン）も、塊茎（ジャガイモ）も、茎（アスパラガス）も、葉（キャベツ）も、葉柄（セロリ）も、花柄と蕾《つぼみ》（カリフラワー）もみな野菜である。

ブロッコリーは蕾の状態の花が密集したものだ。そのまま成長を続ければ、小さな緑色の蕾が開いてかわいい黄色の花が咲き、やがて種子を含んだ莢になる。ケーパーは花の蕾で、そのままにしておくと種子がいっぱい入った大きな実をつける。ホウレンソウは植物の葉で、その花からとても小さな、とげのある苞葉《ほうよう》に包まれた果実ができる。ぼくたちはお茶の葉を煎じて飲むが、茶の木は果実で繁殖する。大麻は花序の形で喫煙されるものの、受粉によってできた種子から新しい株が育つ。

果実をつける植物は、およそ二四万種から五〇万種と推定される。おそらくそのうち七万種から八万種が食用になるが、ぼくたちが口にする食品の大半はわずか二〇種の作物に由来する。果樹学が対象としているのは、食用になる果実である。一方、果実学では食用か否かにかかわらず、花を咲かせるすべての植物の果実を研究する。野生種の果実は「果実標本庫」とよばれる場所で保管される（なんだか植物分類学の専門家たちが集う、憩いの場所のように聞こえる）。

ぼくたちが香辛料とよぶ食品は、実際には乾燥した果実（乾果）、あるいはそれに由来するものだ。コショウ、カルダモン、ナツメグ、パプリカ、アニス、キャラウェイ、オールスパイス、クミン、フェヌグリーク、カイエンヌ、カラント、ジュニパーなど。メースというのはナツメグの実のレース状の仮種皮である。クローブはチョウジノキの蕾を乾燥させたものだが、受粉すると紫色がかった果実がみのる。

ごく最近まで、香辛料は最高級の贅沢品だった。スパイスを豊富に産する島々は略奪され、住民たちの多くが犠牲になった。ヨーロッパではかつて、ナツメグとコショウを金の大皿に載せて、そのままデザートにした。贈答品としては、高級ブランドの腕時計パテック・フィリップや、スワロフスキーのクリスタル製スワンに匹敵するものだった。

新大陸の発見ももとを正せば、香辛料を求めて東洋へより早く到達する航路を見つけたいという欲望が引き起こしたものである。スパイスは同じ重さの金に相当する価値があり、コショウは一粒一粒が通貨として通用した。下宿人はかつて家賃をコショウで納めた。ローマは西ゴート族のアラリックやフン族のアッチラの侵攻を食い止めるため、毎年その代償金のコショウを支払った。

シナモンは樹皮だが、探検家たちは南アメリカ大陸を発見したとき、果実だと考えた。十六世紀のペルーの歴史家ガルシラソ・デ・ラ・ベーガは「房状の小さな実で、ドングリのような殻に包まれている。木も葉も根も樹皮もすべてシナモンの香りと味がするが、この殻こそが真のスパイスである」と書いた。インカ帝国を征服したフランシスコ・ピサロの異母弟ゴンサロ・ピサロは、二千人の兵を率いてエクアドルのジャングルに分け入り、この貴重な果実を探した。ジャングルで消息を絶ってから二年後、裸でひどく興奮した八十人の落伍兵だけがキト〔現在のエクアドル首都〕に帰りついた――シナモンの果実はひとつも発見できずに。

種の分化、あるいは新しい種の出現は、その個体群の隔離によって進展する。長い時間をかけて地理的に拡散した種は、やがて新しい種へと進化する。数億年前、地球上には北のローラシア大陸（北アメリカ、ヨーロッパ、アジア）と、南のゴンドワナ大陸（それ以外のすべて）というふたつの超大陸が存在した。多くの果実が生まれたのは、これらの大陸が分裂し移動を始めるまえで、だからこそ、ある種の野生の果実は世界のさまざまな地域で見つかる。たとえば、リンゴが最初に出現したのはローラシア大陸だといわれている。超大陸が分裂したあと、リンゴはそれぞれがたどり着いた地域で独自に分化した。北アメリカでは、リンゴの原種からクラブアップルとよばれる小さな果実をつけるリンゴが進化した。中央アジアではクマが食べることによって、リンゴは数千年間で徐々に大きさと甘みを増していき、それが今日ぼくたちが楽しんでいる栽培品種につながったのである。

一八八二年、スイスの植物地理学者アルフォンス・ピラム・ド・カンドルが『栽培植物の起源』で、はじめて数多くの果実の起源地を明らかにした。言語学、文献学、古生物学、考古学、民族生物学を統合した多重的な手法で、ド・カンドルはあるひとつの種について変異性のもっとも高い地点、すなわちその種の変種が一番多く見つかる場所を特定することができた〔これは分類群の最大変異中心とよばれ、分類群の起源地のひとつの可能性とされている〕。

モモ、アンズ、サクランボ、スモモはすべて中央アジアが起源地である。バナナとマンゴーの祖先種はインドと関係がある。ナシはカスピ海と黒海にはさまれたトランスコーカサス地方で誕生した。野生種のブドウの原産地は黒海の東である。野生のマルメロとクワはカスピ海の近くで繁茂した。スイカが出現したのは熱帯アフリカである。いくつかの事例では、その場所を正確に特定することができる。柑橘類はほかのどの地域よりも中国南部に変種や寄生虫が多いので、起源地については議論の余地がない。その他の場合、たとえばココヤシやナツメヤシは発祥の地を見つけることは不可能である。起源地があまりにも拡散していたのか、都市の下敷きになってしまったのか、あるいは伐採で原生林が破壊されたのかもしれない。数億年前の気候変動が、数多くの証拠を消滅させたとも考えられる。

さらに時代をさかのぼり、研究者たちは果実の原生種の証拠を求めて、化石の記録も調べている。生命は数十億年前に海中の単細胞生物として誕生した。およそ四億五〇〇〇万年前に海中から陸上へ移動したもっとも初期の植物はシダ類やコケ類である。その後、約一億三〇〇〇万年前に、最初の果実と花が水中もしくは水辺にあらわれた。ダーウィンは進化論で、被子植物の突然の出現と、あっというまにこの惑星をおおったスピードの説明に苦慮し、被子植物の隆盛を「忌まわしき謎」とよんだ。アメリカの劇作家エドワード・オールビーはこの瞬間を「何億年？　何十億年か？　ともかくけた違いの大昔だ。何ていったっけ……どろどろの？　原生物質か？　何かのきっかけで、糖分と酸と紫外線が一緒になって、あっというまにミカンがなるやらピアノ・ソナタができるやら」と描写している。

科学者たちは果実が水中で生長するスイレンや、木質で五角形の果実をもつトウシキミ（スターアニス）が原始的な被子植物のひとつだと考えている。チェリモヤやトゲバンレイシ、バンレイシなどのバンレイシ科も古い時代の被子植物だ。最近、アルカエフルクツス・シネンシス（「中国の古い果実」の意）とよばれる一億二五〇〇万年前の水中植物の化石が発見され、これこそ世界最古の果実ではないかといわれている。

植物が果実をつくりだしたのは、種子を散布するためである。果実のなる花をもつ植物（被子植物）が出現する一億年前に、裸子植物 **gymnosperm** がすでに存在していた。針葉樹やソテツがそうで、すべての裸子植物と同じく、果実のなかで胚珠が子房に包まれず、むきだしである。**gymno** は「裸」を、**sperm** は「種子」を意味する。松ぼっくりを思い浮かべてほしい。種子は木質の苞葉に含まれているが、苞葉は少し開いている。裸子植物の種子が親木の根元に落ちるのに対し、被子植物の子房に包まれた種子はずっと遠くまで運んでもらうことができる。植物の最初期の形態のものは花さえもっていない。彼らは胞子を泥のなかに落とした。

六五〇〇万年前に恐竜が絶滅したあと、ほ乳類と鳥類が優位を占めるようになった。果実は彼らの食糧となり、その代わりに、種子を散布してもらった。まもなく、世界は植物でおおわれ、それらの植物は種子を収めた色鮮やかな箱、すなわち果実を生みだした。被子植物が栄えたのは、子孫を遠くまで運んでもらうためのさまざまな方法を工夫したからだ。いまから四五〇〇万年前になると、熱帯雨林が地球上の多くの部分をおおうまでになった。熱帯果実の化石は、ロンドンからアラスカ州のアンカレジまであらゆる場所で発見されている。

種子を散布する仕組みとして、果実は世界中に分散するためのおびただしい方法を編み出した。あるものは運を風にまかせる。パラシュートやヘリコプターのプロペラ、あるいは羽や綿毛をそなえた種子は、親木から何キロメートルも離れた場所へ気流にのって運ばれる。夏の日を思い浮かべてほしい。タンポポやポプラやトウワタの白い綿毛のついた種子がそよ風にのって飛んでいく。ボルネオ産のあるつる植物の実はさながら長距離用のグライダーだ。空中に浮かび、上昇気流で押し上げられ、赤道の微風にのって、親木からはるか遠くまで種子を運んでいく。

泳ぐことのできる果実もある。救命ボートのように大海原を漂い、はるか遠くの海岸で新芽を出す。ココナッツは海流にのって何か月間も波間を漂うが、これは水による分散の例である。白い砂浜がつづくリゾート地のパンフレットにヤシがいつも登場することが、その成功の証である。

野山にハイキングに行ったあと衣服にくっついている「ひっつき虫」も果実だ。ゴボウ、オナモミ、センダングサは意図的に近くを通る動物の毛にからみつく。引っかかったとげが抜け落ちるころには、種子はかなりの距離を移動している。デビルズクローは果実だが、残忍な締め具のような形で、そばを通り過ぎるほ乳類のひずめに嚙みついて離れない仕組みになっている。ヒッチハイクをする果実の極端な例のひとつが、スマトラ島の「鳥もちの木」だ。種子は小さな鉤状のとげとねばねばした樹液でおおわれ、それで鳥の羽にぴたりとくっつく。鳥はその果実を別の島まで運んでいく。それほど幸運でない鳥は、翼がかたまって動けなくなり、最後には木の根もとで死んで肥やしになる。

果実がはじけて、種子を散布するものもある。オジギソウやヴァージニア・ノットウッドはしなやかに口を開き、種子を空中にまき散らす。アメリカマンサクの実は旧ソ連の自動小銃AK四七よろしく、種子を数メートル先へ射出する。スミレやホウセンカなど多くの鑑賞用の花では、弾道ミサイルのような果実をつける。果実の莢がはじけ、ロケットなみの推進力で種子を空中にはじき飛ばす。ゴマの果実は熟すと縦に裂けて種子がこぼれ落ちる。だから「開け、ゴマ」というのだ。オトギリソウ科のクルシア・グランディフロラの実は爪がぶら下がったような形で、熟すとゲームセンターのＵＦＯキャッチャーのように大きく口を開く。ピスタチオは熟すと殻に割れ目が入り、それが「笑って」いるように見える。

アメリカの人類学者でナチュラリストのローレン・アイズリーはある夜、正体不明の物音で目を覚ました。それは「小さな音ではなかった。床板がきしむ音でも、ネズミが走りまわる音でもない。まるでうっかりワイングラスを踏んでしまったような鋭い、何かがはじけるような音だった。たちまち目が覚め、息をひそめて緊張しながら横たわっていた。また足音が聞こえるかと耳をすませたが、それきりだった」。あたりを見まわすと、床に小さなボタンのようなものが落ちていることに気づいた。それは家にもちこんでいた藤の実の種子だった。「藤の莢は真夜中を選んで破裂し、子孫のもとを部屋中にまき散らしたのだった」

野生の小麦や大麦は熟すとひとりでにはじけて、種子を遠くへ勢いよく飛ばす。人類は新石器革命とよばれる農耕の始まりの初期に、成熟してもはじけたり裂開したりしない品種を選抜して栽培した。カルダモン、エンドウ、レンズマメ、アマなどの祖先種の実は、自動的に種子を散布した。人間が介入することによって、これらの果実は口を閉じていることを覚えたのである。熟して割れたザクロは、かつて古代ペルシアの盾にも描かれたが、手榴弾はこのザクロから着想されたという（手榴弾を表わす **grenade** はフランス語でザクロを意味する）。

七月初めのよく晴れた日、ベランダに出ると、空いちめんにポプラの種子が風にのって舞っていた。ふわふわと漂っているこの一粒一粒が、ポプラの木に成長する可能性を秘めている。種子が数千個ほど集まったものが綿ぼこりとなって、階段の一番下に吹き寄せられていた。ぼくは強い陽射しを浴びながら、自分はいま何百万個もの果実に取りまかれているのだと気がついた。そのとき、一粒の種がぼくのまつげに落ちてきた。根を下ろしたいと望みながら。

　多くの植物は、果実を食べてもらうことで種子を広く散布する。この目的を果たすために、植物は目立つ色や甘みを利用しているが、それはいうなれば、ヨーロッパのレストランが愛想のよい客引きを使って、不運な観光客をおびき寄せるのと同じ手口である。果実は種子がどこか遠くの土地で根づくことを期待して、みずからおとりとなる。遺伝学的には、植物もその他のすべての種と同じく、存続と複製を求めている。果実を食べるものはだれしも、植物の目標、すなわち、自分の複製を可能なかぎりたくさんつくりたいという目標の達成に手を貸しているのである。

　鳥は小さな実を食べるときには、種ごと食べてしまう。それらの種は、鳥の消化器官を経由して、空から散布される（鳥の落とし物から育った木は、園芸学では「crapling」〔crapは排泄物の意〕として知られる）。リスはドングリを埋めるが、食べ忘れたものが新しい木に成長する。カニはココナッツや熱帯産のアーモンドを食べる。果実を食べる魚も多い。ピラニアは牛をまるまる一頭平らげていないときには、グアバやベリー類やピランへア・トリフォリアタという木の実を好んで食べる。アリやその他、ごく小さい昆虫が散布する小さな果実もある。

　ある種の植物はきわめて巧妙に、昆虫そっくりの形をした果実をつけるが、それはその昆虫の捕食者に食べてもらうためだ。スコルピウルス・スブウィロサの果実はムカデとよく似ている。ミミズやクモ、なかにはクワガタムシやカブトムシなど角をもった甲虫とそっくりな果実もある。鳥はそれらの果実を、じたばたともがくおやつを捕まえたと思いこんで、遠くへ運んでいくのである。

　すべての種はほかの種と共進化する。いくつかの事例では、植物の進化のパートナーだった種が絶滅したという可能性もあるが、それでもその果実はどうにかして生き延びてきた。一万四〇〇〇年以上前には、オオナマケモノ、マストドン、マンモス、象とよく似たゴンフォテリウム、大型SUV車ほどもある特大サイズのビーバーが南北アメリカ大陸をのし歩いていた。メガファウナ（大型動物）と総称されるこれらの動物は、クワ科のオセージ・オレンジを食べていたが、このごつごつした、こぶのある緑色の果実は、二十一世紀の今日では食べてくれる動物がいない。中央、南アメリカの熱帯（新熱帯）にある森林には、いまではどんな方法でも散布されていない大きな果実がいくらでもある。生物学者のダン・ジャンゼンとポール・マーティンはこれらを「時代錯誤種《アナクロニズム》」とよび、こうした果実は更新世のころの共生パートナーを失ったのではないかという仮説を立てている。アボカド、ウチワサボテン、パパイアなど、いまでは果肉しか食用にしない果実も、かつてはグリプトドンという冷蔵庫ほどもあるアルマジロが果実を丸ごと、種子も含めて飲みこんでいたのである。

ネパール南部では、サイの主食はガマリとよばれるトウダイグサ科の木の実である。サイがその実を食べ、種子を沼沢地に排泄することで、種子は新たな木に成長することができる。ところがインドサイは今日、絶滅の危機に瀕していて、この植物もまた時代錯誤種になってしまう可能性がある。モーリシャス島にいたドードー鳥は絶滅するまえ、タンバラコク、別名ドードーノキの実を食べていた。タンバラコクは進化のパートナーであったドードー鳥を失ったために、一九七〇年代に絶滅の危機に見舞われた。どうやらドードー鳥に消化してもらい、硬い外皮をこすりとられたものでなければ、種子は発芽しないようだ。この現象はいくつかの点でいまだに論争がつづいているものの、種子を七面鳥の消化器官を通過させることで発芽が可能になるということに関しては、植物学者たちの意見は一致しているようで、そのおかげでドードーノキの森は再生を果たした。

アーモンドは、花粉を媒介するマルハナバチがいなければ実をつけることができない。アーモンドはカリフォルニア州で最大の収穫高を誇る作物である。約二七万トンのナッツが年間二〇億ドルを生みだし、カリフォルニアのワイン輸出額の二倍を超える。それでもなお生産量は不足している。栽培業者は需要をまかないきれず、この状況は蜂群崩壊症候群（ＣＣＤ）によってさらに深刻なものとなっている。蜂群崩壊症候群とは、ミツバチが原因のわからないまま大量に失踪するという謎めいた現象である。毎年春になると、四百億匹のミツバチがカリフォルニア州に運びこまれ、その一部ははるばるオセアニアからボーイング七四七でやってくる。だが、外国産の微生物、寄生虫、その他の病原菌が、州南部のベーカーズフィールドから北部のレッド・ブラフまで約二五万ヘクタールに及ぶアーモンド畑に蔓延している。事態をいっそう深刻にしているのが、つぎつぎに変異するウイルスの株、殺虫剤の過剰投与、および奇妙な新種のダニの出現である。

共生する生物種が双方ともに利益を得る場合を、相利共生《そうり》とよぶが、自然界でその関係がもっとも緊密なものが、イチジクとハチだ。イチジクコバチというハチの一種は一生の大半をイチジクの花嚢のなかで暮らす。彼らはイチジクという小宇宙の内部で生まれ、成長し、交尾する。雌は受精すると、体にイチジクの花粉をつけて飛び立つ。ついで別のイチジクの小さな開口部にもぐりこみ、その過程で羽を失い、花を受粉させる。産卵したあと雌は死ぬ。

古代ギリシアでは、タルゲーリアとよばれる収穫祭で、イチジクがみのることを祈願して、男も女も自分の性器をイチジクの枝で打った。不作の年は、イチジクの花冠をかぶった者がイチジクの薪を積み上げた上で、豊作を祈って火あぶりにされた。当時の人たちが、彼らに必要なのはハチだと知っていればよかったのに。今日、ほとんどの人はあずかり知らぬことながら、ぼくたちが口にするイチジクのうち、たとえばカリミルナ種やスミルナ種では、ハチの亡骸が実のなかに残っている可能性があるかもしれない。もっとも昆虫の体は通常はイチジクの樹液に含まれるフィシンという酵素ですぐに溶かされてしまうのだが。さらに、商業栽培されているイチジクの大半は自家受粉する品種なので、ハチに花粉を運んでもらう必要はない。これを単為結果といい、つまり処女の果実である。

昔はすべてのイチジクがハチを必要とした。イチジクでも単為結果による種なしの品種があらわれたおかげで、人間が栽培できるようになった。最近になって、単為結果イチジクの紀元前一一四〇〇年までさかのぼる栽培跡が、ヨルダン渓谷で見つかった。植物考古学者たちは、これが農耕のもっとも古い証拠であり、小麦や大麦といった穀物の栽培化よりもさらに一千年ほどさかのぼるのではないかと考えている。

種なしという看板にもかかわらず、種なし果物の多くには、じつは発芽しない小さな種子が含まれている。種なしブドウをじっくり観察すれば、中絶された小さな胎児、ごく小さいので食感を損ねるほどではない種子が見つかるはずだ。実際、種なしスイカには必ず白い種子の亡霊が含まれている。一方、めったに単為結果を起こさない果実もある。たとえば、種なしマンゴーや、種なしスモモ、種なしのアボカドは非常にまれである。

とはいえ、そもそも単為結果そのものが異例な取引なのである。植物のいい分はこうだ。「わかりました。あなたが食べやすいようにわたしは種子をつくるのをやめます。ですから、その代わりに、わたしのクローンを畑でどんどんふやして、ＤＮＡを遠くまで広く散布してくださいね」。よって、種なし果も存在理由を失ったわけではない。種子はかつて、植物がみずからを複製する手段だった。今日では、人間が手を貸すことによって植物はより効率的に増殖することができる。それは主として、人間が耕作可能な土地の大半を管理しているからである。植物が単為結果に進化したのは、彼らがこの先も確実に存在しつづけるためだ。あるいは、人間がそういう植物を選択したのか。まあ、その解釈はどちらでもお好きなほうで。

ＮＡＳＡが開発したフリーズドライのモモは、果実の宇宙進出のさきがけとなった。宇宙飛行士たちは遠からず、火星へ向かう宇宙船の船内でイチゴを栽培することになるだろう。中国は種子を積みこんだ宇宙育種衛星を打ち上げ、地球の軌道を回りながら、宇宙の放射線や低重力が収量増加につながるかどうか実験をしている。カナダでは、スペースシャトルに数か月搭載したトマトの種子を、生徒たちが育て観察する「トマトスフィア」というプログラムが開発された。果実はいつも身近にある。トラックのタイヤにこびりつき、船の底荷となり、コンテナに積みこまれ、人間の行くところにはどこでもついてくる。

人間が果物の味と栄養を享受する一方で、果物は人間の協力を得て勢力範囲を広げてきた。この意味では、人間は果実に操られているともいえる。その報酬として、人間は健康によい軽食を手に入れ、果物は銀河全域に広がりつつある果樹園で世話をしてもらう。このつぎラズベリーを食べるときには、思い出してほしい。ラズベリーは見た目も味もとてもよいので気にも留めないだろうが、ラズベリーの種子はあなたの消化器官を無傷で通り過ぎ、土に還って、ふたたび花開く機会を待ちかまえているのである。

グアバに不埒なまねをした友人が身をもって体験したように、果物には人間を性的に刺激する力がある。多くの果物にはみだらな面を強調した名前がついている。たとえば「ソドムのリンゴ」、「ヴィーナスの乳首」（モモ）、「女性の乳房」（リンゴ）、「乙女の柔肌」（ナシ）など。ウシやヤギの乳房を思わせる形状の「乳首の果実」は、オレンジ色をした卵ぐらいの大きさの奇果で、まるで乳首のような突起でおおわれている。スペイン人征服者《コンキスタドール》たちは、インゲンマメに似た莢状の果実を、女性の性器を表わすラテン語にちなんでバニラと名づけた。お尻、乳首、乳房、太腿、それに指は、昔から栽培品種の名前に使われてきた（「栽培品種」とは「栽培された変種」のことで、人間にとって望ましい特徴をもち、その特徴はそれぞれで異なっている）。

人間は果物が人間の性感帯と似ていることをいつも楽しんできた。三千年以上前の古代エジプトのパピルスは、乳房をザクロにたとえている。スモモ、モモ、サクランボ、アンズはどれもみな、人間の臀部とよく似た外観をそなえている。理想的な形をあくまで追求するなら、その究極はメロンだろう。アポリネールは女性のお尻を、真夜中の太陽でみのった立派なメロンにたとえ、ジェイムズ・ジョイスは『ユリシーズ』で、主人公のレオポルド・ブルームが妻にキスする場面をラップ調でつづっている。「彼は彼女の臀部の露出せる熟せる黄色の香ばしきメロンを、二つの露出せるメロン型の半球の上を、その円熟せる黄色の畝間を、ひろかに長く伸ばしたる刺激的なるメロンの香りのする舌にて接吻せり」

果物はもっぱら女性的なものであるという誤解を避けるために、バナナについて考えてみたい。一九五〇年代に人気があったキャンドルスティック・サラダは、垂直に立てたバナナが輪切りのパイナップルからロケットのように飛び出し、てっぺんには泡立てたクリームがかかっている。「果実」は精子を表わす婉曲な暗号であり、そのことは、ふたりのいとこがスモモ摘みに出かけたというフランスの詩でもほのめかされている。「娘はたくさんの果物をもち帰った／でも、その果物はスモモではなかった」。アステカ人はアボカドを、北アフリカの遊牧民ベルベル人はイチジクを、古代ローマのセルヴィウス王はリンゴを、みなそれぞれ睾丸とよんだ。マンゴスチンは陰嚢の内部によく似ているといわれる。ライチーは「むきだしのタマ」だとフランスの思想家ジョルジュ・バタイユは書いた。ナポリ原産で「ローマ教皇の睾丸」とよばれるイチジクの果肉は、半透明で淡いピンク色をしている。

果物は故意に誘惑の合図を送っている。ぼくたちがバナナを食べたくなるのも無理はない。バナナがそう仕向けているのだから。果物は人間に食べてもらうことで繁殖しているのである。

人間は全力を尽くして——おそらくそうと自覚すらせずに——果実を手に入れようとする。人間と同じように果物も生きている。息をはずませ、汗をかき、ぱんとはじける。ある種の知性までそなえている。たとえば、植物にポリグラフ（嘘発見器）の電極を取りつけたところ、簡単な算数の問題にも答えられることがわかった。ポリグラフにつながれた植物が反応を示すことは、日米のポリグラフの専門家、橋本健とクリーブ・バックスターがそれぞれ実験して確認している。橋本の場合、サボテンに電極をつないで、二足す二はいくつかと質問したところ、ポリグラフの針は四回振れ、記録紙にはインクの山が四つ描かれた。近年、分子遺伝学者たちは植物の知覚についての理解を深めてきた。植物の出す信号を解読することで、植物には知覚があり、温度から光にいたるすべてを算定し、危険を感じれば電気の受容器官が振動し、攻撃されれば周囲に毒素を発散することが判明した。人類学者のジェレミー・ナービーは、『自然の知性 Intelligence in Nature』のなかで、植物細胞がＲＮＡの転写とタンパク質の合成を使ってどのように情報交換するかを説明している。この方法で、「植物は脳がなくても学び、記憶し、決断する」。この自然界にそなわった賢さは、「知性」とよぶことができる。

植物と人間の双方が、互いに影響をおよぼし合う能力を進化させてきたのは明らかだ。そして、果物が人間に求めるものは人間が果物に求めるものと同じ、生命の存続なのである。

2　ハワイのウルトラ・エキゾチック

リンゴひとつで、パリをあっといわせてやりたい。

ポール・セザンヌ

友人たちが二月のぬかるんだ雪を長靴からこすり落としながら、ぼくのアパートで開いたカクテルパーティーにやってきた。マイナス四〇度にもなるモントリオールの冬は、インディーズのポップス風オードなら生みだすかもしれないが、果物文化が盛んになる素地にはならない。それでも、どんなものが飛び出すかという興味から、ぼくは客のひとりひとりにこれまで食べたことのない果物を持参してほしいと頼んでおいた。だが、だれひとりとして果物をもってきた者はいないようだ。

真夜中をまわったころ、玄関のブザーが鳴った。ドアをあけると、友人のカールががたがた震えながら、はでなピンク色のまん丸い物体を差し出した。ダチョウの卵ほどの大きさで、オレンジ色と緑色の翼状の突起があり、てっぺんには枯れた花びらが貼りついている。これはドラゴンフルーツというんだ、とカールはいった。ベトナム産で、中華街でたまたま見つけたという。外見はまるで火星からきた使節である。

みんながわくわくと見守るなか、その果実をふたつに割ると、引き締まった白い果肉にゴマ粒のような黒い種子が散らばった中身があらわれた。ちょうどチョコチップ入りのミルクセーキを固めたような感じだ。カールが切り分けて配った果実は、ショッキングピンクの皮と白地に黒の中身が、薄切りにしたシマウマ肉を思わせる。歯ざわりはスイカのようで、種子はキウイと同じで気にならない。繊細な香りは、イチゴやコンコード種のブドウと似ていなくもない。味が淡泊すぎるという者もいたが、その控えめな風味が華やかな外観にはむしろよく合っていた。

ドラゴンフルーツに負けないほど刺激的な果実を探して、ぼくは中華街に足繁く通うようになった。ブドウの粒のような竜眼は、褐色の果皮の下に、ゼリー状の果肉が詰まっている。甘酸っぱい果汁は、ナツメグとクローブとカルダモンを足したような独特の風味がある。キンカンは皮も含めて丸ごと食べられるところが気に入った。ペピーノは淡黄色に紫色のしま模様が入ったナスの仲間だが、あいにく味は見かけほどでもない。同じことがキワノについてもいえる。蛍光色のオレンジ色をした果実で、表面にたくさんの突起があり、見た目は放射能を帯びたツノトカゲといったところだ。果肉は緑色のゼリー状で種子が多く、食べられないことはないが観賞用にするのが無難だろう。

ほかにも選択肢はたくさんあるので、ケベック州の住民がほかのカナダ人よりも果物をよく食べるのもうなずける。たまたま見つけたなかで味と香りが一番よかったマンゴスチンは、ごく地味な外見をしている。東南アジアでは「果実の女王」として知られ、黒紫色にところどころ黄土色がまじった殻は硬く、分厚いへたがついている。外側にぐるりと切れ目を入れてひねると、皮はきれいにむける。なかには透きとおった象牙色の果肉が六片、ニンニクのように並び、女王の名にふさわしくさわやかで上品な味がする。小袋のひとつひとつは果汁をたっぷり含み、なめらかな口あたりも申し分ない。ミント風味のラズベリーとアンズのシャーベットにたとえることもできるが、本物の味が知りたければ食べてみるしかない。哲学者たちは果物を食べたことがない人にその風味を伝えることは不可能だと論じてきた。イギリスの啓蒙思想家デイヴィッド・ヒュームにいわせれば、「パイナップルを実際に食べてみなければ、パイナップルの味について公正な観念を形成することはできない」。

ぼくはマンゴスチンをパーティーに持参してみた。何人かはぼくと同じように感激した。その名前からマンゴーの親戚か、あるいは〝steen〟という語尾からイディッシュ語かと首をひねる者もいた。はなから「果物の女王」を食べる気のない者がいることにも気がついた。「去年、それとよく似たやつを切除してもらったんだ」と、友人が苦虫を嚙みつぶしたような顔でいった。「背中のおできだよ」

ぼくとリアーヌはマンハッタンを訪ねたおり、友人のカート・オセンフォートへの手みやげに、中華街で果物を山ほど買いこんだ。ニューヨークではいつも彼のアパートに泊めてもらうのだ。オセンフォートはアーティストで、かつてオークの木に絵筆をくくりつけ、風に吹かれた木が絵を描くという作品を手がけたことがある。いつも華やかで〝すっとんだ〟仕事に関わっている。たとえば『ティーン・ヴォーグ』の写真撮影の光景をビデオに撮るとか、タイの象によるオーケストラのドキュメンタリー映画を撮るとか、世界貿易センターの代理人をつとめる弁護士のためにペントハウスのスイートルームを設計するとか。ぼくたちは五番街にあるオセンフォートのアパートに到着すると、マンゴスチン、ドラゴンフルーツ、サポジラ、ズク、竜眼を渡した。オセンフォートは礼をいったが、どうやって国境を通過させたのかとやや心配そうだった。マンゴスチンとドラゴンフルーツは、彼がいうには、アメリカへの持ち込みが法律で禁じられているそうだ。ぼくは啞然とした——どうしてモントリオールではよくて、ニューヨークではだめなのだろう。たしか病害虫の侵入と関係があったと思うけど、とオセンフォートは説明した。ぼくたちは果物を食べながら、悪気のない密輸のことを笑ってすませた。

オセンフォートのフルーツボウルには、黄色い斑点のついた赤いスモモが盛ってあった。小さなラベルによれば、その果物はプルオットで、スモモ（プラム）とアンズ（アプリコット）を交配したものだという。これまで食べたどんなスモモよりも甘みが強くて、みずみずしく、ほのかにアンズの香りがした。それを食べているうちに、思い出や夢のなかから、ほこりっぽい夏の午後のクロアチアの景色や、ぼくが初めて撮った写真がよみがえってきた。一本の果樹を写したものだが、その果実の味はどことなくプルオットと似ていた。

ぼくはオセンフォートにいったいどこで買ってきたのかとたずねた。どこでも売ってるさ、と彼は答えた。でも、このプルオットが格別おいしいと知っていたのは、果物探偵がこっそり教えてくれたからだった。

「果物の探偵？」ぼくはきき返した。

「本名はデイヴィッド・カープというんだ」とオセンフォートは説明した。「果物のことなら何でも知っている」オセンフォートは、果物探偵が森のなかで飛びはねたり、パイナップルにそっと近づいたりするところを撮影したフィルムを見せてくれた。カープはサファリ帽をかぶり、気だるい目をしていた。果物の甘みを測定するための屈折計や、上海のギャング「青幇《ちんぱん》」が愛用しているのと同じナイフなど、あやしげな七つ道具をもっている。

果物探偵は、意外にも、富豪の銅山王の息子だった。お金持ちが暮らすニューヨークのアッパー・イーストサイド界隈では、ラテン語で書かれた六世紀の詩の翻訳を二十歳で出版したことや、LSDに手を出しながらもSAT（大学入学適性試験）でほぼ満点をとったことで秀才の誉れ高かったが、やり手の証券ブローカーとしての前途はヘロイン中毒のせいで閉ざされた。一時はコンコルドでパリとニューヨークを往復して、麻薬を調達した。麻薬の売人になったこともある。依存症から回復すると、果物の専門家として一から出直し、意中の女性を射止めようとした。その愛はみのらなかったものの、彼は果物にのめりこんだ。果物を食べることを、「ヤクを打つ」と称するほどに。

カープは果物界の輝けるスターである。彼の未知の果物に対する思い入れは、たとえそれが強迫観念と紙一重だとしても、周囲を巻きこまずにはおかない。ぼくは彼がいまだ書かれていない物語の主人公だと信じている。

モントリオールに戻ると、ぼくは中華街に行って、目の玉が飛び出るほど高いドラゴンフルーツを買った。カナダ航空の機内誌の編集者への手みやげである。ぼくはプルオットのこと、デイヴィッド・カープのこと、ブラジルにあふれていた果物について熱弁をふるい、果物探訪記という企画を売りこんだ。編集者はドラゴンフルーツにいたく感銘を受け、編集会議で同僚たちにもふるまった。数日後、電話がかかってきた。彼らは特集記事を依頼し、ぼくは果物探偵の型破りな冒険を密着取材することになった。

デイヴィッド・カープに電話してその件を伝えると、彼は『ニューヨーカー』に記事が出ることになっているといった。専属の記者から、その夏一週間かけて取材したいという申し込みがあったそうだ。インタビューするなら、その記事が出てからでないと困るという。

この話をそこで終わらせないために、ぼくは機内誌が経費を出してくれたら、果実探訪の旅に同行してもらえないかと頼んだ。それで状況は一変した。アラスカへホロムイイチゴの取材に行かせてくれるなら、インタビューによろこんで応じるというのだ。彼の話によると、『セブンティーン』にはすでに紹介記事が載ったのに、思春期の少女たちは彼にまだネグリジェを投げつけてくれないそうだ。『ロリータ』でとくに気に入っている場面は、カープいわく、ランバートとロリータがカリフォルニア州に入ったところで、農務官が「蜂蜜《ハニー》は？」とたずねるところだ。会話を切りあげたときにも、カープはまだホロムイイチゴ狩りについて熱心にしゃべっていた。数ページにわたるメモも送ってきた。ホロムイイチゴはラズベリーとよく似たオレンジ色の果実で、強い麝香の香りがあり、北極やアラスカに分布している。彼のメモによると、しばしば沼地で見つかるが、そこには「恐ろしい下あご」で人間の皮膚を食いやぶる昆虫がわんさといるそうだ。

残念ながら、編集者はアラスカでのホロムイイチゴ狩りの夢を一蹴した。ぼくはその代わりにフルーツ・ツーリズムの記事を書くことになった。はたしてそんなものが存在するかどうかもよくわからなかったが。ぼくに課された任務は、果物探偵のような人びとを見つけること、および、果物を目的とする旅の動向を調べることである。

そこでまず、フルーツ・ツーリズムの好適地をリストにまとめることにした。イタリアはボローニャの失果園、日本の山梨県にあるガラスと鋼鉄でできたポストモダンなくだもの館（笛吹川フルーツ公園内）、ナイル川のバナナ島。そこでは入場者はさまざまな種類のバナナを試食することができる。ぼくは編集者に、果実探訪に最適な場所はマレーシアのようだと伝えた。「マレーシアまで取材に行かせるつもりはないわ」彼女はあきれたといわんばかりに天を仰いだ。だが、彼らはぼくをハワイへ送りこんだのである……。

ハワイ島の空港を出ると、タクシーの運転手は音程のはずれたギター録音をバックに、「ハワイへようこそ」の歌を小さなマイクにのせて歌いはじめた。アンプを通した声は割れて響いた。そのアンプはダッシュボードの上、草のスカートをはいたフラ人形の隣に据えつけられている。コナ・コーストに沿って曲がりくねった道路を快調に飛ばしていると、空と海が溶け合って水平線の彼方まで青一色だ。黒く固まった溶岩のあちこちから青々とした草が顔をのぞかせている。信号のところには、ラッパ型の花が咲き誇り、あたり一帯をよい香りで満たしている。これらの植物はどれもみな、いまなお赤や紫や金色の溶岩を噴き上げているこの火山島から芽吹いたものだ。タクシーにホテルの前で少し待ってもらって、チェックインをすませ、ビュッフェにあった無料のパパイアとマンゴーをいくつか失敬した。ひどい味だった。

二十分後、ほこりっぽい脇道の、みすぼらしいマカダミアナッツの加工工場の前で停まった。「どうもありがとう《マハロ》」と運転手はマイクに向かって歌った。「着いたよ。ここがナポオポオ通りだ」

ぼくはあたりを見まわした。木立と舗装されていない道のほかは何も見えない。「市場はどこかな?」とぼくはたずねた。「この先にあるよ」運転手はそういって、〈コナ・パシフィック農業協同組合〉と書かれた看板を指さした。その道を歩いていくと、売り手がふたり、ピクニックテーブルに商品を並べていた。遠くからだと市場というより、慈善バザーのように見える。男が二、三人、ティキ神を木材から彫っていた。ぼくは彼らに、ハワイ熱帯果実生産者組合西支部の代表ケン・ラヴを探しているといった。

「おーい、ケン。お客さんだぞ」ひとりが大声で呼んだ。

男がピクニックテーブルの下から頭をひょっこり上げて、手招きした。ぼくはそちらに行って握手した。ケン・ラヴは口ひげをたくわえた大柄な男で、炎暑のせいで汗だくになっていた。特大サイズのアロハシャツには農場の泥がこびりついている。つばのある緑色の帽子を脱いで、額をぬぐった。てっぺんが薄くなった頭を、くせのある灰色の髪がぐるりと取り巻いている。細い金属フレームの眼鏡は汚れ、模様を彫ったパイプがもじゃもじゃの口ひげの下から突き出していた。にっこり笑った顔からは、抜け目のなさと茶目っ気がうかがえる。ぼくはひと目で彼が好きになった。

彼の店には何十種類もの果実が並んでいた。そのひとつひとつに写真と特徴を記した説明が添えてある。ケン・ラヴはそれらの果実を「ウルトラ・エキゾチック」とよんで、マンゴーやパパイアやパイナップルといった、外国産《エキゾチック》とはいえありふれた商業作物と区別していた。ぼくはアセロラを試食したが、さっぱりした酸味のある赤いベリーで、ケン・ラヴがいうには、オレンジの四千倍ものビタミンCを含んでいるそうだ。緑色で、親指のような形をしたビリンビも見せてもらった。スターフルーツの近縁種で、ケンの奥さんのマギーは、これを煮つめてチャツネをよくつくるという。淡褐色のチコ（サポジラ）を切り分けたものは、メープルシロップ・プディングのような濃厚な甘さだ。ブドウの粒とよく似たワンピは、ケンいわく、ライチーの食べ過ぎを中和する働きがあるとか。中国ではライチーを食べ過ぎると鼻血が出るといわれているが、ワンピを食べると出血が止まるそうだ。ぼくはビグネイ、オオバノマンゴスチン、サポテ、モンビン、ランサ、ジャボチカバなど、色も形も大きさも異なるさまざまな果物を味わった。これまで食べたことのないものばかりなので、途中で記憶があいまいになり、果実の名前もメモしたがどれがどれかわからなくなってしまった。ネバーランドに迷いこんでしまったような気がした。

この島の恵み深い自然こそ、そもそもケン・ラヴがここへ移り住むことにした理由である。「わたしはアメリカ中西部で写真を撮っていて、ここへは仕事で来た。パパイアやマンゴーが道ばたで腐っていくのを見て頭にきたんだ。『どうしてこの果物を活かさないんだ？』ってね」

彼が調べてみると、変わった果物はあとからあとから見つかった。ハワイは東西の十字路に位置し、移民の波が訪れるたびに、彼らはズボンの裾、ポケットのなか、そしてシャツの縫い目に種子をひそませてきた。「みんな故郷の宝物をもってきたかったのさ」とラヴは説明する。

これらの種から生えた木、たとえばヒマラヤ・ベリーやバナナ・ポーク（パッションフルーツの仲間）はハワイ島を占拠し、在来種を根絶やしにし、動物たちを中毒させた。ハワイは外来種の首都である。イギリスの生態学者チャールズ・エルトンは『侵略の生態学』で、ハワイを「種と種の取引所であり市場であり、世界各地の大陸や島からやってきたさまざまな種がひしめき合い、混ざり合っている」と説明している。

ハワイへ植物の種子を持ちこんだのは人間だけではない。種子の一部は気流に乗ってやってきた、とサイエンスライターのアラン・バーディックは『エデンの園から追放されて Out of Eden』で説明している。科学者たちは飛行機からネットを降ろして、風にのってハワイ上空を漂っている数千種もの種子を採取分類した。このような空のプランクトンは、人間に先立ってハワイにたどり着いた種子の一・四パーセントにすぎない。生物学者のシャーウィン・カールキストによると、ほとんどの種子と果実は鳥の消化器官にひそんで、あるいは羽や脚に付着してやってくる。残りは海流にのって流れつくのだが、最近では船底の水《ビルジ》にひそんで到着する微生物のせいで、この状況に拍車がかかっている。

ハワイは今日、野生化した外来種の果実であふれている。ケン・ラヴの使命はそれらをカタログに載せ、宣伝、販売することだ。ほとんどの住人は裏庭に何が生えているかも知らない、とラヴはいう。産業界の流通網を通した二流の果物で満足し、周囲のいたるところに生えている新鮮な果物には見向きもしない。ぼくはホテルのビュッフェにあった味気ない果物を思い出し、それらが南アメリカやアジアの農場からはるばるハワイまで旅してくるところを想像した。

ハワイの人たちは地元でとれるウルトラ・エキゾチックを口にしない。ラヴがいうには、単純に、そんなものがあることを知らないからだ。ファーマーズ・マーケットでの彼の目標は、果実を売るというよりも、身近にある豊かな果物について人びとの蒙を啓くことである。家族連れが農協の売店にやってくると、ラヴはさまざまな果実についてあれこれ説明しはじめた。彼らはトロピカル・アプリコットとレンブとスリナム・チェリーを買った。ぼくはふたりの子どもたちにこの市場をどう思うかとたずねた。「パパやママが、今日はキョウイクテキなことをするのよっていってた」ひとりがビグネイをいじりながらそう答えた。「これはキョウイクテキだけど、そんなにひどくない。おもしろいよ、マジで」

真珠のネックレスをじゃらじゃらつけた四十くらいのゴージャスな女性がふたり、ラヴの説明を自分流にいいかえながら、果物を見てまわっていた。「今日は勉強になったわ」といいながら、紫色のイヴ・サンローランのハイヒールをはいたほうが「天国の味がする」ランブータンをいくつか手にとった。軟らかいとげでおおわれ、どことなくウニを思わせるランブータンは、白い果肉がライチーとよく似ていて、甘酸っぱくておいしい。ラヴの資料によれば、ランブータンという名前は「ランブト」、つまりマライ語の「髪」に由来する。女性たちは、ランブータンが毛深い男性器に似ているといってくすくす笑った。

ラヴは口からパイプを引き抜き、果物には人間を変える力があるのだと力説した。「ロシア人の男が生まれて初めてジャボチカバを食べたところを見たことがあるかい？」とたずねた。ジャボチカバというのは、「見かけは宇宙人の胎児、味は天下一品」という果物だ。二、三週間まえには、ベトナムの女性がアメダマノキの実を見て泣きはじめたという。「母親がサイゴンで育てていたアメダマノキが、子どものころ切り倒されてしまって、それ以来はじめて見たそうだ」

その日一日じゅう、ぼくはつぎつぎに果物を味見し、その多様性に驚いた。途中で、ラヴが小指の先ほどの細長いベリーをくれた。口に放りこんで嚙んでみた。さわやかな果汁が舌に広がった。種は吐き出すようにと教わった。ついでラヴはぼくにライムを渡して、食べてみろとすすめる。びっくりするほど甘かった。ぼくは甘い種類のライムなのかとたずねた。いいや、とラヴは笑った。それはミラクルフルーツの効果だという。生化学の気まぐれか何かで、この赤いベリーは味覚に不思議な作用を及ぼす。つまり、酸味のある食べ物をすべて甘く感じさせるのだ。その果汁が味蕾をおよそ一時間のあいだおおって、酸味のある食品に対する知覚を変えてしまう。ミラクルフルーツを食べたあとでは、ピクルスがハチミツのように甘く感じる。ボローニャソーセージとカラシをはさんだサンドイッチがケーキのような味になる。酢はクリームソーダに変わる。ミラクルフルーツは天然の甘味料なのである。ぼくがミラクルフルーツの余韻に茫然としているあいだに、数時間が過ぎた。閉店の時間になり、ラヴを手伝ってウルトラ・エキゾチックを片づけた。彼が翌日、島を案内してくれることになった。

その夜ホテルのロビーで飲んだソーダ水は、ミラクルフルーツの効果でほんのり甘かった。メモを見直していると、ロビーで演奏していたバンドの歌手がやってきて隣にすわった。ロバータ・フラックの『愛のため息』を華々しく歌いおえたばかりだ。名前はプリシラ。性転換者である。

「どうしてハワイに?」とハスキーなバリトンできいてきた。

「取材で」とぼくは答えた。「エキゾチックな果物《フルーツ》の記事を書いているんだ」

「あら、あたしもエキゾチックなおかま《フルーツ》よ」彼女はおもねるようにいった。「あたしのことも書いてね」

彼女が優雅な足取りでステージに戻ると、ぼくは部屋に向かった。廊下を歩いていると、緑色の粗い毛織りのカーペット、緑のシダ模様の壁紙、緑色の天井のせいで、まるで緑色のトンネルに頭から飛びこみ、植物の魔法の国へ入りこんだような気がした。

翌朝、ラヴはピックアップトラックで迎えにきてくれた。平たい木箱に入った、黄色い、アンズとよく似た日本産のビワを積んでいた。「ビワについてはちょっとうるさいんだ」とラヴは自慢した。この果物について五千ページを超える資料を集めたという。ビワへの傾倒は日本で始まった。昔つきあっていた恋人が背伸びして、木からひとつもいでくれたそうだ。「中国では庶民が食べるのは禁じられていた。ビワを食べた鯉が滝のぼりをして竜になるという伝説のせいでね。皇帝は『臣民がビワを食べて竜のように強くなり、玉座から追い落とされては困る』といって、ビワを食べることを禁じたんだ」

ビワはラヴのこだわりの一端にすぎない。彼はアジアびいきで、これまで何度も東アジアに出かけている。シンガポールではあるとき、犬の脳みその刺身を食べて意識を失った。最近では、アメリカ国内にある日本料理店一五三〇軒をインターネットで紹介した(「そのうち三〇〇店には実際に足を運んだ」)。彼は幾何学模様の写真を撮るのが趣味で、運転しながら、ヤシの木や、ハンドルや、ぼくたちが食べている果物に含まれる幾何学的な形を指摘した。雑誌の記事の著者紹介には、「農業に目覚めたのは、幼稚園の新しい先生にあげる豆を植えようとして、庭をほじくり返して初めてお尻をぶたれたとき」とある。

最初に立ち寄ったのは、彼の農場だった。砂利道をがたがた進み、赤い実が一面みのったコーヒー園に案内してくれた。コーヒーが果物からつくられるとは思いもよらなかった。

ラヴは車から降りると、冷えた溶岩が島の地表をおおっているので、木を植えるのはひどく骨が折れると説明した。論より証拠で、ライチーの木を植樹しようといいだした。黒い火山灰の土壌は硬くて、穴を掘るにはシャベルではなくつるはしが必要だった。それでも木を植えるのは得がたい体験で、しかもフルーツ・ツーリズムにはうってつけの作業である。アダムというぼくの名をつけたライチーの木は、いまこの瞬間もあの農場で育っている。

つぎの目的地に向かう道すがら、ラヴは彼が知っている数十人の熱心な愛好家、果物を探して世界を旅する人びとについて話してくれた。めずらしい果物を発見するために地球を歩きまわり、熱帯雨林の奥に分け入る愛好家の集まりを想像して、ぼくの好奇心は刺激された。車は道路の両側に並んでいる果樹をつぎつぎに通り過ぎた。「ここでは足を止めるのはバラの匂いを嗅ぐためじゃない。果物を食べるためだ」とラヴはいう。ぼくたちは車を降りて、めずらしいグルミシャーマ(ブラジルチェリー)の木が数本、シェブロンのガソリンスタンドの裏で花をつけているのを観察した。かすかな樹脂の香りが広がり、チェリー・コーラのような味がする。すぐそばの排水溝では、パイナップルの実のてっぺんが、剣のようにとがった葉のあいだから突き出していた。パイナップルは木になると思いこんでいたが、ひざ丈の草から顔をのぞかせていた。

昼どきになると、ぼくたちはラヴの娘で、ふっくらして眼鏡をかけた十六歳のジェニファーと落ち合って、一家がひいきにしている中華料理店に向かった。ぼくたちはその店で、ウイリアム・ホイットマンというマイアミの果物採集家《フルーツ・ハンター》が書いた豪華な装丁の大型本をじっくりながめた。著者が猿や燃えるように赤い果物を抱えているところなど、一風変わった写真がたくさん載っていた。ラヴはジョン・スターマーという偏屈な果実研究者の思い出話を始めた。なんでも、ハワイの果樹園を裸で歩きまわっていたそうだ。ラヴがアジア産の果物について熱弁をふるっていると、ジェニファーはぼくを見ていった。「いつもこうなんだから」

つぎの目的地はライオンズ・ゲートというB&B〔朝食付きの宿〕だった。果物が中心で、果樹園にはグレープフルーツ、ジャボチカバ、スリナム・チェリー、それにランブータンがところ狭しと生えている。宿の主人は中尉としてアジアに駐留した「若き日々」について語った。「日本の民話に登場するタヌキというのは、暴れ者のアナグマのことでね。タヌキの置物は、片手に帳簿、片手に徳利、大きな陰嚢をぶらさげて町へ出かける姿をかたどったものだ。わたしも日本にいたころは〝タヌキ〟とよばれていた」

ぼくたちはそのあと空き地を訪れたが、ラヴの話では、造成が終わればフルーツ・ツーリズムの格好の目的地になるそうだ。持ち主はケアリー・リンデンバウムという引き締まった体つきのカリフォルニアの弁護士で、果物を育てるためにハワイに引っ越してきた。「ここにB&Bを建てて、有機栽培で熱帯の果物をたくさん育てて、泊まり客が自分で果物を摘めるようにするのよ」リンデンバウムはいまはまだ雑草と石ころだらけの土地を指さしていった。近くの木の大きな枝のあいだに、彼女が住んでいる小さなツリーハウスがあった。彼女が未来の果樹園の説明をしているあいだに、ペットのロバが鼻づらでぼくをぐいぐい押してくる。「この子は嫉妬深くて独占欲のかたまりなの」とリンデンバウムはいった。「パーソナルスペースなんておかまいなし」

つぎに立ち寄ったのは、ジョージ・シャタウアの果樹園だった。ラヴはここのめずらしい木の管理を任されている。果樹の手入れをする見返りに、あまった果物をファーマーズ・マーケットで販売するのである。きれいな庭で、変わった木がいっぱい植えられていた。たとえばタマゴノキは黄金色をしたマンゴー大の果実で、先のとがったしずくの形をしている。入口の近くにはノニが植わっている。森に住む小びとのようなごつごつした集合果で、不潔な靴下のようなにおいがする。催吐の果実ともよばれているが、ラヴがいうには、ガンに効くと考えている人もいるそうだ。硬すぎて生食には向かないものの、ジュースにしたことで一躍、健康ブームの中心になり、ダイエットが流行した一九九〇年代には一世を風靡した。

犬がぼくたちについて果樹園めぐりをしながら、地面に落ちたマンゴーを見つけては食べている。家まで行くと、シャタウアはオレンジの巨木を指さした。これはハワイで初めてのオレンジの木で、スペインのバレンシア出身のバンクーバー船長が十八世紀にもちこんだ由緒あるものだ、とシャタウアはいった。辞去するまえに、ぼくたちはジャックフルーツ（パラミツ）の垂れ下がった枝の下を通った。幹の根もとは、密生した葉のせいで洞穴のように見える。太い枝からぶら下がっている巨大なジャックフルーツの実が、暗がりのなかでザクロ石のように輝いていた（シャタウアの果樹園にある実のひとつは三五キロ近くあり、世界最大のジャックフルーツとしてギネスブックに掲載された）。ラヴは手でさわって熟度を確かめると、剪定ばさみで、太った六歳の子どもほどもある果実を枝から切りとった。映画『コクーン』に出てきた異星人のベッドのようにも見える。ラヴはそれをぼくに渡した。どろりとした乳白色の粘液がにじみ出ていた。

　車寄せに腰をおろして、果実を割ると、硫黄のようなにおいがあたりに漂った。胸の悪くなるような悪臭だ。イギリスの博物学者でナチュラリストのジェラルド・ダレルはその強烈なにおいを「掘り返した墓と下水の匂いをかけ合わせたような」と描写している。それは当たらずといえども遠からずだ。中身は琥珀色で、蜜のしたたる分果がぎっしりと詰まっている。ぼくはすっかり魅せられたが、おびえてもいた。ジャックフルーツの悪臭は、そこはかとなく原始的な、不安を感じさせる獣じみたにおいだ。自然そのものの香り。ひげのような突起におおわれ、かさばり、体液を垂れ流している。ラヴは食べながら舌つづみを打ち、果汁で汚れた手をズボンでぬぐった。ぼくはこわごわひと口かじってみた。ラヴが、蜜をしたたらせている果肉をさらにひと切れ分けてくれた。もうお腹がいっぱいなので、といい訳した。ラヴは肩をすくめ、もうひと口ほおばった。彼のようにこの果物が好きになりたかったが、その独特なにおい《アロマ》があまりにも強烈で、怖じ気づいてしまったのだ。ラヴがジャックフルーツのジャーキーをつくるために繊維質の部分を包んでいるそばで、自分が情けなかった。ぼくの舌は熱帯果実界の珍味にはまだ太刀打ちできないようだ。

　夕方、ぼくたちはピザの店でケント・フレミングと落ち合った。フレミングは上背のあるハワイ大学の教授で、『ハワイのアグ・ツーリズム Agtourism Comes of Age in Hawaii』の著者でもある。「いまはいろいろなツーリズムがある」と彼はいって、災害ツーリズム、フード・ツーリズムといった例を挙げた。フルーツ・ツーリズムは、フレミングによると、農場訪問と農業体験から成り立っていて、それはまさにぼくがこの旅で体験していることだ。「アグ・ツーリズムはエド・ベンチャー、つまり教育と冒険だ」と、にやりとした。身近にある果物の多様性を知ることに加えて、フルーツ・ツーリズムは教育的エコ・ツーリズムと冒険的エコ・ツーリズムをかけ合わせることで、地域社会での持続可能な生活モデルの開発にも関わっている。昔ながらの個人農家がアグリ企業に対抗して新たな市場をつくりだし、新時代の果物愛好家――ぼくがこの旅で知り合ったような人たち――が実践的なビジネスの機会を創設する方法でもあった。

フレミングはすぐ近くにある大学の果樹園を、フルーツ・ツーリズムの観光モデルに改装することを考えていると話した。「旅行客にも農家にも役立つ中核施設になるだろう。果物や参考書を買ったり、フルーツ・ツーリズムのことを勉強できる店も併設する。地元産の豆をつかったコーヒーや、白いパイナップルも楽しめる。ここには百種類もの変わった果物があって、品種の異なるアボカドが何トンもとれる――ただし、本土で出回っているハス種のアボカドだけは別だが。ここじゃブタにだってあんなものは食わせない」ハワイは、フレミングいわく、世界一エキゾチックな果物をエキゾチックな危険――たとえば昆虫の卵を背中に産みつけられ、その卵から幼虫がうじゃうじゃ孵るといった危険――にさらされることなく味わえる唯一の場所である。ビールを何本か空けると、フレミングはきわどい冗談を連発した。そのあいまに、ネルソン神父のことを知っているかときいてきた。それに答えるまもなく、彼はぼくにフルネルソンのヘッドロックを仕掛け、羽交い締めにしたのだった。

ラヴに別れを告げると、ぼくは翌朝、飛行機で島の反対側にあるヒロに移動した。隣にすわった女性は指で8の字をつくりながら、〈光の使者〉について話しはじめた。なんでも、彼女とこの惑星のすべての住人とのあいだで想像上のコンタクトをとり、赤インクで「無効」と書いて、それをくしゃくしゃに丸めて切手大にし、紫色の炎で燃やしたら、その灰が上空の光のなかへ消えていったそうだ。

最初の目的地はオノメア果樹園だ。熱帯果実を栽培している農園で、経営者のリチャード・ジョンソンは半導体メーカー、インテルの管理職から転身した。自信に満ちた、てきぱきした人物で、ランブータンとマンゴスチンとドリアンを商業栽培している。彼はこれらの果物がいずれキウイフルーツなみの人気商品になると確信している。かつてはアメリカ本土への持ち込みは禁じられていたが、ハワイ政府が食品への放射線照射施設に資金を投じてきた結果、いまではウルトラ・エキゾチックとよばれるこうした熱帯果実も本土に輸出できるようになった。

ジョンソンはドリアンの花を見せてくれた。ドリアンは両性花（ひとつの花のなかに雄しべと雌しべの両方をそなえたもの）だが、人工授粉を必要とする。霧雨がランブータンの木立のあいだから落ちてきた。「セミの小便だよ」と彼はいった。ぼくは果物を探して世界を旅する人に興味があるのだといった。ジョンソンもケン・ラヴと同じで、何人かの果物採集家と親しかった。ラヴをはじめ、ハワイの果物愛好家たちが「ハワイの果物マフィア」と自称していることを教えてくれた。

「果実食について聞いたことは？」ジョンソンがたずねた。

「果実食？」

「つまり、果物しか食べない者のことだ。この近くのプナ地区には大勢いるよ。〝プナのいかれた連中〟とよんでいるがね」彼は果食主義者のことなら近くに住んでいるオスカー・ジャイトにきけばいいと教えてくれた。ジャイトはめずらしい果物を求めて熱帯各地を旅し、www.fruitlovers.com という自分のウェブサイトでエキゾチックな果実の種子を販売している。また、「アロハセラピー」（アロハ精神を取り入れたセラピーの意）というブランド名で、各種の果汁ローションも製造していた。

ジャイトの住まいに着くと、落ち着いたたたずまいの仏教式庭園を通り抜け、六角形の丸太小屋のドアをノックした。ジャイトは白いひげを生やした温厚そうな男で、紫色のゆったりして足首のつぼまったズボンをはいていた。「果物を栽培していると、精神的に満たされるんだ」自宅に隣接した果樹園まで足を伸ばしながら、彼はいった。「生命の輪廻という奇跡をこの目で見ることができる」

ぼくは彼に果実食を実践しているのかとたずねた。彼は笑って、厳密にはそうではないが、火を通した食べ物は口にしないので、たいてい果物になるのだと答えた。果食主義者とよばれる人たちは確かにいて、彼らの多くは実際にプナに住んでいるとはっきり答えた。「果実食だと便秘はしない」と彼はいった。「下剤いらずだ」

ぼくたちはジャボチカバをいくつか味見した。見た目は特大サイズのブドウといったところで、濃い紫色が彼のズボンの色とよく合っている。甘いキノコのように、木の幹にじかになるので、その実を食べるには〝ジャボチカバ・キス〟に勝るものはない。ブラジルでは子どもたちがよその庭にこっそり忍びこみ、口でむしりとる。ブラジル人ジャーナリスト、モンテイロ・ロバトはジャボチカバ・キスの音を、「バクッ、ブチュ、プチッ」と表現している。

ジャイトはぼくにビリバの木を見せてくれた。人の頭ほどもある果実は、レモンメレンゲパイの味がする。その近くにある二本の小さな木が、彼の秘蔵っ子だ。ピーナッツバター・フルーツの実とブラックベリージャム・フルーツの実がなっている。「ピーナッツバターのほうは、見た目は赤いオリーブと変わらないが」と彼はいう。「味はスキッピーのピーナッツバターみたいで、舌ざわりまでそっくりだ」ブラックベリージャムとはいい得て妙だが、果皮は黄色で果肉が黒い。ホノルルにいるジャイトの知り合いは、パンノキにピーナッツバター・フルーツとブラックベリージャム・フルーツを添えて出すそうだ。子どもたちはこの果物版ピーナッツバター・ジャムサンドに目がない。

ふと見上げると、枝から緑色の細長い果物がぶら下がっている。「そうそう、あれを見てくれ」ジャイトがいった。長い植木ばさみをもってくると、切りとってくれた。その実は、英語ではアイスクリーム・ビーン、あるいはモンキー・タマリンドとして知られている。ぼくはその名前を、サイケデリック・ファンクバンド、ザ・ビギニング・オブ・ジ・エンドの曲で聞いたことがあった。歌詞には「ナッツソーあたりに生えている野生の果実」とあって、体がむずがゆくなるから食べてはいけないと警告されている（たぶん彼らの歌に合わせて踊るときは、それらしい身ぶりをするのだろう）。腰や肩を揺すらせるこの禁断の果実が、ぼくはいつも気になっていた。

ジャイトはぼくにその果物を渡した。外から見るとジャンボサイズのインゲンマメとあまり変わらない。ところが莢を開くと、似ているのはそこまでだ。内側には、雪のように白くて甘い、綿あめのような、どことなくバニラクリームを思わせる果肉が透明な縫合線に沿って詰まっている。まるで雲を食べているようで、こんなにおいしいものはこれまで食べたことがなかった。これなら踊りだす者がいても不思議はない。

「フルーツ・ツーリズムの特徴は、同じものがふたつとないところだ」とジャイトはいった。「自然は世界じゅうどこでも驚異に満ちている。これまでわれわれが知っている果実だけで何万種もあるんだ。スーパーマーケットにはいくつ並んでいる？　せいぜい二五種類ぐらいだろう」

めずらしい果物がぎっしり詰まったフルーツボウルを指さしながら、ジャイトはチョコレートの原料を知っているかとぼくにたずねた。「カカオ豆ですか？」ぼくは当てずっぽうでいってみた。「じゃあ、カカオ豆とはなんだね？」と彼は重ねてきいた。ぼくは降参するしかなかった。彼はラグビーボールほどもあるオレンジ色の大きな果物を指さした。「これがカカオだよ。これも果実だ。チョコレートはこのカカオの実の種子が原料なんだ。食べてみるかい？」彼はカカオの実を割って、ぼくに角氷ほどの大きさの種子をいくつか差し出した。種子を包んでいる白いゼラチン質の果肉には、どことなくマンゴスチンを思わせる甘みがある。ヨーロッパ人がコショウを通貨にしたように、アステカ人はカカオを貨幣として使っていた。ヨーロッパの中世と中央《メソ》アメリカ文明では、お金は文字どおり木に生えていたのである。ぼくが果肉をすっかり食べてしまうと、ジャイトは種子を煎ってチョコレートに加工する方法を説明してくれた。「世間の人は食べ物がどんなふうに育つのか、そしてどこからやってくるのかまったく知らない」とジャイトはいった。「ただスーパーマーケットで買うだけだ」

ぼくが帰りじたくをしていると、ジャイトは果物の雑誌を二冊渡してくれた。『フルーツ・ガードナー』をぱらぱらめくり、果物採集家たちが世にもめずらしい果物と異国の空の下で写真に収まっているのを見ているうちに、これまで探索されたことのない果物マニアの世界が目の前に開けつつあるのを感じた。彼らのことをもっと知りたい、彼らの情熱を理解し、彼らの旅に同行してめずらしい果物を味わってみたいと思った。

空港で、ぼくは暗紫色のジャボチカバの実をひとつかみ取り出した。ジャイトからのお餞別だ。その実をじっくりながめているうちに、あまりにも身近でほとんど意識にものぼらない果物が、この世のものならぬ謎を秘めているように思えてきた。ジェイムズ・ジョイスは、「エピファニー」を、日常生活において「そのものの魂が一挙にひらめき出る瞬間」ととらえた。真、善、美はあらゆるものに宿るが、とりわけ、当たり前すぎて、ぼくたちがわざわざ見ようともしない場所に存在する。

フランスの哲学者ミシェル・フーコーは、好奇心を「わたしたちを取り巻く奇妙で特異なものを見つける敏捷さ、つまり慣れ親しんだものから逃れ、同じものをちがったふうに見ようとするある種の厳格さ」だと規定した。ぼくはジャボチカバにピントを絞って写真を一枚撮った。それからもう一枚、今度はわざと焦点を合わさずに、小さな球体の果実がぼんやりした幾何学模様に溶けるようにした。

これらのジャボチカバは約束に満ち、ぼくがまだ体験していない天の啓示を示しているように思われた。ジャボチカバをもっていると、なにか奇蹟のようなものがぼくの手のひらに降りてきたように感じた。まるで、自分では気づかないうちに唱えていた祈りに対する答えのように。

3　果実と人間との関わり

果樹には、祝福された人びとだけにわかる神の秘密がいくつか隠されています。

ビンゲンの聖女ヒルデガルト

ホテルに戻ると、ふたり連れの裕福な中年のイギリス人が、ひまを持て余している風情で隣の席から話しかけてきた。休暇でハワイにやってきたのだが、あまりやることがないのだという。「樹齢四百年という木だって、わたしよりは退屈していないだろうよ」と片方がいった。ものうげにパイプをくゆらせ、頰の垂れた顔に情けない表情を浮かべた。

放蕩者らしい紳士たちはガールフレンドを同伴していた。胸の豊かな二十代半ばの双子で、黄色いジャンプスーツに輪っかのイヤリング、海賊風のバンダナから、横でひとつにくくった髪型まで、おそろいの格好をしている。ぼくは彼女たちに芸能界の方ですかときいてみた。

「そう、歌って踊れるんだ」と、たるんだ頰の紳士が代わりに答えた。

「バンドの名前は〈チェリー・サマー〉よ」と双子の片割れがはずんだ声でいった。マーマイト（ビール酵母を煮つめた茶色い粘り気の強い、イギリスの大衆食品）よりもこってりしたマンチェスター訛りだ。

「へぇ――どうして、チェリー・サマーなの？」

沈黙がつづいた。双子のもうひとりが目をぐるりと回した。「うーんと……あたしたちがサクランボを好きだから?」

「なるほど」と、たるんだ頬氏がとりなすようにいって、パイプを深く吸いこんだ。「それなら話はわかる」

ぼくはこれまでに果物にそなわった不思議な力についてかなりの時間をさいて考えてきたので、そんなに単純なことだろうかと首をかしげた。ブラジルでの体験以来、果物がぼくを幸せな気分にしてくれることは知っていたが、それがどうしてなのかはまだわからなかった。果物のそばにいること、とりわけ木からもいで食べるのが楽しくてたまらない。ぼくは一日のスタートに果物を食べることにしていた。双子のひとりから、なんでそんなに果物に興味があるのときかれたとき、ぼくは最初に思いついたことを口にした。「だって、果物はこの世のすばらしさを象徴しているから」

その答えは部分的には正しい。だが、ぼくたちが果物を好きなもうひとつの理由は、もっと利己的なものだ。果物がなければ、人類がこの世に出現することはなかっただろう。森に住んでいた、猿とよく似た猿人たちがあらわれたのは、いまから五〇〇万年から九〇〇万年前のことだ。果物が彼らの進化を助けた。無限ともいえる多種多様な果実がなかったら、「人間はいまだに夜行性の食虫動物で、闇のなかでゴキブリをかじっていたかもしれない」と、アメリカの人類学者ローレン・アイズリーは『はてしなき旅 The Immense Journey』のなかで書いている。

果物はぼくたちの目を開いた。人間はある種の鳥やほ乳動物と同じく、緑と赤の違いを見分けることができる選ばれた種のグループに属する。光を受容して三次元が認識できる視覚は、赤く熟した果実を緑の海のような森から見つける必要に迫られて進化した。今日、赤い交通信号は「止まれ」を意味するが、それはまさに人間がかつて原始の森で行なっていたことである。緑と赤はいまではアスファルト・ジャングルの一部に組みこまれているものの、それらの色がもっている意味はあまり変わっていない。

さらに、味覚の専門家は、人間がそもそも甘いものを好むようになったのは、熟した果実と未熟なものを見分けるための方策だったと推測している。

こぶしをついて移動していた人間の祖先は、やがて直立歩行を始め、粗末な道具をこしらえたが、果物は引きつづき先史時代の人間の食料の一部をなしていた。森からおそるおそる出てきた人間は、草原に生えていた木の実や草の実、穀類を食べはじめた。人類は徐々にアフリカを出て世界じゅうに広がった。およそ一万三〇〇〇年前まで、人間は狩猟採集生活を送り、何であれ器用な指先でつかめるもので空腹を満たした。たいていはドングリ（オークの木の果実）で、人間は小麦やほかの果物よりも、ドングリをたくさん食べていたと考えられている。

イチジク、小麦、大麦、それにエンドウやレンズマメなどの豆類が、新石器革命の開始とともに、最初に栽培されるようになった作物である。紀元前四〇〇〇年ごろには、いわゆる「肥沃な三日月地帯」に住んでいた人びとは、オリーブ、ナツメヤシ、ザクロ、およびブドウを栽培していた。シュメール人、エジプト人、ギリシア人たちは自分たちの土地で、わずかな種類の果物を苦労しながら育てていたが、やがてローマ時代になると広く栽培されるようになる。カエサルは外国での戦いから凱旋するさい、これまで見たこともないような果物を魔よけとしてもち帰った。ローマ人たちはそれを帝国じゅうに植えて、どこに行くにも種子を持参した。リンゴの原産地はイギリスやアメリカだと思われがちだが、リンゴはローマ人の手で、コーカサス地方を経由して広まったのである。

当時、多くの果実は干したり、煮炊きして食べられたが、それは当時の果実がいまぼくたちが食べ慣れているものよりも小さくて硬く、おまけに酸っぱくてそのままでは食べられなかったからだ。オリーブは塩水につけてから油をしぼった。ブドウはときおり生でも食べたが、たいていはブドウ酒をつくるのに使われた。イチジクは旬の時期には木からもぎたてをほおばったが、焼いたり、乾燥させたものを保存食にした。その他の果実も食べる場合には、たいてい加工してから消費された。文明は野生から背を向けようとしていた。食物を火にかけるという料理の出現は、「自然から文化への移行を特徴づけるものである」と、フランスの社会人類学者レヴィ＝ストロースは『生のものと火を通したもの』で書いている。

人間による栽培を通して、果物は改良され、望ましい特徴をもつものが選択されるようになった。たとえば種子のより小さいもの、果肉のより多いもの、食感のよりなめらかなものが選ばれた。これは、野生のままの果物が一番おいしいという思い込みを疑わせるものだ。実際、栽培されていない品種はえてして食用には向かない。野生のモモは酸味が強くて、大きさもエンドウマメほどしかない。野生のバナナには、歯が砕けそうな硬い種子がぎっしり詰まっている。パイナップルの原種はじゃりじゃりする小さな種がいっぱいだ。甘いオレンジが地中海沿岸に到達したのは一四〇〇年代も終わりのことだった。トウモロコシはテオシントとよばれる、ハサミムシよりひとまわり大きいだけの、ごく小さな穀物から進化したと考えられている。数千年にわたる人間の選択をへて、テオシントは人間の指ほどの大きさになり、その後さらに数千年かけて、今日バターをたっぷり塗って食べる太い穂株のものが誕生した。

さほど意外ではないが、果物を生食するのは健康によくないと昔の医学の専門家たちは考えていた。有名なローマの博物学者プリニウスは、ナシは煮るか干すかしないと消化に悪いと述べている。やはりローマの哲学者で著述家のコルメッラは、モモが「有害な毒」を垂れ流していると警告した。医者たちはアンズを食べたら、何度も嘔吐してすっかり体から出すようにと助言した。

医学者のガレノスは、二世紀に著した学説がその後千五百年近く信奉されるほど権威があったが、果実を食べることに反対し、頭痛、食道の不調、異常な腐敗、発熱、はては若死にいたる万病のもとだと主張した。生の果実の長所といえば消化を助けることぐらいで、食べる楽しみよりは排泄を促す役割が重視され、吐剤のそばに保管するのがよいとされた。ガレノスは果物をせいぜい下剤としか見ていなかった。「食物としてはまったく必要ない、薬としてのみ有用である」と書いている。ガレノスは往診して、便秘の患者にはナシやザクロの未熟果を与え、そのめざましい効果を満足げに記録している。果物は医療目的にしか役立たないという西洋社会の通念は、ルネサンスまでつづいた。

ローマ帝国を略奪した遊牧民族たちは農業の必要性をまったく認めず、果樹を根絶やしにした。不毛の時代がヨーロッパを襲った。「その影響がなくなるまでに、中世の四十世代もの人びとが苦しみ、苛酷な運命にあらがい、そして死んでいった」と、アメリカの歴史学者ウィリアム・マンチェスターは書いている。

アジアで果物文化が花開いたのは、唐が絶頂を極めた七世紀から十世紀にかけての黄金時代である。最良の果実が御苑で皇帝と側近たちのために栽培された。宋の時代には園芸が盛んになり、梅の花などをモチーフとする花鳥画が広く流行した。柑橘類、バナナ、サクランボ、アンズ、それにモモなどの果物はどれも東アジアが原産で、小舟に積まれてインド洋を渡るか、あるいは、隊商が中国とペルシアを結ぶシルクロードを通って、ヨーロッパに運んだ。その他多くの果実は中東の固有種である。

地中海南岸へは、果実はイスラム教の興隆とともに広まった。カリフの統治地域が北アフリカまで拡大するにつれて、数多くの目新しいアジア原産の果実もそのあとにつづいた。イスラム教の教義が飲酒を禁じているので、ぶどう畑は根こそぎにされ、代わりに果樹が植えられた。ヨーロッパ人は、アフリカ大陸の南端をまわって新世界に到達することを助けた航海図のみならず、近代的資本主義を生み出した数学についてもイスラム文明の恩恵を受けている。計算法と並んで、アラブ人は地質学、天文学、考古学の分野も開拓した。彼らはまた、ヨーロッパ人に果物を楽しむことも教えた。

一一〇〇年代、十字軍の遠征を通して、ヨーロッパ人は繁栄した異国で果樹栽培が行なわれていることを知った。マルコ・ポーロの『東方見聞録』には、みごとなナシやアンズやバナナの記述がふんだんにあり、大きな反響をよんだ。「ヨーロッパと同じ果物はひとつもない」と彼は記している。当時、果物や香料は文字どおり楽園からもたらされると考えられ、その楽園は東洋のどこかにあると信じられていた。南北アメリカ大陸の発見とともに、スペインやポルトガルの征服者たちはパイナップル、パパイア、ジャガイモなどの摩訶不思議な食物をもち帰った。コロンブスは果物の発見について日記に記している。「ここには数千種類もの木があって、おのおの異なる実をつけるのだが、どれもがすばらしい芳香を放っている。それに気づかないようでは、わたしは世界一情けない男だ。これらの果物はすべて価値があると確信している」

そうはいっても、大多数のヨーロッパ人たちのあいだではガレノスの遺産は根強く、生の果物は敬遠された。それらは「未熟で、胃腸にガスがたまり、湿の過多」を引き起こす、黒胆汁を増大させる、人間の気質に悪い影響をおよぼす、乳幼児の下痢による死亡数の動向に関わると見なされたのである。十四世紀には、フランスの詩人ユスタシュ・デシャンが果実をペストの原因だと非難し、読者に「長寿を望むなら、果実の古いものも新鮮なものも食べないように」と警告した。

驚くにはあたらないが、植民地主義者はどこに居を定めようと現地の作物を蔑視し、かつてはその土地の主力だった植物を過去のものとした。彼らはさらに先住民を一掃したので、それまで蓄積されてきたその土地固有の植物相《フロラ》に関する知識も失われてしまった。

生果の消費量は一八六〇年代までは微々たるものだった、とアメリカの歴史学者ポール・フリードマンは『食物――味覚の歴史 Food: The History of Taste』に記している。「果実の生食は中世からルネサンスまでは、たとえ美味でも（あるいは、おそらく美味であるがゆえに）危険だと考えられていた」。

十六世紀の王族たちはヨーロッパで果物を珍重した最初の人たちである。ルイ十四世は侍医の警告をふりきって、大胆にも野イチゴを試食した。歴代のロシア皇帝は急使を派遣して、ラップランドで野イチゴを摘ませた。ヨーロッパスモモの一種グリーンゲイジは、一五四五年に沈没したヘンリー八世の旗艦メアリー・ローズ号から発見された財宝のなかに混じっていた。十七世紀ボヘミアのフリードリヒ冬王はハイデルベルクの居城で一年じゅうストーブを焚いて、実のなるオレンジの木を栽培した。イギリスのチャールズ二世は画家に依頼して、肖像画にパイナップルを描かせた。当時、社会的地位を表わす究極のシンボルだったので。イエズス会士で著名な学者だったアタナシウス・キルヒャーは一六六七年、パイナップルは「際立って美味なため、中国やインドの貴族は他のいかなるものより珍重している」と記した。

君主の例にならって、果物は貴族たちの嗜好品にもなった。一六九八年には、ヴァルブールのフランソワ・ミッソンが「果物は高貴な人びと、そのなかでもほんのひと握りの人たちの食卓にだけ出される」と書いている。果物は上流階級と下層階級を明確に区別するものであった。お高くとまった貴族たちは「ポマンダー」という香草を振りかけた柑橘系の果物をもち歩いて、通りの悪臭をまぎらした。強い臭気が襲ってくると、鼻をポマンダーに埋めて、甘い香りのなかに避難した。

その当時、たいていの果物はまだ今日のものより小さく、果汁も少なかった。人類は果物を栽培し繁殖させる方法を学びつつあったが、望ましい特性を得るためにどう育てればよいかようやく理解しはじめたばかりだった。果樹園をつくり、さまざまな品種を収集することは上流階級の趣味となった。果樹園は富の象徴であり、召使や専属の庭師が雇われた。果樹園は趣味のよさ、洗練、さらには権力までも表わした。すぐれた果物を選別し、それらの品種を栽培することによって、食味は向上した。啓蒙運動による自然界の探究を通して、果物栽培に関する数多くの専門書が書かれた。世界の珍品奇品を集めた個人コレクション、たとえば十六世紀イタリアの博物学者ウリッセ・アルドロヴァンディの有名な「驚異の部屋」や、薬剤師フランチェスコ・カルツォラーリの個人博物館などのいわゆる「珍品収蔵室」において、果物は多種多様な自然界の産物のなかでもひときわ注目を集めた。

ルネサンス末期になると、「イタリア人はどんな形態にせよ、明らかに果実に夢中だった」と食物史の研究家ケン・アルバラは書いている。それからまもなく、ヨーロッパの医療関係者たちは、果物はひょっとしたら本当に健康によいかもしれないといいはじめた。一七七六年、医者たちは生の果実が「一番消化がよくて健全な食品」だと太鼓判を押した。

貧乏な大衆はまだ手に入るものなら何でも食べるという状態だった。農民の口に入る一般的な果物はセイヨウカリンといういまでは忘れられた褐色の果実で、そのままでは食べられず、追熟させる必要があった。その形状から、「開いた尻の穴」というあだ名がついている。それ以外に大衆の食べ物といえば、穀物のひき割りをどろどろに煮た粥、カブ、キャベツ、ごくまれに塩漬けの肉、パンが少々というところである。十九世紀初めまで、少数の地主や貴族を除いて、世界じゅうのだれもが赤貧洗うがごとしだった。平均寿命は四十歳前後にとどまっていた。

人びとは果物を飲料の形で消費した。アメリカでは果物の大部分はシードル（リンゴ酒）、ペリー（洋ナシのワイン）、モビー（モモのブランデー）に加工された。生水を飲むのは危険だと見なされていたので、みなその代わりに果実酒を飲んだ。十五世紀のイギリス人法曹家ジョン・フォンテスキューは、イギリス人は四六時中酔っ払っていたと指摘している。彼らは宗教的な目的を除いて、生水はいっさい飲まなかった。アメリカの園芸史にくわしいU・P・ヘドリックは、「アメリカでそもそも果物栽培が始まり、二百年間それが続いたのは、刺激的な飲み物への需要があったからだ」と書いている。歴史家たちは昔から、アメリカ人が果物を飲用から食用に改めたのは劇的な変化だったと記してきた。富裕層の間でのみ、品質の高い生果はもてはやされた。ワシントン、ジェファーソンなど大地主でもあった政治家たちは果物を愛で、果物の品種について食後の雑談で論じ、所有している奴隷に果樹園の世話をさせた。彼らは生活に困らない資産家で、趣味で農業を行なった。大多数の農民が生き延びるための手段として田畑を耕したのとは対照的である。

産業革命まで、北アメリカの人びとはもっぱら農民だった。人びとは自分たちが食べる食物を育てた。果物は夏場でもめずらしく、冬には姿を消した。町の住人にとって果物はさらに縁遠かった。市場で売られているものは、輸送におそろしく時間がかかるので、町に着くころにはしばしば傷んでいた。

植民地の獲得によって、コーヒー、お茶、チョコレートなどの嗜好品がちらほら見られるようになったころ、腹をすかせた都市の労働者階級が出現し、栄養価の高い食物をうるさく要求した。砂糖の価格が下がり、果物を加工した保存食やジャムやマーマレードがこれまでより身近になった。十九世紀に入ると、イギリスの食文化研究家ローラ・メイソンが『砂糖菓子とシャーベット Sugar-Plums and Sherbet』で書いているように、果物味のキャンディは「果物の手ごろな代用品だと見なされた、少なくとも貧しい人たちから見れば」。お手軽で安価な砂糖漬けの果物に、世間はころりとだまされた。そもそも本物の味を知らなかったのだ。

今日、スーパーマーケットの菓子棚に並んでいる商品のほとんどは、スウェディッシュ・ベリーにしろ、ジョリー・ランチャーにしろ、スキットルズにしろ、果物を模倣したものである。チョコレートは、ハワイでジャイトから教わったように、カカオ豆からつくられる。チューインガムはかつてはサポジラの樹液を煮つめたチクルが原料だった。サポジラは別名チコといって、甘い果実がよく知られている。

アステカ人はこのチクルを、ヨーロッパ人がやってくるはるか以前から噛んでいた。二十世紀初め、アメリカのガム製造会社が収穫用に何千人もの南アメリカ人を雇い、「チクレロ」とよんで、サポジラの樹液を集めさせた。この産業は第二次世界大戦後、石油化学製品が原料に用いられるようになって廃れた。今日、チューインガムはPVA（酢酸ビニル樹脂）というプラスチックの合成品を原料にしている。

一八〇九年に缶詰の技術が開発されると、果物はさらに入手しやすくなった。やや金属臭があるとはいえ、この技術のおかげで果実は一年を通して食べられるようになった。一八〇〇年代の半ば、園芸誌を編集していたA・J・ダウニングらは農家の尻をたたいて、食用果実を栽培させた。「この国で狭くともまともな土地をもち、果樹長者を横目で見ながら、小粒のクラブアップルや渋いナシばかり栽培している者は、良識ある人間の尊敬を失う」。とはいえ、一八六九年になっても品質のよい果物は「富裕層のみが享受できる贅沢品」だった、とP・T・クィンが記している。美味な果物がアメリカで広く栽培されるようになったのも、ほぼこの時期である。だが、これらの果実を増えつづける都市の住人のもとへ届ける方法はまだなかった。

馬車から汽車に変わって果実の運搬は容易になったが、そうなると農家は長距離輸送に耐えられる果物を生産する必要に迫られた。ジョージア産のモモの優良種エルバータは、果肉が硬くニューヨークまで運んでも傷まなかった。フォード社の自動車組立ラインが模範とされた。冷蔵庫、スーパーマーケット、自家用車の出現によって、都市でも果物が入手しやすくなった——品質は二の次だったが。七百万人にのぼるイタリア移民の流入（おもに一八八〇年から一九二一年にかけて）も、アメリカ人の食習慣と農業に大きな影響を与えた。彼らの農産物への愛は周囲にじわじわと広がった。

二十世紀まで、イギリスの果物の多くは樹上で腐るがままにされていた。もともと果実が乏しいことに加えて、湿気の多い気候は果物の天日干しに向かなかった。一八九〇年代、リンゴはイギリスの国民的果実となった。政府は「もっと果物を食べよう」キャンペーンに乗りだした。柑橘類が壊血病の予防によいことは知られていたが、一九一〇年代になってもまだ数万人の兵士がこの病気で死んでいたのである。

第一次世界大戦のころ、ビタミンの発見が決め手となって、生果は有益のみならず必要不可欠なものと見なされるようになった。それでも、生鮮果実は二十世紀のふたつの大戦のあいだ市場から姿を消した。カナダの家庭は〝ラズベリー〟ジャムの配給を受けたが、その正体はカブを甘く煮たもので、細かな木くずが点々と散っているのは種に見せかけたご愛敬だった。マティスは戦争中、果物を調達するのは「美女より高くつく」と嘆いた。アメリカでグレープフルーツが流行したのは大恐慌のあとだが、それは食料割引券で交換できたからだ。当時でも人びとは食べるまえに何時間も煮こむ必要があると思いこんでいた。

第二次世界大戦末期、イギリス政府は児童ひとりにつきバナナを一本配給した。作家のイーヴリン・ウォーの家ではその記念すべき日、三人の子どもたちは首を長くしてバナナの到着を待っていた。長男オーベロン・ウォーの自叙伝『これでいいですか Will This do?』によると、それはぬか喜びに終わった。バナナは「父の皿にのせられ、子どもたちのうらめしそうな視線をよそに、父はめったに手に入らないクリームときびしい配給制が敷かれている砂糖を振りかけ、三本とも食べてしまった……そのときから、父に対するわたしの評価は地に堕ちた。どれほど性的な逸脱をしてもかなわなかったほどに」

戦後、果物はめざましく躍進した。新種の果物がぞくぞくとスーパーマーケットにあらわれる。イギリスの桂冠詩人テッド・ヒューズは一九五五年、二十五歳のとき、ロンドンではじめて生のモモを食べたが、それはやがて妻になるアメリカの女性詩人シルヴィア・プラスと出会った年でもあった。キウイフルーツは一九六〇年代に登場した。マンゴーとパパイアがそのすぐあとにつづいた。南米、アジア、アフリカ、カリブ海、そして中東からの果物が、庶民の食卓にも少しずつ入りこんできたのは、移民の波と旅行熱によって、西洋人にも異国の珍味が身近なものになった時期と重なる。ちなみに、生のイチジクがモントリオールに到着したのはほんの二、三年まえのことである。二〇〇六年まで、ザクロを食べたことのあるアメリカ人は人口の五パーセントに過ぎなかったが、その数字はいま急増している。

過去半世紀のあいだに、果物は格段に入手しやすくなったが、品質は低下した。これは過渡期にはやむを得ないことかもしれない。多くの点で、ぼくたちは果物の黄金時代に突入しつつある。これほど多くの人間がこれほど多彩な生果に――新顔にしろ、家宝種《エアルーム》にしろ――触れる機会はこれまでなかった。青果物の棚からは今後ますます目が離せなくなりそうだ。進取の気性に富む育種家や栽培家は引きつづき味と香りを追求し、客のほうも旬のおいしさを再発見している。ぼくたちは身のまわりにある果物の多様性にようやく気づきはじめたばかりだ。ブドウといえばもう赤と緑だけではない。世界で栽培されているブドウはおよそ一万種。サクランボの野生種は百種だが、長い年月をかけて選別されてきた数千の栽培品種はそこに含まれない。ナシはカタログに載っているだけで五千種。千二百種を超えるスイカが世界各地で育っている。ナツメヤシは六百種を上まわる。ぼくたちがまだそれらの果物を味わっていないのはいくつもの理由によるのだが、それについてはいずれおいおいと。ここで肝心なのは、果物の世界はつねに進化をつづけているということだ。

「果実」という言葉は、ラテン語の fruor（享受する）と fructus（楽しみ、享受、感謝）に由来する。fruc はゲルマン祖語の bruk に変化したが、「～を楽しむ」という含意は残った。中世になると、もとの意味が薄まって「消化によい」となり、十六世紀には「許容できる」を表わすようになった。語源学の紆余曲折をたどって、bruk は英語の動詞 brook（我慢する）に変化した。今日の果実はもちろん日持ちするようにつくられているが、「祝福を与える」という初期の含意もどうにか保たれている。
二十世紀のアメリカ詩人ウィリアム・カーロス・ウィリアムズは、熟したスモモがおばあさんの悲しみを慰めたという詩を書いた。画家のセザンヌにとって、リンゴは心の平安を見つけるための手段だった。「りんごで力づけてください。わたしは恋に病んでいますから」と、ソロモンは「雅歌」で嘆願している。果物はアインシュタインに喜びをもたらす簡素な公式の一部だった。「テーブル、椅子、皿に盛った果物、それにヴァイオリン。人間が幸せになるために、ほかに必要なものがあるでしょうか」十七世紀フランスの廷臣ニコラ・ド・ボヌフォンは精神的な重圧に対処するため、果樹のあいだを散策した。彼は果実が安らぎを発散していると信じていた。「告白すると、果物だけがあらゆる食物のなかで最高の満足を与えてくれる」。『千夜一夜物語』では、バナナは服喪中のご婦人がたにとりわけ魅力があるようだ。「バナナよ……乙女の眼《まなこ》見張らせし／バナナよ、汝《なれ》はわれらが喉を滑りおり、汝の動きに喜悦せしわれらが器官にぶつからず／……あまたある果実のなかで汝のみが、憐れみの情をそなえたり。ああ、未亡人と離別女の慰めよ」

食事と思春期特有の悩みのあいだには関連がある、と示唆する説がある。注意欠陥多動性障害《ADHD》でリタリンを処方された子どもたちは、朝食に果物をとるようになると、症状が大幅に改善された。フラクトロジーとは果実にもとづく治療法で、その人のオーラを、占星術による特性と一致した「生命の果実《ライフ・フルーツ》」によって浄化するという過程が含まれる。www.thefruitpages.com というウェブサイトでは、果物を規則正しく摂取することで鬱病を克服した人たちが紹介されている。全米一おいしいモモを育てているサンノゼの栽培業者アンディ・マリアーニは、免疫不全の病気で危篤に陥ったとき、母親に食べさせてもらったネクタリンが、彼に生きようとする意志を与えてくれたと考えている。

果物の治癒力は科学的な研究で裏づけられつつある。イチジクにはオメガ3脂肪酸が含まれ、ポリフェノールの含有量はワインやお茶よりも多い。柑橘類の果皮は皮膚ガンを抑制し、キウイフルーツにはアスピリンとよく似た、血液をさらさらにする効果がある。バナナがぼくたちの緊張を和らげ、気分の落ち込みを軽くするのは、トリプトファンの効能だ。トリプトファンは必須アミノ酸のひとつで、脳内で新たにセロトニンを生成する働きがある。クランベリーはファイトケミカル（植物由来の抗酸化栄養素）の宝庫で、膀胱炎を予防するほか、胆石やコレステロールから腫瘍にいたるまで抑制作用のあることが示されている。さらに、クランベリーに含まれるプロアントシアニジン（ＰＡＣ）には、細菌の増殖を抑え、細菌が細胞表面に付着するのを阻害する効果がある。

ぼくたちが食べるスーパーマーケットの果物にはタンパク質も、炭水化物も、コレステロールも、ナトリウムも、それに脂肪も（アボカドを除いて）ごく微量しか含まれていない。なかにはそこそこの量の食物繊維を含むものもあるが、果物がずば抜けているのは、ビタミンとミネラルが豊富なところだ。植物、そしてすべての果実にはさまざまなファイトケミカルが含まれており、それは人間の健康維持になくてはならぬものである。

これらの栄養素を摂取する一番よい方法は、日ごろから虹の色をした果実を食べることである。各色は異なる効能をあらわす。淡い紅色のもの——たとえばスイカ、ピンク・グレープフルーツ、カラカラオレンジ——にはリコピンが含まれ、抗酸化作用により活性酸素の害を中和する。赤色や紫色——ブルーベリー、サクランボ、リンゴの果皮、ブラッドオレンジ、ザクロ——はアントシアニンの指標になる。アントシアニンはフラボノイドのひとつで、二〇〇七年に健康な細胞に影響を与えずガン細胞を破壊することが実験で確認された。オレンジ色の果物——パパイア、マンゴー、それにモモ——にはカロチノイドが含まれ、心臓病を予防し、筋肉の老化を抑制する働きがある。黄色と緑色の果物——アボカド、黄緑色のブドウ、エンドウ——はルテインやゼアキサンチンが含まれている証拠で、人間の目の健康に欠かせない。

リンゴの栽培農家は「一日一個のリンゴで医者いらず」という標語を、マーケティング戦略として二十世紀初めに考えだした。今日の研究成果はその標語を裏づけているように思われる。リンゴは肺をきれいにし、喘息やガンのリスクを減らす。複数の研究によると、口のなかの細菌を取り除く効果は歯みがきよりもすぐれているそうだ。リンゴの皮むきは脳の働きを活性化して、認知症を予防改善し、創造力を刺激する。イェール大学の研究では、リンゴの芳香はパニックの発作を防ぐ働きがあるという結果が出た。

ぼくたちの祖先は、果実が薬用植物の一部で、さまざまな薬効があることを知っていた。東洋の本草学には、西洋ではほとんど知られていない多くの果実も含まれている。中国では、センダンの実は生薬として消化器系の鎮痛薬に用いられる。ソロモン諸島に自生しているスカイフルーツは血液循環と腎機能を向上させる。最近のブルガリアの研究によると、性交不能症の男性二百人にハマビシの乾果を与えたところ、精子の生産と運動性が増加することが実証された。

これまでにもまして、製薬業界は果実の薬効を理解しようと努力している。クワに含まれるデオキシノジリマイシンという成分には、ＨＩＶの感染を阻害する働きがある。チョコレートメーカーのマーズ社は、カカオを原料とする糖尿病および脳血管疾患の治療薬の研究を進めている。グレープフルーツは抗鬱剤や降圧剤などの薬剤と併用すると重篤な症状を引き起こすことが明らかになっている。アニスの種子には腸内のガスを出す駆風剤の働きがあり、アメリカの先住民のあいだでは「ガスを排出させるもの tut-te see-hau」とよばれている。殺菌、抗けいれん、催眠の効果もあり、種子を二、三粒、水と一緒に服用するとしゃっくりが止まる。

野菜と果物は一日に最低でも五サービング、できればそれ以上とるのがよいと提唱されている

〔一サービングは握りこぶし一個分。果物なら中程度の大きさのもの一個〕。アメリカ国民ひとり当たりの消費量は、一日一・四サービングにとどまっている。ジャガイモとレタスが北アメリカで販売される野菜の三分の一を占めるのは、ファストフードでよく利用されているからだ。

ぼくたちが食べる果物の量は収入に直結している。収入が多ければ、健康の複雑な仕組みを理解する余裕が生まれ、その結果、農産物に関心をもつようになる。家計の豊かさが多様な果物の消費につながるのである。その反対に、果物は煙草やアルコールより安いとはいえ、生きるので精一杯という人びとにとっては贅沢品だ。バナナやオレンジは確かに手ごろな値段だが、生活にどうしても必要というわけではない。生の果実は飲食店、とくにファストフード店ではこれまでほとんど見かけなかったが、最近、アップルディッパー〔スライスしたリンゴにキャラメルソースをつけて食べるスナック〕が定番のメニューになりつつある。

果実は今日、予防医療や健康促進が重視されるなかで中心的な役割を担っている。果実の重要性がようやく認識されるようになったと考えがちだが、じつは、多くの場合、先人の知恵を再発見しているにすぎない。医学の父ヒポクラテスは「食物を薬に、薬を食物に」と書き残しているが、これは記録に残っている最古の箴言のひとつである。

果物は数えきれないほどの革新の引き金となった。人類がはじめてつくった芸術作品は、石英をアーモンド、もしくは種子の形に削ったもので、いまから二〇万年ないし三〇万年前の旧石器時代前期のものだと考えられている。シュメール人が文字を発明したのは、穀物と果物の取り引きを記録するためだった。くさび形文字で書かれた世界最古の書字板は、農政官に提出された取引の明細記録である。**logos**（「言葉」、「言語」、「理性」の意）、**legere**（「読書」）、**lex**（「法」）などの単語は、もとはドングリのように森で採集したものを指した。ラテン語による最初の散文テキストは、古代ローマの政治家、大カトーによる『農業論』で、都市近郊における果樹栽培について書かれている。車輪は、牛の引く荷車で果物を運搬するための手段として生まれた。クワのおかげで、人間は紙、絹、そしてフォークを発明した（紙の原料はクワ科の樹皮であり、カイコはクワの葉を食べて絹糸の原料となる繭をつくる。クワの実はべたべたしているので、ほかの食べ物のように手づかみにできず、先の尖ったもので突き刺した）。人類最初の器はフクベノキでつくられた。英語では「ヒョウタンの木」とよばれている（ヒョウタンは南北アメリカの農耕の起源に決定的な役割を果たした）。ゴボウの実にはトゲがあって衣服に付着し、スイス人の技術者ジョルジュ・デ・メストラルはそれにヒントを得てマジックテープを考案した。

ギリシア神話によると、最古の楽器であるリュートはアポローンがメロンから刻んだものだといわれている。そもそも、多くの楽器は果実からつくられた。アフリカが原産地といわれるヒョウタンは弦楽器と打楽器の材料になった。楽器店ではいまもフクベノキの果実を使った楽器、果実に漆を塗ったマラカス、足首に巻いて種子をカラカラと鳴らすアンクレットを売っている。アメリカ最初のギターやヴァイオリンは、奴隷がヒョウタンに弦を張ってこしらえたものだった。人間は少なくとも紀元前一〇〇〇年の昔から果物のことを歌ってきた。中国最古の詩編『詩経』には、十七種類の果物が登場する。

果物は科学上の発見でも中心的な役割を果たした。重力の発見はリンゴのおかげである。ダーウィンはグーズベリー（セイヨウスグリ）の果実が人為選択によってしだいに大きくなっていったことなどに注目し、それとの類比から自然選択説を導きだした。アメリカの物理学者ロバート・H・ゴダードは十六歳のときに桜の木の下で、火星まで飛行する装置をつくるという着想がひらめき、やがてロケット工学の草分けのひとりとなった。

果物はおびただしいクリーム、化粧品、洗顔料にも配合されてきた。ボルネオの森に自生するイリッペの果実はリップクリームの原料になる。アボカドの果皮は顔のマッサージに使われる。軟膏や保湿化粧水に使われるシアバターは、そもそもアフリカに広く分布しているシアバターノキの種子からとれる油脂が原料である。ムラサキシキブ属のアメリカン・ビューティーベリーはエリザベス・テーラーの瞳を思わせるスミレ色の実をつけるが、その実に含まれる化学物質は防虫剤に利用される。

南アメリカのベニノキになる赤橙色の果実はアチョテとよばれ、かつて先住民族がこの色素を体に塗って、赤く染めた。今日ではその種子からアナトーとよばれる天然着色料を抽出し、バターやサラダ油など多くの食品の着色に使われている。赤色の色素コチニールは、サボテンの実を食べて赤くなったカイガラムシ科エンジムシを乾燥させたものから抽出する。多くの果実に含まれるタンニンは、インク、染料、その他の着色料に利用されている。

果物は多くの有毒な洗剤の代用にすることができる（たいていの合成洗剤には「フレッシュ・シトラスの香り」などの人口香料が含まれている）。コブミカンはバリ島では洗髪用に使われる。ジャマイカではオレンジをふたつに割ったもので床を掃除する。パリの友人は洗濯に、ムクロジの果実を乾燥させたソープナッツを使っている。この果実にはサポニンという天然のステロイドが含まれていて、水に溶かすとよく泡立つ。ぼくも試してみたところ、洗濯物はきれいになり、しかもとてもよい香りがした。

どういう思いつきか、果物は避妊具にも利用されてきた。中世ヨーロッパでは、柑橘類が牛乳を凝固させるように、レモンが精子の力を失わせると信じられていた。十八世紀の有名な色事師カサノヴァは、レモンを半分に切って中身をくりぬいたものを避妊具に用いたと書き残している。古代エジプト人はオレンジを同じように利用したが、現代のティーンエージャーたちも誤った情報から同じようなまねをしている。パパイアの未熟な果実は流産を引き起こすといわれ、部族社会では性交直後の避妊薬として使われてきた。十六世紀にはメロンが性欲の抑制剤として処方された。当時の薬草医は、セイヨウカリンは女性の欲望を抑えると主張した。

ある種の果物に対する人間の行動は好色で、肉欲や、フェティッシュな倒錯に満ちているが、それは潜在意識の奥深くにひそむ生殖や生存の本能から生じたものだ。果物自身もそれを後押しし、ぼくたちが本能的に反応せざるを得ないようなもろもろの特性を進化させてきた。そして、ある種の人びとは――ぼくはこれから思い知ることになるのだが――彼らならではの特殊な方法を進化させて、果物と関わってきたのである。

4　国際稀少果実振興会

ミカンの袋はなくなっていました。ミカンがどうしてこんなに魅力があるのか、うまく説明できないのですが……わたしのいいたいことをわかってくださる方はきっといらっしゃるでしょう。

M・F・K・フィッシャー『どうぞ召しあがれ』

フロリダ州マイアミ。果実栽培の専門書がところせましと詰めこまれた小さなオフィスで、フェアチャイルド熱帯植物園の熱帯果実上級研究員リチャード・J・キャンベルは、ペルーではチュパチュパの実をどうやって切り分けるのか見せてくれた。ポケットナイフで、だ円形をしたソフトボールほどある果実に、てっぺんの乳首状の突起から等間隔で五本の切れ目を入れる。その切れ目にそって皮をむくと、ビロードのような茶色の果皮が花弁のように開き、息をのむほど鮮やかなオレンジ色の果肉があらわれた。そのみごとな色の対比に、ぼくの脳の快楽中枢はおののいた。

炎のような球形の果実を五つに切り分けると、そのひとつひとつに大きな種子がついていた。キャンベルは三十代後半、髪はごく短く、引き締まった体つきはふだんから鍛えているようだ。週末に子どもたちをサメ釣りに連れていくかたわら、地球を東奔西走し、新顔のおいしい果物を見つけて世間に広く流通させたいと願ってきた。「こういうとびきりの熱帯果実がいくつかあれば」といいながら、オレンジ色のチュパチュパの実をひと切れ、ぼくに手渡した。「世界を変えられるんだがな」

キャンベルは食べ方を伝授しようと、果肉をすすって見せた。そもそもチュパチュパという名前自体、スペイン語で「すする」という意味だ。口に入れてしゃぶると、甘い果汁がほとばしり、マンゴーとモモとメロンと野イチゴを足したような香りが広がった。それはじつにすばらしい体験だった。

キャンベルはこの果物が世間をあっといわせることは知ってるが、一朝一夕には消費者に受け入れてもらえないことも承知している。「八百屋に並べたところで、いまみたいな食べ方をだれが知ってる？」と彼はたずねる。まずは植物園でちょっとしたブームを巻き起こし、いずれは商業的に魅力ある果物に育てていくというのが目標だ。チュパチュパは、スーパーの青果物コーナーに売りこんでいる十種ほどのウルトラ・エキゾチックのひとつなのである。その目的のために、彼はアマゾン川に沿ってペルーからコロンビア、そしてブラジルへと足を伸ばし、世界一品質のよいチュパチュパを探した。だが、いまぼくたちが食べているものより優れた品種は見つからなかったという。その種子はもとを正せば、ペルーのイキトスの市場で一九六三年、彼の友人であり師でもあるウィリアム・ホイットマンが収集し、それ以来自宅の庭で大切に育ててきたものだった。

そのホイットマンに会うために、ぼくはマイアミを訪れたのである。彼はフロリダに何百種類もの熱帯果実を紹介した功労者なのだ。今週、彼の名を冠したウィリアム・F・ホイットマン熱帯果実館が開館する。ドリアン、マンゴスチン、ズク、ウンパン、タラップ、その他めずらしい熱帯産果実の最優良品種を集めた、高さ十一メートルのガラス張りの温室である。キャンベルとホイットマンは何年もかけて、展示する植物を収集した。さらにホイットマンがフェアチャイルド植物園に五〇〇万ドルをぽんと寄付して、このプロジェクトを実現させた。キャンベルはその寄付金を管理しているが、熱帯果樹館での研究から得られる知見は、アメリカ国内でのウルトラ・エキゾチックの商業栽培に向けて大きなはずみとなるといった。

開館式は、全米でも指折りの果物マニアが顔をそろえる好機になるだろう。ぼくは開館のことを耳にするとすぐにカート・オセンフォートに電話して、マイアミ行きの航空券を二枚予約した。ぼくたちはバナナの稀少種を育てているウィリアム・〝バナナ王〟・レサードや、モーリス・コンの写真を撮りたいと思っていた。コンは世界各地に出かけて、ナムナム、黄緑色の地にピンクの縦じまが入ったマレーフトモモ、巨大なサポジラ、深紅のガックフルーツ（モクベッシ）、果肉が紫色のグアバ、それに「蒸れた足の悪臭」という別名をもつジャトバを採集した冒険談をいくつも書いていた。果物の専門家ブルース・リヴィングストンにも挨拶したかった。彼はホームページ www.tropfruit.com を開設し、自分が好きな果実にちなんでサントルと改名した。タイ・バナナクラブの一員として森林に分け入り、絶滅寸前のバナナの品種を発見し、それを自宅にもち帰って保護していた。サントルはサルトラ種のバナナをタイ北部で発見したことで、果物の世界で名を馳せていた。

そもそも南フロリダがアメリカ本土でもっとも熱心なフルーツ・ハンターたちの本拠地である理由は、ここの気候が海外で発見されためずらしい亜熱帯果実を栽培するのに適しているからだ。この地に集った好事家たちは、自宅で栽培できる新顔の果物を見つけるために旅に出る。入植が始まったばかりのころ、フロリダにはイカコノキとハマベブドウを除いて果樹はほとんどなかった。数十年にわたる植物探索の結果、いまでは裏庭にミラクルフルーツやジャックフルーツが生い茂り、タマゴノキは地元で「エッグフルーツ・ノッグ」とよばれるミルクセーキの材料になっている。「熱帯果実で感心するのは、関係者に奇人変人がそろっているところかな」とキャンベルはいう。「世界各地に仲間がいて、連絡を取り合い、一緒に旅に出かけ、信じられないような物語を生みだしている」

オセンフォートとぼくは、バルハーバーにあるウィリアム・ホイットマンの中二階建ての自宅を訪ねた。サーフィンの殿堂入りを果たし、銛突き漁をバハマ諸島に紹介した颯爽とした若者の面影はもはやない。だがセーラー帽をかぶった九十歳の老人は、高齢者用の電動車椅子で軽やかに動きまわり、庭を案内しながら、果樹一本一本についてどこでどんなふうに見つけたかを説明した。

ホイットマンはパンノキの幹を軽くたたいた。彼が果物への愛に目覚めたのは一九四九年、タヒチで初めてパンノキを味見したときにさかのぼる。美しいポリネシア娘と一夜をともにした翌朝、目を覚ますと草ぶきの小屋に村人たちがつめかけ、黙ったまま彼をじっと見つめていた。帰国すると、自宅の庭で苦労してパンノキを栽培し、国際稀少果実振興会を立ちあげた。マイアミに本部のある、めずらしい果物を研究する団体である。「一番興味があったのは、これまで見聞きしたことのない新種の果物を発見し、その可能性を探ることだった」と彼は説明する。車椅子から手を伸ばして、明るい黄色でタマゴほどの大きさのチャリチュエラの実をもいだ。「はじめて見つけたときは、『こりゃまたずいぶん変わった果物だな』と思った」彼はそれをぼくに手渡し、ひと口食べてみろとすすめた。まるでレモネードを染みこませた綿あめのような味がした。「味見をしてたまげたね。あまりのおいしさに気が変になりそうだった」

ホイットマンは資産家の家柄で（父親はシカゴの実業家で、一族は「アメリカ一高収益のショッピングセンター」と格付けされたバルハーバー・ショップスを所有している）、成人してからは何度も熱帯へ出かけ、採集した果樹をバルハーバーのこの地所で育ててきた。

アフリカ以外では一番大きいというミラクルフルーツの木のところまできた。ぼくはあとで食べるつもりで、小さな赤い実をいくつかポケットにしまい、実際に試食したところ、ハワイでケン・ラヴに味見させてもらったのとまったく同じだとわかった。北アメリカでミラクルフルーツの栽培にはじめて成功したのはホイットマンで、いまでは砂糖は一切使わず、ミラクルフルーツですべて代用しているそうだ。奥さんのアンジェラが毎朝、朝食前に一粒摘んできてくれる。ホイットマンは、この種子は一九二七年、アメリカ農務省からカメルーンに派遣されたデイヴィッド・フェアチャイルドがもち帰ったものだと説明した。ここはアメリカ本土でミラクルフルーツが味わえる数少ない場所のひとつだという。ミラクルフルーツは砂糖業界への脅威と見なされ、食品医薬品局が一九六〇年代に商業栽培を禁じたのである。

すぐ近くにトゲだらけのサボテンがあり、ドラゴンフルーツが鈴なりだった。小道のもう少し先には、とくに可愛がっている果樹があった。クプルである。インドネシアのさびれた「水の宮殿」こと、昔のハーレムの遺跡から発見されたもので、歴代のスルタンと後宮の女性たちが催淫剤として用いていた。排泄物をスミレの芳香に変えるとの噂もあった。ホイットマンはその仮説を確かめることにした。「紙コップをいくつも用意して、用を足すたびににおいを確かめた——ふん、どこが香水だか。ケッペルの実を二個食べると、小用のたびに香水が二壜できるという説明だったが——ま、おあいにくさまというわけだ」彼のその発見を確認する機会は、あいにくすぐに訪れた。果実めぐりのツアーのあと洗面所に立ち寄ったところ、便器に忘れ物が残っていたのだ。

栽培の実験を容易にするために、ホイットマンはアルカリ性の砂地を掘り返し、トラック六〇〇台分の肥沃な酸性土と入れ替えた。彼はこれまでフロリダのだれも見たことのない植物を発見し育てるという難題に奮い立った。いまでは、マンゴスチンの栽培に成功したごく少数のアメリカ人のひとりであり、著名な〈探検家クラブ〉の会員でもある。彼の数多くの業績は、『熱帯植物と歩んだ五十年 Five Decade with Tropical Fruit』という写真入りの大型本にまとめられている。ホイットマンはぼくに一冊手渡し、震える手でサインした。「アダムへ、きみの熱帯果実への新たな興味に幸運を祈る」

「ホイットマンの打ちこみようは、ふつうじゃない」とリチャード・キャンベルはいう。「果物へのあれだけの情熱は、これまで一緒に仕事したほかのだれももち合わせていなかった。お目当ての果物が見つかるまでは、ほかのことには見向きもしないし、考えもしない」。ホイットマンのことを「熱帯果実に入れあげている」と評する声もある。近年、認知症のきざしが見えるようになってからも、アマゾンまで何度も車椅子で出かけた。

若いころは、家族づれでジャングルの島々を歩きまわった。「家族でよく旅行しました。サーフボード五台に一輪車を四台積みこんで、熱帯果実の探検に出かけたものです」ホイットマンの息子クリスは、バルハーバー・ショップスの最上階にあるホイットマンの個人博物館でそう語った。このインタビューの模様はビデオに収録させてもらった。「大勢の人から、あんたたちはサーカスの一団かときかれました」ホイットマン家の子どもたちは果物マニアの父親のそばで幸せに育った。どこの家の庭にもチュパチュパがなっていると思いこんでいた。友人たちはクリスの弁当に入っているウルトラ・エキゾチックを味見したいとうるさくせがんだ。親や教師たちは、毒があるかもしれないと心配したが。

インタビューを終えて、エレベーターでショッピングモールの一階まで降りた。そこは専門店街で、ヴァレンチノ、シャネル、オスカー・デ・ラ・レンタなどの高級衣料品店が軒を連ねている。アメリカでショッピング・センターの売上げが床面積当たり平均一〇〇ドルだったころ、バルハーバー・ショップスではその十倍の売上げがあった。ウィリアムの弟ダドリーが昼食に誘ってくれた。彼がオセンフォートに、ホイットマン兄弟が第二次世界大戦直後のハワイで撮影したフィルムを売りこんでいるあいだに、ホイットマンの奥さんで、ほっそりした六十代半ばのアンジェラが、ぼくをわきに呼んで二〇ドル紙幣を手に押しこんだ。ぼくは返そうとしたが、彼女はきかなかった。「あなたを見ていると息子を思い出すの」そういいながら、きれいにセットしたプラチナブロンドの髪をなでつけた。「駆け出しのころは何かと大変だから」

アンジェラが自宅のあるゲート付きコミュニティまで、白いキャデラックで案内してくれた。「一、二年ごとに買い換えるのよ」といった。彼女のいっているのが車か、家か、それともゲート付きコミュニティ全体を指すのかよくわからなかった。いま車が走っているこの通りまで所有しているような口ぶりだ。ぼくはバックミラーに映った彼女のサングラスの奥をのぞきこんだ。

カントリークラブに着くと、オセンフォートとぼくはホイットマンが自動車から降りるのに手を貸した。彼は苦労して立ち上がったが、そのせいで全身が震えた。チーズバーガーを食べながら、息子のクリスが一家のお気に入りの旅先はインドネシアのボルネオ島だったと説明した。「一平方メートル当たりの熱帯果実はボルネオが世界のどこよりも多いからな」とホイットマンが補足した。彼はなつかしそうにピタブという果物のことを話した。オレンジシャーベットのような味わいで、アーモンドとラズベリーのかすかな風味が感じられるそうだ。赤い果肉に赤い果皮のドリアンも大好物で、ボルネオ島は世界一すばらしいマンゴスチンの故郷だといった。ぼくが世界を旅してめずらしい果物や、果物を愛する人たちについて本を書きたいと話すと、ホイットマンはとんでもないというように震える手を振った。

「そんなことはできんよ」

一八九八年、二十八歳のデイヴィッド・フェアチャイルドが中心となって、外国種子植物移入局が創設された。フェアチャイルドは生涯に何度となく果物採集の旅に出かけ、二万種を超える植物をアメリカにもち帰った。そのなかには、さまざまな品種のマンゴー、サクランボ、ナツメヤシ、ネクタリンが含まれる。早くからマンゴスチンの魅力を見抜き、マンゴスチンが——そしてほかの多くの熱帯果実も——いずれ郊外住まいのアメリカ人の食卓にのぼる日がくると予想していた。キャンベルとホイットマンは熱帯果実館の開館で、ようやくその夢が実現することを期待している。

フェアチャイルドは自分を、果物を食べる「オオコウモリ」にたとえた。なるほど一風変わっているが、温厚な人柄で、子ども時代から自然に夢中でいたずらをするひまもなかった。植物の小さなかけらを顕微鏡で観察するのが大好きで、「人間は一生かかっても、ひと皿の堆肥に含まれる生物や問題をすっかり究明することはできないだろう」と記している。そんな彼の人生を変えたのはパジャマだった。

運命のパジャマの持ち主は、大富豪で旅行家のバーバー・レイスロップである。サンフランシスコのボヘミアン・クラブを根城に、レイスロップは旅に出ては莫大な財産を惜しげもなく使った。一八九三年十一月のある朝、蒸気船フルーダ号に乗船していた二十四歳のフェアチャイルドは、レイスロップのパジャマ姿を見て啞然とした(そのパジャマは日本製で、当時、シャツ寝巻きに取って代わりつつあったが、研究のためにはじめて渡航したフェアチャイルドは、それまでパジャマを見たことがなかった)。レイスロップは好奇心丸出しの若者に好感をもち、東アジアに植物採集に行く旅費を用立ててやった。

ふたりはそれから四年間、一緒に世界を旅してまわった。フェアチャイルドは彼を「バーバーおじさん」とよび、レイスロップは庇護している若者を「秘蔵っ子《フェアリー》」とよんだ。農務省で外国種子植物移入局を設立したあと、「フェアリー」はその後四十年にわたって有用な植物——とくに果物——を採集するために世界をめぐった。

赤痢菌で汚染された水を飲まざるを得なかっただの、熱病が流行している森林で迷子になっただの、武勇談は枚挙にいとまがない。ジャンク船が南海で火事を起こしたこともあった。「世界各地にある不潔な場所はたいてい足繁く訪れた」。インドネシアのセレベス島で難破したときは、極めつけの珍品に出くわした。ココヤシの実のなかに硬いココ真珠ができていたのである。ちょうど真珠貝のなかで真珠がつくられるように。モロッコのフェズにあるバザールやアルジェのオアシスではナツメヤシの実を食べた。セイロンではシンハリ王朝の末裔からスイカほどもあるハニー・ジャックの食べ方を伝授された（ふつうのジャックフルーツよりもはるかに美味だった）。

一九〇五年、フェアチャイルドは電話を発明したアレグザンダー・グレアム・ベルの娘マリアンと結婚した。夫妻は一緒に旅をつづけ、スマトラ島のパダンで黄色いラズベリーを、アフリカ南東部のモザンビークでサガリバナの角張った真四角の果実を見つけた。インドネシアのシアウ島では、子どもたちが小声で歌を口ずさみながら新婚夫婦のあとを島中ついてまわった。

年をとると、フェアチャイルドは部下のフルーツ・ハンターたちを人跡未踏の地域へ派遣した。ウィルソン・ポピノウを南アメリカに送りこみ、そこでポピノウはビリヤードの玉ほどもあるブラックベリーを発見した（これまで知られているうちもっとも大粒のベリーのひとつで、コロンビアに自生するブラックベリーは一粒で数口分になる）。もうひとりが農務省の技官ジョゼフ・J・ロックで、東洋に派遣されて、ダイフウシノキの探索を命じられた。ダイフウシノキの実は神話に登場する果実で、種子の油脂をしぼった大風子油《だいふうしゆ》が当時、ハンセン病の唯一の特効薬とされていた。これまで科学的に記録されたものはなかったが、ロックはダイフウシノキを求めてインド一円、タイを探し、ビルマ（現ミャンマー）から中国雲南の山岳地帯に入ると、ヒョウやトラ、毒蛇をかわしながら探索をつづけた。いちどビルマ南部のマタバン湾ではそれらしい木を見つけたが、残念ながら近縁種だった。やがてチンドウィン川上流にほど近い古びた野営地で、とうとう自生しているダイフウシノキを発見することができた。荒れ狂った象と台風が同時にその村を襲い、テントを踏みつぶし、木々を押し流したときのことである。

アジアへの派遣要員として、フェアチャイルドは「あらゆる種類の肉体的苦難に耐え、道なき道を何千キロも踏破できる」人材を探していた。フランク・マイヤーの、大柄で頑丈そうな体軀と長い距離でも平気で歩くという評判から面接したところ、二十九歳のマイヤーは緊張のあまり、縦じまのシャツの襟が汗で貼りつくほどだった。それでもフェアチャイルドは汗かきの青年が気に入った。一九〇五年から一九一八年まで、マイヤーは砂嵐を突っ切り、凍てついた山岳地帯を越えて果物を採集した。ロバをだましだまし深い峡谷にかかった揺れる竹橋を渡った。凶悪な山賊に襲われたこともある。シベリアの氷河を踏破したときは、あまりの寒さにコップに入れた生乳が飲むまえに凍りついた。

　マイヤーが訪れた多くの場所では住民はこれまで白人を見たことがなく、まして、これほど筋骨たくましい男となればなおさらだった。マイヤーは筋肉を動かしてみせてとしょっちゅうせがまれ、彼が水浴していると野次馬が集まってきた。ナシの栽培が盛んな朝鮮西部の東倉里《トンチャンリ》では、村人たちが彼をひと目みようと屋根によじ登った。また別の場所では、地元の人間が雲つくような異国の鬼におびえているので、マイヤーはすわりこんで果物をほおばり、自分も彼らと同じだとわかってもらおうとした。

　写真で見るかぎり、ひげを生やし、ごつい杖に分厚い革の膝当てをつけたマイヤーは荒くれ者のように見える。だが羊革の外套の下には、ピンストライプの三つ揃いのスーツを着こんでいた。寝るときも、片眼鏡はつけたままではなかったか。「わたしにとって仕事は、病人の薬と同じです」と彼は書いている。「人里を離れ、植物の世界にくつろぎを求めました」

　彼は種なしの柿と口のなかでとろけそうなマルメロを天津から、赤いブラックベリーを韓国から、楊貴妃が好んだという有名な桃を中国の肥城から、リンゴの原種のひとつパラダイス・アップル（マルス・プミラ）を原産地であるアゼルバイジャンのエリザヴェトポリから、さらにキウイフルーツを中国の宜昌から持ち帰った。北京の南西にある豊台では、彼の名を永遠に残すことになる果物と出会った。マイヤーレモンである。このレモンはいまでは広く栽培されているが、マイヤー自身は一九一八年六月一日の夜、武漢から南京に向かう途中で蒸気船の甲板から姿を消した。

デイヴィッド・フェアチャイルドは晩年マイアミで暮らし、彼の遺産は彼の名を冠した植物園で脈々と生きつづけている。この緑あふれる植物の聖域に集った今日のフルーツ・ハンターたちにとって、フェアチャイルドの著書は聖典も同じである。「彼の本を読むと、旅に出たくてたまらなくなる」とキャンベルは説明する。ウィリアム・ホイットマンはフェアチャイルドの本があまりにも面白かったので、彼と同じ人生を歩むことを決意したのだといった。つまり、果物を発見してそれを母国にもち帰るという仕事である。ホイットマンは自伝のなかで、フェアチャイルド亡きあと、自分ほどアメリカ本土に数多くの果物を紹介した者はいないと書いている。

ホイットマン熱帯果実館の開館式の朝、年のころ四十五歳から九十五歳という観客が温室の前にがやがやと集合した。熱帯の果物を高々と盛ったテーブルが一方の壁ぎわに並んでいる。人びとが笑顔でコーヒーを飲み、天気雨になりそうだと空模様を案じ、めずらしい果物について意見を交換している。果肉が黒くて甘いブラックサポテのどこがいいか、熱のこもった議論がもれ聞こえた。ひとりはチョコレートプディングみたいでおいしいという。それに対して、いやエンジンオイルだ、牛肉パイだ、はては濡れたクソにそっくりだという反論の声があがる。

ホームステッド・フルーツ&スパイス・パークの園長クリス・ロリンズが主催する、アジアへの団体旅行も話題にのぼっていた。ぼくはエクスカリバー果樹園のリチャード・ウィルソンに、果実採集の旅に出かける動機は何かと質問した。「まだだれも国内にもちこんでいない果物がそこにあって、それを成し遂げたら、第二のビル・ホイットマンになれるからさ」。ホイットマンは地元で敬愛され、マイアミでは毎年六月七日は彼の記念日になっている。

つばのある白い日よけ帽をかぶった〈快楽の園〉のマレー・コーマンは、年をとったギリガン君

（一九六〇年代に放映されたアメリカのコメディドラマ『ギリガン君SOS』の主人公）みたいだ。そのコーマンがいうには、ホイットマンに「この世のものならぬ」果物の芳香を教わったそうである。これまで食べたなかで一番の変わり種は、コーマンいわく、ピングインというオレンジ色をしたパイナップルの近縁種で、肉を柔らかくする働きがあるという。だがそれを思い出したときにはもう後の祭りで、彼の味蕾は溶けはじめていたそうだ。サンサポテは香りはスイートポテト、食感はたわしだと説明した。「おいしいんだけど」と彼はつけ加えた。「まずは、果肉を繊維からむしりとらなきゃならない」

ぼくはそれらの果物は国内でも食べられますかと質問した。彼はこっそりもちこめばいいと、あっさりいってのけた。こっそり？　そのとおり、と彼はうなずいた。熱心な連中はめずらしい品種をちょくちょくもち帰ってくる。くわしく教えてほしいと頼むと、とぼけた笑みがすっと消え、そっけなくいった。「その手の話はこの場にはふさわしくないな」

マイアミのフルーツ・ハンターの大半は輸入規約を守っているが、法律をすり抜ける者もなきにしもあらずということだ。そういうわけで、農務省の武装した職員が稀少果実の栽培業者の家に踏みこみ、攻撃犬を連れて農園を捜索するという事態が生じている。リチャード・ウィルソンは農務省を公民権侵害で告訴したといった。機関銃をもった農業捜査官たちの一団が彼の農園に突然やってきて、種子を密輸したと糾弾したからだ。「ゲシュタポみたいに踏みこんできた」と彼は息巻いた。「テロリストとの戦いじゃあるまいし。六人の捜査官がなだれこんできたと思ったら、違法な種子はないかと家じゅう捜索するんだ。そりゃあもう、大がかりな麻薬の取り締まりみたいに。女房はすっかりおびえるし、お客さんはいわずもがなだ。連中は写真をバシャバシャ撮りまくり、種子をあれこれ押収した。おれが〝有害な雑草〟をアジアから密輸したとでも思ったんだろう。やつらが探してる違法種子は長さ一ミリ半。うちのヤシの種は二センチを超えている。ヤシの種と有害な雑草の種も見分けがつかないんだ。自分の尻から生えてたってわかるまいよ。おれはここで五〇〇万ドルの商売をやっている。違法な植物とやらを育ててそれをおじゃんにすると思うかい？　連中はうちのヤシを三本もっていって――ありきたりの栽培種じゃないぞ――だめにした。三本とも枯らしたんだ。おれはワシントン条約（「絶滅のおそれのある野生動植物の種の国際取引に関する条約」）について政府の役人と話したが、相手はなんにもわかっちゃいなかった。おれを疑うなんてまちがってる。それにしても、植物や種子の密輸を取り締まるこんな部局があるなんて思ってもみなかったよ」

こうした果物愛好家たちの一部は、お目当ての果物にとことんのめりこむことがわかってきた。フェアチャイルド植物園の園長マイク・モーンダーは大盛況に興奮気味で、熱帯果実への執着は園芸熱の極みだと説明した。「果物マニアは真の意味での探検精神に突き動かされているんです、アマゾンの奥地でも、ニューギニアでもどんどん出かけていって、めずらしい果物を採集する」モーンダーは芝生にすわっているふたりの紳士を手で示して、オセンフォートとぼくに、彼らがいかに「果物を愛し、果物とともに生き、世界各地の果物を採集しているか」、話を聞いてみてはどうかとすすめた。

彼らのひとりはひげを生やし、カジュアルなスーツに緑色の稀少果実振興会の野球帽というでたちで、ハー・マーディームと自己紹介した。バンレイシ属が専門だという。バンレイシ属というのは、軟らかなクリーム状の果肉がつまった大型の果実をつける低木または小高木で、アテモヤ、トゲバンレイシ、チェリモヤ、イラマ、ギュウシンリなどが含まれる。「稀少種の愛好家にとっては、新種の果実を発見することが大きな冒険なんだ」とにっこりした。これまでに何度もグアテマラから中央アメリカにかけて採集旅行に出かけ、オレンジ色、ピンク色、赤色のバンレイシ属の果物を探し出し、雇い主であるフロリダ州ポイントンビーチのジル・ハイパフォーマンス園芸店にもち帰った。

マーディームはミシガン州の出身だが、ブラジルのマナウスという町に近いアマゾン川流域で育った。宣教師の両親がそこで農業学校を開いていたのだ。「すぐに〝ボーリティラナ〟というあだ名がついた。小さなつまらない果実のことだよ」と、かすかに南部なまりのある鼻にかかった声でいった。「そんなあだ名がついたのは、その実が食用かどうかきいたからだ。「ぼくは森を歩きながらずっと同じことをきいてたんだ。『これは食べられる? じゃあこれは?』」

最近になってハー・マーディームと正式に改名したが、それはヘブライ語で「火星の丘陵」、もしくは「火星の山脈」を意味するそうだ。ぼくはどうして果物が好きなのかきいてみた。「果物は目を引く、鼻を引き寄せる、舌を引きつける」と彼は笑いながらいった。「食用になる実をつける植物は何千種もある。その五分の一だって食べた者はこれまでひとりもいないんだ」

マーディームの隣に腰をおろしているのは、どことなく浮世ばなれした六十がらみの男で、クラフトン・クリフトといった。しかめ面をして考えこみながら、どうしてこんなに果物が好きなのかわからないといった。もしかしたら、もう一度子どもに戻りたいと思っているからじゃないかな。彼にはあだ名もあった。接ぎ木屋《グラフティン》クラフトン。そうよばれるのは、と近くにすわっていたティーンエージャーの甥っ子スコットが口をはさんだ。「接ぎ木の名人だからさ」

接ぎ木とは切りとった枝（接ぎ穂）を、別の木（台木）の幹に差しこんで植物を殖やす方法だ。たいていの場合、この技術は望ましい栽培品種の特性を維持しつつ、別の木にそれと同じ果実をより多くみのらせるために用いられる。クリフトの情熱は――というより強迫観念に近いのだが――さまざまな台木と接ぎ穂を試して、どんな結果になるか確かめることにある。「おれは果物づくりが好きなんだ。新しいものをつくりだすことがね」とクリフトはいった。「わくわくする。グレートデンを生みだしたブリーダーのような気持ちだよ」

接ぎ木をしても近縁種でないとうまく癒合しない場合がある。たとえば、リンゴの枝をオレンジの台木に接ぐことはできない。だが、柑橘類だと異なる種をいっしょに接ぎ木して、同じ台木からレモン、ライム、グレープフルーツ、タンジェリン、キンカン、シトレンジ〔オレンジとカラタチの交配種〕を結実させることもできる。チリのある農家が最近、新聞の国際面で大きくとりあげられた。彼の「生命の木」には、スモモ、モモ、サクランボ、アンズ、アーモンド、ネクタリンが同時に実をつけていたのである。

ときには、接ぎ木が突然変異して別の果実が生まれることがあり、これを「枝変り」とよぶ。おそらく百万に一回ないし二回の割合で自然に突然変異が起こり、原種と異なる形質が生じるものと思われる。もし変異した芽から異なる色や香りが生まれれば、枝変りを増殖させることも可能だ。枝に放射線を少量照射して、突然変異を人為的に起こすことも行なわれている。

人間が接ぎ木を始めたのは紀元前六〇〇〇年ごろで、当時は一種の魔術だと見られていた。「中世の終わりまで、接ぎ木は奥義を伝授された者による秘術とされ、大衆はそれを奇蹟と見なした」と、フレデリック・ジャンソンは『ポモナ〔古代ローマの果実と花の女神〕の収穫 Pomona's Harvest』のなかで書いている。接ぎ木を成功させるには、月明かりの下で男女が交接することが必要だと信じる者もいた。行為の頂点で、女性が台木と枝をしっかり接合させるのである。唐の禁苑で接ぎ木の方法を心得ていたのは、背中にこぶのある仙人のような長安の庭師だけだった。十六世紀イギリスの哲学者ジョン・ケースは、ナシの木をキャベツに接着することは「芸術のすばらしい事例」だと、いまから思えば滑稽な主張をしている。

アメリカでは昔、詐欺師たちが大衆の無知につけこんだ。えせ接ぎ師たちは枝を台木にワックスで接着したが、みながだまされたと気がついたときには、すでに数か月たったあとで、流れ者の庭師はとっくに姿を消していた。

詩人たちは接ぎ木の是非を論じた。「人間がおのれが手なずけたものを野生種に接いだおかげだ／だから出自も定かでない不義密通の果実が生まれて／舌を混乱させることになる」と、十七世紀イギリスの詩人アンドリュー・マーヴェルは書いた。「そして桜については自然をもてあそび／交わりもなしに子をなそうとする」。一方、同じ時代のエイブラハム・カウリーは接ぎ木に神の御業をかいま見た。「人間の征服する手がすべての植物界を支配するのを見て／喜ばない者がいるだろうか」。宗教界の指導者たちは、接ぎ木を神の領域への干渉として難色を示した。ユダヤ教の律法集『タルムード』は、忌まわしい行為だと断罪している。

シェイクスピアは『冬物語』で、接ぎ木も結局は自然の行為だと論じている。「だが、なんらかの手を加えて自然がよりよくなるとすれば／その手を生み出すのも自然なのだ。だから、その人工の手についてあなたは自然につけ加えたとおっしゃるが／じつはその手も自然がつくり出しているのだ……これは自然をたわめる――というよりは、すっかり変えてしまう人工の手だ、しかしじつは／その手そのものが自然なのだ」（シェイクスピアがこれと同じ主張を、遺伝子組換えやクローン牛の肉にも当てはめるかどうかは疑問だが）。

接ぎ木への不信の念は徐々におさまった。聖ヒエロニムス、東ゴート族の王テオドリクス、ジョージ・ワシントンなど歴史上有名な人物が接ぎ木に情熱をそそいだ。こと果実栽培に関してはどの面についてもいえることだが、接ぎ木も熱烈な愛好者を惹きつけた。范蠡《はんれい》は中国の春秋時代、越に仕えた名軍師で、越を去った後は商人として巨万の富を築いた。前述の『ポモナの収穫』によれば、范蠡は接ぎ木にも熱心で、さまざまな商用作物を栽培したという。北米果実探検家協会のハンドブックは、接ぎ木についても「その技法にのめりこみ……熱心さを通りこして、四六時中頭から離れなくなる」おそれがあると警告している。

だがクリフトはその警告を気にも留めていないようだ。「彼は接ぎ木をしていれば幸せなんだ」とリチャード・キャンベルはいう。クリフトはフェアチャイルド熱帯植物園で木に登って接ぎ木しているところを捕まったことがあるので、いまでは警備員がナイフと接ぎ木の用具を一式、入口で預かっている。「とにかくそうせずにはいられない」とキャンベルが説明する。「その気持ちはわかる。これぞというものを見つけたら接ぎ木をしてみたくなる。ただし、私ならうちの庭でやるよ――国立の植物園じゃなくて。変わった果物を見せられたら、クリフトは何もかも捨ててそれを追いかけ、仕事を失ってしまうだろう」

たしかにクリフトは職を転々としているようだ。会誌には、彼がある農園を「辞めた」とか、「新種の果物を探すという夢のような仕事」が運営上の問題から行きづまったという記事が折にふれて掲載される。「クラフトンのような人間は既成の枠組みからはみ出してしまう。常人とはちがう、というか、変人だから」キャンベルはクリフトが平和部隊から除名されたこともあると説明した。あるとき、とキャンベルはあきれたような口ぶりで話したのだが、クリフトはコスタリカで果物関連の仕事に誘われた。彼はフロリダから車で南下することにした。まず、グアテマラでスーツケースを盗まれた。エルサルバドルでは、道路脇で眠っているあいだに後部座席から衣類を盗まれた。彼は裸でドライブをつづけた。ニカラグアで車を乗り捨てると、残りの道のりを歩いてコスタリカに向かった。ジャングルの果物で飢えをしのぎ、素っ裸で何週間もかかってようやく森を通り抜けた。

「これまでだれも足を踏みいれたことがない果物の処女林を、徒歩で横断したんだ」とキャンベルはいった。またあるときは、タイの富豪に雇われ、世界最大の熱帯果樹園をつくることになった。ほかの果実愛好家に種子を送ることは禁じられていたのに、その現場を押さえられた。罰として両手を切り落とされることになったが、からくも脱走し、ほうほうのていでタイから逃れたという。

フェアチャイルド植物園の芝生で、クリフトはタイのノンヌック熱帯果樹園の一件では、もっと奥の深い問題があったのだと話した。「おれは世界じゅうの熱帯果実を集めてほしいと頼まれた」とクリフトは説明した。「園長は、『どうしてこれまでだれも思いつかなかったんだろう』なんていうんだ。答える気にもならなかった。こう思ったよ。『あんたは、この世にどれだけの熱帯果実があるかを知らない。かりに全部集めたとしても、それはただのスタート地点で、そこから選別を始めて、最良種を見つけ、ようやく接ぎ木や交配に取りかかるってわけだ』」

クリフトは自然界には果物が無限にあると話しながら、その事実に見るからに心打たれたようすだった。「部屋のドアを開けたら、熱帯果実が全部そろっていて、『まあ、こんなところかな』なんて、そんな甘いもんじゃない。ボルネオのジャングルでもアマゾンのジャングルでも、ドアを開けるたびにまえよりも大きな部屋が広がっている。しかもその先には、交配や遺伝子の組換え、それどころか一番大きくて一番多汁なものを選別するという仕事が待ちかまえている。いまは熱帯果実のあけぼのだ。おびただしい数の品種が続々と発見され、命名されている。森がひとつでも残っているかぎり、新しい果物は見つかる。それを栽培したら、二、三世紀たつうちにはまったくちがったものになる。おれが物心ついてからでも、ずいぶん変わったんだから」

ぼくはそのあと午前中いっぱい、開会式の来賓をつかまえては、おすすめの果物はどこで見つかりますかと質問してまわった。彼らの答えは、クリフトのジャングルの部屋に負けないくらい多種多様だった。白イチゴならチリの町プレンの特産だが、ほかにも甘い品種が、イスタンブールの近くやフランス南西部のロワイヤンで育っている。世界一すばらしいナツメヤシはカラスという品種で、サウジアラビアのアルムタイールフィ村で栽培されている。白肉のビワは中国の蘇州で五月末に出まわる。カニバル・トマトはポリネシアの首狩り族がソースに使ったという伝説がある。クリーム状の果肉をもつケガキは、黄色いライチーのようなフィリピン・リュウガンやカルモンと同じく、フィリピンが原産である。フローレンス・ストレンジによると、カルモンはふたつに切ると「中央は美しく渦を巻いたゼラチン状で、果頂から触毛が放射線状に広がる」。甘いモホボ・ホボは、東南アフリカではムタンダヴァイラとよばれるオレンジ色のおかゆに混ぜて食べる。ミルキーウェイというヤマボウシの品種は、真っ赤な複合果をつけ、パパイアに似た風味が日本で人気がある。タコノキ属のパンダヌス・エドゥリスは赤色、褐色、黄色のマダガスカル産の果実で、外見はバナナの房のようだが、パイナップルのように小果が癒合した複合果である。ザクロの最優良種ならイランの町カシャーン、サヴェ、それにヤスドで見つかる。レバノンではスモモ、ブドウ、リンゴ、レモン、青いアーモンドの未熟果に塩をかけてスナックにする。「五感に襲いかかってくるんだ」とひとりがうっとりと描写した。

リチャード・キャンベルは、適切な環境で育った旬の果物ならどれもはずれはないという。「中国の海南島にある古いライチーの果樹園で、顔に深いしわを刻んだ老人と一緒にすわり、千年のあいだ一族が代々栽培してきたというライチーの実を分けてもらって、それを食べる――そういうのがおすすめだな」

何十万種もある栽培品種は、食用になる実をつける数万種の原種からねずみ算式に増えたものだ。接ぎ木屋のクラフトンが指摘したように、いま現在、何種類の果物があるのか正確に知っている者はだれもいない。なぜなら新種がいまでもつぎつぎに発見される一方で、記録されないまま消えていく品種もあるからだ。さらに、人為選択あるいは自然選択によって、新たに出現するものもある。

果物はあらゆる気候、あらゆる地域で成長する。高度、小気候、それに地勢の違いはすべて多様性の高まりに貢献している。灼熱の砂漠地帯でも、沼地や湿地の泥水につかっていても果物はみのる。四六時中、雲や霧に包まれているような雲霧林でも、そこでしか育たない種はいくらでもある。だが、果物の多様性がもっとも高いのは、地球をタキシードにたとえるならそのカマーバンドの部分、すなわち、北回帰線と南回帰線にはさまれた熱帯地方だ。温帯にも数百種が生息するが、熱帯雨林の豊かさにはとてもかなわない。熱帯雨林には何万という種が共存しているのである。

アフリカのサハラ以南の地域を訪れる人はおびただしい果物に遭遇する。スモモとよく似たカウラや、ソーネ、テケリといったベリー類、それにヘーゼルナッツ大のコバイの実もあるが、あまりにもおいしいので、旬の季節になるとほかの食物は見向きもされないという。

七五〇種を超えるイチジクでは、砂漠地域に生えるものもあれば、地下で熟すものもある。ビオレ・ボルドーというイチジクは果肉がねっとりしていて、味はラズベリージャムとよく似ている。パナッシェは黄色と緑色のしま模様で、赤い果肉はストロベリー・ミルクセーキを思わせる。イチジクの専門家リチャード・E・ワッツは『フルーツ・ガーデナー』に、「南カリフォルニアでは少数の個人収集家がイチジクの稀少品種の大半をもっている」と書いた。そのひとり、ジョン・ヴァーディック（www/figs4fun.com）は三百種を超えるイチジクを育てている。イチジクの優良種はどこで食べられますか？ヴァーデックいわく、「簡単にいえば、うちのイチジクを買ってください（笑）」。あるいは自分で育てるか、だ。イチジクはかつて世界の七不思議のひとつに数えられたバビロンの空中庭園でも栽培されていた。十世紀になるまで最高のイチジクはスバイ種で、いまでもイスラエルで栽培されている。聖書のある外典によると、エデンの園のイチジクはスイカほどの大きさだったという。

満州からカナダのマニトバ州までの草原地域も、数多くの果物の原産地である。ブルーベリーの栽培が始まったのはアメリカのニュージャージー州沿岸、パイン荒地とよばれる不毛の湿地帯で、いまでは大産地になっている。きびしい極地の気候でも果物はできる。シャネルの五番のような芳香が特徴のドワイエネ・デュ・コミスという洋ナシは、カナダのトロント北部の庭でもよく育つ。リンゴ、スモモ、モモの果樹栽培は、一年のうち数か月は雪の下という気候にもかかわらず、ロシアのカザンで盛んに行なわれている。キウイフルーツの一部の品種はシベリアでも生育する。

アラスカはニューヨークのハンツポイント中央卸売市場へ青果物を出荷しないただひとつの州である。どうしてアラスカ産の果物を取り扱わないのかとたずねたところ、市場の理事はよほど頭のにぶい相手か、幼い子どもに対するようにわざとらしく沈黙した。「そりゃまあ、あそこには何も生えていませんから」と彼女は冷ややかにいった。

じつのところ、アラスカは数多くの野菜の産地だ。リンゴ、ブルーベリー、ラズベリーなどの果物はいうまでもない。ぼくがホロムイイチゴ、ナグーンベリー、サーモンベリー、マウス・ナッツ、ビーチ・アスパラガス、ワイルド・キューカンバー、海藻のケルプやダルス、マルバダイオウ、ユキノシタ科のスパイクト・サクシフリッジ、グミ科のシルバー・ベリー、それにザイフリボク属のサービスベリー――これにハマハコベとトナカイの脂肪を混ぜ合わせるとイヌイット式アイスクリームができあがる――と名前を挙げると、ハンツポイントの理事はふたたび沈黙したあと、どれも聞いたことがないわね、と高飛車な態度でいった。

何千種という果物は期待をかきたてるだけで、北アメリカやヨーロッパには決して入ってこないが、地球の裏側では毎日のように食べられている。だが、それらの果物が実際にあることを知っていても、国境を越えて果物を輸入する過程には、植物学的、経済的、地政学的な難題が山積している。さらに事情を複雑にしているのは、知名度の低い果物は輸送する手間に見合うだけの充分な収量がないという点だ。旬の時期もごく短い。おまけに多くの果物は大量栽培されていないので、品質に大きなばらつきがある。これらの問題はどれもフルーツ・ハンターの血を騒がせるとはいえ、スーパーマーケットの供給網からは排斥される原因となる。

果物に異なる温度帯を旅させるのは難しい。温帯産のベリーを熱帯へ輸送すると傷むように、熱帯果実も冷涼な地域では本来の風味が損なわれる。果物はもともと日持ちが悪いうえに、輸送に数週間かかることがさらに事態を悪化させている。商業栽培される果実は熟すまで待ってもらえない。船の出発に合わせて収穫されるのである。これらの未熟果は輸送中に実がくずれ、下手をすると発酵しはじめる。

それでも、ホイットマン熱帯果実館で取り組まれる研究は、北で栽培される熱帯果実という新たな世界を開くのに役立つだろう。温室内の若い木は今後数十年のあいだに大きく成長し、その果物を研究することで、より広い地域での栽培、販売も夢ではなくなる。

「こっちへいらっしゃい、エリック」アンジェラがまちがってぼくを義理の息子の名前で呼んだ。ジーン・デュポン・シーアン来賓館までぼくを案内し、大手化学会社デュポンの一族も出席しているのだと説明した。開会式のあとの午餐会で、ハワイ産の赤いランブータンを盛ったカゴが会場でまわされた。ランブータンは最近、新しい放射線照射技術のおかげでアメリカ本土への持ち込みが許可された。会場で耳にしたうわさ話によれば、放射線を照射した果物はまもなくハワイ産のみならず、東南アジア、南米、その他の熱帯地方のものも輸入が許可されるらしい。(放射線照射された東南アジア産のマンゴスチン第一号が正式に輸入されたのは、このときから三年後の二〇〇七年のことである)。だが、放射線照射された果物は最高の品質とはいえないというのが大方の意見だった。本物の熱帯果実を味わうには、これからもやはり原産地まで足を運ぶ必要があるだろう。フルーツ・ハンターたちがこれまでずっとそうしてきたように。

第2部　冒険

5　ボルネオの奥地へ

不思議な事件や驚嘆すべき事柄がしばしば起こるのはこの世の果てである、ということに留意されたい。自然の女神は世界のはずれでこっそり戯れているときのほうが、われわれにより近い、世界の中心で公然とふるまっているときよりも、自由きままのようである。

ラヌルフ・ヒグデン『万国史』

二〇〇七年一月の月曜日の朝、ニューヨーカーたちは硫黄や腐った卵を思わせる、ひどい悪臭で目を覚ました。まるで巨人が放屁して、それがロウワー・マンハッタンにじわじわと広がっていくかのようなにおいだ。あたりに漂うガスを、マスコミは「すさまじい」、「鼻の曲がりそうな」、「不吉な」などと表現し、そのガスのせいで学校やオフィスビルから人が避難する騒ぎになった。九一一の回線は混み合ってつながらず、通勤列車や地下鉄は運行を見合わせ、十人以上の市民が入院した。「ただの悪臭にすぎないかもしれない」ブルームバーグ市長は市民の動揺をしずめようと発言した。非難の矛先はニュージャージーにある化学工場に向けられた。天然ガスにガス臭をつけるためのメルカプタンという物質が漏れたのではないかと推測する者もいた。結局のところ、悪臭の原因は特定されなかった。

ぼくはその元凶となりうるものを知っている——ドリアンだ。

ドリアンは世界一強烈なにおいを発する果物である。四三種類もの硫黄化合物が含まれ、その一部はタマネギ、ニンニク、スカンクの肛門線からの分泌液と同じ成分だ。とげにおおわれたこの果物は、密閉された空間をことごとく汚染する。鼻を突くようなその臭気はオランウータン、トラ、ゾウといった動物を引き寄せる。熱帯雨林ならそれもけっこうだが、マンハッタンのダウンタウンとなると話は別だ。悪臭を発する、腐りかけたドリアンを詰めこんだゴミ箱ひとつあれば、ニューヨークの町は大混乱に陥るだろう。

話が大げさだって？　マイアミ旅行から数か月たったころ、カート・オセンフォートとぼくはニューヨークにある彼のアパートで、ドリアンの試食会を開いた。ドリアンを割ったとたん、すさまじい臭気がどっと吹きつけてきたので、ひと昔まえのカセットテープの広告ではないが、髪を後ろになびかせ、椅子に必死でしがみついている自分の姿が頭をよぎった。中華街で買ってきた二個のドリアンはあまりにもひどいにおいだったので、宴会のあいだ、ビルじゅうがガス漏れを警戒して避難していた。ぼくたちは知らなかったが、ドリアンの悪臭は廊下をじわじわと進み、エレベーターシャフトを通ってほかの階にも広がっていたのだ。心配した住人たちは貴重品をもってタクシーでアップタウンへ逃れるか、角を曲がったところにあるデリで気をもみながら待機していた。ぼくたちが遅まきながら事態に気づいたのは、通報を受けた警察と電力会社の職員がガス漏れの場所を突き止めるために訪ねてきたからだった。

その年ドリアンを食べたマンハッタンの住人はぼくたちだけではない。『ロンドン・レビュー・オブ・ブックス』が、作家のスーザン・ソンタグ、ミュージシャンのルー・リード、現代美術館の学芸員らが出席したという、よく似たドリアンパーティーのことを書いている。ドリアンが出ると知って、フィッシャースプーナーのヴォーカルは、「女の子みたいな歓声をあげた」そうだ。

好意的な反応ばかりとは限らない。ドリアンはこれまで腐った魚、干からびた吐瀉物、洗濯していない靴下、古いサポーター、干潮時の海草、納骨堂、真夏の下水、豚の排泄物、赤ちゃんのおむつ、テレピン油、掘り起こした死体がつかんでいるブルーチーズ、下水に流したクレームブリュレにたとえられてきた。ドリアンを食べるのは、お気に入りのアイスクリームを便器にすわって食べるようなものだともいわれている。ぼくたちがマンハッタンで試食したものは、ピーナッツバターとミント入りの生焼けのオムレツに体臭ソースを添えたような味がした。翌朝になっても、げっぷが出るたびにその風味がよみがえった。

当然ながら、栽培業者はにおいのない品種の開発に取り組んでいる。それでも、真の愛好者はドリアンならではの刺激的な香りを愛している。マレーシアには「ドリアンの実が落ちると、腰巻きも落ちる」ということわざがある。ドリアンの香りがついたコンドームはインドネシアでは人気商品だ。東南アジアの人びとが青かびチーズのロックフォールを敬遠するように、西洋人にはドリアンの魅力が理解しがたい。たしかに、腐敗しかけた食品を珍重する文化は少なくない。イタリアのサルディニア地方のカース・マルツゥというチーズには生きた蛆が混ざり、アイスランドのハウカットルはサメ肉を発酵させたもので、貴腐ワインはボトリチス菌の作用でしなびたブドウからつくられる。

ドリアンの果肉そのものは、においから切り離せば、ねっとりとしてこくがあって、じつにおいしい。よく耳にするドリアンのキャッチフレーズは、「天国の味と地獄のにおい」だ。愛好家のサイトdurianpalace.comによれば「最高においしくて五感を刺激するバナナプディングに、ごく少量のバタースコッチ、バニラ、モモ、パイナップル、イチゴを加え、アーモンドエッセンスを垂らし、隠し味にニンニクをいれたものを想像してください」。英語で書かれた初めての好意的な紹介では、クリームチーズ、タマネギ、ブラウンシェリーなど、「本来は調和しない」いくつもの風味が合わさったものと記されている。

ドリアンはアジア一円のホテルや公共の建物への持ち込みが禁止されている。シンガポールでは地下鉄の駅に、ドリアンを携行した者には五〇〇シンガポール・ドルの罰金が科されるという掲示がある。前述の Durianplace.com は、自然が生んだ最高のプディングを禁止することは、「悪法の極み、放屁を禁じるようなものである。われわれはそれがじつに爽快で、だれもが陰でこっそりやっていることを承知している」と考えている。航空業界の警告は、手荷物にドリアンを忍ばせて輸送する乗客があとを絶たないことから始まった。「不快」という理由で――安全ではなく――ヴァージン・アトランティック航空のブレット・ゴドフリー部長は二〇〇三年、オーストラリアの国内便を一便、放置されたドリアンのせいで欠航にした。「これほど強烈で、胸が悪くなるような悪臭はない」といい、屋外便所に類するものだとほのめかした。

ちなみに、ドリアンを食べるときはアルコールは控えたほうがよいといわれている。同時に飲酒すると、腸内で発酵して苦しくなるからだ。ジャーナリストのジェリー・ホプキンズは、『世界の珍味 Extreme cuisine』のなかで、通信社が配信したニュースを紹介している。「太ったドイツ人観光客が熟したドリアンを一個平らげ、タイのメコン・ウイスキーをひと瓶空けたあと、熱い風呂に入ってたちまち昇天した」。

ぼくもドリアンパーティのあと昇天しそうになった――ドリアンの質を考えれば無理もない。新鮮なものでもにおうのに、質の悪いものが数か月も冷凍されたあげく中華街の雑踏のなかでどろどろに溶けたら、どれほどひどいことになるか。アメリカでは毎年一〇〇〇万ドル以上が、冷凍ドリアンに支払われる。どれもみな二級品で、収穫したてのタイ産の高級種モントンと比べれば月とすっぽんである。十九世紀、イギリスの自然科学者アルフレッド・ラッセル・ウォーレスは、ダーウィンとは別に自然選択による種の進化の考察を進めていた時期、マレーシアとインドネシアを探検し、ドリアンについて「東洋まではるばる出かけて食べるだけの価値がある」と主張した。ほんもののウルトラ・エキゾチックを味わいたければ、いまでも熱帯に足を運ぶ必要がある、というフロリダのホイットマンの言葉を肝に銘じ、ぼくはドリアン王国の脈打つ心臓部へと飛行機を予約した。

世界最大の島のひとつ、ボルネオ島は三つの国が領有し、マレーシアのサラワク州とサバ州、インドネシアのカリマンタン州、およびイスラム教の小国ブルネイから構成されている。ほかの土地では手に入らないおびただしい果物が、西洋からはるかに離れたこの固有種の王国で繁茂している。だが近年は、生物多様性の偉大な温床であるこの島の熱帯雨林が、木材の伐採によって壊滅的な損害をこうむってきた。だが、さいわいなことに、この地域のもっとも貴重な果物の多くは、環境保護機関による栽培と研究が進められている。

ヴーン・ブーン・ホーは植物学者で、長年、ウィリアム・ホイットマンやリチャード・キャンベルの現地での仲介役をつとめてきた。身だしなみがよく、やせ形で、ごま塩の口ひげをたくわえたヴーンは、サラワク農業研究所でドリアンの研究に打ちこんできた。

彼の案内で、州都クチンの郊外にある研究農場を歩いていると、この島の多様性がしだいに明らかになってきた。ランブータンとひと口にいっても、血のように赤いものから、薄黄緑色、黄色、オレンジ色まで多岐にわたる。さらに甘みの強いのが近縁種のプラサンで、深紅のものと緑色のものがある。クラスター爆弾を思わせるズクやランサの房状の実を食べてみたら、甘酸っぱく、柑橘系の爽快な味が舌の上ではじけた。これらの果物が欧米でも手に入るようになれば画期的なブームになるだろう。グヌンはラズベリー・ソースの酸味が利いた野イチゴといったところだ。ダバイは紫色のオリーブをひとまわり大きくした感じだが、口のなかでとろけて、ねっとりした果汁がにじみ出る。星形をしたタンポイは朱色の果皮に乳白色の果実、大きな白い種子はアボカドのそれほどもある。その果実を見ているだけで、ぼくはうっとりした。

ボルネオ島は六千を超える固有種を誇っている。ボルネオの遺伝子プールがかくも豊かなのは、更新世の氷河期に起こった大絶滅の影響を受けず、生態系が乱れなかったからである。年間降水量は七〇〇〇ミリメートル。南アメリカやアフリカの熱帯雨林と同じく、ボルネオには特異な進化をとげた生物がきわめて多い。たとえば、小型のフクロウ類、ネズミと変わらない大きさのマメジカ、トビトカゲ、『オズの魔法使い』の空飛ぶサルを思わせるヒヨケザル、冷光を発するキノコ、珊瑚礁のような色とりどりの菌類など。チョウは人間の汗を吸って、クリームのような液を分泌する。ヴーンが指さした小さな鳥はキンガオサンショウクイ、英名が「黒い胸のフルーツ・ハンター」というツグミの仲間だ。

どこへ行くにも蚊柱があとをついてくる。抗マラリア薬を服用していたが、海外渡航用のクリニックでは、ヤブ蚊が媒介するデング熱にはワクチンがないと釘を刺されていた。蚊に刺されるたびに、熱帯のめずらしいウイルスが血管を流れていくさまが頭に浮かんだ。それでも、警告されていたほかの害虫、たとえばタイガーリーチという特大サイズのヒルや、足もとに群がりよじ登ってくる鋭い歯を持ったアリ、それに人食いワニの姿はどこにも見当たらなかった。

ドリアンの大木のあいだを歩いていると、何かがどさっと木から落ちる音が聞こえた。ヴーンが丈の高い草を茂みをかきわけて走っていく。まるでわくわくと胸を躍らせた少年のようだ。とげだらけの果実を抱えて意気揚々と戻ってくると、マレーシアで一番おいしいドリアンは木から落ちたばかりのものだと説明した（タイでは落下するまえに収穫してしまうという）。ぼくたちはその場で果実を割った。クニこれはクニン・ドリアンだといって、ヴーンはサーモンピンク色の果肉をひとかけ分けてくれた。クニン種の果肉はよくある淡黄色ではなく、けばけばしいオレンジ色から鮮やかな紅色のものまでいろいろある。いま食べているのはナッツやアーモンドのようなえもいわれぬ芳香があり、ドリアン特有の臭気はほとんど感じない。マンハッタンで見つけた腐りかけた悪臭の爆弾など足もとにも及ばない。

ここでは二七種類のドリアンが栽培されており、その大半はボルネオ原産のものだ。ムカデ・ドリアン、種なしのミニ・ドリアン、枝変りでにおいのないサウォという品種もある。ほとんどのドリアンはとげでおおわれた緑色の果皮と黄色い果肉だが、ドリアンイサなどいくつかの品種はとげなしで果皮が赤い。ベトナムのダラットにあるクニン種の巨木など、十五人の人間が両手をつないでようやく幹を一周できるという。その木の種子は、持ち主の祖父が夢のなかで精霊から与えられたものだといわれている。

さらに歩いていくと、タラップの木があった。ヴーンは助手を木にのぼらせて、サッカーボールほどもある大きな実を切りとらせたが、それはすでに半分ほどオオコウモリに食われていた。「熟している証拠ですよ」とヴーンは説明した。何匹かの昆虫を払い落として、大きな塊をぼくに渡した。その味は、完璧な組合わせのデザートを思わせた。サイコロ形の白い多汁な果実は、カスタードクリームの濃厚さとケーキのようなサクサク感を併せもち、全体がバニラフロスティングでおおわれている感じだ。甘さはジャングルの生き物たちの折り紙つき。果実を「空飛ぶキツネ」ことオオコウモリと分かち合うのは、共生というか、うまく言葉にできないが、何かしら根源的なものが感じられた。

ぼくはいまやすっかり果物のとりことなり、蚊に熱病をうつされて入院している自分の姿は脳裏から消えていた。たわわに実をつけた背の高いマンゴスチンの木のところまでやってきた。ボルネオでは、ヴーンの説明によれば、人びとはマンゴスチンの木に登り、枝からもいだ果物をその場で食べるという。アメリカ人がもぎたてのリンゴをかじるのと同じだ。ヴーンにすすめられて、ぼくもその木によじ登り、革質の茶色い、リンゴ大の実が鈴なりの枝に腰かけた。ふたつばかりヴーンに落としてやると、彼は分厚い果皮にこうやって指の爪を立てるのだと実演してみせた。ひねるようにして皮をむくと、ミカンの小袋のような真っ白な果肉が数片入っていた。

その日の別れぎわ、ヴーンがにおいのきついチェンペダックをおみやげにくれた。蜜のように甘い、オレンジ色の実が詰まった、カーキ色のラグビーボールほどもある果物である。二口、三口かじっただけで、ホテルの三階にある部屋のナイトスタンドの上に放り出し、夕食をとりに出かけた。近くの屋台で夕食をすませ、ホテルのロビーに一歩入ったとたん、そのにおいにやられた。裏口からこっそりもち出して、近くの空き地にすわり、実を一粒ずつほじくり出した。濃い靄でにじんだような月明かりの下、中身を掘りすすんでいく。昼間食べたときよりもおいしくなっていた――ちょうど頃合いに熟しているという感じだ。どこかしらなじみのある味なのに、それが何か思い出せない。ひと口食べるごとに記憶を探った。そのとき、はたとひらめいた。これはフルーツ味のシリアル、フルートループだ。

その味が引き金となって、子どものころ、おこづかいで箱入りのフルートループをよく買ったことを思い出した。こっそり買ってくると、布団にもぐってシリアルを食べながら、コミックの『アーチー』を懐中電灯の光で読んだものだ。それからまもなく、チェンペダックを食べ散らかした跡が足もとに散らばった。あんなに大きな果物を、ころんとした多肉質の実をほじっては口に入れ、とうとう丸ごと一個食べてしまったのだ。ねばねばした果糖の結晶が、歯の表面を糖衣のようにべっとりおおっているのがわかった。

史上初めての公的な果物採集は、古代エジプトのハトシェプスト女王が派遣したもので、紀元前十五世紀、東アフリカ沿岸のプント国に遠征した船団が種子や植物をもち帰った。大型の帆船が岸に着くたびに、現地の住民たちは歓迎のしるしに果物を献上した。コロンブスは新大陸に上陸してすぐ、チェリモヤをご馳走になった。南アメリカの先住民はコルテスに珍品奇品を贈ったが、それが何かは伝わっていない。イギリスの探検家クックは「子どもの頭くらいの大きさと形で……表面はでこぼこしていて、トリュフと似ていなくもない」パンノキの実を贈られた。レヴィ＝ストロースらフランスの人類学者一行は、アマゾン河口のデルタで、熱帯果実を積んだ小舟の集団と遭遇した。最近でも、パプアニューギニアのカーゴ・カルト〔先祖の霊または神が、天国から船や飛行機に文明の利器を搭載して現れるという招神信仰〕の信奉者たちが、飛行機のパイロットにバナナを振って合図したことが報じられている。

コロンブスが一四九三年、西インド諸島のグアドループ島でパイナップルで歓待されたことから、パイナップルはヨーロッパでは歓迎のしるしとして門柱や小塔に飾られるようになった。つまり、パイナップルを戸口に飾って客を歓迎し、友好の象徴にするという先住民の伝統を取り入れたのだ。それから五百年後、アメリカの不動産会社ウィリアム・ピットはパイナップルを会社の商標ロゴにした。高級キッチン用品店ウィリアムズ・ソノマも同様である。スーパー8モーテルというホテルチェーンの社長は、「パイナップル精神によるおもてなし」を宣伝しているが、それはパイナップルが「接客業界における究極の歓待」を象徴しているからだ。

果実採集の歴史は数多くの逸話で彩られている。ヨーロッパ最古の植物探検家のひとりはイギリスの名高い海賊ウィリアム・ダンピアで、ダリエン地峡（パナマ地峡）からコロンビア沿岸を探索した。スマトラ沖数百マイルの地点で置き去りにされたが、苦労のすえイギリスに帰りつき、植物探検家として再出発した。一六九七年に出版された手記、『最新世界周航記』には世にもめずらしい果物が多数紹介され、それが政府の目に止まって数度にわたる植物採集の遠征を命じられた。

イギリスのジョン・トラデスカントは、一六二一年の探検旅行でアルジェリアのアンズを入手したことから一躍有名になった。アルジェリアのバーバリ海岸を荒らしていた海賊退治に向かう私掠船に同行し、それまで記録されたことのないさまざまな核果〔ウメ、モモなど、内果皮が石化した核をもつ果実。石果ともいう〕をもち帰った。つづく航海では、白肉のアンズと、今日ではトラデスカント・ブラック・ハートとして知られる「並はずれて大きなサクランボ」を採集している。イギリス国内でも新種のイチゴを発見しており、プリマスというその品種は、デボン州南部のゴミの山に生えていたのだった。プリマスは通常は小さな種子（瘦果）がある部分にごく小さな葉が生えてくることで知られている。彼は採集してきためずらしい植物を、ランベス近郊にある「トラデスカントの方舟」と名づけた広大な庭で栽培した。嗅覚に障害があったが、息子とふたりで育てたメロンの品質は折り紙つきだった。また、他家受粉を史上初めて行なったともいわれている。もっとも、その方法を書き残さなかったので、検証することはできないが。

無味乾燥な科学といえども、彼ら冒険家の情熱に水を差すことはできなかった。トラデスカントの衣鉢を継いで、新世界の探検という考えに魅了された若者たちのあいだで植物採集は流行した。彼らは胸を躍らせて未知の世界へ飛びこんだ――残された日記には、幾多の苦難のすえに成し遂げられた大発見の物語がちりばめられている。道に迷う、ハゲワシの生肉を食らう、熱帯雨林を靴も服もなしで踏破する、うず潮に巻きこまれて何時間も脱出できない、狂暴なバッファローの攻撃をかわす、馬もろともカバの群がいる泥沼に転げ落ちる、寝ているあいだにネズミに髪をかじられる、聖なる農地に侵入した外国人を石つぶてで殺そうとする外国人嫌いの武装した先住民と交渉するなど、災厄につぐ災厄である。一八三四年、オレゴン・グレープを発見したデイヴィッド・ダグラスというプラント・ハンターは、ハワイで野豚捕獲用のわなに落ちて命を失った。穴に落ちてすぐ野牛に角で突かれたのだ。デイヴィッド・フェアチャイルドの部下、ウィルソン・ポピノウの妻は未熟なアキーの実を食べて食中毒で亡くなった。

新しい果物の発見は、ある時期、社会的な成功を約束するものだった。果物はそれを発見した探検家にちなんで名づけられた。たとえば、スウェーデンの植物学者カール・ツンベルグは鎖国をしていた日本を訪れ、メギを採集してヨーロッパへもち帰ったが、いまではそのメギはベルベリス・ツンベルギイという学名で知られている。フェイジョアは、ブラジルでこの果実を発見したスペイン人冒険家で植物学者、ドン・デ・シルバ・フェイホにちなんだものだ。キンカンの学名フォルトゥネッラは、著名なプラント・ハンター、ロバート・フォーチュンに由来する。

フランスの情報将校アメデ＝フランソワ・フレジエは、政府の命令でスペイン人の動きを監視していた一七一四年、チリのイチゴを発見した。フレジエは——彼の名はたまたま、イチゴを意味するフランス語から派生したものだが——その小果がいかなる国家機密よりも価値があると判断し、あらゆる手段を講じてそれを故国に持ち帰った。航海は六か月かかり、彼は死の危険を冒してまで乏しい飲料水をその植物と分け合い、ようやく五本だけが生き延びた。このフラガリア・キロエンシスの果実のDNAを、フラガリア・ウィルギニアナと交配させることで、ぼくたちが今日食べているイチゴが誕生したのである。

植物の種子を故国に紹介することは、その分布範囲を拡大し、人間の知識の水平線を広げる方法であった。アメリカの第三代大統領トーマス・ジェファーソンがいうように、「最大の貢献は、どの国にとっても、有用植物を自国の文化につけ加えることである」。これを根拠に、ジェファーソンは米をイタリアから、大麻の実を中国から（死罪になる危険を冒してまで）密輸した。

ポピノウは植物採集の方法をそっけなく説明している。「さびれはてた町へ出かけ、土地の少年を雇う。つぎに動物を三頭買う——馬かラバ、あるいはラクダでもいい——自分用と、少年用と、荷物の運搬用だ。それから田舎に向けて出発し、行き先は、鍋釜のたぐいがほとんどないので、トマトの空き缶ひとつでひと晩泊めてもらえるような辺鄙なところだ。そこで村の市場に足を運び、売り物のひとつひとつにタカのような鋭い目をこらす。土地の人間に愛想を振りまく。夕食に招かれる。こうしてようやく、お目当ての植物かその種子が手に入るのである」

二十世紀初頭でさえ、植物採集は人跡未踏の荒野に飛びこむことではなかった。まずは市場に出向くのである。おおむね、それぞれの果物の優良品種はとっくの昔に発見され、望ましい形質を求めて、何世代にもわたって選別育種されている。民族植物学の研究では、いまでも森林、山地、平野、峡谷での実地調査が欠かせない。研究者はヘリコプターやパラシュートを利用し、全地球測位システム（GPS）やレーダー機器を駆使して目標に迫る。だが、現代のフルーツ・ハンターたちの大半は処女林にさほどこだわらない。現地でガイドを雇って、個人経営の農園や果樹園、農業関係の省庁、植物園、養樹園、ハーブ園、研究所、そして村の市場に案内してもらう。

フェアチャイルド熱帯植物園のリチャード・キャンベルにいわせれば、「最寄りの空港に降り立ち、車で町を一巡し、庭をのぞきこみ、極上の果物がどこにあるか知っている連中を見つける。そうしたらこういうんだ。『やあ、わたしはアメリカからきた。果物に目がなくて、きみたちのマメイリンゴをひと目見たいんだ』」

すべての果物愛好家たちは植物の多様性を守るという思いに駆り立てられ、野生種を記録に残したり、母国で栽培するという方法でそれを実践している。めずらしい果物をもち帰ることは、絶滅という罠に対抗するセーフティ・ネットのひとつである。スーザンとアランのカール夫妻は三十年近く、絶滅が危惧されている森林に出向いては、消えてしまいつつある種を保護し、オーストラリアにある「野生種の方舟」と名づけた地所で育てている。

ハロルド・オルモは、アフガニスタンやイランでのブドウ採集をめぐる数々の冒険から、「ブドウ栽培のインディ・ジョーンズ」として知られている。あるときは三日がかりで、七・五メートル下の谷底へ落ちた車を、遊牧民が使っているラクダの毛のロープを使って引き上げた。彼が採集、育成したブドウは、カリフォルニアのワイン産業の創設と維持に大きな役割を果たした。アフガニスタンの植物学者たちは最近、オルモがかつて採集したブドウから挿し木用の枝をもらった。それらの植物は、自生地からは姿を消していたのである。

ロイ・ダンフォースとポール・ノーレンはキリスト教の伝道師で、熱帯果実の保存林をコンゴ民主共和国のウバンギ地方に設立した。彼らのロコ農作造林プロジェクトは森林、とりわけ果樹の保護と植林に的をしぼって、植生の維持を図っている。ぼくは彼らを訪ねるつもりでいたが、ふだんは沈着冷静な植物学者たちが、彼らにインタビューするためにその地域に赴くには、機関銃を搭載したヘリコプターと民兵の一隊を雇うことが必要だと報告書に書いているのを読んで断念した。

ポピノウがいうように、果実探しの出発点としては市場が最適である。栽培や食用にする値打ちのあるものは何でも、必ずこの集積場所にやってくる。市場はその地域の自然の恵みが集まるだけでなく、観光客が現地の人たちと出会い、友人たちが連絡を取り合い、見知らぬ者どうしが共通の利益のために手を組む社交の舞台でもある。ぼくは市場に何時間いてもあきない。あふれんばかりの果物にうっとりし、人びとや自然との触れ合いから刺激を受けて、混じり気のない充足感を味わう。

市場には、生の食材がすばらしいご馳走に変身するのを待ちうける期待感が満ちている。これから訪れる喜びの前ぶれであり、さらなる幸福へと向かう道中の華やいだ途中駅。店先に山と積まれた品々をながめていると、飢えに悩まされることはもう二度とないと思えてくる。ぼくたちが市場を好きなのは、そこにある食品が本物だからだ。八百屋に並んでいるものより新鮮で、品質もすぐれている。とくにその傾向が強いのが、北アメリカやヨーロッパのファーマーズ・マーケットである。

熱帯のジャングルで開かれる市場には、またちがった味わいがある。市場には遠くの支流からはるばる運ばれてきた、おそらくもう二度とお目にかかることのない、その土地ならではの産物がずらりと並んでいる。だが、ぼくたちを惹きつけるのはそれとは別の、もっと暗い側面だ。決まりなどあってないような交渉、怪しげな符帳が飛びかう取引など、秩序だったスーパーマーケットとはかけ離れている。おまけに、熱帯の市場には危険や混乱がつきものだ。動物が目の前で解体される。死のにおいがあたりに漂う。熱帯の市場はいうなれば、文明と野生のあわいの場所なのである。

昔は、西洋の市場も一風変わった場所だった。中世ヨーロッパやニューフランス〔十七、十八世紀の北米フランス植民地〕の市場は、ただ買い物をするだけの場所ではなかった。裁判が行なわれ、役人が法令を布告し、吟遊詩人やフィドル奏者が旅人や庶民、貴族に芸を披露した。死刑もここで執行された。ジャンヌ・ダルクは市場で火刑に処せられた（心臓は炎で焼かれても無傷だったといわれている）。野次馬たちはくすぶっている死体をひと目見よう、死体から上がる煙を吸いこもうと押し合いへし合いした。

ここボルネオ島サラワク州クチンのサンデーマーケットには、吹き矢筒と羽矢、長さ一メートルほどもある緑色の豆、悪夢に出てきそうな毛むくじゃらの植物の一部など、ありとあらゆるものがそろっている。市場に足を踏み入れると、たちまち濃厚な臭気が歩道に積み上げられたごみの山から立ち昇り、体の窪みやら空洞やらにまとわりつく。ズクの果皮、腐りかけたココナッツ、内臓、どろりとした液体の入った透明な袋、ひときわ鼻をつく熟しすぎたドリアンの臭気が合わさって、かつてマラリアを引き起こすといわれた悪臭になる。発酵させた野菜と練り粉を古くなった油で炒めた料理がさらにきつい香りをつけ加え、そのにおいは実際に喉の奥にこびりついて離れない。その臭気の分子たるや強烈で、味がわかるほどだ。赤い葉脈と気味悪いとげのある食虫植物が、小さなビニール袋のなかで空気を求めて大口をあけている。丸々と肥えた、のたくりうごめく白い虫のかたまりが、サゴヤシの幹からじかに売られる。イカの足が散らばった溝の上で、男たちが殺してやるとわめき合う。バナナの房が、親指サイズから六〇センチを超えるものまで、トゲバンレイシ、トウガラシの山、はでなピンクのグアバ、大きなモダマ、そして黒ずみ、ほこりをかぶったオベリスクのあいだに収まっている。

ここでは白人といえばぼくしかいない。ぼくに笑いかける店主もいるが、たいていは特別扱いせず、彼らの商品を買えとがなりたててくる。ぼくは値段の交渉がおそろしく下手だったが、押しの強い売り手たちはぼくのこっけいな駆け引きを楽しんでいるようだった（たぶん、最後に勝つのは決まって彼らだったからだと思うが）。何もかもが蠱惑的で摩訶不思議で――いうまでもなく、けたはずれに安かった。ぼくは調子にのって買いすぎた果物や野菜の袋を抱えて市場をあとにした。その多くはどうやって食べるか、あるいは料理するかさっぱりわからなかった。ホテルの机の上にきちんと積み上げ、均整のとれた形や色を感心してながめるかたわら、毒があるといけないので用心しいしい味見した。ズク、ランブータン、トゲバンレイシ、マンゴスチン、ドリアンはむさぼるように食べた。原生地で食べるのはこれが最初で最後かもしれないと思ったからだ。

翌週いっぱいかけて、ヴーンからもらった『サワラク固有種の果実 Indigenous Fruits of Sarawak』というガイドブックにじっくり目を通し、味見したい果物をリストにまとめた。親指ほどの大きさのクランジ・パパンは、果肉がスイートオレンジのようで、カラメルの風味がある。タンポイはいくつか品種があるが、真珠のような光沢をもつ半透明の果肉にはいたく食欲をそそられた。それに例のピタブ、ウィリアム・ホイットマンお気に入りのオレンジシャーベットにアーモンドとラズベリーをかけ合わせたような果物もあった。だが、田舎の食品店をあちこちまわっているうちに、食べたい果物の多くがいまは季節はずれだとわかった。

ヴーンの奥さんから聞いた話だが、あるとき夫妻で接ぎ木屋のクリフトと出かけたとき、奥さんは「あなたたちはいつも果物、果物、果物ばっかり。ほかに何かないの?」ときいたそうだ。

「ほかに何があるんだい?」クリフトは平然とききかえしたとか。

果物の世界にはより新しく、より優良で、よりめずらしい新種が常にあらわれる。永遠に終わらない追いかけっこみたいなものだ。それなのに、おめでたいぼくはひとつ残らず味見できるかもしれないと考えて、再訪の計画を練りはじめた。栽培農家にたずねると、毎月ちがう果実が熟すという。つまり観光客がすべての果物を一度に味わえる時期などないというわけだ。どうしてもというなら、一年間ずっとボルネオで暮らすしかない。それでも遠方でとれるので試食できないものもたくさんあるはずだ。ベッドに寝ころがって、熱に浮かされたように果物のことを考えていると、電話が鳴った。ガールフレンドのリアーヌからだった。これまでに味見したさまざまな果物について延々としゃべっていると、果物のおとぎの国で見失ったのは研究テーマだけじゃないみたいね、といわれた。

満たされない願望をなだめるために、ぼくは屋台や市場や食堂で何十個もドリアンを食べた。ドリアンのにおいを夜気に嗅ぎとるたびに、手近な屋台に行ってドリアンをひと切れ食べたが、発泡スチロールのトレイに載ったドリアンは鳥の胸肉そっくりに見えた。

ぼくは自分がぼんやりしたうつろな表情、ドリアン好きの人びとによく見られる生気のない表情を浮かべていることに気がついた。最初は、カスタードクリームを思わせるあの濃厚な香気にやられたのだと思った。だが徐々に、ドリアンを食べるという行為によって、脳のなかにある太古のメカニズムが目覚めたのではないかと思いはじめた。

この原始的ともいえる超感覚がふたたび姿をあらわしたのは、ヴーンの家でジャックフルーツを食べているときだった。今回は、ハワイでケン・ラヴにすすめられたときに感じた気後れはまったくなかった。ジャックフルーツのべたべたした果汁がついた指をなめながら、これまで封印されてきた記憶をたどる道筋を見つけたような気がした。果物を食べると子どものころを思い出すだけではなく、進化の初期のころにまで引き戻される。果物を味わうことで、人類の祖先に対するある種の親近感が生まれてくるのだ。これらの果物は彼らが森のなかで生き延びるための糧だった。ドリアンやタラップやジャックフルーツを見たり、食べたり、遭遇したりといった体験によって、大脳皮質下部という原始の領域が刺激され、はるかな昔、人類がまだ木から木へと移動していた時代と同じように脈が早まったような気がした。

ナンシー・J・ターナーは先住民の生態系と植物資源学を専門とする民族生物学者だが、彼女の言葉を借りれば、「野生の作物を採集するという行為は、遠い昔、その仕事が人類の生存に欠かせなかった時代のなごりである、本能的な欲望を満たす」。ぼくが初めてブラジルのパラダイスナットノキを見たときも、マフィンのような果実がたわわにみのったその木が、ぼくの脳に埋めこまれた興奮を呼びさましたのだった。それとまったく同じ神経回路が、ジャングルの果実を味見することでよみがえる。それはたんに希望の光というだけでなく、自衛本能に近いもの、これでもう一日生き延びられるという知識にほかならない。果物を探し採集することが、ぼくたちの潜在意識の中枢を活性化する。これもまた、バイオフィリアのひとつの証なのである。

このややこしい神経化学の反応を体験する一方で、ぼくは愕然とするほどの過剰な伐採の証拠を絶えず突きつけられていた。ボルネオ島では森林破壊のせいで、植物による被覆が過去五十年のあいだに半減した。国の中心部を車で走っていると、破壊され、汚染され、攪乱された景観が目に入った。山肌はあちこちがむき出しだ。樹木を伐採した跡が原生林に深く刻みこまれている。広大な熱帯雨林が、アブラヤシのプランテーションをつくるために無惨に破壊されていた。マレーシアでは国土のほぼ十三パーセントが、いまではずんぐりしたアブラヤシの木でおおわれている。オレンジ色をした、モモくらいの大きさの果実に含まれるパーム油は、調理やバイオ燃料に使われる重要な商品なのである。食品価格が二〇〇七年に三七パーセント上昇したのを受けて（パーム油は七〇パーセントを上まわる値上げとなった）、家庭では油の買いだめが始まった。品不足に抗議して頻繁に暴動が起こり、ますます多くの森林がパーム油を生産するための農地へと転換されていく。交通量のかなりの割合を占めるのは、排気ガスを吐き出す木材搬出用の大型トラックだ。人間の干渉した跡が靄につつまれた山頂のあちらこちらに刻まれている。まるで煙のこもった暗い部屋に射しこむ光の矢のように。

森林を破壊すれば、炭素を吸収する働きをもつ植物――地球温暖化に対する最良の自衛手段――を絶滅に追いこむばかりか、地表からの輻射熱を吸収して温室効果をもたらす二酸化炭素を大気中に大量に放出することになる。森林を失うことは自殺行為に等しい。毎分二五ヘクタール、一年間で約一三〇〇万ヘクタールもの熱帯雨林が姿を消している。アフリカでは毎年、森林地帯が一パーセントずつ減少し、「アマゾン川流域では毎年ニュージャージーと同じ面積の森林が、プランテーション開発のための皆伐と用材伐採のために失われている」と『ニューヨーク・タイムズ』は報じた。

ここボルネオ島では、毎日がじめじめと蒸し暑く、どんよりした曇り空だ。不吉な感じのする茶色い雲が島全体に垂れこめている。ヴーンの話だと、この靄は一度かかると何か月も晴れないという。インドネシアでたびたび発生する森林火災の結果である。

太古からの森林を破壊することは、悲劇的な結果につながる。狩猟採集民のペナン人はこれまでは野生の木の実を主食にしてきたが、もはや伝統的な生活を維持することができない。彼らの食料採集場所が消失してしまったので、マレーシア政府は同化政策をすすめている。前サラワク州知事のアブドゥル・ラハム・ヤクブは「彼らにはマクドナルドのハンバーガーを食べてもらいたい。口にするのもはばかられるジャングルの食べ物よりはましだろう」と発言した。

ぼくが州都のクチンにいたあいだ、『マレーシア・トゥデイ』の第一面に、二十一歳の先住民がジャングルで野生のドリアンの実を収穫中に撃たれたという記事が載った。彼は四時間のあいだ下草のなかを這って逃げたすえに、祖父に発見され、病院に担ぎこまれた。銃弾は手術で摘出され、容態は安定したものの、犯人はとうとう見つからなかった。

ぼくが泊まったテラン・ウサンというホテルはオラン・ウル人が経営している。フロントの女性が、最高のランサが自生している森にぼくを案内してくれることになった。車で田舎に向かいながら、彼女は自分がイバン人、あるいは海ダヤックとして知られる、かつて首狩りの風習があった勇猛な民族の末裔だと説明した。村に着くと、ペンキを塗った小さな看板に、「われらは無窮を信ずる」という格言が記されていた。ロングハウス（高床式長屋）に通され、ツアクというモチ米を醸造した酒をご馳走になった。彼らはいまではコショウを栽培している。彼女の祖母が格子を組んだ床に立ち上がり、アマトウガラシの実を足で踏んで茎からはずす方法を見せてくれた。

ボルネオ島に滞在した最後の日、ぼくは十九世紀に白人王《ホワイト・ラジャ》が治めていたというサリケイに飛行機で移動し、農業祭を見学した。窓の外を見ると、アブラヤシのプランテーションが地平線までつづいている。果実からしぼられるパーム油が食用になるアブラヤシは、農業祭の目玉である。だが、ぼくが想像していたような伝統的なお祭りではなかった。ヴーンはボルネオの固有種でいまが旬の果物が数多く試食できると請け合い、その言葉に嘘はなかったが、あいにく企業色の濃いものだった。バイオテクノロジー企業がパンフレットを配り、自社の製品が農産物から最大の収益を上げるのにいかに役立つかを説明している。農業祭のロゴは、ビーカーから小さな緑色の葉が生えている図柄だった。テーマは「アグロサイエンスで豊かな生活を」。

サラワク州の山地に住む狩猟採集民のペナン人の写真を見ると、彼らはヴーンにもらったガイドブックにも載っていない果物を食べている。森林が後退するにつれて、自然の豊かさも永遠に失われつつあることを考えると寂しかった。それでもこの旅を通して、豊かな熱帯資源がぼくたちの周囲にはまだまだ残っていることもわかった。ボルネオの原生林が消える一方で、栽培品種化されている果物は、あまりにも種類が多く、とうてい全部は食べきれない。

その日の終わり、ぼくはヴーンと同僚たちの一行に加わって、屋外のスタジアムでフォークダンスを披露した。伝統的な森の踊りは、アンプを使った耳障りな演奏には合わない気がした。シャツのボタンを首まで留めて、よそ行きの靴をはいた群衆は、ダンスを見物したあと起立して国家を斉唱した。カシオのキーボードが奏でるシンコペーションのビートにのった対句の歌詞は覚えやすく、進歩とサイバーテクノロジーを信奉しようという内容だった。「古い伝統には感謝しよう」と彼らは歌った。「さあ、現代の幕開けだ」

6　果食主義者

わたくしは果物のほかは何ひとつ口にしたことがない……この果物をお食べ。よいか、人間にとって真の食物はこれだけじゃ。

ヘンリー・ライダー・ハガード『洞窟の女王』

バンコクとは「野生スモモの村」を意味する。町で一番大きな食品市場は真夜中がかき入れどきで、夜明けに閉まるのだが、さながら野生スモモのメガロポリスという観がある。

午前四時に起きだしたぼくは、手を振って市場行きのトゥクトゥクを呼び止めた。ぼくがこのモーター付き輪タクに乗ったとたん、運転手はぐるりと方向転換して、アクセルを目一杯ふかしたが、一メートルも行かないうちに急ブレーキを踏み、停車しているトラックすれすれで停車した。つづいて、はげ頭でもじゃもじゃの黒い口ひげをたくわえた歩行者をもう少しで轢きそうになった。輪タクは路面がでこぼこのスピード防止帯をすっ飛ばし、ぼくは後部座席ではずみながら、何かつかまるものはないかと必死で探した。唯一の選択肢はトゥクトゥクの外側についている金属の手すりだが、それだと見たところ避けられそうにない衝突が起こったときに、指がつぶれてしまう。事故の衝撃を指で和らげる代わりに、シートにしがみついたものの、川を遡上するサケに負けないくらいあちこちにぶつかった。巨大なトラックに追いついたかと思うと、わずか数ミリの間隔で追い越す。通常の車線変更や合図などは一切なしで、運転手は前を走る車の排気管までじりじり迫ると、モーターのついたコウモリのように相手をひらりとかわした。

　到着するまえから市場のにおいがした。最初、それは心地よいものだった。バジル、レモングラス、ショウガ、ウコン、ガランガの根、ひいたばかりのカレー粉の山、ココナッツをうすく削ったもの。ところが一歩なかに入ると、あまりにも強烈なにおいのせいで、目玉の裏側がむずむずした。これはグアバの芳香ではない。鼻を突くなまぐさいジャングルのにおい、熱帯の割れ目、赤道の闇から立ち昇る強烈な悪臭で、西洋文明が取り繕い、糊塗し、考えまいとふたをしてきたありとあらゆるもののエキスだ。この沼地の瘴気を思わせるにおいの源は、内臓を抜いたカエルの木箱が積み重ねられ、その隣にゴソゴソと動いているカニを何千匹も詰めこんだ樽が並ぶ一画のようだった。手足を広げた両生類、そのゆでた内臓のきついにおいが夜気に満ち、それが腐りかけたカニからにじみ出る体液と混じり合って、だれもが顔をそむけたくなるような悪臭を生みだしている。

　トウガラシを刻んでいた男がにやりと笑って、ぼくにムーン・フルーツをひとつくれた——平らな、黄色い、柿とよく似た果物で、露天商たちはそのにおいをかいで、市場の臭気を鼻孔から締め出すのである。ぼくは鼻先をムーン・フルーツに埋めたまま、荷担ぎの人たちとぶつからないよう気をつけてあたりを歩きまわった。彼らの荷物はしょっちゅう崩れて、でこぼこした市場の通路に散乱するのだ。手帳に気がついたことをメモしていると、車にはねられた。あまりスピードが出ていなかったのでどこも骨折せずにすんだが、ぼくは震えあがった。目まいを感じながら、マンゴー、サラッカ、サントル、ランブータン、マレーフトモモ、それにマンゴスチンを詰めこんだバックパックを背負って市場をあとにした。

　そろそろ夜明けで、市場の活気も収まってきた。輪タクがホテルまで乗せてくれた。猛スピードで走るのでヘルメットが頭から浮き上がりそうになったが、あごひもでどうにかつなぎ留められていた。信号はまったく気にせず、ないも同然である。ネオンサインはにじんで、液晶表示されたくさび形文字と化した。目を閉じて闇のなかを疾走し、時速二〇〇キロで車の流れに出入りしているうちに、自分の体が市場の解体されたカエルのように、手足を投げだして道路に横たわっているところがまざまざと浮かんだ。

じつはバンコクは、タイの南部にあるふたつの島に向かう途中でちょっと立ち寄っただけだった。ハワイで耳にしたプナ地区に住んでいるという果食主義者のことが頭から離れず、有名なドリアン食の実践家で、durianplace.com を開設したシュニアム・ニラヴと会う約束を取りつけていた。彼は一年の半分はタイのパンガン島にある一泊二ドルの海の家で暮らしている。その島に行くには、サムイ島を経由しなければならない。ぼくはバンコクからタイ中央部を縦断する夜行列車を予約した。

蒸し暑い寝台列車で眠れぬ一夜を明かしたあと、蚊に食われた跡をぼりぼり掻きながら、シルバービーチのホテルに到着した。そこにはニラヴからのメモが待っていた。サムイ島にいるあいだに、彼の友人のスコット・〝キアウェ〟・マーティンに会ってみたらどうかという内容だった。どういうことなのかよくわからないまま、オートバイのタクシー（モーターサイ）に乗ってその夜、キアウェの家に出かけた。

キアウェとタイ人のガールフレンド、ターはビーチの古びたバンガローで、ヤシの大木と蓄音機のような花々に囲まれて住んでいた。キアウェはよく日焼けした、大柄でハンサムなアメリカ人だが、モーターサイが止まったときは、小さな玄関ポーチに吊したハンモックに寝そべっていた。彼はその晩ずっとハンモックから動かず、仰向けになったり、がばっと体を起こしたり、そのときどきの話題への熱意に応じて姿勢を変えるのだった。ぼくは彼と向かい合った木のベンチに腰かけた。ターはタンクトップを着て頭にヘッドバンドを巻いていたが、人見知りをするたちらしく、ほとんど家のなかにいた。

ぼくが到着してすぐに、ひょろりとした二十代の、ジェイムスンという果食主義者の青年がスクーターに乗ってやってきた。ヘルメットをぬぐと、あんたはドリアン食に興味があるんだってね、とぼくに声をかけた。「おれはほとんどドリアンしか食べないんだ」とジェイムスンはいって、長いブロンドの髪をさっと振り下ろした。「ドリアン道のことを聞いたことは？　熟したドリアンを追って旅する連中がいるんだ。いつでも旬のドリアンを見つけられるように」

ぼくたちは夕食——木箱いっぱいの野生のドリアン——を食べながら、ジェイムスンがはじめて市場でドリアンを見たときの話を聞いた。「殻が割ってあって、そのにおいをかぐことができた」彼はそういいながら、長い髪を引っぱった。「ひとつ手にとった。食べたら死ぬんじゃないかと思ったけど、とにかく味見をしてみた——気に入ったよ。トラックをバックさせて、ドリアンを六〇個積みこんで、三日間で平らげた」

「一回の食事でドリアンをいくつぐらい食べるんですか？」ぼくはたずねた。二個食べただけでもうたくさんという気分だった。

「十個だな」と彼はいって、それを実践してみせた。

キアウェとターの食事はさらに変わっていた。ぼくたちと一緒にドリアンをいくつか食べたが、メインコースはこれからだそうだ。果物と一緒に、自家製の干し肉を食べるのだ。キアウェいわく「原始人の食事」である。

「わたしたちが食べているのは原初の食べ物なんだ」とキアウェは説明した。「原始人が火の到来のまえに食べていた方法だよ」この食事は正式には、ローフード・ダイエットとよぶらしい。

寿司もタルタルステーキも、彼らが好む生肉と比べたら顔色を失う。キアウェの話では、ある生食主義者はウサギの肉を車のトランクで乾燥させ、「体によいウジ」ごと食べるそうだ。彼はさらに、病気になるのは体にそなわった健康法なのだと説明した。「すべての病気は浄化作用にすぎない。体が毒素を外に出そうとしているんだ」

ターが大皿に盛った鶏肉の骨、魚の間膜、牛肉のジャーキー、その他の自然乾燥させた肉を出してくれたとき、ぼくはお相伴するのは遠慮したいと強く思った。彼らはわざとらしく見えるほど喜色満面で、肉をちぎっては口に入れた。キアウェが干した鶏肉をぼくに差し出した。

「それをいただくと、ぼくにも〝浄化作用〟が起こりますかね」とたずねて、遠回しにその申し出をことわった。タイの孤島で病気になる——おっと、浄化される——という見込みは、優先事項リストの上位にはない。

「その可能性はあるかもしれない」キアウェの答えは助けにならなかった。

「この人、こわがってるのよ」とターがいった。

「そりゃま、そうだろう」とキアウェもいう。

「いいのよ、無理しなくて」とター。

ぼくは黒ずんだ鶏肉の残骸を手にとった。肉がほとんどついていないのは、数週間かけて自然乾燥させているあいだに縮んでしまったからだ。ぼくはぼろぼろと崩れてくる腱を口に入れた。食感といい味といい、マスキングテープにそっくりだ。

「どう?」ターが試すようにたずねた。

「ぼくはあまり手のこんでいないものが好きなので」と、当たり障りのない答えをした。

「そのとおり!」とキアウェが同意して、ハンモックを揺らしながら体を起こした。「バクテリアは天然の調味料だ。熟成した肉には酵素がたっぷり入っている——チーズやワインを考えてみたまえ。冷蔵庫で三か月寝かせた牛肉はうまいぞ。チーズにカビが生えるのは知っているよな。牛肉にもカビが生えて、チーズそっくりの味になる。原始人のように見えるかもしれないが、実際には高級な食材なんだ」

夕食の残りの時間は、ジェイムスンとキアウェの夢である野生種や原種のドリアンを何千本も集めた果樹園をつくるという話題に終始した。五〇万ドルもあれば、彼らの「野生ドリアン保護計画」は軌道に乗る。それはすばらしい企画ですね、とぼくはいった。キアウェはぼくの肩に手を置いて、きみは希有な才能に恵まれているといった。好奇心のことだ。

骨を捨てたボウルを片づけたあと、ターがぼくに近くの森まで一緒にきてちょうだいといった。連れていかれたのは、紫色をしたブラックベリー状の果実がたわわにみのった低木のところで、果実の表面は果糖の結晶のようなものでおおわれていた。子どものころに食べたフルーツ味のグミキャンディーにうりふたつだ。あのキャンディーをデザインした人はこれをまねたのかもしれない。あるいは、この形は古代から伝わる人類の集団的な無意識のなかにひそんでいるのかもしれない。ぼくは一粒摘んで、その光沢のある、砂糖をまぶしたような表面に目をこらした。みずみずしい、よく熟れた粒がはじけて、血のように赤いラズベリージャムを思わせる果肉がのぞいている。口に入れるとジャリジャリした砂のようで、糖蜜のような風味がある。ターが手鏡をかざした。ぼくの舌と歯は真っ黒に染まっていた。「これがおすすめの果物よ」と彼女は笑って、朝にはその効果はすっかり消えていると請け合った。「なんてよばれているか知らないけど、気に入ってる」

ぼくは黒く染まった舌で、原始人の食生活を実践している彼らに別れを告げた。ジェイムスンがスクーターの後ろに乗せてホテルまで送ってくれた。その途中、砂から噴き上げている間欠泉のそばを通りかかった。ぼくたちはスクーターを停めて見物した。おぼろな月の暈《かさ》に囲まれ、灰色の虹が闇にほんのりと浮かび上がっている。ジェイムスンは、口を黒く染めたぼくがゾンビのように見えるといった。近くでオオコウモリが数匹、バナナをむしゃむしゃ食べていた。「あいつら翼を広げたら六メートルもあるんだぜ。海の上を飛んでいるところなんて、まるでプテロダクティルス〔ジュラ紀から白亜紀の空を飛ぶ翼竜。ただしオオコウモリの翼開長は最大二メートル程度〕だ」とジェイムスンがいった。

シルバービーチで降ろしてもらうと、ぼくは浜辺の大きな木の下で寝ころんだ。その木にはかすかな明かりがいくつもまたたいていた。幻覚でも見ているのだろうか？　そのとき、明滅していた光の一粒が不意にぼくの胸に止まった。それはホタルだった。木にホタルが群がっていたのだ。

翌朝、しわだらけで乱杭歯のおばあさんが、足を引きずりながらロビーに入ってきた。ぼくのテーブルのところで立ち止まり、スーツケースを開けるとなかには一風変わった湿布剤、木くず、半透明なオレンジ色の液体、茶色い錠剤、それに見た目は薄汚れた熱帯産トリュフのようで、緑色や赤色の芽がくねくねと伸びたものが入っていた。ぼくがそれを指さすと、旅回りの呪医は首を振って笑いだした。どうやらぼくに売りつける魂胆ではないらしい。

ホテルの料金を払うと、ぼくはまた別のモータサイの後ろに乗ってフェリー乗り場に向かった。運転手が観光名所をいくつか指さして教えてくれる。ワット・クナラムという寺院に立ち寄った。ここには不気味な呼び物がある。僧のミイラが瞑想した姿勢のままガラス張りのケースに収められているのだ。僧は一九七三年に亡くなったが、遺体はいまだに腐敗していない。オレンジ色の袈裟をまとい、サングラスが空の眼窩を隠している。彼の遺言は、後世の人々が仏教を信仰して輪廻から逃れられるよう遺体を陳列してほしいというものだった。

パンガン島に接岸し、島の中心地である西部のトーンサーラーを通り過ぎた。酒場が建ち並び、埃っぽい田舎道が走るこの町は、まるで西部劇の町ドッジシティーの複製のようだ。それからほどなく、ニラヴのバンガローに到着した。紫色の花をつけたブーゲンビレアの大枝が、バルコニーから垂れ下がっている。

やせた体にサロンを巻きつけた、五十五歳の、白いものが混じったブロンドのくせ毛の男がぼくを出迎えてくれた。外の階段に腰をおろして、ニラヴはチェンペダックの実を、緑色のサロンが汚れないように気をつけながら割ってくれた。とてもおいしかったが、ぼくはまたしてもシリアルの〈フルートループ〉を思い出してしまった。

ニラヴは一九八九年にバンコクを訪れたさい、ドリアンにすっかり心を奪われたいきさつを話した。「たちまち夢中になった。思わず目を見張った。ひと目惚れだった。当時の恋人の反応は、『それをすぐに捨ててきて』だったが」。それからというもの、ニラヴはドリアンの歌や詩をつくり、こんな俳句もひねっている。「ドリアンの自然の味や春の宵」

ニラヴはこれまでドリアンを追って東南アジア各地を旅行してきた。本人いわく「玄人筋」の一員である。辺鄙な村で味わった一級品のマレー産ドリアンに話題が及んだときは、思わず言葉をつまらせた。「そりゃあもう……」といいかけて目を閉じた。まぶたが細かく震え、両手を天に差し上げて、いかにもまいったというそぶりをした。ややあって、この世に戻ってきた。「頭のなかでいつも十段階の評価をしている。ところが、ときに十三点というのが出てくるんだ」

ニラヴにとって、ドリアンを食べることは霊的な体験である。ニラヴという名前は、彼がいうには、サンスクリット語で「空なる沈黙」を意味するそうだ。この名前は、彼の師であるバグワン・シュリ・ラジニーシ改め「和尚」（あるいは高級外車のコレクションにちなんで「ロールスロイス・グル」）がつけてくれた。本名はロバート・ジェイムズ・パーマー。シュニアム・ニラヴと正式に改名したのは一九九〇年のことである。

若かりしころ、ニラヴはｅｓｔの会員だった。ｅｓｔはアメリカのワーナー・エアハードが始めた自己啓発セミナーで、のちにフォーラム、あるいはランドマーク・エデュケーションと改名した。一九七三年六月七日、二十一歳のときにニラヴは悟りの境地に達した。「だからといって、それを大げさに吹聴するつもりはない」とホームページの自己紹介に書いている。「当時もいまも、ごくありきたりな現象であることに変わりはない」

その後、彼はマウイにあるツリーハウスと、パンガン島の海辺のバンガローを行き来して暮らしている。ドリアンの育て方や有機園芸その他に関する著作が何冊もあるが、そのなかには、ひと言で状況を好転させる「転換の言葉」という考え方を紹介した本がある。苦境に陥ったときはいつでも、ある種の呪文を何度もくり返し唱えているうちに、解決策が自ずからあらわれるという趣旨のものだ。たとえばヒッチハイクで車に乗せてもらいたいときは、ひたすら「on（乗る）」という単語をくり返す。ものをなくしてしまったら、転換の言葉は「reach（手が届く）」である。この本にはそのような凝縮されたおまじないがちょうど百通り、掲載されている。

ニラヴのガールフレンドだという五十代のアメリカ人女性が、バナナ、カシューナッツ、アロエを混ぜ合わせたシェイクに、ユタ州の古代は海底だった場所から採取した岩粉を入れた飲み物を用意してくれた。「ニラヴはもう何年も、ミネラルを含んだ岩塩入りのシェイクを飲んでいるのよ」という。彼らは「和尚」を通じて知り合った。ふたりとも和尚の弟子で、オレンジ色の服を身につけ、自由恋愛を唱えるカルトに加わっていた。当初、カルトの本拠地はオレゴン州のラジニーシプーラムとよばれるコミューンだったが、やがて和尚が移民法違反で国外追放されると、インドのプネーにあるアシュラム（瞑想道場）に移った。彼女はなつかしそうに、完璧なマンゴーと瞑想の場を求めて何度も旅をした思い出を語った。

ぼくもビーチにあるバンガローを借りたが、そこには数匹のトカゲが住みついていて、一晩じゅうごそごそと動きまわっていた。寝るまえに、果食主義について書かれた参考書にざっと目を通した。『果実——最高の食物 Fruits: Best of All Foods』では、著者のクラウス・ヴォルフラムが果食の習慣をつけるのは苦労の耐えない道のりで、やりとげられる者はめったにいないと解説している。モリス・クロックの『果実——人間の食物および薬 Fruit: The Food and Medicine for Man』は、エシー・ホニボール（『わたしは果食主義者 I Live on Fruit』の編者）と一緒に、果食主義の講座に出席した話が載っている。何を食べればいいですかという問いに、答えは「果物です、もちろん」。果食主義を標榜するグルたちに共通しているのが、果物だけで命をつないでいると超越的な体験ができるという信念である。

ジョニー・ラヴウィズダムの基本的な教えは、果物は人間を楽園に連れ戻してくれる手段だというものだ。その楽園とは、彼の言葉を借りれば、「ヒュペルボレイオス人〔ギリシア神話に登場する、北風の彼方に住む人びと〕の故郷である陽光と常春の国で、住人は新鮮な果物しか食べず、苦しみや死の何たるかを知らない」。コピー紙四〇枚からなる論文「至高の科学——霊性を付与する果実食 The Ascensional Science of Spiritualizing Fruitarian Dietetics」で、彼は果物を触媒として透視力を得られる可能性について触れている。「ここでいうのは、脳裏にものを思い浮かべることではない」と彼は書く。「むしろ、極彩色のテクニカラー・シネラマを、額にうがたれたひとつの目でつぶさに鑑賞するようなものである」フロリダで柑橘類を大食して騒いだ夜、彼は何者かが空から降りてきて、『スター・トレック』でエンタープライズ号に帰還するカーク船長さながら、靄のなかから徐々に姿をあらわすところを目撃した。ラヴウィズダムによれば、果物には人間を霧のような形態に変身させる力があり、人間はその形で白い光となって天に昇っていく。アンデス山中の休火山の山頂にあるクレーターに移り住んでから七か月というもの、彼は何ひとつ口にせず、至福のときを過ごしたという。だが、果物が永遠の命を与えてくれるとかたくなに信じていたにもかかわらず、二〇〇〇年に亡くなった。

ぼくが目を覚ましたのは夜明けだった。雨戸をあけると、野良犬がビーチをうろつき、海に踏み出すのが見えた。引き潮で海岸線は下がっていたが、濡れた砂で光が屈折し、まるで海面を歩いているようだ。犬は駆けだし、見渡すかぎり揺らめいている蜃気楼のなかに姿を消した。


果物しか食べないという怪しげな食生活を実践している人びとのなかでも、ごく一部は必要に迫られてその道を選んでいる。古代ケルト社会の祭司ドルイドたちは木の実や草の実しか食べなかった。アマゾン下流域に住んでいる、カボクロとよばれる採集民などの部族は、アサイヤシやブラジルナットノキの実、それにミルクノキからにじみ出る白い樹液しか口にしないことがしばしばある。北アフリカに住む遊牧民は長距離を移動するにもかかわらず、主食はナツメヤシの実である。

カラハリ砂漠の狩猟採集民クン・サン（ブッシュマン）の主食はモンゴンゴの実で、その果実には柔らかい果肉と食用になる仁《じん》が含まれている。彼らはグワの実やツァマ・メロンも食べており、それらは地下で成長するので、乾季にはそこから水分を得ている。クン人は一九六〇年代にどうして農業をしないのかと問われて、「世界にこんなにたくさんのモンゴンゴがあるのに、どうして作物を栽培しなければいけないのか？」ときき返した。カラハリ砂漠には食べきれないほどのモンゴンゴが自生していたのだ。サハラ砂漠南端のサヘル地方全域に今日広がっている飢餓を考えるにつけ、それらのモンゴンゴはいったいどこへ消えてしまったのかと思わざるを得ない。

『石器時代の経済学』のなかで、アメリカの文化人類学者マーシャル・サーリンズは狩猟採集民の生活を「始原の豊かな社会」とよんでいる。なぜなら、物質的欲求も必需品も食生活も単純だったので、ありあまるほどの余暇を享受していたからだ。人殺しの起きる頻度は高いものの、狩猟採集民の社会はきずなが強く、家族や友人からの援助も多い。モンゴンゴの実をはじめとする食物はつねに一族の人びとで分かち合った。人類学者のローナ・J・マーシャルによれば、食物を自分ひとりで食べるなど、クン人には考えられないことなのである。

メキシコのセリ人は、アメリカ大陸に残る最後の狩猟採集民のひとつだが、ピタヤ――いまではドラゴンフルーツとして知られる果実――と親密な関係にある。食物がひどく乏しいので、このサボテン科の果実を旬の時期に食べてしまうと、自分たちの排泄物をあさってピタヤの種子を見つけ、煎ってから砕いて、来るべき冬の食料とする。同化政策が進み、若い世代はピタヤが食用だということさえ忘れているが。

歴史をひもとくと、果食主義者は少なくない。釈迦の弟子が書いたものでは、ゴータマ・シッダールタは果食主義者として描かれている。古代ギリシアの哲学者プルタルコスは、リュクルゴス〔紀元前九世紀にスパルタの軍国主義的法制をつくったとされる伝説的立法者〕以前、古代ギリシア人たちは果実を食べて糊口をしのいでいたと書いた。ムハンマドはメディナではナツメヤシの実と水を常食にしたといわれている。洗礼者ヨハネも一時期、イチゴで命をつないだ（実際に食べていたのはイナゴマメだという説もあるが）。ウガンダの元大統領で独裁者のイディ・アミンでさえ、晩年はサウジアラビアで果食主義者として暮らした（オレンジが好物なので、「ジャッファ〔主にイスラエルで栽培される甘い種なしオレンジ〕博士」というあだ名を進呈された）。

ガンジーが果実食に興味をもったのは、ドイツ人専門家ルイス・クーネの『健康のしるべ』に触発されたからである。当時のドイツはボヘミアンたちがつどう果実の実験工房で、十九世紀末に始まったその動きは二十世紀半ば、カリフォルニアに中心が移るまでつづいた。『天然生活法』の著者アドルフ・ユストは、先史ドイツ人はキイチゴなどのベリー類をはじめとする森の果実以外は口にしなかったとしている。二十世紀のヒッピー運動は、その起源をドイツのサブカルチャー、ワンダーフォーゲルやナトゥールメンシュ（自然愛好家）に求めることができる。遍歴する若者たちは一九〇〇年から一九二〇年にかけてスイスのアスコナに参集し、精神性を重視したコミュニティーが生まれた。資本主義と工業文明に反発し、自然への回帰を唱えるこのコロニーはモンテ・ヴェリタ（真理の山）とよばれ、果食主義が信奉され、裸体による健康法と有機栽培が実践された。

Ｈ・Ｇ・ウェルズのディストピア小説『タイムマシン』では、未来の人類は二種類に分かれて進化している。片方はモーロックという地底の暗闇で暮らす労働者たち。もう一方のイーロイは、ひ弱で、子どものように小柄。太陽の下で踊ったり歌ったり、食べるものといえば特大のキイチゴや、三角形のさやにつつまれた粉菓子のような、「変わっているが、とてもおいしい」果物だけである。

ＳＦは果実食にぴったりの領域のようだが、その食生活を日々実践している者もいる。果食主義者は、果物から言葉にできないほどの喜びを感じるという（それを果糖による幻覚とよぶ者もいるかもしれないが）。「多くの人がテレパシー、内的覚醒の高まり、あらゆる生き物との一体感、これまで味わったことのない生気に満ちた感覚などを口にする」と、リジーン・〝デイヴィッド〟・デュレットは二〇〇四年の著書『果実――究極の食事法 Fruit:The Ultimate Diet』のなかで書いている。デュレットいわく、果物のおかげで視力が大幅によくなり、運転免許の視力測定をはじめて眼鏡なしで合格できたそうだ。果食主義者は「容姿がすぐれている」と、果実食のインストラクター、イネス・マチュスはいう。彼女自身、法的には視覚障害者だったのに、視力が一・〇まで回復した。女性の果食主義者たちは体が「引き締まった」おかげで、異性から注目される機会が増えたと話している。ある日本の果食主義者は、聴覚が並はずれて鋭敏になり、アリが地面を這う音や、十キロ離れた場所での会話が聞きとれるようになったと報告した。

大方の医師は、果実食ではバランスのとれた食生活に必要な栄養が不足すると警告している。だが長期にわたる果実食について客観的に検証した例はほとんどない。果食主義者たちが直面するもうひとつの問題が、ビタミンB12の欠乏である。とある果食主義者は、自分は「ビタミンB12を口唇性交から摂取している」と、インターネット上のローフードのフォーラムに書きこんでいる。

果実食ではバランスのとれた多様なアミノ酸を摂れないので、とりわけ子どもたちには危険である。二〇〇一年、イギリスのゲアベット・マニュエリアンと妻のハスミックは生後九か月の娘アレーニに果物しか与えず、栄養失調による過失致死罪で告発された。それから二年後、ハスミックは自殺を図ったもようで、遺体がブライトン近くの海で発見された。一九九九年には、クリストファー・フィンクの二歳になる栄養失調の息子が、フィンクからスイカとレタスしか与えられていなかったことが判明して、ユタ州の病院に保健所の要請で収容された。報道によれば入院中の息子を誘拐しようとしたあと、フィンクは加重暴行未遂と第二級重罪にあたる児童虐待の罪について有罪の答弁をし、果実食に近い食生活が息子の健康問題の原因であることを認めた。

果食主義者たちは果実の定義について、植物学的な正確さより、世間の通念にしたがっているようだ。サンディエゴの専門店で出会ったローフードの実践者たちは（生のカカオ豆だけを食べると「雄大な」気分がするという青年を含めて）、果食主義の仲間がアボカドを食べている現場に踏みこんだ話を得々と披露した。でも、アボカドは果物では？　そのとおり、とロックグアカモーリアン（「グアカモーレ」はつぶしたアボカドにトマト、タマネギ、調味料を混ぜてつくるクリーム状ソース）とよばれる果食主義者の分派で、ヒトデの粉で味つけしたアボカドだけを食べる人びとはいう。調理ずみの果物派なら、オレガノ抜きのパスタ・マリナーラやしょうゆ味のベジバーガー（ただしレタスとタマネギは除く）から、ピーナッツバター・ジャムサンドまで何でもござれだ。一方こちこちの果食主義者は、調理品あるいは加工した食品を含めることにしぶい顔をする。

熟して木から落ちた果物だけを食べる一派もあれば、種子は一切食べないという一派もある。種子には将来の植物が含まれているからである。キアウェとジェイムスンの話では、ある果食主義者は油脂を含まない果実と生の花粉だけしか食べないそうだ。前述のジョニー・ラヴウィズダムは、砂漠で暮らすヌビア人が一日に十五個のイチジクしか食べないことを引き合いに出し、一日に食べる量はごく控えめでよいといった。それに反対する者もいる。さながら百家争鳴の観がある。ローフードの栄養ピラミッドでは、果実は空腹時に摂取することが推奨されている。フルーツサラダは論外、異なる種類の果物を組み合わせてはいけないからだ。アメリカの果食主義の権威デュレットは、もっとも望ましい食事は一種類の果物を満腹になるまで食べることだという。しかし一日に最低十ポンド（約四・五キロ）の果物を摂るために、彼は一日じゅう食べつづけているようである。平均的な一日のメニューを紹介すると（一ポンド＝約四五〇グラム、一パイント＝約五〇〇ミリリットル）、

午前八時　スイカ　一〜二ポンド
午前九時　ブドウ　二分の一ポンド
午前十時　バナナ　一ポンド
午前十時半　モモ　一ポンド
午前十一時半　ハス種のアボカド　二個、トマト　二分の一ポンド
午後十二時半　スイカ　二ポンド
午後一時半　ブドウ　二分の一ポンド
午後二時半　マンゴー　一個
午後三時半　バナナ　一ポンド

午後四時半　スイカ　三ポンド
午後五時半　ブドウ　四分の一ポンド
午後六時半　モモ　一ポンド、または、ブルーベリー　二分の一パイント
午後七時　スイカ　一～二ポンド
午後八時　ハス種のアボカド　一個、または、バナナ　一ポンド

冬には柑橘類、柿、それにたぶんアーモンドやヒマワリの種もつけ加える。ナッツ類や種子類が適正な食物でないことは認めているが。

デュレットのアリゾナの自宅に連絡すると、彼はここしばらく潜伏しているといった（『プレイボーイ』誌の中傷記事のせいで）。それでも、自分の生活様式については隠し立てせずに語った。「ちょうどいい潮時だと思う」とeメールに書いてきた。「そろそろ表舞台に出て、私の存在を知ってもらう頃合いだ」デュレットはタンパク質は過大評価されている、この世にはそれとは別の測りがたい生命力があり、果物はそれを与えることができるという持論を述べた。果食主義者たちはよく、果物を食べることである種の霊的なエネルギーが利用できるようになると口にする。サミュエル・リーシュという二十九歳のカリフォルニアの果食主義者によると、果実食のおかげで神とじかに霊的な交わりができる高みにまで到達することができたそうだ。「自分の肉体から少し離れた領域というか、もっと重力の小さな世界で生きているみたいなんだ」

デュレットもこの所感をくり返し、彼が食べているものは楽園に近づくための手段なのだといった。「聖書はわれわれがエデンの園で暮らし、一年を通して果物を食べるのが本来の姿だと明言している」と彼は書いている。「人間は楽園に戻らなければならない」

聖書のどこにも、アダムとイヴがリンゴを食べたとは明記されていない。そういえばたしかに、善悪を知る木になる果実は特定されていない。リンゴだといわれるようになったのは五世紀のことである。イタリアでは、オレンジが知識の木になる果物だと信じられていた。一七五〇年には、グレープフルーツが「禁断の木の実」だった。アメリカの詩人リンダ・パスタンは、それはナシだと書いている。民族植物学者たちはイボガではないかという。イボガは西アフリカ原産のしずくの形をした果実で、アヘン中毒の治療に利用される。ザクロ、ブドウ、レモン、ドリアン、モモ、サクランボ、コーヒーノキの実、ポポー、はてはマジック・マッシュルームまでがその候補に挙がっている（キノコは植物学的に見れば、菌類の果実に相当する）。聖書の偽典「エノク書」に登場するエノクはエデンの園にたどり着き（のちには炎の天使メタトロンとなる）、問題の果実は実際にはナツメヤシの実――翻訳によっては、タマリンドの一品種――だと報告した。

イチジクという可能性もある。「仮に楽園から落ちてきた果物があるとすれば、それはイチジクだろう」と預言者ムハンマドは明言した。ヴェネチアのサン・マルコ広場にある十三世紀のモザイク画にはイチジクが描かれている。古代ユダヤ人の聖書注釈書ミドラッシュは、特定の品種を候補として挙げている。あるラビはバート・シェバ種だといい、別のラビはバート・アリ種だという。いずれにせよ、彼らがイチジクの葉で腰をおおったことはまちがいない。いや、もしかしたらバナナの葉かもしれない。東アジアでは、バナナは善悪の根源だと信じられていた。さらに問題をややこしくしているのは、中世ヨーロッパ人がバナナを「楽園のイチジク」、「イヴのイチジク」、「楽園のリンゴ」とよんでいたことだ。いまでもピンポン球ほどの大きさの、ピトゴとよばれるバナナの品種があるが、バナナというよりは丸々と肥えたイチジクに近い。

ある情報によれば、善悪を知る木には五〇万種もの果実がなっていたという。ユダヤ教神秘思想《カバラ》の解釈によれば、イスラエルの土地にみのる七つの産物——小麦、大麦、ブドウ、イチジク、ザクロ、オリーブ、ナツメヤシの蜜——はアダムとイヴが神のいいつけに背いたときに、まとめてとりあげられたものである。三世紀には全権を委任されたラビたちが討論会を開いて、この問題にきっぱり決着をつけようとした。『創世記注解』が明確にしているように、ユダヤの伝統では、原罪は肉欲とはまったく関係がない。あるラビが、イヴが蛇と話しているあいだ、アダムはどこにいたのかといぶかった。別のラビが答える。「そのまえにイヴとよろしくやって、疲れて寝ていたのだ」この委員会は、問題の果実が特定されていないのは、そのイメージに含まれる象徴性が現世の事物と結びつけられることで弱まるのを避けるためである、と結論を出した。

錯綜した名前が暗示しているように、善悪を知る木の実とは暗喩であり、そもそも熟考をうながすように意図されている。物質界と、それとはまた別の規準にもとづく経験との区別が、二元論を超えたものとして暗示されているのだ。対立するものの神秘的な結びつきを人間の意識で理解しようとしても、しょせん無理である。果実という形が使われたのは、おそらく果実自身が雄花と雌花、糖と酸、朽ちていく果肉とこれから生まれる種子がひとつに合わさったものだからだろう。

聖書では、果物を食べるという行為は、人間がエデンの園という至福の状態から、善悪という無条件の対立が存在する物質界へと追放される直前に行なわれた。「黙示録」の最後には、十二の果実が載っている。それらはすべて生命の木にみのる果実である。生命の木が聖なる都の大通りの中央を流れる川の両岸にあって、一年に十二回、毎月実を結ぶ。これらの果実の向こうから、神は「わたしはアルファであり、オメガである。最初の者にして、最後の者。初めであり、終わりである」と呼びかける。神はあらゆる対立であり、それをひとつにまとめた存在なのである。

果物はぼくたちが現世という敷居をまたぎ、新しい世界に入るのを導いてくれるシンボルでもある。カカオの果実はメソアメリカ文明では「神のもとにいたる道」であった。北欧神話では、幼い子どもが死ぬと、オーディンの妻である女神フリッガがその亡骸をイチゴでおおって天国へ運ぶといわれている。ミルトンの『楽園の回復』では、主人公（イエス）は天上の王国の入口で、生命の木から摘んだ果実を差し出される。こうして神のみ子が楽園に帰りついたことは、「人間《ひと》の子らの救い」とよばれる。このほかにも果実がふたつの世界の橋渡しをする例は、ヴォルテールの『カンディード』で黄金郷《エルドラドー》の手前になっていた野生の木の実から、アンデルセンの童話「鐘」の、きらきら光る、大きなシャボン玉にそっくりなリンゴの実まで枚挙にいとまがない。この短篇は幼い少年が信仰心に目ざめる姿を描いたものだ。グノーシス派はエデンの園を寓意ととらえ、プリンストン大学の研究者エレーヌ・ペイゲルスによると、「霊的な意味での自己発見の途上で、人間の内部で起こっている物語」だと信じている。

その暗喩するところは、朽ちることのない常緑である。一九八二年、ソ連・アフガン戦争のさなか、作家のウィリアム・T・ヴォルマンはムスリムのゲリラ、ムジャーヒディーンに同行して、アフガニスタンに入った。「ある朝、ソヴィエト軍の基地から丘ひとつ越えたところで、アンズの木のそばを通りがかったときのことは一生忘れないよ。その木は黄金色の実の重みでしなっていた。根もとの砂地には人間のあごがあった」ぼくは、その光景のどこに衝撃を受けたのかとたずねた。「豊穣で、のどかで、それでいて陰惨な眺めだったから」と答えたヴォルマンは、いまだにその記憶に祟られている。それは生と死、あるいは死のさなかの生命の光景だった。

アエネアス〔ウェルギリウスの叙事詩に登場する英雄。トロイア滅亡後、イタリア半島に逃れてのちのローマの祖となった〕は三つの頭を持つ地獄の番犬ケルベロスに果実を与えて眠らせ、そのすきに地下の国へ降り立った。ダンテは煉獄と天国の境でそれまで枯れていた木が急にみずみずしくよみがえるのを目にした。そのいずれの例においても、果実はふたつの世界のあわいに宿り、そこで救済をささやいている。

花が死ぬと、果実はその屍から成長する。リンゴの実の底についているくすんだ灰色の糸くずは乾燥した萼《がく》で、死んで干からびた花の痕跡をとどめている。果実は熟して枝から落ちるが、翌年まったく同じ枝によみがえる。果実が腐っても、種子は生きつづける。自然は閉じた経路で、腐敗から成熟に向かい、ふたたびもとに戻る。

種子が成長して植物になることを人間が学んだのは、わずか一万年ばかりまえのことだ。野菜が成長する奇跡は、人間自身の生命の謎に光を投げかけるようであった。種子を土にまくのは、死者を埋葬するのと似ている。おそらくそれは、同じように神秘的なことが人の亡骸に——そして霊魂にも——死後、起こるかもしれないという期待を意味した。

人類学者のジェイムズ・ジョージ・フレイザーは、先祖が果樹のなかにとどまっていると信じている世界各地の民話を記録した。『金枝篇』によれば、東アフリカのアカンバ人は「人間は死ぬと霊魂は肉体を去り、野生のイチジクの木《ムンボ》に宿る」と信じている。ほかの狩猟採集民も、ある種の木を祖先の生まれ変わりだと考えている。ソロモン諸島の人たちは、死後、霊魂は果実に生まれ変わるのだと語った。「島の有力者がつい先日亡くなったのだが、自分はバナナに宿るからといって、彼の死後はバナナを食べることを禁じた。島の古老たちはいまだに彼の名前をもちだして、『かくかくしかじかの理由で、バナナは食べられない』という」

この本をもう少しで書きおわるというころ、父がしばらくまえから遺言を書いていて、自分の埋葬について考えていることがあるといいだした。最後の願いとして、遺灰をハンガリーにある果樹園にまいてほしいというのである。ブドウの新種に生まれ変わるよ、と父は冗談をとばした。「あっ、このバダチョニ・セルケバラート〔ハンガリー産高級白ワイン〕の香りには覚えがある——父さんのひげ剃りローションのにおいだ！」という具合に。

　魂が果実に生まれ変わるという考えは作家や詩人を長らく魅了してきた。ガブリエル・ガルシア＝マルケスは、ある女性が中庭にあるオレンジの木の実をどうしても食べることができないという話を書いた。そのなかに死んだ「あの子」の肉が詰まっているような気がしてならないのだ。ウェールズの古詩「カード・ゴッゼイ（木々の戦い）」には、「わたしは果実のなかの果実、神の果実からつくられた」と書かれている。ノルウェーのノーベル賞作家クヌート・ハムスンは、前世で自分は「ペルシア商人から送られてきた果実の種子ではなかったか」と考えている。

　ヨーロッパのどの国の民話でも、果樹を祖先とする人間の話にはこと欠かない。ドイツのヘッセンでは、とある菩提樹から「その地方一帯の子どもたちが生まれた」。イタリアのアブルッツィならブドウの木だ。マダガスカルのアンタイファシー人は、彼らの共通の祖先はバナナだと信じている。インドシナの神話は、太初の母がカボチャを生み、大地にまかれたその種子から人類が生じたと伝えている。スリランカの神話では、シンハラ人の母神パッティニはマンゴーから生まれたとされる。フリュギアの神アッティスの母は処女で、ザクロの実を胸のあいだに置いたあとアッティスをみごもった。

　事実は小説よりも奇なりというが、ピュタゴラスやニュートンのような科学者も輪廻転生を信じるがゆえに、ある種の食べ物を口にしなかった。ピュタゴラスは彼が学んだカルデア人の影響で、死者の霊魂はソラマメに宿ると考えた。ぼくが大学で使っていた哲学の教科書には、「豆を忌む」というピュタゴラスの教義が断片的に紹介されていたが、それが祖先の肉を食べることにつながるという説明はどこにもなかった。（ヘラクレイトスは、人間は誤りを犯しやすいという意味の警句のなかで、この事実に言及している。「ピュタゴラスはあらゆる人間のなかでもっとも深い学識を有していたかもしれない。

それでも自分は前世の詳細を覚えており、かつてはキュウリだった、と主張している」）

カバラの経典、たとえばゾハールでは、人間の霊魂は主なる神の木（生命の木）にみのった果実だとされている。魂がやどった果実は地上へ向かう途中でふたつに分かれる。その結果、人間は生まれながらにして魂が半分欠けており、恋人――魂の片割れであり、もとの果実の半分――にめぐり逢うことによって、初めて完全なものになる。

ルリア派カバラの創始者イサク・ルリアは、ある果樹をながめているうちに幻視体験をし、のちに弟子たちに「お前たちにもあれが見えたら、おびただしい魂が木々のあいだをさまよっているのを見て、肝をつぶしただろう」と語った。ユダヤ教神秘思想の別の宗派では、霊魂は死後、果樹のなかに文字どおり捕えられていると信じている。もしだれかが果実を食べるまえに祝福を与えれば、魂は解放されて、天国に入ることができる。だが、だれにも祈ってもらえなければ、魂はこの世の終わりまで閉じこめられたままである。ミカンの皮をむいたり、リンゴを切ったりするとき、ぼくはわれ知らず優しい言葉をかけるようになった。肉体を離れた霊魂があの世に旅立てるように。

そもそも祈りをとなえるという伝統は、輪廻転生する魂を、一時的に囚われている果実の牢獄から解放することと結びつけられてきた。仏教やジャイナ教の修行僧は、あらかじめナイフで切ってある果実か、爪でつついたあとの果実でないと食べない。魂が果実のなかに残っているといけないからだ。フィジー人はかつてココナッツに殻を割っていいかどうか、まずおうかがいを立てた。「あなたを食べてよろしいですか、首長?」と。

シュニアム・ニラヴに別れを告げ、ぼくはインドネシア行きの飛行機に乗った。果物はバリ島の信仰生活において重要な役割を果たしている。イスラム教徒が大多数を占めるインドネシア諸島にあって、バリ島はヒンドゥー教を維持している島である。おびただしい数の寺院があり、植物には超自然的な力が宿り、風景も心なしか神々しさを帯びている。

バリ人は同時にふたつの世界で暮らしている。スカラ（目に見える物理的な世界）とニスカラ（目に見えない霊の世界）である。バリの儀礼では、果物はこのふたつの世界の境界に存在する。果実は、割礼、結婚、火葬、および削歯（成人式。とがった歯を削り、獣性や獣欲を祓う）などの儀式のさい、霊をなだめるために供物として捧げられる。果物は日常的にさまざまな神に供えられるほか、古楽を奏でるガムラン奏者をともなって人生のいくつもの通過儀礼を彩る。

ヒンドゥー教は主要な宗教のなかで、果物を用いて輪廻の思想を探求した最初のものである。最古の文献のひとつ、ブリハッド・アーラニヤカ・ウパニシャッドではつぎのように説明されている。人が死ぬと、魂は煙と化してゆらゆらと月へ昇ってゆく。ちょうど果実が果柄からはずれるように月に到達すると、神々に食される。これらの魂はやがて雨にまぎれて地上に戻り、植物に入りこんで実を結ぶ。その実が人間に食べられ、精液となることでこの世に生まれ変わる。

マデ・〝リコ〟・ラカという村の司祭の息子が島を案内してくれた。ぼくの友人のサーファーたちが、彼をガイドに雇うようすすめてくれたのだ。リコはふだんオーストラリア人のボディボード・サーファーたちを穴場のビーチまで送迎する仕事をしているが、バリ島文化で果物が果たす役割をよく知っているので、願ってもない旅の道連れだった。宗教が生活の一部という文化で育ったリコは寺院についてもくわしい。それらの寺院には薬効のある小さな紫色の実がなっていて、社には神像がなく、神が降りてくるとされる空っぽの台座だけが安置されている。道ばたにある果実の屋台で、リコは幾種類もの果実をどのようにガネーシャ〔ヒンドゥー教の商業と学問の神で、人間の体にゾウの頭を持つ〕に供えるのか説明してくれた。ココヤシの林へぼくを案内し、殻についている三つ目の模様は破壊の神シヴァを表わしているのだと実物を見せてくれた。西洋人がシャンパンの瓶を船体にぶつけて割るように、バリ島でも船の進水時、あるいは新たな事業を立ち上げるときに、神々をなだめるためにココナッツの殻を割るのだという。

ぼくたちはヴァン（「リコのお楽しみワゴン車」）で農村に出かけ、彼の案内で、熟したジュアットの実と、鋭いトゲに覆われたサラカヤシ（英名「ヘビの実がなる木」）の実をびっしりつけた森に分け入った。どうしてそんな名前がついたのか、ひと目見ればすぐにわかった。うろこ状の褐色の外皮がヘビの抜け殻にそっくりなのだ。バリ中部のウブドにある市場で車を降りると、そこは靄に包まれたマンゴスチンの黄泉の国だった。けばけばしい色合いのホットケーキやゼリーの山と見まがうようなマンゴスチンが、薄明りのなかで震えている。州都デンパサールの朝市《パサール・バドウン》は頭にかごをのせた女性でにぎわっていた。リコはブラック・ジェリー・ナッツを選り分け、森に自生するカリアスム、クプンデュン、サウォクチックといった果物の食べ方を伝授してくれた。リコが子どものころ住んでいた家の近くに特別な木が生えていたことを思い出したので、ぼくたちは車でその木を探しに出かけた。一時間ほど走って車を停め、お目当ての木を見つけた。目のさめるようなピンク色の果肉をもったキンバランがたわわに実っている。緑色の殻をむきながら、リコとぼくは喜んで飛びはねた。

リコと過ごした最後の日の終わり近く、近くの小路で生えているチクに舌つづみを打っていると、リコがぼくを振り返っていった。「あなたのお名前はこの旅を象徴しているみたいですね。だって、アダムが禁断の木の実を探しているんだから」

自分の名前にそなわった二重の意味についてあれこれ考えながら、夕暮れのビーチに散歩に出かけた。立派な冠をかぶり金色の法衣をまとった僧侶が、浜辺で儀式を執り行なっていた。十人あまりの弟子がお経を唱えている。

波の荒い海に夕陽がすっかり沈んでしまうと、ぼくはビーチをあとにして大通りに向かった。何の変哲もないホテルを通り過ぎると、見おぼえのない通りに出た。その通りの向かい側に小さな路地を見つけ、その路地に入って道なりにくねくねと木立を抜けていった。

三十分後、すっかり道に迷ったぼくは田園地帯にたどり着いた。車の音はもう聞こえない。道は舗装されておらず、暮れなずむ村は沈黙に包まれている。雄鶏が気どって歩いている。すっかり暗くなるまえに、自分がどこにいるのか見当をつけようとして周囲を見まわしたところ、「メロン」という文字が納屋の壁にスプレーで書かれていた。まだ熟していないマンゴーがいくつか、ちょうど手の届かないところにぶら下がっている。

足を止めずに、あぜ道を通って水田を通り抜けた。雌牛が草地で尻尾を振りまわしている。ここでも牛は神聖な動物なのだろうか。その道をさらに進むと、泡立つ小川にぶつかった。ぐらぐらした橋をおそるおそる渡り、木の門をあけるとそこは墓地か埋葬地のようだった。

そのころには月が出ていた。すっかり暗くなっていることに気づいて、思わず身震いした。周囲には人っ子ひとりいない。ココナッツの殻が砂に埋もれて腐りかけている。灰が山になっているのは、最近、火葬が行なわれたからだろう。猛禽が頭上を舞っている。灌木の茂みは竜《ナーガ》のようで、音のない叫びを上げながら、頭をぐっと後ろにそらし、かぎ爪で空をつかんでいる。

夜気はますます冷たくなってきた。そのとき、ふたつの恐ろしい像が暗闇にぬっと立ちはだかった。長い舌を突き出し、ぎょろりと目をむいている。腕には赤ん坊を抱えていた。死に抱かれた生という逆説を表わしている。黒と白の格子柄の衣装には見おぼえがあった。バリ＝ヒンドゥーの善悪のシンボルだ。像の足もとには籠に入れた果物がいくつも供えられていた。ちょうどそのとき、ふたりの警備員が墓地の向こうから大きな声で呼びかけてきた。ぼくは彼らの懐中電灯のぎらぎらした光に向かって一目散に駆けだした。

7　淑女の果実

アダムはいった。「ついに、これこそわたしの骨の骨、わたしの肉の肉。これをこそ、女と呼ぼう」

「創世記」第二章二三節

東南アジアでの最後の日は、タイ東部ラヨンにあるフルーツガーデンまで足を伸ばした。さまざまな果樹が、ジョニー・デップ扮するシザーハンズが手入れをしたように装飾的に刈り込まれている。ぼくを案内してくれたアムというほっそりした二十代半ばの女性はタイ観光局のガイドで、子どものころよく、タコブ（英名ブルネイ・チェリー）とよばれる酸っぱい実を隣人の庭からこっそり頂戴したという話をきかせてくれた。

ぼくたちはランブータンの木陰、猿がバナナを食べている形に剪定された植え込みの隣で休憩した。アムは自分のおへそから腰、太腿のあたりを円を描くようになぞりながら、「淑女の果実」のことを知っているかときいてきた。ぼくは首を振り、いまのは性的なほのめかしだろうかといぶかりながら、あやふやな笑い声をあげた。アムは自分のお尻をパンパンとたたいて、問いかけるようにぼくを見ている。ぼくはぴくりとも動けなくなった。アムが電子辞書になにかを打ちこんだ。「英語だと」といった。「『女性がそこから生まれた果実』ですって」

彼女の説明を聞いているうちに、赤くほてった顔もさめてきた。「『ラーマーヤナ』に由来する伝承だと思われてきたけど、いまでは、その果物が実在することがわかってる」アム自身はその果物のことを、長年、行者として外国で修行してきた仏教の僧侶から聞いたそうだ。その僧はインドの森を放浪しているとき、ヒンドゥー教の巡礼と出会った。「ジャングルには」とアムが説明した。「似通った信仰をもつ人が顔を合わせる場所があるから」。幸先のよい出会いを記念して、巡礼は僧に贈り物をした。それは果実の硬い殻で、女性の骨盤付近の特徴がすべてそろっていた。前から見ても、後ろから見ても。タイに帰国すると、僧侶はその殻を、女性が果実から進化した証拠だといって見せてまわった。

ぼくが半信半疑なのを感じとったのか、アムはタイ北部のひなびた村にある僧院を訪ねようといいだした。ぼくが自分の目で確かめられるように。あいにく、帰りの飛行機は翌朝の出発で、その僧侶がいるのはここからだと列車で二十三時間かかる、洪水に襲われて住民がもう何週間も屋根で眠っているという地域だった。

モントリオールに戻ると、ぼくはアムの眉唾ものの話を裏づける証拠を探しはじめたが、「淑女の果実」に関する文献はほとんどなかった。十七世紀の記録によると、その描写にぴったりの木の実が、ある島で自生していると信じられているが、その島を見つけることができるのはそれを探していない者だけだという。メラネシアの創世神話では、原初の四人の男がココヤシに似た果実を地面に投げつけることによって原初の四人の女を創造したとされている。ぼくはアムがいった果実は架空のものだと信じていたが、そんなある日、インドの魔術に関する本をたまたま見つけた。その本には、インドのボルガンパッドに住むヒンドゥー教の行者がカマンダルとよばれる托鉢用の水入れを携行しており、その鉢は女性のお尻とよく似た果実の殻を細工したものだと書かれていた。この果実はオオミヤシといって、あるカルトで崇拝の対象となっているのだが、インド洋のなかほどにあるセーシェル諸島のプララン島とキュリーズ島にのみ自生し、現地ではココ・デ・メール（海のヤシ）とよばれている。

名前がわかったので、すぐにインターネットでいくつかの写真を探し出した。「淑女の果実」は実在するばかりか、植物界のなかでも群を抜いてセクシーな果実だった。きわどい形をした殻は、原寸大の女性器をかたどったものだ。張り出した腰、むきだしの腹部、むっちりした太腿にかぐろい割れ目、おまけに本物そっくりの草むらが恥丘をおおっている。後ろから見ても、女性のお尻にはっとするくらいそっくりだ。セーシェル諸島にやってきた観光客は、オオミヤシのことを下腹部の果実だの、みだらな果物だの、お尻のナッツなどとよぶ。恥ずかしげな旅行記事は、オオミヤシのことを「慎みがない」と表現している。「なにこれ……いやらしい！」女友だちは、ぼくが写真を見せると息をのんだ。

人間の生殖器とこれまたよく似ているのが、オオミヤシの花である。木質の雌花は大きさといい形といい、女性の成熟した乳房そのもので、湿った子房は乳首があるべき場所にぴたりと収まっている。一方、雄のほうは尾状花序といって動物の尻尾のように長く下垂しているが、こちらも勃起した男性器にそっくりなのだ。若い雄の花序は長さが約三〇センチ、オレンジ色で、天に向かって屹立している。成熟すると、腕ほどの太さの竿に星形をした黄色い花がちりばめられる。この雄花の花粉が雌花を受精させる。受粉後、怒張していた尾状花序はしおれ、しだいに茶色くなってしなびてしまい、とうとう最後には鈍い音をたてて林床に落下する。受精した雌花はふくらんで、巨大な実が熟しはじめる。

これら性欲を刺激するもろもろの性質と同じくらい謎めいているのが、この果実の歴史である。そもそも、セーシェル諸島やプララン島は存在することさえほとんど知られていなかったが、一七五六年、ヨーロッパの地図製作者がこの島の砂浜に漂着した。それまではアラビア商人、モルジブ人の探検家、海賊に宿無しの船乗りといったごく一部の人間がたまさか目にするぐらいで、セーシェル諸島は東アフリカとインドとマダガスカルのほぼ中間地点にひっそりと隠れていた。人間は住んでいなかったが、この島の森にはオオミヤシが群生していた。

プララン島が発見されるまえ、この刺激的なヤシの実はまるで淫らな夢のように、海に漂っているところを折にふれて発見されたので、船乗りたちはその木が水中に生えているのではないかと考えた（それで、フランス語で「海のヤシ」という意味のココ・デ・メールと名づけられたのである）。ヤシの葉が波の下で揺らめいているところを見たという記録も残っている。人魚さながら、たちまち海底に消えてしまうこのヤシを探し出せるのは、「度胸があって臆病ではなく、敬虔だが迷信にとらわれず、弱虫でもなければ愚か者でもない、思慮分別に富んだ勤勉な男」に限られていた。

マレーシアの影絵芝居では、オオミヤシは世界の中心にある、あらゆる生命の源となる渦から芽生えたことになっている。ポルトガル人医師のガルシア・デ・オルタは一五六三年、この果実のことをはじめて詳細に記録したが、オオミヤシは海中の石化した木の果実ではないかと述べている。大航海時代には、オオミヤシはプザサールとよばれる島に自生し、その島はいくつものうず潮に囲まれていると信じられていた。中世には、船乗りたちが収集したオオミヤシは高値で売られた。十七世紀、神聖ローマ帝国皇帝ルドルフ二世はオオミヤシ一個をフローリン金貨四千枚で買いあげた。スウェーデンのグスタフ・アドルフ二世の驚異の部屋でひときわ異彩を放っていたのは、金箔を貼り珊瑚で飾ったオオミヤシの酒杯で、銀のネプチューン像が高々と掲げていた。東洋では、野生のオオミヤシが見つかった場合は有無をいわさず王家の財産と見なされた。君主たちはハーレムに飾り、インドの宗教セクトは寺院の儀礼でその果実を祀った。

イギリスの将軍チャールズ・ゴードンは一八八五年、スーダンのハルツームでイスラム教徒の一派に包囲されて戦死するまえ、セーシェル諸島を訪れて、エデンの園を発見したと思いこんだ。『エデンの園と二本の秘蹟の木 Eden and Its Two Sacramental Trees』という手稿のなかで、ゴードンは複雑な図式をいくつもこしらえ、オオミヤシが善悪の知識の木だと証明しようとした（ちなみに、生命の木はパンノキである）。
ぼくは植物学の教科書に目を通し、未熟な果実にはカスタード状のみずみずしい果肉が、好色な外皮の下にあることを知った。一九七〇年代まで、島を訪れる賓客たちはときおり、オオミヤシの半透明なゼリーでもてなされた。当時は「億万長者の果実」として有名だった。いまでは絶滅のおそれがあるので、その実を味わうことはさらに難しくなっている。一九七八年に保護法が施行されてからは、政府の許可なくオオミヤシを販売すれば五〇〇〇ルピー（八〇〇ドル）の罰金と二年間の懲役が科される。その結果、何十人ものオオミヤシの不正採集者がこの果実を収穫した罪で刑に服した――現在も服役中の者がいる。禁断の木の実を味見したいという思いに駆られ、自分が勇敢で思慮分別も充分に備わっていることを期待しつつ、ぼくはインド洋にあるケシ粒のような島、プララン島行きの飛行機を予約したのだった。

セーシェル諸島で一番大きなマヘ島にあるヴィクトリア国際空港の税関を抜けると、観光客がもちこんだ果実や植物を申告するよう求める掲示が目についた。地元の生態系を乱すおそれがあるからだ。係官にカナダ産エンパイア種のリンゴを数個渡すと、パスポートにオオミヤシのうるわしい輪郭をかたどったスタンプが押された。セーシェル共和国の正式な印章である。空港はセーシェルの人たちでいっぱいだったが、これほど異国情緒に富んだ国民もめずらしい。青い目で、フランス語くずれのクレオール語を話すアフリカの王女たち。ケニア人奴隷の末裔で、もじゃもじゃの髪を長く伸ばしたマッサージ師。胸が豊かで、イギリス英語を話すかぎ鼻のモーリシャス女性。その他、中国系の出稼ぎ労働者、スペイン系の遊び人、インドネシア系の流れ者、そしてスリランカ系の求道者などさまざまな人種、民族が入り混じっている。

一時間後、定員十二人のプララン島行き双発機が滑走路に誘導された。火口や珊瑚礁が点在する景色が眼下に広がる。白い砂に周囲を囲まれた小さな島々が碧青色の透明な海に溶けこむなか、飛行機は魚がぴちぴち飛び跳ねている波をかすめるように低く飛んだ。海面のあちこちがうず巻き泡立っているさまは、オオミヤシの木が深海に消えていくところを思わせた。

プララン島の飛行場の外でタクシーを待っていると、幅三メートルほどのオオミヤシの彫像に、雄花の形をした四基のブロンズ製の噴水が水を浴びせているのが目を引いた。ペニスそっくりの尾状花序が、女性の臀部に生き写しの巨大な像に向かって、生命の素を射出している。太腿から外陰部それに腹部にかけて、旧石器時代の母神像ヴィレンドルフのヴィーナス〔オーストリアのヴィレンドルフから出土した、乳房や臀部が誇張された旧石器時代の女性像〕の下半身とよく似ている。猥褻といえなくもないが、いかにも自然な姿だった。

オオミヤシを自生地で見るのに一番適した場所は、ヴァレ・ド・メ（メ渓谷）の自然保護区だ。険しい山道を車で入口まで向かう途中も、つる植物のからまったオオミヤシの木がときおり、視界をかすめた。オオミヤシの木は見上げるほど高く、ほっそりした幹が空に向かって三〇メートル以上も伸びる。大きな実と扇を広げたような葉が樹冠近くで生い茂っている。

自然保護区のなかを二時間ほど、曲がりくねった小道をたどって散策した。同行者は森林監視員のエクシアンヌ・ヴォルセール。カーキ色の制服を着た彼女は、ふっくらした体つきの陽気な植物学者である。この森を訪れる人たちが真っ先に気がつくのは、森の雑然としたようすだという。なるほど、足もとの地面には、枯れた枝や葉、腐りかけのヤシの葉、種子の莢《さや》、腐葉土、蟻塚、その他、自然の有機堆積物が一面に散らばっていた。

ヴォルセールは女優でラッパーのクイーン・ラティファと雰囲気が似ている。二本のオオミヤシの幹のあいだにかかった大きなクモの巣にひょいと手を伸ばして、オレンジ色の地に黒と紫というはでな色合いのクモを引きずり出した。クモのひょろ長い脚が彼女の両手からはみ出しそうだ。そのクモを胸にはわせて、毒はないからと請け合った。クモは炎がちろちろと広がるように、シャツの上を敏捷に動く。無害なことを証明するつもりか、ヴォルセールはクモをぼくの腕に移した。クモはその大きさにもかかわらず、驚くほど軽快に走りまわった。まつげが肌を軽くこすっているようだ。ヴォルセールがクモを引きとろうとすると、ぼく目がけてひとかたまりの糸を吐いた。

遊歩道沿いに、この島にだけ自生しているほかの果樹も並んでいる。タコノキの仲間は剛毛につつまれた実をつけ、その実は洋服ブラシに利用される。スパッゲッティ・ヤシはトゲだらけの大きな殻が割れると、ケーパーを添えたアルデンテのスパゲッティもどきの中身がどっとあふれる。クラゲノキの雌しべはなるほど、クラゲの触手とよく似ている。アカテツ科のカピセンの実は、カトリック修道士の頭頂部を剃った髪形を連想させる。

これらの木々は、この島に固有のさまざまな動物の住みかでもある。グレープフルーツほどのカタツムリや、めずらしいクロインコ、指にさや状の吸盤をもつ青銅色のトカゲ。ヴォルセールは鮮やかな緑色をしたヤモリを指さした。オオミヤシの黄色い葯から蜜をなめている。ケシ粒ほどの黄色い花が、尻尾のような雄花序の重なり合った茶色い鱗片のくぼみについている。すぐ近くにある別の雄花では、携帯電話サイズの白いナメクジが花びらをむしゃむしゃ食べていた。宇宙の性病に関する教育番組を見ているような気がした。

ヤモリが舌を伸ばすと花に当たり、顕微鏡でしか見えないようなごく細かな花粉があたりに飛散した。オオミヤシは風媒花だが、伝説では、夜になると雄株と雌株は逢い引きし、騒々しい音を立てながら交尾することになっている。不運にもその場面を目撃した者は、たちまちクロインコか、あるいはオオオミヤシの実に姿を変えるといわれている。

受精してから果実が熟すまでに約七年かかる。未熟なものは外皮が黄色で、なかに精液のようなどろりとした液体が含まれている。一年くらいたつとちょうど食べごろになり、中身はゼリー状になる。この時期、緑色の果実の果頂近くに細い金色の輪が入る。この輪が太いものは、中身が水っぽい。輪がすっかり消えるころには、薄いピンク色のゼリーは硬い内胚乳となり、この状態で果実は熟してやがて地面に落ちる。

ぼくはヴァルセールに、オオミヤシを試食することはできるかどうかたずねた。彼女がいうには、ヴァレ・ド・メの保護区内の動植物、とりわけオオミヤシを食べることは厳しく禁じられているそうだ。けれども、近くに落ちていた大きな実を手にとることは許してくれた。

繊維質の緑色の外皮は、カボチャほどもある心臓のように見えた。落ちた衝撃でひびが入り、ハート型の容器はたやすく割れた。ココナッツの芳香があたりに漂う。このなかに硬い内果皮（種子を包む殻）があり、これが女性の下半身そっくりの形をしているのだ。この種子は世界最大で、内胚乳が詰まったオオミヤシは重さが二〇キログラムにもなる。種子が二個も三個も入っていたという記録があって、その重さは四五キロに達したという。

種子をそのままにしておけば、やがて発芽する。地面に落ちたあと、ふたつに裂けた種子の割れ目からうす気味の悪いひも状のものが伸びてくる。新しい木となる胚細胞はそのふくらんだ先端部分に含まれているのだ。子葉柄とよばれるこのひもは、へその緒と同じく赤ん坊の植物に養分を送っている。子葉柄は地中にもぐり、二〇メートルほど遠くまで伸びてゆく。根を伸ばす空間を親木と争わなくてもすむ地点まで掘りすすむと、胚を含んだ太いひもは熱を求めて地表へ顔を出す。この最初の芽は葉鞘で保護されており、先が鋭くとがっているので、足もとに注意しないと怪我をすることがある。まもなく最初の葉が出て、若木は天に向かって伸びはじめる。

種子に含まれる硬い内胚乳は食糧の役割を果たし、発芽から二年間、低木層を抜けて日光が充分に当たるようになるまで栄養を与える。つまり熟したオオミヤシは双発の燃料タンクで、成長していく木の養分となるのである。稚樹が胚乳の栄養分を使い切ってしまうと、ひもは腐って土に還り、生物としての義務を果たした空っぽの殻だけがあとに残される。この殻がときおり、大雨のせいで海に流れこみ、何年ものあいだ波間を漂う。内胚乳がぎっしり詰まったものは水に浮かないので、海流による散布はこの種が繁殖する方法としては考えにくい。仮に完全な種子が別の島に流れついたとしても、雌花が受粉するためには雄株が必要なので、子孫を残すことはできないだろう。

オオミヤシの寿命はよくわからない。多くの人は二百年から四百年のあいだと推測しているが、八百年に達するとの説もある。それを確認できるほど、まだ彼らとのつきあいは長くない。そもそもセーシェルの歴史について今日わかっていることがどれも推論の域を出ないのは、この諸島が発見されたのが十八世紀だったからである。

セーシェル諸島の地質学的な特徴といえば、海岸に突き出した巨大な花崗岩が有名だが、そこからこの地域の過去の姿を推し量ることができる。むきだしの岩肌は移り変わる歴史のものいわぬ証人で、六億五〇〇〇万年前までさかのぼることができ、セーシェル諸島が先カンブリア代に起源する世界最古の島のひとつであることがわかる。このことから、いまから七五〇〇万年ないし六五〇〇万年前、セーシェル諸島はゴンドワナとよばれる巨大な超大陸の一部で、南米、アフリカ、マダガスカル、そしてインドともつながっていたと推測される。インドがアフリカから分離しはじめたあと、セーシェルは分断されて大洋に取り残されたまま現在にいたり、その結果、多くの動植物が独自の進化をとげた。恐竜が絶滅したのは、セーシェルがインド洋に置き去りにされたのとほぼ同じ時期なので、これらの果実はかつてはブロントサウルスの食料だったという可能性もある。「オオミヤシは、体高二三メートルの草食獣お好みのデザートだったかもよ」ヴォルセールはそういって、恐竜ダンスを踊ってみせた。

島の人たちは暗くなってから森に行くのをこわがる。風の強い日はとくに。日中でも森にはさまざまな物音が満ちている。巨大な葉がぶつかり合い、ずっしりと重い実をつけたヤシの木が風を受けてしなる。何かがきしんだり、はじけたりする物音が絶えない。古代のしわがれたうなり声やうめき声が大気をつらぬく。重々しいオークのドアがばらばらに引き裂かれるような音である。

ぼくは顔を上げて、周囲を取り囲んでいる雲つくようなオオミヤシの木々を見上げた。緑色のハート型をした巨大な実があぶなっかしく頭上で揺れている。ヴォルセールによると、落下したオオミヤシに頭を直撃された人はこれまでひとりもいないそうだ。「でももしそうなったら、この楽園から抜け出せなくなる」といって、ぞっとするような笑い声をあげた。「それも悪くないけど」

セーシェル人と観光産業との関係は一筋縄ではいかない。観光は島の経済を浮揚させる一方で、生態系を破壊するおそれがあるからだ。ぼくはヴォルセールにヴァレ・ド・メの森で一晩過ごしたことがあるかどうかきいてみた。あるわよ、と彼女は答えた。じつをいうと昨日の夜も。

「どうしてここに?」とぼくはきいた。

「野党の抗議行動のことは聞いた?」

そういえば今朝の新聞で、国会前で行なわれた独自のラジオ局開設を求めるデモで、警察が野党の党首に暴力をふるったという記事を読んだ(セーシェルには、政府が出資運営しているラジオ局ひとつしかない)。緊張が高まるなか、警察のトップが拳銃で野党の党首をなぐり、党首は後頭部を二十六針も縫う大けがをしたのだった。

「昨夜、軍がヴァレ・ド・メの警護に配備された。野党支持者が森を焼き払うと脅迫したから。わたしも昨夜は泊まりこみ」
「森を焼くなんてどうして?」
「表向きは警察の暴力に対する抗議だけど、観光業の息の根を止めるという意味もある」とヴォルセールはいったが、そこまで話していいのか迷っているような口ぶりだった。言論の自由も、若い民主主義国家では手探りで進めている状態なのだ。ヴォルセールによると、野党支持者はヴァレ・ド・メを燃やすという脅しは政府の中傷で、自然遺産を破壊する考えは毛頭ないと否定しているそうだ。一九九〇年、近くのフォンド・フェルディナンドの山火事で森林の広い面積が焼失し、回復するには何百年もかかる見込みだ。これほど古い貴重な自然が、無防備なまま危険にさらされているとはショックだった。

現在残っているオオミヤシは、わずかに二万四四五七本。その三分の二は若い木でまだ実がならず、全体の半分は雄株である。二〇〇五年の個体数調査では、年間に熟す果実はたった一七六九個で、毎年訪れる十万人近い観光客と比べれば決して多くない。売買を制限しオオミヤシの乱獲を防がなければならない、とヴァレ・ド・メ自然保護区を監視している環境団体、セーシェル島協会の代表リンゼイ・チョン＝ソンはいう。「不正採集が横行しています」と彼は説明する。「種子を手に入れるために木まで切り倒す。漁船で夜中にやってくるんです」

オオミヤシは国際自然保護連合（ＩＵＣＮ）のレッド・リストで絶滅危惧種に分類されており、規制の取り組みはこれまでのところ成果を上げている。隣のキュリーズ島にも自生しているが、そちらは全島が自然保護区に指定されている。政府はセーシェル諸島のオオミヤシをすべて記録したデータベースを管理、所有者は各種子の成熟度を四半期ごとに報告する義務があり、違反すれば罰せられる。

オオミヤシの実が落下すると、内胚乳は除去される。空の殻に許可証が発行され、免許のある小売店が観光客に二〇〇ドルから二〇〇〇ドルで販売する。許可証のないオオミヤシを輸出しようとすれば、種子は押収され罰金が科される。それでもこの法律には、偽造の許可証や同じ標識の使い回しといった抜け道がある。標識は薄っぺらい緑色のラベルに公印が押されたものだ。「適切な許可証があってしかるべきです」とチョン゠ソンはいう。「コンピューター化されたシステムか、マイクロチップがいいでしょう」

オオミヤシを保護する新たな方法も模索されている。そのひとつがガラス繊維でつくった種子を観光客に販売することだ。その試作品をいくつか見せてもらったが、じつにリアルで実物そっくりだった。別の案では、空っぽの殻をおみやげに持ち帰るより、内胚乳がぎっしりつまった熟果を購入してそれを植樹するという選択肢が観光客に与えられる。ヤシが成長すれば、寄付した人の名前入りプレートが木の横に立てられ、空になった殻はその人が次回訪ねてきたときに渡される。この計画を聞いて、ぼくはケン・ラヴのハワイの農場でライチーの木を植樹したことを思い出した。

ぼくはチョン゠ソンに、オオミヤシを試食する方法はないだろうかとたずねた。彼は肩をすくめながら、合法的に味見する方法がひとつだけありますよといった。「もしうちの庭にオオミヤシがあって、その木に食用になる未熟な実がついていれば――残念ながらうちにはありませんが――あなたをお招きしてご馳走することができます。販売することは禁じられていますがね」いいかえれば、買うことは違法でも、分けてもらうのはおとがめなしということだ。「オオミヤシを庭に植えている人が見つかれば、あなたの夢はかないます」とチョン゠ソンはいった。別れの挨拶をしているとき、彼はヒントをひとつくれた。「どこかで試されるなら――タクシーの運転手に当たってごらんなさい」

未熟なオオミヤシを食べることには倫理的な問題がある。その実から新たな木が成長しないからだ。チョン゠ソンはそれは必ずしも問題ではないと請け合ってくれた――観光客に販売される熟果はどれも木にならない。若い木の養分となる内胚乳は、アイランド・セントという会社で除去されている。マヘ島にある同社の小さな工場で、ぼくは従業員たちがオオミヤシの果肉をのみで削っているところを見学した。削られた果肉は乾燥して箱に詰め、温度管理された部屋で保管し東アジアに輸出される。中国や香港で、オオミヤシの果肉を薄く削ったものが一キロ一三〇ドルで、トラの骨、トビトカゲ、それにサイの角の粉末と並んで漢方薬の店で販売されている。その果肉は多くの用途に使われる。マレーシアでは美白クリームに混ぜられる。パキスタンでは媚薬として使われる。インドネシアでは、咳止めシロップに添加される。ある中東のビジネスマンはアイランド・セント社に料金を支払ってオオミヤシの殻を大量にテキサス州エルパソに輸送してもらい、そこからメキシコに密輸してアラビア風デザインのモチーフと文字を象眼する。できあがったものはカシュクルとよばれ、クウェートやイランの富豪やイスラム教寺院に販売される。

「オオミヤシは昔からペルシアの苦行僧やインドの托鉢僧が宗教儀式に使ってきた」とカンティラル・ジヴァン・シャーは説明した。カンティで通っている彼は、八十代のセーシェル人歴史家で環境問題にも一家言ある。彼に会いにいったのは、ヴァレ・ド・メを世界遺産に指定するようユネスコを説得した功労者だったからだ。布地を計り売りする昔ながらの大きな小間物屋の店主で、オオミヤシの権威でもあった。「オオミヤシの用途はべらぼうに広い」とカンティはぼくにいった。しょぼくれた目に光が宿り、にっこり笑うと金歯が光った。

カンティはセーシェルでは有名な手相見で、多芸多才を絵に描いたような人物だが、ぼくは一級武功勲章を見せてもらってそれを実感した。「わしはヒンドゥー教の導師だが、料理もすれば彫刻もする。

シャーの称号もある」と強いインドなまりでいった。薄くなった白髪を風になびかせた姿は、愛想はよいものの、どことなくおかしいという印象を受ける。「僧侶に切手デザイナーに呪医。いろいろやってるよ」

ぼくのあとから、イタリア人観光客がカンティの店をのぞいた。ふたりは伝統的なクレオール式建築についてあれこれ話しだした。「わしは国際建築家協会の会員にも選ばれた」カンティは片目をつぶってみせた。イラン人の新婚夫婦がカンティのアルバムをめくりながら、どうやってパーレビ元国王の王妃を夕食に招いたのかたずねた。「向こうから押しかけてきた。わしはいい男だからな」とカンティは答えた。「昔は世界の有名人を集めては盛大なパーティーを開いたもんだ」

自称クリスタル・エナジーの大家でもあるカンティは、貨幣研究家、色彩療法士、貝殻蒐集家としても尊敬されているといった。「貝の真珠層のことならだれにも負けん。わしの設計は十二宮図にもとづいたものだ。王立地理協会の会員で、不殺生を誓ったジャイナ教徒でもある。だから、決して外食はしない」

「お忙しそうですね」と建築を学ぶイタリア人学生がいった。

ぼくは会話をオオミヤシに引き戻そうとした。カンティはオオミヤシについて論文を書いたことがあるといったが、黄ばんだ書類の山をひっくり返しても出てこないのであきらめた。「散らかり放題で何も見つからん」といった。「いろいろやってるからな。どの委員会にも名を連ねている。わしはフランス同盟派の至宝だよ」

「ほら、ヒンドゥー教の聖人たちは何世紀もこの実を托鉢に使っておった」これまでの活動を記録したスクラップブックをめくりながら、カンティは説明した。そのスクラップブックにはロマン・ポランスキーに刀剣を貸しているところや、俳優のオマー・シャリフの相手役をつとめている写真も収められている。イアン・フレミングの〇〇七シリーズ短編「珍魚ヒルデブランド」に登場するアベンダナ氏は、彼がモデルだそうだ。「オオミヤシはタントラ〔世界最古の信仰で、性愛を通して宇宙の最高真理を知ることを目的とする〕のシンボルで、熱烈な信仰の対象だ。創造と多産のシンボル、ヨーニとしてあがめられておる」

オオミヤシの薬効や神秘的な効能は今日でも期待されているが、カンティは媚薬としての効果は否定した。「思いこみだな。乾燥した仁は膀胱を刺激するから勃起する。朝の四時ごろ、膀胱が満タンのときにそれがどんな具合か、あんたにも覚えがあるだろう。同じことだよ」


ジヴァン輸入品店を出て近くのギフトショップに向かい、持続可能な方法で収穫されたオオミヤシの殻を自分用に選んだ。店の奥には天井までオオミヤシの種子が積み重ねられている。巨大なものもあれば、小ぶりなものもある。ふたつと同じものはない。ぼくは丸いもの、スリムなもの、豊満なもの、薄っぺらいものを並べてみた。とてもひとつには絞りきれない。「女性の好みのタイプは?」と店主がきいてきた。スーパーモデルのケイト・モス風のすらりとしたオオミヤシをなでている。「オオミヤシを選ぶのも同じだよ。おれはほっそりした女が好きだから、こいつを選ぶけどね」

店主が正規の証明書と許可証を渡してくれたとき、ぼくはオオミヤシを食べたことがあるかどうかたずねてみた。あるよ、と彼はいった。若いときに何度か。「野趣に富んでいる」と彼はいった。「そんじょそこらにある味じゃない。ミント風味の精液とでもいうか」

チョン＝ソンの助言を思い出して、ぼくは機会があるごとにタクシーを呼び止めた。一人目の運転手は役に立たなかった。警察を退職したばかりで、オオミヤシの不正採集者を逮捕するおとり捜査にも加わっていたそうだ。もうひとりは五〇〇ドル出せばヤシに登って一個もいできてやるといった。気持ちは動いたが、計画そのものがぼくの論理的、法的、経済的な安全地帯を越えていた。また別の運転手はビーチに行くことを勧めた。「客引きや、浜辺でたむろしている若造たち」がときどき盗んだオオミヤシをひと匙いくらで売っているという。だが、ビーチの救助員いわく、そんな商売はもう何年もまえにすたれたそうだ。「麻薬を売るほうが儲かるから」と彼はいった。「薬の効果は二秒以上つづかないが」

ビーチからの帰途、今度の運転手はラスタファリアン〔一九三〇年代にジャマイカで起こったアフリカ回帰を唱える思想の支持者〕で、しょっちゅうオオミヤシを食べているという。どんな味かとたずねると、彼は黙りこんだ。

「あんた、おっぱいを飲んだことは？」と彼はたずねた。

「うーんと……赤ん坊のときなら」とぼくは答えた。

「まあ、あの味はすごく生々しいというか」と彼はつづけた。「なんとも……独特で。おっぱいをじかに飲んだみたいな」

ラスタ氏はその日の夕方ぼくと待ち合わせて、オオミヤシを味見する相談にのってくれることになった。ぼくたちは白い砂と海を見渡せるバーで、夕暮れどきに落ち合った。海は黄金色のバターを溶かしたように見える。大きなカニがココヤシの木にするすると登り、はさみでココナッツの実を切りとると、そそくさと木から降りて落ちた実を食べた。カモメほどあるオオコウモリが頭のすぐ上を旋回している。

最初、彼は味見をするのは無理だといいはった。「ふたりとも撃ち殺されちまう。法律で禁じられてるんだから」たしかに金を払えば犯罪になるかもしれないが、ぼくはお相伴にあずかりたいだけだとねばった。酒を何杯か飲むと、彼の態度は和らいだ。「まあ、試してみて損はない」彼はいくつか電話をかけ、早口のクレオール語でやりとりした。電話を切ると、にやりとした。「うまくいく確率は八〇・五六パーセントってとこかな」

ここまで淑女の果実についてずいぶん学んだが、オオミヤシは相変わらず、アムから初めて聞いたときと同じくらい謎めいていた。あのずっしりと重そうに垂れさがった雄株の花序。あの乳首に果汁をにじませた乳房のような雌花。心臓の形をした果実。お尻そっくりの種子、殻を割ると腎臓にうりふたつだ。産道から伸びるへその緒。人間との発生学的な類似はいわずもがなだが、おそらく込み入った進化の偶然の一致だろう。オオミヤシは女性の起源ではないにしても、ゲノムが解読されたあかつきには、いくつかの共通点が明らかになるかもしれない。すべての種には共通の祖先がいるわけで、だとすれば人間と重なる部分があるという可能性も、あながち荒唐無稽とはいい切れない。そもそも、人間の網膜で見つかるのと同じ物質――ルテイン――は、緑色の植物にも含まれているのだ。

ラスタ氏からの連絡を待ちながら、ぼくはプララン島での最後の午後、ジョン・クルーズ＝ウィルキンズを訪ねた。五十歳の歴史教師だが、十八世紀の海賊オリヴィエ・ルヴァスールが隠した財宝をあと少しで発見できると信じている。

一七三〇年、インド洋上のレユニオン島でタマリンドの木から吊される直前、ルヴァスールは暗号を記した羊皮紙を見物の群衆に向かって放り投げた。一九四九年、この暗号のメッセージがクルーズ＝ウィルキンズの父親の手に渡った。父親は一日に十六時間費やして解読に努め、とうとうそのメモはヘラクレスの十二の功業にちなんだ一連の作業を指示していると信じるにいたった。それをやりとげれば、さらなる手がかりが発見できるはずだ。死ぬまでの二十七年間、父親は自宅の向かいの砂浜のあちこちを特注のポンプを使って掘り返したが、財宝は発見できなかった。そのポンプはいまでは錆びるがままに放置されている。

ジョン・クルーズ＝ウィルキンズはこれまで親子で見つけた手がかりを見せてくれた。女性の頭に見えなくもない岩は、海底の石棺を表わすと考えられている。その石棺はアフロディテの胴体をかたどったもので、引き潮になると海面にあらわれる。錆びた角笛は豊穣の角の象徴である。羊毛にどことなく似た模様のついた陶器の破片、そして、サンダルの形をした石（「金の羊毛を奪い返したイアソンのサンダルですよ！」）。彼があばら屋のようなバンガローの戸棚をかきまわしていると、赤い鳥が迷いこんできて、ひとしきり飛びまわったあと、ふたたび窓から矢のように飛びさった。彼の父親は宝探し熱に取りつかれるまでは猟師で、壁にはシカの角や頭蓋骨やその他の記念品が飾られていた。親子が発見した決定的な手がかりというのは浅瀬にある丸い石で、中央に縦の溝が刻まれている。ウィルキンズはぼくを浜辺まで案内して、その石は鍵を表わしているといった。ぼくには、それが花崗岩でできた巨大なオオミヤシに見えたのだが。

がっしりした体つきで激情家のクルーズ＝ウィルキンズは、思いつめた人にありがちな薄い水色の遠いまなざしをしている。とりわけ微妙な手がかり――ペガサスの骨格に見えなくもない岩――を打ち明けたとき、唇の左端がごくかすかにもち上がった。頰も目に見えない滑車で引き上げられたようで、目尻のしわがくっきりと刻まれた。顔がほんの一瞬ほころんだ。だが、それもつかのま……雷に打たれたように眉根がぎゅっと寄せられた。苦い現実にまたしても打ちのめされたのだ。父親に取りついていた容赦のない捜索熱がいまでは彼を苦しめているのだと。

「あと一歩で財宝が発見できるんです――見てのとおり、証拠ははっきりしているんだから」といいながら、アルファベットのY字形をした珊瑚の化石を手にとった。どんなものにも隠された意味があるようだ。ふたりで彼の家に戻っていく途中、色あざやかな虹が空にかかった。湾をまたいで山あいの赤い家まで伸びている。「そうだ」とウィルキンズがいった。「虹はノアと神のあいだに結ばれた契約のしるしだ」（「創世記」九・十）ぼくたちは黙ってもうしばらく歩きつづけた。こまごました断片的なものから様式を見つけたい、その意味を理解したいというもどかしい思いにとらわれながら。

ウィルキンズが道端で立ち止まった。「役人たちは、『そんな夢みたいなことを』という。たしかに夢かもしれないが、わたしは地に足のついた堅実な人間だ。他人はわたしのことを笑い物にする。だがいくら馬鹿にされようと、それは事実なんだ。父が正しかったことをいずれ証明してみせる」

別れがてら、タクシーの運転手は彼の両手を握っていった。「希望を捨てるなよ」クルーズ＝ウィルキンズの目が光った。「希望なんかじゃない」と吐き捨てるようにいった。「歴史考古学の証拠にもとづいた現実の話だ」

ホテルの部屋に帰ると電話が鳴った。このレムリアというホテルは、ニラヴが住んでいるタイのバンガローとは段ちがいに豪華なリゾートホテルである。電話はラスタファリアンのタクシー運転手からで、レ・ロシェというレストランの庭にオオミヤシが何本か生えているとのことだ。ぼくはそのレストランに夕食を食べにいけばいい。「万事、手配済みだから」。法的には多少あやしくとも、それは公正な取引きのように思われた。ぼくは夕食の代金を支払い、彼らは果物を出してくれる。待ちに待ったオオミヤシの試食である。ぼくはレインコートをはおって、激しい夕立のなかに飛び出した。

ビーチに面したレストランに到着したときには、雨は小降りになっていた。あいにくですが、と主人は雨のせいでオオミヤシの実を用意できなかったことをわびた。「ヤシの木に人を登らせるのはちょっと。濡れたヤシは滑りやすくて危険ですから」と、申しわけなさそうにいった。

夕食を食べながら、つくづく情けなかった。はるばる地球の裏側までやってきたというのに、いまだに「億万長者の果実」には手が届かない。たぶん、期待したぼくが馬鹿だったのだろう。だが、タコ入りカレーを食べ終わるころには、オオミヤシが生えているレストランはほかにもあるのではないかと思いついた。昼食を食べた店を思い返してみた。ボン・ボン・プリュムというレストラン、たしか裏庭にヤシの茂みがあった。

ホテルに帰るが早いか電話を入れた。レストランの主人リシュリユー・ヴェルラックが電話に出た。ぼくは翌日にはセーシェルを発つことを説明し、取材用にオオミヤシの試食をさせてもらえないかと頼んだ。ちょうど明日の朝食べるつもりだったので、よかったらご一緒にという返事だった。朝の六時半にいらっしゃれば、九時半の飛行機に間に合いますよ。

「法に触れませんか?」ぼくはたずねた。

「自分の家で何をしようとかまうもんですか」と彼は声を荒らげた。「オオミヤシをお出しするのはわたしの勝手です」

「この雨でも大丈夫ですか?」

「ご心配なく。うちのオオミヤシの木は小型なんです。手を伸ばせばすぐに届きます。食べごろの実がひとつあるんですよ」

ぼくは夜明けまえにホテルを出発した。まだ暗い島を四十五分かけてぐるりと周り、ボン・ボン・プリユムに到着したのは日の出のすぐあとだった。早くも焼けつくような暑さだ。リシュリユー・ヴェルラックが玄関でぼくを出迎え、裏庭に案内してくれた。レストランの隣の砂場にいる巨大なカメのそばを通り過ぎた。カメは動作がとてもゆっくりしているが、ぼくが膝をついて挨拶すると、ヘビのような首を甲羅から伸ばした。涙のたまった目でぼくを見上げる。

ヴェルラックはぼくをピクニックテーブルにすわらせると、腕をひと振りして薄切りにした淑女の果実を盛った大皿を示した。ぼくはひと切れとって、果皮に熟した証拠の細い金色の帯が入っているのを確かめた。半透明の果肉は見た目はシリコンの詰め物にそっくりだが、もっと軟らかで、ぷるぷるした感触は本物の乳房により近い。ぼくはゼリー状の果肉にかぶりついた。酸味の少ない柑橘系の味わいで、さわやかな甘みと、小気味よい切れがある。ココナッツに似ているが、もっとセクシーだ。

「これで、あなたは禁断の木の実を味わった数少ないひとりですよ」ヴェルラックがはしゃいだ声でいった。「アダムがイヴを味見した、なんてね」

ぼくたちはテーブルについて政治情勢や、野党党首への暴行がこの国の将来にどんな影響を及ぼすかといった世間話をした。オオミヤシの実をさらに数切れ食べたが、ひんやりして、よく晴れた暑い日曜日に心地よかった。アンリ＝アンドレというヴェルラックの八歳になる息子がやってきて、お相伴をした。

「何の味がする？」とぼくはきいた。

彼はさも当たり前といった口調で、言下に答えた。「オオミヤシ！」

8　いかがわしい連中——果物の密輸業者

メロンの木箱が歩道に積み上げられ、バナナがエレベーターから降りてくる。熱帯の毒グモがなじみのないイカレた空気でむせかえる。冷えた室内の砕いた氷、ブドウのタンクに積もる雪……どれもこれも正気じゃなくて、哀しくて、母親の愛よりも甘ったるいが、父親を殺めるよりも薄情だ。

ジャック・ケルアック『ジャズ・オブ・ザ・ビートジェネレーション』

オオミヤシを試食する以上に厄介なことがあるとすれば、それはたぶんオオミヤシを母国にもち帰ることだ。税関と入国審査の書類は、果実、食品、植物あるいは植物の一部をすべて申告するよう求めている。絶滅危惧種の持ち込みともなれば、それが持続可能な方法で収穫したものであっても、その過程にはいやおうなく罪悪感がつきまとう。飛行機がモントリオール空港に降り立ったとき、オオミヤシは荷物として預けたトランクのなかにでんとすわっていた。ぼくは深呼吸をして、乱れがちの鼓動を静めようとした。

申告用紙をにらみながら、しらを切ろうかと思案した。トランクを調べられた場合は、それは彫刻だと——異国風のエロチックな民芸品とかなんとか——いいくるめることができると判断した。だが万一梱包をとかれたら、認可証が動かぬ証拠になると気がついた。だから該当の箇所にチェックをつけたものの、どういえばいいか決めかねていた。

申告用のブースに入ると、税関の係官はぼくの用紙を一瞥してすぐに、もちこもうとしているのはどんな食品、あるいは植物なのかと問いただした。ぼくは帰途に立ち寄ったパリで買いこんだ品物を挙げた。リンゴ、干しアンズ、ワインが二本。

係官はそれを書きとめた。「ほかには?」

「ええと、あとは……」

そうだ――ぼくはズルをして身体検査を回避した。

「……ナッツを少々」

そうだよ、ナッツじゃないか。ああ、真実の甘きナッツよ。とっさの思いつきとはいえ、厳密にいえば正しい。リュックにはナッツ入りのスナック菓子が入っているし、あの罪深きオオミヤシの実も――ナッツにはちがいない。しかもきちんと申告した。で、何か問題でも? 係官は「ナッツ」という単語を青果物リストの一番下に走り書きし、何やら秘密の暗号をつけ加えると、腕を振ってぼくを通した。

スーツケースをターンテーブルから取り上げたぼくは、落ち着いていた。とはいえ、税関を突破したわけではなく、ここはまだ免税店が並んでいる灰色の領域だ。申告書をつぎの段階の係官に渡さなければならない。その係官は申告書に赤インクでぞんざいに書かれた暗号をひと目で解読するはずだ。

ぼくの順番がくると、うんざりしたようすで係官が片手を差し出した。ナッツと申告したことで開き直ったぼくは、いばって用紙を提出すると、さっそうと係官の前を通り過ぎた。出口まであと八秒。制止する声が聞こえないので、そのまま進んだ。「自由だ」心臓が高鳴った。「晴れて自由の身だ!」

あと六秒。

と、そのとき。「もしもし。ちょっと待ってください！」

ぼくは聞こえなかったふりをして歩きつづけた。歩調をみじんも変えることなく、財務上の重責を担ったビジネスマンらしい表情を取り繕う。

あと四秒。

「もしもし」声がふたたび追ってきた。ぼくは前進をつづけた。背中の筋肉にけいれんが走る。こめかみに浮かんだ玉のような汗が、頬をつたった。

あと二秒。

スライド式のドアが開く。

足音が背後の床にひびいた。「止まれ！」係官がどなった。

「は、わたしですか？」ぼくは首だけ振り返りながらきき返し、わけがわからないという顔をした。

「そう、あんただ」係官は厳しい口調でいった。「リンゴの国内への持ち込みは禁止されている。こっちへきなさい」

ぼくは取り調べ室に向かいながら、頭のなかでくどくど弁解しはじめた。「いや、でもナッツは全部申告しましたよ、これも含めて……どっちみち、ただの民芸品ですし」血が沸騰し、耳あかが溶けるのを感じた。

そこで係官がリンゴがどうのこうのといっていたことを思い出して、フランスで買った在来種のリンゴが入った袋をリュックから取り出した。震える手でとるものもとりあえず、ぴかぴかのアルミ製カウンターの向こうにいる係官にそれを渡した。隠し立てのない態度が、係官の疑惑をそらしてくれるのではないかと期待して。「このリンゴは没収されるそうですが」ぼくは快活に、しかしかすかに苛立ちをにじませた口調でいった（この自然な態度に、係官が面食らえばなおさら好都合だ）。ぼくが過呼吸に陥っていることに気づかれただろうか？　係官はリンゴを受けとると、あくびをかみ殺し、ドアを指さした。今度は何だ？　身体検査室か？　ドアを押しあけるとそこは到着ロビーで、愛する家族を出迎えにきた笑顔の人たちで混雑していた。

二〇〇五年八月、五十七歳の農場主ナガトシ・モリモトは、柑橘類の挿し穂四五〇本を日本からカリフォルニアに密輸した容疑で有罪判決を受けた。モリモトは共犯者に「だれにもばれるもんか」と大口をたたいて、キャンディとチョコレートと記されたケースに芽接ぎ用穂木を隠した。そのもくろみは外れ、穂木は税関で押収された。連邦植物保護法にもとづき、モリモトには五〇〇〇ドルの罰金と三十日の拘禁刑がいい渡された。さらに社会奉仕として、農家に密輸の危険を知らせるパンフレットの配布を命じられた。

ミバエの侵入は農業制度を揺るがす大きな脅威なので、ある種の果実を輸入禁止にすることはきわめて重要である。実際、モリモトの「キャンディとチョコレート」には柑橘類潰瘍病に罹患した挿し穂が含まれていた。もし流行すればカリフォルニア州で最大八億九〇〇〇万ドルの損害をもたらす病害である。チチュウカイミバエの虫害となればさらにたちが悪い。カリフォルニア州やアメリカ本土で大発生すれば、年間十五億ドルの被害が生じると見込まれている。果実の持ち込みに関して国境で厳しい防疫体制がとられているのは当然である。

チチュウカイミバエの周期的な侵入は農産物の収量を減らすうえ、害虫を根絶する必要から、農家は生産の中止を余儀なくさせられる。チチュウカイミバエは未熟果の外皮の下に卵を産みつけ、それが傷み、奇形、収量の減少、落果を引き起こす。また害虫が発生した果実は非汚染国への輸出が禁止される。そのせいで、ハワイの果物業界は大きな打撃を受けてきた。

害虫問題は深刻に受け止められている。最近のことだが、アメリカ農務省の役人がロサンゼルス港に停泊していた大型客船ドーン・プリンセス号で通常の検査を行なったところ、ミバエがたかっているマンゴーが何ダースも発見された。一九九〇年代初め、航空貨物のコンテナ二個にタイの違法果実が詰めこまれ、しかも害虫が発生しているものがカリフォルニア州で押収された。推定小売り価格は二五万ドル。ちなみに、検疫官がオレンジを渡すように求めたからといって、何もその係官が食べるわけではない。押収された品物は粉砕、廃棄、焼却、高圧消毒、埋め立てなどの処置を受けるか、あるいは医療廃棄物の輸送業者に引き渡される。

さまざまな危険が含まれていることから、農産物の世界では無罪と証明されるまでは有罪である。果物の安全を立証するには費用がかかり、また何年もの調査研究が必要とされる。その間隙を埋めるのが密輸である。世界に張りめぐらされた果実の闇市場がどれだけの収益を上げているかだれも知らないとはいえ、保護の対象である動植物の不法取引による利益は、全世界で毎年六〇億ドルから一〇〇億ドルと見積もられている。

ミバエがいなければ、果実の輸入はもっと手軽になるだろう。いくつもの自由貿易協定によって多くの関税および非関税障壁は撤廃されたが、植物衛生に関わる根拠のない懸念は往々にして、外国の農産物締め出しへの錦の御旗となる。実際に果実に害虫が寄生し、それが国内農産物を危険に陥れる可能性がある場合には、この措置はきわめて重要だ。しかしそれ以外の数え切れない事例では、発展途上国からの輸入を阻止する方便になっている。

世界貿易機構（ＷＴＯ）のミレニアム開発目標は、先進国への商品の流入がこれまでより容易になることが意図されている。ＷＴＯも遅まきながら先進国が衛生問題を口実に輸入義務を怠っていることに気づき、非関税障壁に対する体系的で徹底した取り組みに乗りだした。その総体的な目標は、「各国が自国の消費者の生命と健康を守るために（食の安全性の問題について）〝合法的な〟措置をとることを許可する一方で、各国がこれらの措置を貿易を制限する不公正な手段として利用することを禁じる」ことである。

今日、北アメリカとヨーロッパに果実を持ち込むことがいかに煩雑かを示す例として、インド産マンゴーの物語が挙げられる。マンゴーには千百を超える品種がある。ピンポンボール大の果実もあれば、二キログラムを超える大物もある。ぼくたちがふだん買っているのはトミー・アトキンズとよばれる品種で、無名の兵士をあらわす二十世紀初頭の軍隊用語に由来する。その命名はいい得て妙である。トミー・アトキンズ種のマンゴーはたくましく、頑丈で、繊維が多く、苛酷な国際取引にぴったりの兵卒である。味のよい東南アジアの品種、たとえば「香りの使者」、「キューピッドの化身」、「カッコーの巣」、「多情」といった品種とは似ても似つかない。いま一番人気のあるアルフォンソ種は、トミー・アトキンズとは正反対で、複雑な芳香があり、繊維はまったくなく、かじると表面に果汁がにじみ出る。オレンジのように皮をむき、汁気たっぷりのリンゴのようにかぶりつく。マンゴー通にいわせると、アルフォンソを食べる一番の楽しみは、指やら手やら腕やらに垂れた果汁をなめとることだそうな。

インド産マンゴーは三十年近く、アメリカ合衆国への輸入が禁じられていた。表向きは害虫のおそれだが、本当の理由は原子力である。インドとカナダは、民間利用のために開発されたカナダ式原子炉をインドに供与する協定に署名した。一九七四年、その原子炉がプルトニウム生産や核兵器の製造にひそかに利用されていることが判明した。核拡散防止条約違反で両国の関係が一時途絶えたあと、カナダとインドは一九八九年に核取引を再開した——この年、インド産マンゴーのアメリカへの輸入が止まった。毎年春になると、木箱入りのアルフォンソが英国航空の貨物輸送機でカナダへ大量に運び込まれる。ぼくは二〇〇六年には四箱（四八個のマンゴー）を平らげた。だがアメリカではひとつも口にすることはできなかった。

状況は二〇〇七年、米印原子力協定の締結にともなって一変した。インドのカマル・ナート商工大臣がアメリカのロブ・ポートマン通商代表と会談し、数十億ドル規模の民生用原子力技術の提供について話し合ったさい、マンゴーも交渉のテーブルに載せられた。ナート商工相はポートマン代表に、協定を結ぶ条件としてインド産マンゴーの輸入再開を求めた。数か月後、ブッシュ大統領はインドを訪れて会談し、「アメリカはインドのマンゴーを食べることを楽しみにしている」という声明を発表した。「マンゴー外交」とマスコミはよんだが、この事例から貿易には策謀がつきもので、地理的、政治的、経済的要因が複雑にからみあった一種の五目並べだということがわかる。小規模栽培者がピンクッションの実や、アイスクリーム・ビーンを輸入しようと思っても、高い地位にある内部の人間が手引きしなければお役所主義にはばまれ、棚ざらしにされるのがおちである。果物を植物衛生の規定にしたがって輸送するには、厳密な手順と検査に数年を要する。こうした遅れがかつては際限なくつづき、しかも保護主義の隠れみののひとつでもあったが、いまでは非関税障壁を規制するWTOの強制措置の一部としてつねに監視されている。この過程では、過去のリスク分析と規制の見直しという行政上の遅延は当面やむを得ないが、将来的には、植物衛生の懸念にかこつけて第三世界からの輸入品を締め出すことは困難になり、いずれスーパーマーケットの棚にはより多様な外国産果実が並ぶことになるだろう。

アメリカでは今後、すべての輸入果実は入国まえの放射線照射が義務づけられる。そのためには、輸出国は数百万ドルを投じて検疫と放射線照射の設備を整えなければならない。最近まで、果実やその他の食品は照射施設で放射性のコバルト同位体を照射されていたが、消費者からの強い抗議を受けて（果実用の放射線照射施設の所有者には脅迫状が何通も届いた）、いまでは「電子線による殺菌」とよばれる新たな技術が採用されている。この照射装置の動力源は電気に由来する電子線であり、原子力発電の副産物ではない。人間が消費しても安全なように思われるが、反対する人たちは電子線も放射線であることには変わりなく、ただ外聞をよくしただけだと主張する。照射施設では相変わらず、光速で飛びまわる電子を果物に浴びせているではないかと。とはいえ、この方法は世界各国で急速に広まりつつある。「世界の果物籠」を自認しているブラジルは、この施設をすでに何十か所も建設した。電子線による殺菌は貯蔵寿命を延ばし、微生物や小さな昆虫を殺す一方で、果実の基本的な栄養価はごくわずかしか変質させないとされている。

この技術がハワイで二〇〇〇年に許可が下りるまで、ランブータンのアメリカ本土への持ち込みは禁じられていた。初めてニューヨーク市に到着したとき、入荷分は数時間のうちに高級青果店の店頭から売り切れた。その果実が電子低温殺菌されていることを承知している——あるいは心配している——者はひとりもいなかったようである。仮に表示されていたとしても、選択肢は照射されたランブータンか、それともランブータンなしのふたつにひとつだったが。

熱湯消毒という方法もある。アメリカに輸入される外国産果実で、四七・五度の水蒸気に四時間ひたされるものがある。未熟なマンゴーをゆでたもの？ そりゃおいしそうだ。

ありとあらゆる予防策を講じたあとでも、ある種の果物にはまだ幼虫がひそんでいる。これらの果物は燻蒸施設に送られてから、卸売業者に販売される（卸売業者に燻蒸したことを知らせる義務はない）。ヘビ、クモその他の小動物がときおり果物にまぎれこんでいる場合があるので、貨物室は積み荷を降ろすまえにしばしばガス消毒される。

環太平洋諸国の果物でアメリカへ入ってくるものの多くは、カナダのブリティッシュ・コロンビアからやってくる。ちなみにカナダの冷温帯農産物にミバエが発生する危険はない。輸入が禁じられている果物への需要は高く、高値が期待できることから、アメリカ向けの密輸が危険を冒すだけの値打ちがあると見られても不思議ではない。とりわけ、移民してきたばかりで故郷の味を切実に求めている人びとを顧客にしている、違法な青果物販売業者から見れば。一九九九年、トゥ・チン・リンは輸入禁止品である竜眼をマンハッタンの中華街に密輸した罪で、刑務所に五か月拘禁され、さらに五か月の自宅謹慎処分を受けた。彼は果物窃盗団の一員だったが、その組織はカナダで違法な果実を入手してトラックに積みこみ、送り状と税関関係の書類を偽造して国境を越えていたのである。

マンゴスチンも輸入が解禁されるまでの潜伏の年月、しばしばアメリカの中華街で見つかった。ぼくがそうとは知らず、友人のオセンフォートが住むマンハッタンのアパートへ違法なマンゴスチンをもちこんだとき、ぼくたちは果実の密輸なんてそんなばかな、と一笑に付した。当時はこの現象が世間に蔓延しており、任天堂が「バンガイオー」という果物の密輸を扱ったゲームを発売したことなど知りもしなかった。ちなみに、このゲームでは、「SF虎巣喪組《コスモ》」というギャングが「スペースフルーツ」という果実を強奪し、それを不当に高い価格で売りさばいている。プレイヤーの目的はこの恐るべき密輸組織をやっつけることである。

一部の国では、密輸は法律で厳しく取り締まられている。たとえば、ニュージーランドは果物の持ち込みに目を光らせているが、イギリスのロックバンド、フランツ・フェルディナンドや女優のヒラリー・スワンクは、リンゴやらオレンジやらの申告を怠って罰金を科され、そのことを思い知らされた。三十四歳の中国人留学生ジェン・リンは、マンゴー五個とライチー七キロをニュージーランドへこっそりもちこもうとしたところを捕まった。問題の果物は申告されておらず、手荷物の放射線検査で見つかった。リンは生物安全法違反を認め、一〇〇〇ドルの罰金を科された。判事は寛大だった。罰金は十五万ドルでもおかしくなかったのだから。

二〇〇四年、日本人の旅行ガイドがモモ五キロをオーストラリアに密輸入しようとした罪で何千ドルもの罰金を科された。ほかの国でも、課税を免れる手段として密輸に走る流通業者が後を絶たない。シリアとヨルダン産の果物はレバノンの税関をひそかに通り抜け、市場で免税品として売られている。中国とＡＳＥＡＮ諸国のあいだで横行していた密輸は、ゼロ関税の適用により阻止された。二〇〇五年七月、『バングラデシュ・インデペンデント』紙は、大量のマンゴー、リンゴ、ブドウが、バングラデシュ・ライフルズという腐敗した準軍事組織によって密輸されていることを報じた。

アメリカでは、新たに定められた厳しい罰則が抑止策となっている。二〇〇一年の果実・野菜・植物密輸法にもとづき、五年以下の拘禁と二万五〇〇〇ドルの罰金という重罪の判決が下されることになった。重犯者には十年以下の拘禁と五万ドルの罰金が上積みされる。小規模な密輸に対しても法律で一年の拘禁と一〇〇〇ドルの罰金に加え、重犯者にはそれ以上の刑も科すことができる。

当局は徴収した罰金の一部を情報提供者に支払うことを始めた。ホットラインが開設され、輸入が禁じられている外国産果実の密輸について情報を提供する者は、直通番号にかけることができる。アメリカでは複数の連邦機関が密輸業者を追っている。税関・国境警備局は国土安全保障省の所轄である。農務省は動植物検査局と植物保護検疫局を管轄している。

動植物検査局ではさらに、密輸防止及び公正貿易遵守部（ＳＩＴＣ）を設立した。ＳＩＴＣは職員百名、年間予算九〇〇万ドルの組織で、二週間に一度、アメリカの各海港の船荷を徹底的に検査する。六八トンを超えるアジア産の輸入禁止果実が最初の二年間で摘発された。内務省の魚類野生生物局は最近、「植物作戦」と名づけたおとり捜査を敢行し、ある植物密輸組織を一網打尽にした。地方の下部組織にはロサンゼルス市場侵入路遮断チームと、フロリダ密輸撲滅チーム（ＦＩＳＴ）がある。ＦＩＳＴは攻撃犬とマシンガンで武装して、疑わしい温室（たとえば、フロリダにあるリチャード・ウィルソンのエクスカリバー果樹園）に踏みこむ。

果物を輸出入する過程は、書類、eメール、ファクスの果てしない手続きの連続でもある。事務手続きは二〇〇一年九月の同時多発テロ事件以降格段に増えたが、これらの書類のおかげで国境を越える果物はどれも、テロ組織がその生産に関わっている場合にそなえて、原産国の倉庫まで確実に追跡することができる。また、港湾施設のコンピューター化にともない、積み荷はトラックが国境の検閲所に到着するまえに申告するようになった。新型の光学走査器が開発され、荷物のなかの果物や植物を特定できるようになった。ビーグル部隊という、リバティ号などと名づけられた犬による捜査プログラムも組織され、アメリカ国内の多くの空港をパトロールしている。

近年、果物の密輸取り締まりが厳格になったもうひとつの理由は、大量の麻薬が果物の積み荷に紛れて北アメリカに流入しているからだ。一九九〇年には、ある検査官がパッションフルーツの缶詰一一九〇箱を確認したところ、その十分の一には麻薬がぎっしり詰まっていた。悪名高いコロンビアの麻薬王アルベルト・オルランデス＝ガンボアは、コカインをバナナの皮で包んでニューヨークに送りこんだ。アマード・カリージョ・フエンテスに率いられたメキシコの麻薬密売カルテルは、毎月、果物運送用の大型トレーラートラックとボーイング七二七機（そのせいでフエンテスは「空の帝王」とよばれるようになった）で何トンもの麻薬をアメリカに運びこんだ。二〇〇四年十一月には、フルーツジュース、ヒット・フルーツ・ドリンクのカートンの積み荷から一七〇万ドル相当の液体ヘロインが見つかり、マイアミで押収された。意気消沈した健康食品店の店員から聞きだした話では、裕福なボスたちはアヤワスカやコカインをジャングルから乾燥果物の積み荷に隠して送り出していたという。有罪を宣告された密輸業者リチャード・ストラットンは、十五トンの中東産ハシシをナツメヤシのカートンに隠してアメリカにもちこんだ。

オーストラリアにコロンビアからバナナを輸入していた業者が二〇〇三年、三五〇〇万ドル相当のコカインをバナナの木箱に隠していたことが発覚し、逮捕された。クリステル・フーズ社の事務所を捜索した当局は、さらに九〇〇万ドルの現金を発見した。チキータ社のバナナ運送船七隻が一九九七年に停止を命じられたさいは、一トンを超えるコカインが積まれていた。モントリオールの果物業界の専門家に問い合わせたところ、この町の麻薬のほぼすべてが果物に隠されて到着するそうだ。果物は中継地点ごとに追跡でき書類もそろっているが、ごく一部の積み荷を検査するのが精一杯だ。「国境ごとにマンゴーの箱をひとつ残らず開封しているかって？」と彼はいった。「どっちみち、全員が賄賂をとってるんだ。税関の職員は茶封筒に入った三万ドルをもらって、トラックを黙って通す。一年だとそれぐらいの額になる。だれが口を割るもんか。もし捕まったら、荷物を積み込んだ人間のせいにする。ホンジュラスにいる従兄弟が送ってきたとね」

二〇〇七年の夏、警察は三八〇〇万ドル相当のコカインをモントリオール港で摘発した。ラジオでそのニュースを聞いたぼくは、きっと果物がらみだろうとにらんで音量を上げた。思ったとおり、麻薬は冷凍マンゴーの容器から見つかった。

果物運搬用のトラックは不法移民の入国にも利用される。二〇〇七年、メキシコのウイストラで、移民局の職員がバナナを満載した大型のトレーラートラックを検査したさい、人間の汗のにおいがしたのでぴんときた。九十四人もの人間が果物の木箱のすきまに隠れているところを発見された。この検挙から、「トレーラー王」ことカルロス・フェサル・フェレーラが人間の積み荷を運ぶトラック数百台のネットワークを動かしていることが明るみに出た。フェレーラの手口は、トラックの運転手に五〇〇〇ドルから一万ドルで、彼がいうところの「重めのバナナ」を運んでくれないかともちかけるというものだった。

密輸をする者の大多数は、よもや自分が密輸をしているとは思わない。「人は感傷的な理由から果物をもち帰るんです」とカリフォルニア州食糧農業局害虫排除部のアレン・クラークはいう。「それでひと儲けしようなどという魂胆はめったになく、一件一件はごく小規模なものですよ」相互の対話を進めるために農務省が開いた会合では、果物持ち込みでつかまった新しい移民が密輸の危険について教育を受ける。主催者側は、アメリカの果物はまずいという苦情を書き留めていた。移民たちは故郷の美味な果物をアメリカにもちこもうとする。出席者のなかには、セロファンで包んでいればよいかと質問する者もいた。農務省の役人は噛んでふくめるように、そんなことをしても密輸には変わりなく、何万ドルもの罰金が科せられる場合があると伝えた。

それでもなお、故郷の味をこっそりもちこむことに固執する者はいる。また、小規模なグループとはいえ環境保護を唱える人たちは、違法であることは重々承知のうえで、植物学的な理由から密輸する。彼らにとって稀少植物の一部を散布することは、その果物の生存地域を拡大し、絶滅の危機に瀕している植物の新しい地域への分散を容易にするひとつの方法なのだ。

それ以外の人たち、たとえばモリモトが日本産ミカンの芽接ぎ用穂木を密輸するのは、生殖質の独占のためである。その経済的な見返りはとても大きい。一九五六年にプエルトリコからひそかに持ち出された二四五個のアセロラの種は、いまではブラジルの主要作物に育っている。ニュージーランドで人気の柑橘類、レモネード・フルーツの種子は、アメリカに「非公式に」入国したといわれている。輸出入を禁じられた植物を移動させる手だてはいくらでもある。非公式な方法のひとつは、輸出許可証の偽造である。ボルネオのドリアン研究者ヴーン・ブーン・ホーから聞いたところでは、多くの人は荷物のラベルを貼りかえるという単純な方法をとるそうだ。中身は合法的な植物だといいながら、そのじつ絶滅が危惧されるありとあらゆるジャングル産の果実が入っている。「係官にはその違いがわかりません」

とホーはいう。「もし質問されたら、こういえばいい。『おやおや――わたしは名前どおりの果物だと思っていましたよ』」。おとりを使うという手もある。密輸業者は船積みするコンテナに合法的な植物の見本を入れて許可証を入手し、しかるのちに中身を交換する。平凡な果実――たとえばリンゴ――を申告すれば、物議をかもしかねない果実――たとえばオオミヤシ――から注意をそらすことができる。おそらく一番簡単な方法は、種子や挿し木用の穂木は一切申告しないことだろう。

あるカリフォルニアの果実栽培家が、「金の桃」とよばれるモモのめずらしい品種を故国に持ち帰った方法がそれである。彼ははるばるタシュケントまで出向いて、唐代文化史家エドワード・H・シェイファーの著作、『サマルカンドの金の桃』に記されている果物の正体を突き止めようとした。「金の桃は実在した」とシェイファーは書いている。「七世紀に二度、サマルカンド王国がみごとな黄色いモモを唐の皇帝に献上した」しかし、シェイファーによると、これらのモモは跡形もなく消えてしまったようである。「どんな実がなり、どんな味がしたのか、いまとなっては想像すらできない」。

くだんの栽培家は、金の桃の正体はネクタリンと考えてまずまちがいないと語った。「果皮が金色で、しかも毛がびっしり生えている果物なんてそうそうあるもんじゃない」と彼はいう。「ふつうのモモは細かな毛でおおわれているから光沢がない。それに、あそこで見つけたネクタリンには赤みがまるでなかった。金色にまばゆく輝いていたよ」たしかに、その小粒でつややかな果実は、いまでは彼の農園ですくすく育っているが、ぼくがこれまで見たどんなネクタリンやモモよりも金色に近い。タシュケントでその果物を見つけると、彼は種子をいくつかポケットに忍ばせて、黙ってもち帰った。「アメリカの税関では何もきかれなかった。興味がないんだ。連中が知りたがったのは、ロシアのマトリョーシュカを持っているかどうかだけだった」

ある種の果実は、自分で栽培するしかそれを味わうすべがない。どうにか大量栽培にこぎつけて植物検疫証明書を取得し、放射線照射を受けたとしても、多くの果物は傷みやすく、輸送時の手荒な扱いには耐えられない。玄宗は寵愛した楊貴妃のために、早馬を仕立ててライチーを運ばせた。早馬は皇帝から命じられた果実をたずさえて、嶺南から都のある長安まで、中国大陸を南から北へと駆け抜けた。ライチー以外の果物は、雪といっしょに鉛の容器に詰めて運ばれた。このようにしてスイカはホラズム（現ウズベキスタン南部のオアシス地帯）から輸入され、馬奶とよばれるブドウは天山山脈から砂漠を越えて運ばれた。しかし、たとえ皇帝の命令といえども、多くの果実は日持ちしないので、長安までは輸送できなかった。ヴィクトリア女王は、聞くところによると、東南アジアから生のマンゴスチンをもち帰った者にはナイトの称号を与えると約束したそうだ。だが、だれもその任務を果たせなかった、とまことしやかに話はつづく。とはいえ、女王のたっての願いはほかにもあって、そちらのほうは叶えることができた。女王はアメリカのヴァージニア州産のニュータウン・ピピン・アップルがいたくお気に召し、このリンゴへの関税を取り止めたのである。

　有閑階級は奇貨珍品を求めるのが世の常である。今日、密輸業者のなかで一番の変わり種といえば、果物の密輸に手をそめた富豪だ。蒐集熱に取りつかれた彼らは、望みのものを手に入れるためとあらば、相手かまわず金を払い、どんな法律も平気で破る。

　S氏の例を見てみよう。S氏は押し出しの立派な、皮肉屋の植物愛好家で、年齢は五十そこそこ。初めて会ったのは、友人のカート・オセンフォートとぼくが果物を撮影できる場所を探していたときだった。果物にくわしいデイヴィッド・カープが、S氏の庭はどうかと推薦した。サッカー場ほどの大きさのジャングルで、ロサンゼルス西部の高級住宅地ベルエアにある。カープはS氏が年配の姉妹ふたり——何かの遺産を相続した老嬢たち——と暮らしているといった。事情はよくわからないが、姉妹はS氏と養子縁組を結び、彼を法定相続人にした。

ハンプティ・ダンプティさながら、ぼさぼさの髪に、特大サイズのポロシャツというS氏は、ゆるやかなカーブを描く庭園の歩道をせかせか歩きながら、シナモンの木や、大釘のような花穂をいっぱいつけたヤシの木を指さした。「うちのオッパイの木は順調に大きくなってきた」と満足気にいいながら、乳首のような突起をずんぐりした両手でなでまわした。「さあ、こっちへ」といって、ぼくたちを森のような庭のさらに奥深くへと案内した。

ちょうどおびただしい数のガラス瓶に入った珍しい木が届いたばかりで、そのなかには彼が嬉しそうに「睾丸の木」とよんだものも含まれていた。マンゴスチンの木を育てるのは大変でしょうとぼくがいうと、彼は射すくめるような目でじろりとにらみ、「ああ、きみも知ったかぶりの連中のひとりか」といった。大富豪らしい揺るがぬ自信がうかがえる口ぶりだ。ぼくはマイアミのウィリアム・ホイットマンから、アメリカでマンゴスチンを結実させたのは、彼以外にはだれもいないと聞いていた。カリフォルニアでそれを成し遂げた人がいるのかどうかきこうとしたが、H氏はすでに先に進んでいた。「これはアフリカ産のカンテンイタビで、サンタモニカのばあさんから買った」といった。「おや、フィンガーライムに初めてつぼみがついたぞ。じつにめでたい。素性の知れないヤシの木もあるんだ。中国から密輸したらしい」からまり合った緑の森を通り過ぎながら、S氏はいった。「ある女性から無理やり売ってもらったんだ。銃を突きつけて」ぼくはその密輸についてさらに質問した。「ある種のとびきりすばらしい木を手に入れるには、それしか方法がない」とS氏はつづけた。「われわれは数多くの絶滅危惧種や、外来植物をこの安息の地にもちこんだ」とりわけとげの多い木の幹を愛しそうにそっとなでる。「アメリカ本土でこの木を持っているのはわたしひとりでね。七トンのクレーン車を使ってこの庭に降ろした」

S氏が手に入れた珍品のひとつは「目玉焼きの木」こと熱帯アフリカ産のオンコバである。「果実の殻は、アフリカの先住民が性器を保護するサックとして使っている」と説明し、彼の友人たちはプールサイド・パーティーでそれを同じように装着していると付け足した。そして、ぼくが自分の目でそれを確かめられるようにと、近いうちに予定されている「どんちゃん騒ぎ」に招待してくれた。

「出席者は全員サックをつけてくる」と彼はいった。「そして全員で中国のバイアグラを飲む。強精剤だよ」

ぼくはこれまでプールサイド・パーティーなるものとは無縁だったが、それから二、三週間して、ほんとうに招待状を受けとった。ジャングルのようにうっそうと茂る庭でバーベキュー・パーティーが開かれるそうだ。

レンタカーの一九八二年型アキュラを、四体の牧神の像に守られたS氏の屋敷の入口近くに駐車して、玄関をノックした。だれも答えない。もういちどベルを鳴らした。三分ほど待ったあと、半開きのドアを押しあけて邸内に入った。居間は不安を覚えるほどの散らかりようだった。ほこりをかぶった未開封の封書、カタログ、葉書、株式評価表、銀行の為替手形、それに手紙の束が部屋の隅に山積みになっている。適当に一通手にとると、それは法的な通達で、日付は一九八〇年代初めのものだった。小物類がぎっしり詰まった陳列ケースの中身が、壁にもたせかけた絵の上にあふれている。床は散らかしたスカーフ、巻いたカーペット、その他のがらくたで足の踏み場もない。「ごめんください」ぼくは声を張り上げた。返事はない。

台所をのぞいてみた。丸いテーブルには、重力にさからうように、汚れた皿とナイフにフォーク、クラッカーの箱、チョコレート入れ、食べさしのボンボン、さらにダイレクトメールの山が積み重なっている。今朝使ったとおぼしきシリアル用のボウルがその一番上に、あぶなっかしくのっている。壁にはごてごてした風景画と、血色の悪い貴族の肖像画がずらりと並んでいた。『グレイ・ガーデンズ』〔一九七六年。かつて社交界の花だったジャックリーン・ケネディの叔母と従姉がさびれた邸宅で暮らすドキュメンタリー映画〕の撮影に迷いこんでしまったような気分で、ぼくは二階に上がり、S氏の名前を呼んだ。答えはない。ある部屋をのぞくと、老嬢の片割れが飛び出してきた。「部屋をのぞかないで」と嚙みつかんばかりにいう。「見てはいけないものを見なかったでしょうね」

「何を見たらいけないのかもわかりません」ぼくはしどろもどろに答えた。

落ち着きを取り戻すと、老嬢はS氏がピクニック用テーブルのところにいると教えてくれた。外へ出て、色とりどりのアナナス類〔パイナップル科の熱帯アメリカ産植物〕に囲まれたらせん階段をおりると、何層にも重なった人工の滝のところに出た。ここがどんちゃん騒ぎの会場だろうと思って、滝の下の小さな池に目をやった。近くには岩から掘り出した特大の温水浴槽が設置されている。S氏がのちに語ったところによると、湖をもうひとつ建造中で、そちらには魚釣り用に、果実食のピラニアを放すつもりだそうだ。

ぼくは坂道を下って森の奥へと進み、何度か道に迷ったすえに、S氏がグリルの準備をしているのを見つけた。小さな谷の底が、あっと驚くようなピクニック場になっている。片隅にある小屋の壁は大きな石英やその他の透明な鉱石から切り出したもので、古代ギリシアの壺やら水差しやらの破片が正面にはめこまれている。冷蔵庫は岩をくりぬいて設置されていた。飾り用の立派なハマグリの殻が並び、カニ、ロブスターの尾、牡蠣やその他の貝も盛りつけてあった。

ぼくはコスタリカ産のヤシの木陰に腰をおろした。S氏はピクニック場を「コスタリカ」とよんでいるが、それはこのあたり一帯にコスタリカから輸入した植物が生い茂っているからだ。生のレモンをしぼったレモネードを飲んでいると、S氏がジョークをいくつか披露した。

「アレが五本ある男の話を聞いたことは？」と、おもむろに問いかける。「その男のパンツは、グローブの形をしてるんだ」

やがて話題は、S氏お気に入りの地元風俗店のサービスに移った。最近、アダルト映画を見に行ったという話も出た。「席についたら、後ろの席から『Sさんでしょ』と声をかけられ、『いや、人違いです』と答えた。その男は、わたしがよく骨董品を買っていたドイツ人のじいさんだった」

S氏はそれからお気に入りの名前をつぎつぎに挙げた。どれも性的な含みのある隠語である。マリーナ・ピクルス、アーレン・スナックルズ、ブーツィー・コーカス。「ディック・ティックルという家具のセールスマンもいたな」といった。「それにブライズ・ピドルという、ゴージャスでワイルドなヴァージニアの食えない女。あばずれで、すれっからしで、身持ちの悪い女ども。リッチ・ティンキーという男も知っている。太っちょで、汗かきで、ピルズベリーのドゥーボーイ〔製粉会社ピルズベリー社のマスコットキャラクター。パン生地をこねたような丸っこい人形〕みたいなぽっちゃりした手で保険を売っていた。それにしても、〝すごい逸物《リッチ・ティンキー》〟なんていう男から保険を買う奴がいるのかね？」

デイヴィッド・カープの名前も出た。S氏は彼を「いかれた探偵」とよぶ。「母親はとびきりの美人だった。劣性遺伝じゃないか。果物ふうにいえば、突然変異——いや、ハイブリッドだ」そのあと、カープから正式な会合に招待された話をした。「会場へ向かう道すがら、自分に恥をかかせるな、というんだ。それはどういう意味だときき返したら、『きみはいつも下ネタを連発する——少しは口を慎め』だと。だから着いたとたん、全員の前でいってやった。『カープに下ネタをやめろといわれた。けっこうだ。下ネタを聞いたら、あそこがうずうずして困るからな』」

数分後、老嬢たちが足を引きずりながらシダをかき分けてやってくると、雰囲気はやや抑制されたものになった。彼女たちはS氏のことを早熟な子どものように話した。「頭のいい子でね」と、片方が機嫌をとるようにいった。「脚本やアイルランド語の詩を書くんだけど、それがまた気が利いていて、辛口で。内輪の朗読会でご披露するんですよ」S氏はさっそく詩をひとつ暗唱したが、それは蝶々とは羽のついたイモ虫で、白い粉の味がするという内容だった。

一緒に食事をしながら、ぼくは老嬢たちに彼とどうやって知り合ったのかたずねた。「オークションでよく同じ絵に入札したのよ」と姉妹のひとりがいった。「のみの市でいつも姿を見かけた」とS氏があとを引きとった。「六二年型のクレシダを乗りまわしていて、それに、わたしたちはいつも同じことに興味があった。だんだん話をするようになって、ある日、屋敷に招待された」

S氏は、ベルエアーの生身の王子、のみの市の掘り出し物だったというわけだ。三人は連れだって出かけるようになり、美術品あさりを一緒に楽しんだ。まもなくS氏は屋敷に同居して、老嬢たち――および彼女たちの庭――の世話をまかされた。一九九一年、姉妹たちは彼を相続人に指定した。弁護士は午後いっぱいかけて思い止まるように説得した。そんなことは狂気の沙汰だといって。S氏は説明した。「だが、ご婦人がたは自分たちがどうしたいかわかっていた。弁護士は釘を刺した。『わかりました。でも書類にサインしたとたん、この男は全財産をもって雲隠れしてしまいますよ』。姉妹たちはそれでもかまわないといった」ようやく弁護士がS氏を部屋に招き入れたとき、彼はとても礼儀正しくふるまった――書類にサインするまでは。「ふたりが署名したとたん、わたしは立ち上がってわめいた。『車に乗ってとっとと帰りやがれ！』そのまま部屋を出て、ドアをたたきつけた。それから数秒して、そっとなかをのぞいた。みんなの驚いている顔が見たくてね」

紀元前四世紀、楚の政治家で詩人の屈原は『楚辞』の一篇、「離騒」のなかで、名君やすぐれた家臣を高貴なイメージを持つ香草香木にたとえた。植物ひいては果実には、人を惹きつける力がそなわっている。ことわざでも、「盗んだ果実は甘い」という。ちなみに、イギリスには「果物をくすねる」というそのものずばりの単語がある。インターネットの俗語辞典によると、scrumping は他人の木からリンゴを失敬することを意味する。また盗みの技術のことは oggy raiding という。

状況によっては、他人の木から果物をくすねても法に触れない。usufruct（使用権）という言葉は、他人の所有する物が、地所の境界を越えて伸びてきた場合、それを使用あるいは享受する権利のことをいう。この言葉はラテン語の usus（使う）と fructus（果実）に由来し、通り、路地、他人の芝生の上に伸びた枝からぶら下がっている果実に適用される。もぎとるまえにひと言ことわるほうが礼儀にかなっているとはいえ、承諾がもらえなくても使用権があれば、それを食べても法的に正当だという根拠になる。

ソローは、よその木から果実を頂戴する権利を断固として擁護した。「ハックルベリーの丘を個人の所有にするなんて、それはどんな国なのか」と嘆いている。もし聖アウグスティヌスが使用権について知っていたら、おそらくあれほど自分を――そして西洋文明を――厳しくとがめなかっただろう。『告白』という自伝には、彼と悪友の一団が近所の木からナシを盗んだ顚末が記されている。彼はその罪を楽しみ、そのせいで後年、とてつもなく大きな罪悪感に苦しむことになった。「ナシをいくつか食べもしたが、盗みが楽しかったのは、それが禁じられている所業だったからである」。ジャン・ジャック・ルソーの『告白』には、十三歳のときにリンゴを盗もうとしてぶたれたことがつづられている。「その瞬間の恐怖がよみがえり――思わずペンを取り落としてしまいそうになる」。さいわい、ルソーが生まれ育ったのはかつてのギリシアではなかったが、彼の地では六二〇年、果物泥棒と果樹に危害を加えた者は死刑に処すという法律が成立した。

アメリカのジャーナリスト、ジョン・マクフィーはフロリダのオレンジ泥棒について書いている。泥棒たちは錨を降ろした船からズックの袋をもって飛び降りると、夜陰に乗じてオレンジをもぎとり、何千個というオレンジを豪華なセダンに積んで逃走する。泥棒のひとりは、月が出ていれば、キャディラックいっぱいのオレンジを三時間でもぐことができると自慢した。

二〇〇六年、オーストラリアでサイクロンが果樹園を直撃してバナナが不足したおり、果物泥棒が多発した。ロンドンの『タイムズ』紙が報じたところでは、泥棒は警備員のいないプランテーションに夜中に侵入し、バナナを房ごと切りとっていった。バナナの価格は四倍以上に跳ね上がった。青果店も標的になった。ある店主はこんな掲示を出した。「当店では夜間バナナを置いていません」

果物を守ることは死活問題になっている。フロリダではサポテの栽培農家がライフル銃で果樹を警護している。掘り起こした土を果樹の周囲に盛って、足跡がたどれるようにしている農家もある。農産物を強奪するゲリラがマダガスカルの田舎に出没し、農園主たちは自衛のために小火器を用意した。コルシカ島のキウイ・マフィアは、みかじめ料を支払わない農夫の殺害を企てたことでも有名だ。アボカドの窃盗団はカリフォルニアの農場労働者に、「これからアボカドをいただきにいく。気に入らないなら死んでもらうしかない」と警告した。三旗果樹園というカリフォルニア最大のマンゴー栽培業者は、州東部のソルトン湖畔に不規則に広がる七八〇ヘクタールの農園を所有している。三万本の果樹は蛇腹形鉄条網ですっぽり囲われているが、それは最初に植えたマンゴーの木が盗まれたあと予防策として導入された。ちなみに、盗まれたのは果物ではない。若木が丸ごと盗まれたのである。

果実栽培農家のあいだでは、産業スパイのうわさが広まっている。種子銀行に侵入し、利益を生みだすことを期待して、稀少なクローン物質を盗んでいるというのだ。盗難を警戒して、ネーブルオレンジやリンゴのゴールデン・デリシャスの原木は、南京錠をかけたケージで囲われた。知的財産の窃盗が果実の世界でも横行している。全米特許協会によると、登録された果樹のおよそ三本につき一本が不法に栽培されているそうだ。数件の農家から聞いたところでは、「恐竜の卵」という名前は、プルオットの育種家がそう名づけると聞きつけた農家が、その名前を横どりし、ひと足先に商標として登録したという。最近のホワイトカラーによる果実の犯罪は国際的な規模に広がっている。「果物の略奪者を撃退しよう」タイの新聞は、西洋諸国が東南アジアの果物を持ち去り、品種改良することを大見出しで糾弾した。

この本を執筆中、地元のモントリオールでも不穏な犯罪が起こった。通りのすぐ先にある青果店が二度にわたって火炎瓶を投げつけられ、その犯人はいまだに見つかっていない。犯罪組織による襲撃だという者もいれば、ライバル店――二、三軒となりの果物屋――が裏で糸を引いているという者もいる。二度目の襲撃のあと、破壊された店は建て直され、ふたたび開店したが、不信の雲が青果商たちの上に厚く垂れこめている。

青果業界は暴力沙汰や無謀さと無縁ではない。上海の巨大な果物卸売市場にいたとき、ハワイからきたというパイナップル専門の若い卸売商に声をかけられた。「果物は危険な商売なんだ」と彼はいう。ぼくがジャーナリストだといっても取り合わず、果物の輸入業者だと思いこんでいた。自分の連絡先を書いた名刺を寄こした。「わたしにご注目を！」と一番上に書いてある。「これからもよろしくな」ぼくが帰り支度をしていると、大声で叫んだ。「知り合いにも紹介してくれ」

第3部　商業

9 マーケティング――グレイプルからゴジまで

この演奏は種なしモモでおなじみのカイザーが提供しております。いま市販されているモモで、うちのものほど品質がよく完全に種なしのものはございません。カイザーの種なしモモをお買い求めいただければ、みずみずしい果肉をたっぷりとご賞味いただけます。

イーヴリン・ウォー『囁きの霊園』

一九〇三年、ニュージーランドの女学校の校長、イザベル・フレイザーは過労から体調をくずし、休暇と気分転換を兼ねて中国旅行に出かけた。揚子江をさかのぼる途上で、実をつけた揚桃《ヤンタオ》の木を見つけた。果実は茶褐色の卵形で、短い毛におおわれ、果肉は鮮やかな緑色をしている。その芳香に心惹かれたフレーザーは、種子をいくつかもち帰り、故国で栽培することにした。彼女が亡くなる一九四二年には、この数粒の種子から数十万本もの木が育っていた。

ニュージーランドでは当初「イーチャン（宜昌）・グーズベリー」とよばれた。生産量も安定し、栽培業者は第二次世界大戦後まもなく輸出を始めた。「チャイニーズ・グーズベリー」（中国のスグリ）として海外に売り出されたが、当時のアメリカはマッカーシー旋風が吹き荒れていた。中国産の〝赤い〟果物が、アップルパイの国で成功する見込みはない。ほかのよび名――「サルナシ」、「植物のネズミ」、

「毛ナシ」、「珍果」――もいまひとつだった。ニュージーランド北部オークランドの出荷業者は、海外

で売り出すにはもっと魅力のある名前が必要だと考えた。いったんは「メロネッテ」に決定したが、当時、アメリカではメロンに高い関税がかけられていたので再考を余儀なくされた。その会議の席上、ニュージーランドの国鳥を表わすマオリ語はどうかという意見が出た。キウイである。

その後まもなく、キウイフルーツは爆発的な人気を呼んだ。一九六〇年代のカタログはジョークをまじえて宣伝している。「ご注文はお早めに。潜水艦につける網戸より品薄になっております」。煮ても焼いても売れなかった外国産の変わり種が大ヒット商品に変身したことで、栽培農家、運送業者、販売業者、およびマーケティング担当者は勢いづいた。ほかに埋もれているお宝はないか、親しみやすい愛称さえつけば大量生産も夢ではない果物は？

柳の下のどじょうを見つけるのは、投資家が考えるほど甘くはない。マンゴーやパパイアの陰には、ボアバンガ〔アカネ科、果実はやや酸味がある〕やクロミコケモモ〔英名ファークルベリー。アメリカ南東部に自生。小粒で黒い実は食べられるが苦くて硬い〕といった、ヨーロッパでも北アメリカでも当たらなかった失敗例が山をなしている。ルクマはアンデス山中に自生する黄色い果実で、インカ人に大変愛され、次代の人気作物まちがいなしと一九九〇年の『フルーツ・ガーデナー』で太鼓判を押された。それから二十年近くたつが、いまだ看板に偽りありの状態である。それでも、ペルー政府はホームページで、この「卓越した花形品種」を産業に育てるべく投資を呼びかけている。ルクマの売り出しに必要なのは、あるパンフレットによれば、わずか四九万九二九〇ドルの初期投資である。

キウイフルーツのような定番商品になる果実はめったにないが、新たな挑戦はつづいている。一九八〇年代、ババコというエクアドル産パパイアの近縁種を売り込むために大金が投じられたが、一九八九年には「期待はずれの熱帯果実」とよばれることになった。一向に人気が出なかったからだ。

惨敗に終わったもうひとつの例がナランヒージャ、別名ルロである。細かな毛におおわれた黄金色の球形の実をつける果樹で、果肉は緑色、大きな葉に紫色の葉脈が走り、コロンビア、ペルー、エクアドルではジュースの材料として人気がある。アメリカの大手食品会社キャンベルが一九六〇年代、数年がかりで数百万ドルを投じ、北アメリカで大々的に売り出した。ジュースのテストマーケティングでは高い評価を得たが、プロジェクトは一九七二年に打ち切られた。そのジュースが高価で、安い国産ジュースになじんでいた消費者が二の足を踏んだからである。ブランドジュースがもてはやされる今日、ナランヒージャ・ジュースの返り咲きが期待できるかもしれない。

果物をヒットさせるにはどうすればいいか？　ずばりこれという方法はない。新種の果物の経済的な成功には、さまざまな要素が複雑にからみ合っているので、子育てと同じで正解はない。数は少なくても熱心な愛好家の強い要望に答えるのが、その第一歩だろう。移民人口を割り出し、彼らの味覚が求めているものを提供するのも効果がある。企業はこの現象を「ノスタルジック商法」と名づけている。大方のアメリカ人にはなじみの薄い果物だが、マイアミのヒスパニック系住人たちは生食したり、バティードとよばれるおいしいミルクセーキの材料に使う。マイアミ郊外のたいていの場所では、粉末も売っているが、生の果実のほうがはるかにおいしい。けれども日持ちしないので、生のマミー・サポテはまだフロリダの熱帯地域に限定されているようだ。

進取の気性に富む栽培家はしばしば、独自の市場をつくりだす。ロジャーとシャーリーのマイヤー夫妻は、四十種近くのナツメを南カリフォルニアの農園で栽培している。ナツメはマホガニー色のナツメヤシの実とよく似た、アジアでたいへん人気のある果実である。夫妻はアジア市場の農産物担当者と連絡をとって、見本を送ることにした。それからまもなく、一ポンド三ドル九九セントで飛ぶように売れだした。旬には、一日に数百キロものナツメが売れている。

確実な利益につながるもうひとつの近道は、それまでは違法だった果実の輸入が解禁になることだ。ニューヨーク州で二十世紀の大半、ブラックカラント（クロフサスグリ）は販売、栽培、輸送、あるいはただ生えているのも禁じられていた。松の木をおびやかす病気に関係していたからだ。だがその禁止令は二〇〇三年、グレッグ・クインという農場主のロビー運動のおかげで解かれた。クインは現在、カラントCという瓶入りの天然ジュースを製造している。輸入が禁じられていた果実がその拘束を解かれると、栽培農家にかなりの「棚ぼた」をもたらしてくれる。各種の研究では、アメリカ国内のブラックカラントの年商額は十億ドルになると予測されている。

近年、カリフォルニアの農家はアジア産ドラゴンフルーツの輸入が禁じられていることを知って、みずから栽培に乗りだした。彼らの果物は二〇〇七年、ニューヨークの中華街のいたるところで見られるようになった。赤道地域への旅行熱と新しい食文化の誕生が重なって、新種の果物への興味が高まっている。歴史家のマーガレット・ヴィッサーはこれを「新し物好き」という現象で説明する。スーパーマーケットは伝統的にその傾向が強いので、需要の急増に合わせて、外国産果物の品ぞろえを増やしはじめている。

ハリウッドがヒットした作品の続編をつくるように、キウイ農家もキウイをさらに改良した新たな品種づくりを模索している。最近ではゴールドキウイの大当たりにつづいて、果肉が赤や紫色のもの、果皮に白い水玉が散ったものなどが登場している。皮ごと食べられ、小型で丈夫、「ピーウィー」もしくは「パッション・ポッパー・キウイベリー」として知られる新種は、綿菓子のような風味が人気を呼び、安定した収入を生みだしている。

適切な販売戦略が成否のカギをにぎる、とフリーダ・カプランはいう。農家と協力して、もとの緑色のキウイフルーツの販売促進を進めてきた卸売業者である。「ほかの特産品をキウイ並みの人気商品にするには、農家が作物を適切に管理する方法を身につけ、価格が下がってもそれなりの収益が出るようにしなければなりません」彼女は十八年間キウイの宣伝に関わり、マスコミに見本を送り、無料の試食会を開き、広告を打ち、農家とも協力しつつ、レストランを説得してキウイを使ったメニューを取り入れてもらった。

新しい果物を宣伝するうえで料理人が果たす役割は大きい。「カリスマ主婦」マーサ・スチュワートは長年ホワイト・アプリコットを売りこんできた。マイヤーレモンは、カリフォルニア・キュイジーヌで有名なシェ・パニースのパティシエ、リンジー・シアーが愛用したことで有名になった。シェ・パニースの経営者アリス・ウォーターズはマルベリー（クワの果実）に肩入れし、そのせいでカリフォルニアのファーマーズ・マーケットではマルベリーの値段が急騰した。ニューヨークのカリスマシェフ、ジャン・ジョルジュ・ヴォンゲリヒテンやエリック・リペールが日本のユズに注目するや、生産者たちはユズと名のつくものを手当たりしだい、スーパーマーケットの棚に送りこんだ。

前衛的な料理で有名なスペインのエル・ブジのシェフ、フェラン・アドリアは、最近話題のオーストラリア産フィンガーライムを試食して、涙をこぼした。フィンガーライムは指のような形をした果実で、小さな玉のような果肉が詰まり、森のキャビアともよばれている。輪切りにすると、真空パックされた透明な真珠のような果肉がぽろぽろと出てくる。果皮の色は紫から深紅色、または鮮やかな緑色。果肉はピンク、黄色、真珠色などさまざまだ。味わいはシャンパンの最初のひと口と同じで、思いがけない味に頭がくらくらする。フィンガーライムの大宣伝はエスカレートする一方で、カリフォルニアの商業栽培家がぞくぞくと果樹園を設立している。あと二、三年もすれば、市場に出まわるだろう。

新種を売り出すさいは、まずマーケティング担当者が消費者の嗜好を調査する。色分けした円グラフを見れば、買い物客のそれぞれ何パーセントが硬い果実、軟らかい果実、多汁な果実、風味の強い果実、甘い果実、乾いた果実、しっとりした果実を好むかが一目瞭然である。サイズはかつておもな目標だとされていたが、いまでは大きすぎる果物は好まれないことがわかっている。バナナは朝食向きの果物で、イチゴはもっぱら夕食に出される。バナナ、リンゴ、ブドウは移動中によく食べられるので――ほかの果物は準備に手間がかかる――そのことを念頭において包装されている。

カリフォルニア果樹協会が委託した調査によると、果物購買層のうち最大のターゲットは「夏好き派」とよばれるグループだ。この陽気なグループは果物購入額が平均を上まわることに加えて、スポーツと（ロボットの声音で）「新シイ経験ヲスルコト」に興味がある。彼らは「楽しみこそ人生の目的と信じ、生涯学びつづけることが肝要だと考え、人生を楽しみ、やりたいことをやることが重要だと信じている」。一億一千百万人を超えるアメリカ人、すなわち全世帯のおよそ五三パーセントが「夏好き派」である。

つぎに重要なグループは「軽快なライフスタイル派」――健康に関心があり、運動好きな人たちだ。「夏好き派」といくらか重なるのが七千二百万人の「スーパーパパとママ」で、商品を買うまえに原材料や栄養分の表示を確認し、家族がすべてというタイプである。一番つかみどころのないのが「スターバックス世代」――自分たちはまだまだ無敵だと思っている（なので、健康は購買を決める要素にならない）。彼ら二十代、三十代の若手は衝動にまかせて買い物をする。この「人生に肯定的な」（すなわち、自殺願望とは無縁で、ひげを生やした虚無主義者でもない）グループに食いこむには、彼らの代名詞ともなっている携帯機器なみに、果物がどこでも手に入るようにしなければならない。

これら多岐にわたる層のすべてに向けて、果物はひと息入れるのにもってこいの軽食だと宣伝されている。ブランド戦略の専門家たちは、果物を食べるという行為を、ある活動からつぎの活動へ移行する流れの一部に組み入れたいと考えている。たとえば、気力を回復し、危機を乗り切るための休憩に、昼下がりのエネルギー補給に、仕事のあとの軽食に。販売側から見れば、そんな機会がいつ訪れるかはじつは大した問題ではなく、果物を食べることがお決まりの日課になってくれたらそれでいい。かつて、果物は別の世界に離脱するための燃料という役割を担っていた。複数の感覚器官を同時に刺激するという果物の性質は、軽食のとりすぎを抑える可能性がある。あるいは、それに近い効果が期待できる。

これらの調査研究でよく口にのぼる果物の宣伝文句や標語には、「ささやかな味覚の冒険」、「手軽でおいしい健康食品」などがある。ぼくのお気に入りは「渇きをいやす軽食」だ。頭にこびりついた決まり文句と同様に、こうした研究の裏にある実態は、「信じる者は救われる」式の薄い衣でおおい隠されている。そのことについて数時間考えこんでいるうちに、ぼくは無性に気分転換する必要にかられた。ウイルス性の宣伝文句にもかかわらず、というか、たぶんそのせいで、冷蔵庫まで行ってモモが食べたくてたまらなくなった。モモは大規模農業の申し子というより、ただの「罪のないごちそう」に見えた。ひと口かじると、湿った砂のような歯ざわりがした。期待していた「歓喜の爆発」にはほど遠い。

商標の力は栽培業者もよく心得ている。リンゴのデリシャスは、レッドデリシャスやゴールデンデリシャスの親に当たる品種だが、販売促進の会議室でまず名前から生まれた。それにぴったりのリンゴが見つかったのはその後のことである。この作戦は成功し、レッドデリシャスは二十世紀を代表するリンゴになった。だがその時代は終わった。味覚の専門家によると、デリシャスは赤みが増すにつれて、風味が乏しくなったそうだ。レッドデリシャスが凋落するなか、アメリカのある果樹園がマーケティングを利用して、これまでにない新しい品種をつくりだした。

秋。熟したリンゴが、「世界のリンゴの首都」ことワシントン州ウェナチで収穫されている。遠くから見ると、枝になった赤い球形の果実はクリスマスの電飾と似ている。けれどもゲーリー・スナイダーの果樹園に足を踏みいれると、この健全なイメージにひずみが生じる。ブドウ味の風船ガムのようなにおいがするのだ。

「これは失敬——わたしのせいだ——グレイプルのテストをしていたから」とスナイダーが説明した。ブドウ味のリンゴを発明した当人である。「原料を扱っているときは、濃度の高い溶液が染みついてしまうんだ」スナイダーはこれまで一度もグレイプルの製造法を口外したことがない。かろうじて明かしたのは、リンゴのガラかフジを人工のブドウ香料につける工程があるということだけだ。この化学溶液はとても強力なので、染みのついたTシャツが一枚混じっているだけでも、ほかの洗濯物全部にそのにおいが移ってしまうそうだ。スナイダーが行くところはどこにでも、サッカリンの雲があとからついてくる。「もう気にならないがね、古女房と同じで」と彼はいう。日光が反射して、眼鏡がくすんだワイン色に染まった。

スナイダーは四十五歳、C&O果樹園のマーケティング担当重役である。C&O果樹園は家族経営の会社で、接ぎ木の台木を農家に販売している。スナイダーは丸顔で目が少し不自由だ。額は後退しつつあり、茶色の髪をごく短く刈りこんでいる。スニーカーにくるぶし丈の靴下、カーキ色のショートパンツ、グレイプルのロゴを刺繡したポロシャツ。両手に金の指輪をはめている。薄く色づいた眼鏡をかけた彼は、カジュアルな服装をしたストレンジラヴ博士〔キューブリック監督の『博士の異常な愛情』の主人公で奇行が目立つ科学者〕に見えなくもない。

リンゴとブドウを食べた一番古い記憶はいつですかと質問すると、スナイダーはしばらく考えこんだ。ようやく口にした答えによると、はじめて食べたのは青リンゴで、家の試験農園に植えられていた未熟なグラニー・スミスだったそうだ。そこからブドウの記憶のドアが開き、子ども時代の夏の思い出を語りだした。彼と弟たちは父親が所有しているコンコードブドウの農園で迷子になったという。「ブドウを食べすぎて気持ちが悪くなったよ」

ぼくはガラをもいで、果皮についた白い粉をぬぐった。味はよかったが、甘ったるいにおいが鼻についた。そのにおいがスナイダーから漂ってくるのか、リンゴからか、それともどこか別に出所があるのかはわからなかった。スナイダーはにおいのもとは自分だといいくるめようとしたが、車で走り去ったときも、やはり嘘のにおいをたなびかせていた。スナイダー本人とにおいの染みついた服が消えてからも、果樹園には合成したブドウの匂いがぷんぷんしていたからだ。

果物についての社説で、『アナーバー・ペイパー』紙は、「(難問などに)取り組む」を意味する名前の果物を食べることの是非について考察している。もっとも、スナイダーのつくりだしたものは「グラップル」ではなく「グレイ・プル」と発音する。アメリカの人気クイズ番組『ジョパディ』の解答者は、二〇〇四年放送分の「デイリー・ダブル」〔そのボードを引いた者だけが解答権を得る質問〕がこの果物を取りあげたとき、答えにつまった。「ワシントンからの質問です。フジの外見に、コンコードの香り、〝格闘する〟という意味をもつ果物は?」

問題をいっそうややこしくしているのが、同名の果樹が別にあることだ(発音はこちらの場合、「グラップル」だが)。デビルズクロー(悪魔の爪)としても知られるこちらのグラップル(学名ハルパゴフィツム・プロクムベンス)はダチョウの足に鉤型のとげでくっついて離れないという特性を進化させ、種子の散布を確実にしている。ぼくはスナイダーとはじめて話したとき、彼の発明品を「グラップル」とよぶ過ちを犯し、即座にとがめられた。そのあと、仕返しのつもりなのか、ぼくのことを「アラン」とよび、しかもそれを強調するかのように、いったん言葉を切っておもむろに振り向き、ぼくの反応を確かめた。

グレイプルはこんなキャッチフレーズで売り出されている。「見た目はリンゴ、味はブドウ」。四個入りの袋が四ドルから五ドルで、ウォルマート、セイフウェイ、アルバートサンズといった大手チェーン店で売られている。三六〇〇万個を超えるグレイプルがこれまでに販売された。明らかに大勢のファンがいるようだ。たいていの人は思わず「うわぁ」と驚く。スナイダーいわく、「味覚が脳に何かがおかしいと伝えるからね」

いまでこそ売れ行きは絶好調だが、市場に参入したときは抵抗がなかったわけではない。『デンヴァー・ポスト』紙が行なった子どもの味覚試験では、「まずい」と判定された。口に入れると、口紅をかじったような味がするというのだ。有機栽培でもなければ、ユダヤの戒律を守った清浄な食品でもない。ウェブサイトに残されたコメントには手厳しいものが多かった。「むかつく」とひとりは書いている。「ダイムタップ〔グレープ味の子ども用咳止め薬〕味のリンゴに五ドルもとるなんてずうずうしい。おとといおいで」苦情は延々とつづく。「こんなくずを売るなんて信じられない」トレヴァーという人はこう書いている。「昨晩グレイプルを一個食べてみて、なんだか怖くなった。いったい何が入っているのやら。どうせ原材料には書いてないはずだ。ひと口かじったら頭が混乱した……こんなことならフジを買ったほうがよかった。味はいつもどおりだし、金の節約にもなるし、わけのわからない添加物で死んでしまう危険もない」

パッケージに記されている原材料はリンゴと人工香料だけだ。二〇〇五年までは、「脂肪酸」もラベルに記されていた。「絶対にわからなかったはずだ、グレイプルに脂肪酸が含まれているなんて。ところがぼくは脂肪酸のアレルギーがある――猛烈に腹を下すんだ」と「ピート」はウェブサイトに書きこんでいる。「吹雪のなかを家族と車で旅行していたと思ったら、つぎの瞬間には吹雪なみの下痢に襲われた」

スナイダーはこれらの抗議の声には取り合わない。「苦情をいう人間が五パーセントなら、何の問題もない。商品が気に入らなかったら、辛辣な態度をとるもんだ。かまうもんか。全員を幸せにはできないんだから。人工香料を食べたくないって、それじゃいったい何が食べたい？ 今日び、どんなものにも人工香料は入っている。バナナなんかは例外だけど」

グレイプルを批判する人たちは反論する。リンゴはバナナやその他の自然の産物と同様、化学香料を添加しても品質がよくなるわけではない。そもそも果物は工業生産には向かない。だが、食品が規格化された日用品となった今日、スナイダーのような生産者は、小売業者が要求するものを提供しているだけともいえる。つまり、均質な商品である。サイズをそろえ、糖度が十四度に達すれば加工されるので、すべてのグレイプルは、ワシントン州ウェナチで食べようと、カンザス州ウィチタで食べようとまったく同じ味がする。「ただのバーガーじゃない。これはマクドナルドのバーガーだ」とスナイダーは宣伝コピーを引用した。「ただのリンゴじゃない、これはグレイプルだ」

スナイダーは二〇〇二年にグレイプルを発明したが、それが自分の天職だったと信じている。「だれかが開発しなければならなかった」と彼はいう。「わたしがその仕事をするように選ばれたんだ」。どこでグレイプルの着想を得たのかとたずねると、彼は用心深くなり、香りつきリンゴという案は時間をかけて進化したものだと主張した。「ぱっとひらめいたんじゃない」両手を振りまわし、腹をたたき、指でいくつも円を描きながらそういった。「いくつもの段階を踏んでいるんだが、取引き上の理由から、ここでくわしく説明するわけにはいかない。ある日、突然、天啓が訪れたわけじゃないんだ」

歴史をひもとけば、ワシントン州の果物生産のはじまりは、「これだ《エウレカ》」というひらめきの瞬間に行き着く。この地方に最初に植えられたリンゴとブドウの種子は、一八二六年、イーミリアス・シンプソン大尉のチョッキのポケットに入って到着した。ハドソンズ・ベイ社の仕事で、はるばるアメリカ北西部の荒野に向けて出航するのに先立ち、若き大尉はロンドンでの送別会に出席した。デザートには果物が出された。それがきっかけで話題は新大陸での食べ物に移り、西部のフロンティアではリンゴもブドウも生えていないという話が出た。

当時、種まきジョニー〔ジョニー・アップルシード、米国の開拓者。十九世紀にリンゴの種子と苗木を各地に配布して歩き、リンゴ栽培の普及につとめた〕はまだオハイオ川沿いでリンゴの種子を配っていた。ブドウのほうは、スカッパーノンという品種が東部海岸沿いに自生していたが、ワシントン州ではまだ栽培されていなかった。ニオイブドウはそれとは別の固有種で広く分布していたが、モンタナ州以西にはまだ広まっていなかった。生の果実が当時、太平洋沿岸で乏しかった例として、一八五〇年にはオレゴン州のリンゴはサンフランシスコで買うと、一個五ドルもしたのである。ちなみにその年、カリフォルニアの非熟練労働者の平均月収は四ドル二〇セントだった。一人当たりの名目ＧＤＰから計算すれば、一八五〇年の五ドルはいまの一九一ドル七五セントに相当する——新人労働者の平均月収とあまり変わらない（ちなみに、二〇〇一年の調査で、アメリカの農家の半分は月収が六二五ドルに届かなかった）。一八五〇年はゴールドラッシュの最盛期に当たり、地下から掘り出されるきらめく財宝が、けたはずれの大金をリンゴのような贅沢品に費やすことを許したという事情はあったにせよ。

さて、ロンドンに話を戻すと、シンプソン大尉の近くにすわっていた若い女性は、彼がまもなく不毛の地へ旅立つと聞いて強く心を動かされた。ロマンチックな思いに駆られて、彼女はリンゴとブドウから種子を取り出すと、シンプソンのポケットに入れた。彼が新任地に到着してその気になればすぐに植えられるようにとの心づかいである。

やがて、ワシントンのコロンビア川河岸にあったフォート・バンクーバーに上陸して数か月後、シンプソン大尉はまた別の晩餐会に招待された。同じ制服を着ていたので果物の種のことを思い出し、駐屯地の隊長にそれを贈った。「愛の種子」は一八二七年の春に植えられた。このリンゴとブドウの組み合わせが、ワシントンの豊かな果物生産の幕開けを告げるものとなった――アメリカ農業の成功秘話のひとつだが、これが近年になって思いがけない展開を見せる。


毎秋、百二十億個もの実をつける数百万本というリンゴの木は、ワシントン中央部カスケード山脈の東に広がる砂漠に芽吹いたものである。二十世紀の大半を通して、ワシントン州ウェナチは、町の標語にもあるとおり、「世界のリンゴの首都」だった。見目うるわしいレッドデリシャスは世界各地で販売された。アメリカは世界一のリンゴ生産国で、ワシントンは国内で抜きん出た存在だった。ところが一九九〇年代初め、中国のリンゴ産業が躍進した。中国はいまでは年間二五〇〇万トンのリンゴを産出し、かたやアメリカの生産高は四三〇万トンにとどまっている。ほかの国々もリンゴ生産に乗りだし、低い人件費を武器にアメリカの販売に食いこんでいる。

アメリカ市場は一九九七年に崩壊した。輸出の減少、安価な外国産リンゴの輸入、厳格な検査、それに関税闘争のあおりを受けて、ワシントンのおびただしいリンゴ農家が破産を申告し、借金のかたに農園を失った。農地が奪われ、合併が進むにつれて、ひと握りの規模の大きなアグリ企業がリンゴ産業を牛耳るようになり、個人農家が生き残る余地はほとんどなくなってしまった。価格を抑えつつ利益を上げるには、生産量を増やすだけでなく、流通の別の面にも関与する必要がある。現代のリンゴ栽培では垂直統合が行なわれ、企業が栽培、選別、包装、貯蔵から、輸送にいたるすべてに関わっている。

グレイプルはこの「るつぼ」のなかから生まれた。農家が断念し、あるいは生産の別の面に流れていくなか、周辺産業もその状況に適応せざるを得なくなった。一九〇五年にスナイダーの祖父の叔父によって設立されたC&O果樹園は、ワシントンでいまも生産をつづけている果樹園のなかではもっとも歴史が古く、北アメリカ全土でも有数の由緒ある果樹園である。一世紀ものあいだビジネスの世界で生き残るには、時代とともに進化することが求められる。ワシントンではだれもが承知していることだが、足腰の弱った産業をよみがえらせる唯一の希望は、世間の人びとにリンゴをもっと食べてもらえる方法を見つけることだ。アメリカ人一人当たりの年間消費量は七キロ弱で、ヨーロッパ平均（約二〇キロ）の約三分の一、リンゴ消費量世界一を誇るトルコの三二キロには遠くおよばない。スナイダー一族は彼らが開発したブドウ風味の新顔が、リンゴ全般の販売を底上げすることを期待している。彼らはこの過程を「リンゴの連鎖反応」とよぶ。

スナイダーはさらに、果物マーケティングにおける新たな動向、すなわち「ハイブリッドでないハイブリッド」の流れに乗っている。グレイプルはストロマトのすぐあとから登場した。ストロマトは甘みの非常に強いトマトで、イチゴとトマトの交雑種になりすましているが、じつはイチゴの遺伝子はまったく含まれていない。名前だけつないだもので――「ストロー・メイト」であれ、「ストラ・モットー」であれ――実体をともなわない。

マンゴー・ネクタリンは、発売元のホームページによると、「ほのかにただよう熱帯果実の風味が名前の由来です」。イトー・パッキング社は彼らのネクタリンがマンゴーのような味がすると暗にほのめかしているのだが、果物の専門家は怒りの声をあげている。「彼らは世間の無知につけこんでいる」アンズやモモの伝統種を栽培しているアンディ・マリアーニはそう息まく。「マンゴーの味なんかちっともしないし、そもそもネクタリンとマンゴーは遠縁すぎて交配できない。たまたま枝変りで赤みのない品種ができて、見た目が黄色いマンゴーに似てるってだけだ」

マンゴー・ネクタリンの味はふつうのネクタリンと変わらないが、目新しさのせいで高値がついている。香気に関しては、イトー社がつくりだしたハネデュー・ネクタリンよりも勝る。後者の緑がかった白い果皮はたしかにメロンの外見と似ているが、そのせいで素人にはいささか管理面での懸念が生じる。つまり、皮は食べられるのか？　もちろん。なぜならハネデュー・ネクタリンはたんに皮が白いネクタリンで、ハネデューはただの愛称にすぎないからだ。

このような名のみのハイブリッドは両刃のタネである。新しい顧客を引きつけるが、だまされたとわかれば、彼らは背を向ける。いったん買い物客にばれたら、これまでの努力は水の泡だ。経済学者の指摘によれば、消費者は買った果物が期待はずれの場合、「罰を与える」傾向がある。当分のあいだ、その果実は買おうとしない。場合によってはその品種を永遠に見かぎる。「まずいサクランボに当たったら、また買う気になるまでに六週間かかることがある」とスナイダーはいう。「そのころにはもう旬は終わっている。おあいにくさま、来年またどうぞ、というわけだ」ただし短期的に見れば、鳴り物入りの「目玉商品」、たとえばストロマトやマンゴー・ネクタリン――あるいはグレイプル――は、それなりの利益を生みだすことが期待できる。

「いまこの瞬間もリンゴのDNAを解明しようとしているのは知ってるさ」といって、スナイダーは椅子に背をもたせかけた。「猫も杓子も遺伝子組換えだ。甘い遺伝子と赤い遺伝子を取り出して一緒にしたら――甘くて赤いものができあがる。でも、そんなのはおかしいと思わないか？　先日、カリフラワー・チーズ・スープを飲んだよ。そこの店で話したんだが、そのスープはグレイプルとよく似ていた。わたしはカリフラワーそのものは好きじゃない。でもチーズをそこに加えるとね……世の中には相性のいいものがたくさんある。従兄のトッドは〝チョコレートとピーナッツバター〟は最高の取り合わせだといってるが」

C&O果樹園は何種類かの業界誌を購読していて、果樹栽培関係と人工香料関係の雑誌がどちらもそろっている。『食品工学』、『青果業』、『果実栽培農家』、『食品化学ニュース』等々。それらの異なる論説がスナイダーの頭のなかで交錯しているようだ。「プソイドエフェドリン〔ダイエット剤、エネルギー賦活剤エフェドラの成分。心臓発作や脳卒中のリスクにより米食品医薬品局が販売を禁止〕添加のリンゴなんてどうだい？　わたしはどんな可能性のドアも閉めるつもりはない」と彼はいった。「ナノテクノロジーを見ろよ。この先どこへ向かうかわかったもんじゃない」

数年来、カットリンゴの登場が農家への追い風となっている。複数の調査から、消費者の六五パーセントが丸ごとのリンゴよりカットリンゴを購入することがわかった。小型のビニール袋がいま、食料雑貨のチェーン店やマクドナルドなどのファストフード店で大量に売れている（その袋にカットリンゴを入れカラメルソースを添えて、「アップルディッパー」として販売する。マクドナルドは二〇〇五年に二万四五〇〇トンのガラ種のリンゴを購入した）。カットリンゴは全米の工場で生産される。機械で芯をくり抜き、メスのように鋭い鋼鉄の刃でカットしたリンゴは、ベルトコンベアに載せられ、頭から爪先まですっぽり作業服におおわれた労働者の手で仕分けられて、アスコルビン酸とカルシウム塩とビタミンCからなる、形跡が残らない、無臭の粉末「ネイチャー・シール」をまぶされる（ネイチャー・シールは小売りされているので、家庭でリンゴの芯をくり抜き、カットし、薬剤を振りかけることもできる。「あっと驚く仕上がりですよ」と販売員はいう）。

加工食品法の滅菌要項を守るのは容易ではない。容器にはリステリア菌やサルモネラ菌、それに下痢や粘膜への侵入や発癌性の微小植物が付着している可能性がある。細菌汚染が発生するたびに、カットリンゴは回収を余儀なくされてきた。カットリンゴからあらゆる生命体を抹殺すべく、ＰＱＳＬ二・〇のような新たな化学添加物も開発されている。

グレイプルもカットしたものを袋づめにして売っているが、スナイダーはそれを近いうちに見直すかもしれない。C&O果樹園は先ごろ、長らくマーケティング・パートナーだったゲット・フィット・フーズ社（カット技術の特許を所有）との提携を解消した。新聞発表をぼくに手渡すまえに、スナイダーはその社名を最初はボールペンで、ついでサインペンで塗りつぶした。「これぐらいやつらが好きなんだ」といいながら。

「われわれは利益の不一致をみてね」ゲット・フィット・フーズ社の共同所有者ブレア・マクヘイニーは彼らが袂を分かった原因をそう説明した。グレイプルが合成香料を自然の産物に使用していることに反対する「消費者の声の高まり」があるという。

ゲット・フィット・フーズ社は最近、天然香料を含んだカットリンゴの特許を申請した。「天然の香料ならさほど抵抗はないと考えている」とマクヘイニーはいう。〈アップル・スイート〉というマクヘイニーの製品は、カラメル、ルートビア、ワイルドベリーなど四十種類ものいわゆる天然香料をテストし、すでにスーパーマーケットで発売されている。

香料入りの果実が定着するかどうかは後世が決めることだ。当面は、グレイプルの好調な販売が証明するように、買い物客は目新しさを歓迎している。ゲーリー・スナイダーがインタビューのために用意した書類の三番目の項目には、多くの人がグレイプルをこれまで食べたなかで最高のリンゴだといったと書かれている。「ファンレターをもらったリンゴはこいつだけだよ」と彼はいう。「eメールは何万通も届いた。はしゃいだり、いい気になったりしないよう努めているが――うちがグローバルになりつつあるのはまちがいない。これは狼煙《のろし》なんだ」

香料入り果物の世界で、グレイプルの仲間といえば、真っ先にマラスキーノ・チェリーが頭に浮かぶ。「よくいうんだが、マラスキーノは栄養学的に見れば〈ライフセーバー〔フルーツ味のリング型キャンディ〕〉と変わらない」というのはジョシュ・レノルズ、マラスキーノ・チェリー製造の最大手グレイ社の副社長である。

ひと昔まえ、クロアチアのダルマチア地方の山中に、マラスカという苦いサクランボのなる木が自生していた。その硬い核を砕いて発酵させたのがマラスキーノ酒で、そこにサクランボを丸ごと漬けて保存した。このマラスキーノ・チェリーを飾ったカクテルがニューヨークで一九〇〇年代初めに流行した。品質は新たな製造方法が導入されるたびに着実に低下した。今日では、本物の果物というより化学薬品で頭が混乱した花托という感じだ。製造方法は、品質の悪いサクランボを漂白して、種を除き、甘味料と香料を加え、シロップに漬けて着色する――ふつうは毒々しい赤色だが、エオラ・チェリー社はけばけばしい青、緑、ピンク色のマラスキーノ・チェリーも販売している。

一九九〇年代まで使われていた赤色三号という着色料は、いまではアメリカ食品医薬品局が使用を禁じている。研究の結果、ラットのガンと関連があるのがわかったからだ。現在では、マラスキーノ・チェリーには赤色四十号が使われている。ドリトス〔トウモロコシのチップス〕やポップタルト〔薄型パイ生地のスナック〕その他の食品に含まれる色素である（ADHDの子どもを持つ親は、この着色料が衝動的な行動を引き起こすと主張している）。

スナイダーはぼくがマラスキーノ・チェリーを引き合いに出すと、鼻にしわを寄せた。「あれはできの悪いチェリーを漂白して厄介払いしてるんだ」だが、ぼくがグレイプルの安全性について質問すると、スナイダーはポケットに手を突っこんだ。「携帯電話がいい例だ。こいつがわたしにどんな作用を及ぼす？　だれも知らない」彼は問いかけるように携帯電話を耳に当てた。答えを聞いているのか、さもなければ、たぶん潮騒に耳をすませていたのだろう。

スナイダーが開発した商品がこれほど気になるのは、ひとつには彼がそれを語るときの秘密めかした態度のせいである。彼の答えには申請中の特許やら、機密レベルやら、知的財産の問題やらがしょっちゅう出てくる。「われわれは拘束の身でね」と彼はいう。「奥歯にものがはさまったようないい方しかできないし、どの情報を明かすかについてもさんざん迷う。なにしろ、両親とわたしは百五十項目を超える秘密保持契約にサインしたんだ」

ぼくが初めてスナイダーに連絡をとったとき、彼は、「地球広しといえども、きみを工場に招きいれる可能性は万に一つもない」といった。何度も電話をかけ直し、さらに秘密保持契約にサインすると申し出たことで（それはけっきょく実現しなかったが）、スナイダーはようやく取材に応じてくれた。ぼくはグレイプルの製造工程について質問した。「わざわざ製造過程を見せる理由なんてないね」と彼はいったが、はぐらかそうとするその態度がかえってぼくの好奇心に火をつけた。「子どもたちの健康を守り、子どもの肥満を防ぐ助けになるという、めでたしめでたしの記事にすればいいじゃないか。新聞記者にその話をしたら、連中は飛びつくがね」

スナイダーはぼくが到着すると、これからリーダーズ・ダイジェスト向きの健全な説明をするといった。「チョコレートチップ・クッキーの作り方をきくようなもんだ。材料を混ぜてオーブンに放りこんだら、おやおや不思議、クッキーのできあがり、とね。グレイプルもそれとおんなじだ。われわれはレシピを公表するつもりはない」

スナイダーの変わった癖のひとつは、聞こえよがしに咳払いをする、というか、ガス管の継ぎ目から蒸気が噴き出すような音を立てることである。とりわけ答えにくい質問にぶつかったときには。最初に電話をかけたとき、彼は、ぼくがウェナチを訪ねても得られるものがあるとは思えない、と取りつく島もなかった。その発言は耳ざわりな息の音でたびたび中断された。「草の葉一枚でも手に入れれば、もっけの幸いだ」

北ウェナチ通りから奥まったところにあるC&O果樹園のオフィスは、正面が一面のガラス張りになっている。ただし内から外は見えるが、外から内は見えない。非透明性がウェナチの建築基準のようである。窓のない灰色の建物、果物の荷造りや貯蔵のための施設が点在している。

スナイダーのデスクで最初に目についたのは、半ダースほどのモモ（「ヴァージル」や「C-IXO」というラベルが貼ってある）が入った保冷容器だった。会話のとっかかりとして、ぼくは腰をおろしながら、何気なくそのモモについてたずねた。

「おいおい、困るな」スナイダーはそういって、両手で隠した。「これは新種なんだ」

この最初のやりとりでその後の雰囲気は定まった。ややあって、ぼくは研究室はこの建物のなかにあるのかとたずねた。

スナイダーはぼくをにらみつけた。「まあね」

「研究室を見せてもらえますか?」

「それはだめだ」

インタビューの早い段階で、スナイダーの従兄だというトッド・スナイダーがやってきて、ぼくたちの会話に耳をそばだてた。ほどなく、ゲーリー・スナイダーがうっかり口をすべらせた。「皮孔を開かせて、香料をリンゴに染みこませるのがこつだよ」。ぼくが皮孔とやらについてさらに質問すると、従兄弟たちは警戒するような視線を交わした。

皮孔というのは、リンゴやナシの表面にある小さな斑点のことだ。実際に小さな孔があいていて、ナシ状果〔リンゴ、ナシなど花托が肥大して果肉になった果実〕はここから呼吸している。ソローは『野生の果実』のなかで、ナシの表面についている斑点から天空を連想した。「（夜空のように）空一面の星がみな外に向かって輝いている」。一方、スナイダー一族はこれらの小さな孔に別のものを発見した。またとない商機である。

ブロゴスフィア〔インターネット上でブログが作る共同体や言論空間〕では、グレイプルの製法について諸説入り乱れている。「果皮にほとんど目に見えない注射針の跡がいくつもついていることに気づいた」とある人はいう。スナイダーはその説を否定し、リンゴに孔をあけたらすぐに傷んでしまうと指摘した。あるチャットルームではその過程をまことしやかに説明している。いわく、リンゴはまずゼリー状の物質に浸される。その物質はブドウの香りを生みだす遺伝子を組み込まれた大腸菌で満たされている。ついで抗鬱薬のプローザックから抽出した濃縮液で洗浄する。

スナイダーにそれを読んできかせると、彼はいらいらと床を踏みならした。抗鬱薬のくだりまでくると、けたたましい笑い声をあげた。「だから幸せなリンゴってわけだ」と顔を真っ赤にして、どなるようにいった。

「これに関しては、だれにも何ひとつ明かすつもりはない。みなさんの想像におまかせするよ。グレイプルの木の注文もたくさん受けている。好きなように考えてもらったらいい」

ぼくが製法を説明してほしいと食いさがると、彼は弁護士からホームページに載っていることしか話さないように助言されているといった。だが、そのホームページにはごくわずかの情報しか載っていない。インタビューのあいだ何度か、スナイダーはぼくの質問に答えるかわりに、警告するように人さし指を立てた。椅子をぐるりと回して、小さく口笛を吹きながら、コンピューターに向き直った。そしてホームページを印刷したが、そこにはにっこり笑ったリンゴが紫色の水に飛びこむ絵が描かれていた。わざとらしい笑顔でそれをぼくに渡した。「これが世間の人たちの手に入る情報だよ」

自分で人工ブドウ香料について調べてみたところ、コンコード種のブドウの香気には化合物としての名前があることがわかった。アントラニル酸メチル（MA）といって、コンコードがいまのような香りを放つもとである。このブドウを食べるたびに、天然物由来のMAの分子がぼくたちの嗅覚器官に侵入する。

アントラニル酸メチルは化学的に合成することも可能で、人工のブドウ風味や香気はその方法で製造される。化学的に合成されたMAの分子は「ネイチャー・アイデンティカル」とよばれる。調香の世界の伝承によれば、ドイツ人科学者がアントラニル酸メチル $C_8H_9NO_2$ の化合物を偶然に発見したとされている。別の化学薬品を調合していたときに、ブドウの香りがガスバーナーから漂ってきたことに気がついたのだ。

ブドウから直接抽出されるアントラニル酸メチル（いいかえれば、天然ブドウ香料）は、工業生産によって得られる合成アントラニル酸メチルよりも価格が高い。米国ではPMCスペシャリティーズ・グループ一社のみが合成ブドウ香料を製造している。オハイオ州シンシナティにあるPMCの化学工場では、アントラニル酸メチルの分子が真空蒸留装置で精製される。精製所は四階建てで、鈍く輝くクローム製のパイプ群は、ロシア人の構成主義建築家エル・リシツキーの作品を彷彿とさせる。

アントラニル酸メチルはキャンディから香水まであらゆるものの香りづけに利用され、人工ブドウ香料を含むすべての製品に存在している。たとえば、紫色をしたクールエイド、グレープソーダ、風船ガム、その他多くの食品に含まれる。アメリカ食品医薬品局からGRAS（一般に安全と認められる食品素材）に分類され、数十年間にわたって使用されてきたが、人間への明らかな毒性の徴候は見られない。目に入ると、一時的とはいえ深刻な被害をもたらすことを別にすれば。

アントラニル酸メチルをグーグルで検索しているうち、ドイツ人化学者がこの化合物を発見したときのように、たまたまある事実にぶつかった。ワシントン州にあるバード・シールド・レペレント社がホームページで販売している鳥用忌避剤の活性成分としてアントラニル酸メチルが挙げられていたのだ。ブドウの香りがする農薬？　そのふたつがうまく結びつかなかった。

社長のフレッド・ダナムに電話したところ、鳥はMAのにおいが大の苦手なのだそうだ。「うちの貯蔵倉庫も昔は鳥が多かったので、お客さんには傘を配って空から糞の直撃を浴びないようにしたものです」とダナムはいった。「ところが、アントラニル酸メチルをその倉庫に貯蔵するようになって、鳥がすっかりいなくなりました」

ぼくはその製品は農薬なのかと質問した。「駆除したり予防したりする薬剤は定義上、どれも農薬なんです」とダナムは答えた。「だからバード・シールドも正式には農薬ですが、殺すわけじゃありませんし人間の食べ物の原材料に使われているものと同じアントラニル酸メチルが、食品基準を満たしているとはいえ、鳥の忌避剤にも使われているとは。バード・シールドの香りは一週間しか保たないので、作物の成長時期には何度も空中散布することが推奨されている。対象となる作物はトウモロコシ、ヒマワリ、米など幅広い。一部のリンゴにも使用されている。

たとえば？

「おもにフジとガラですね」

そのふたつはグレイプルの製造に使われている品種である。

ダナムさんは、グレイプルのことはご存じですか？　「そりゃもちろん」と彼は答えた。「あの会社のアントラニル酸メチルはうちから買ったものです。先方の処方どおりにつくっています。その処方はもちろん秘密ですが」

C&O果樹園は二十を超える果実の特許をとっている。一九三二年の植物特許第五一号の無毛のモモ、カンドカから始まり、二〇〇一年のPP第一二〇九八号、縞模様のあるトップ・エクスポート・フジにいたるまで。一族の最新の特許、「ブドウ味のナシ状果」は申請中で、米国特許商標局のデータベースを検索すればだれでも閲覧することができる。グレイプルの製造の関連事項はことごとく、特許申請第二〇〇五〇〇五八七五八号の複数の摘要にまとめられている。申請人はゲーリー・スナイダーである。

この文書には、アントラニル酸メチルを皮孔からどう吸収させるかが記されていた。つまるところそれは溶剤として働き、二十一度の混合剤に浸せば果肉に浸透する。大量生産する場合には、噴霧装置をコンベアの上に取りつけることも可能だが、紫色の雨を降らせるこの方法では、梱包ラインに設置したつけ置き槽に果物を漬けるほどの効果は得られない。乾燥させたあと、香料つきの果物は冷蔵室で保管される。数か月は香りを保持できるが、そのにおいは揮発性なので、冷暗所で保存しなければ、急速に拡散してしまう。これが、インターネット上の数多くの苦情、グレイプルはブドウとは似ても似つかないという不満の理由だろう——それらのグレイプルは冷蔵庫にしまっておかなかったのだ（スナイダーからもらったブドウの香りのする紙は一週間後には何もにおわなくなった）。

特許申請に使われる香料の入った混合剤は、既製のアントラニル酸メチルの溶液で、「バード・シールド・レペレントおよびフルーツ・シールド・レペレントの名前で販売されている」（後者もダナムの会社の製品で、やはりアントラニル酸メチルが唯一の活性成分として含まれている）。

項目【〇〇一三】はこう明言している。「本発明に関しては、食品基準を満たすアントラニル酸メチルの忌避効果は、消費者の味覚の楽しみのために保持されている」

だがスナイダーに電話して、人工ブドウ香料が、バード・シールドのような食品基準を満たす農薬にも使用されているのかどうか確認しようとしたが、確答は得られなかった。「きみがたどっている道はよく知っている」とスナイダーはいった。「いまいったよな、農薬って。わたしはその道につきあうつもりはない。そんなものは関係ない、以上だ。わたしにとって、それは一時停止の標識でね。そんなものをマスコミに出すわけにはいかない」。ぼくとしても、彼が農薬という言葉に反対する理由はわかった。アントラニル酸メチルは人間には無害な香気成分だ。たまたま鳥を寄せつけないだけなのに、そのせいで農薬の仲間に入れられている。

スナイダーは秘密主義者かもしれないが、スナイダーの論旨、つまり、グレイプルは究極のジャンクフードといわれる揚げトゥインキーより体にいいという主張に反対を唱えるのは難しい。「わたしは本気でグレイプルが人類のためになると思っている」と彼はいう。「人びとの役に立つ。金儲けができたら、それはボーナスだ。利益が出ないと、やっていけないからな」。彼の発明はフランケンシュタイン博士もどきだが、本家よりも、そのパロディであるメル・ブルックス監督の『ヤング・フランケンシュタイン』のとぼけた味わいに近い（ジーン・ワイルダー扮するフランケンシュタイン博士の孫は、「フランケンシュタインではなく、フロンケン・シュティーンと発音するんだ」といいはる）。

「これまでにグレイプルほど人びとに笑顔をもたらしたものはない」とスナイダーは満面の笑みを浮かべた。「コメディ・クラブも真っ青だ」。コメディ・クラブのステージに立ったことはときくと、ないとの答えだったが、C&O果樹園から出す手紙の結びの一文は、「よいブドウ日和を」で決めているようだ。

アントラニル酸メチル以外の香料も生産工程で使われている。スナイダーはこの件では「だんまりを決めこむ」といいつつも、「キイチゴ味のデリシャス」がまもなくお目見えするともらした。「好きなように解釈してくれ」とつけ加えて、わざとらしく目配せし、膝をぴしゃりとたたいた。「スーパーマーケットで化学薬品の売り場を歩くと、胸の悪くなるようなにおいがする。タイヤ売り場でもそうだ。ところがグレイプルの棚までくると」スナイダーは親指をぐいと立てたが、その拍子に甘ったるいブドウの香りが、ぼくの鼻先をふわりとかすめた。「うっとりする」

「この町にはたして未来があるのかどうか、おおいに疑問です」ガイ・エヴァンズは、ワシントン州ウェナチのリンゴ農家をとりあげたドキュメンタリー番組『折れた枝』で語っている。市内の果樹園が大型店の店舗に変わったり、ほかの作物に転用されたりするなか、地元の農業委員会は、いまでは一エーカー当たりのジャガイモの産出量はアイダホ州よりも多いという事実を宣伝しはじめている（アイダホがジャガイモの大半を生産していることに変わりはないが）。『ウェナチ・ワールド』紙のキャッチフレーズも同じように込み入っている。「発行元：世界のリンゴの首都であり、偉大なる北西部動力ベルトの要」

C&Oのオフィスの北側には、果樹園がコロンビア川をはさんでカナダ国境までずっとつづいている。だが小規模な栽培農家は減っていく一方だ。『折れた枝』でインタビューを受けた農家のひとり、デイヴ・クロスビーがリンゴ栽培を始めたのは一九七〇年代。それは、「もうあくせく働く必要はない――リンゴを収穫すればいいだけだ。左うちわで、いい暮らしができる」といわれたからだった。ところが、現実はそんなに甘くなかった。クロスビーは二〇〇三年に果樹園を失った。

ウェナチの幹線道路のひとつで、全米のどこでも見かけるファストフードのフランチャイズ店がずらりと並んでいる通りは、安楽《イージー》通りとよばれている。その名前はリンゴ農家にとっては愛着のある名前だ。とくにモノカルチャー（単一栽培）的な方法をとった農家には。だが、どれだけ化学薬品を食べ物に振りかけようと、人間はアダムがリンゴを食べたあとにかけられた呪い――「おまえは顔に汗を流してパンを得る。土に返るときまで」（「創世記」三・十九）――をすっかり振り払うことはできない。虹色の油を垂れ流しながら、ハンバーガーの包み紙がこのあたりにひとつしかないイージー通りに散らばっている。

リンゴ栽培の危機からグレイプルが生まれたように、暴落したほかの果物からも同じように興味深い解決策が出てきている。「クランベリーの栽培は、昔は快適な暮らしを約束してくれた」と、クランベリーのディスカッション・グループ（www.cranberrystressline.com）の司会者ハル・ブラウンはいう。「きれいな花だし、眺めもいいし、そこそこ稼ぎにもなる。人手をひとりかふたり雇って、三万ドルの給料を支払う。ところが、クランベリーの価格は一九九〇年代に一バレル八〇ドルだったのが、二〇〇一年には十二ドルまで下がった。値崩れしなければ、年収三〇万ドルは楽に稼げたはずなのに。家内が図書館司書で、わたしが心理療法士でほんとうに助かったよ」

ブラウンが中心となって、ホワイト・クランベリーをクランベリーの新種として売りだそうとするオーシャンスプレー社の誤った動きに対して、訴訟が起こされた。ジュースのラベルには、「一〇〇パーセント天然の**完熟**ホワイト・クランベリーはシーズン初めに収穫され、従来の赤いクランベリーよりマイルドな味わいです」と書かれていた。ブラウンは感銘を受けなかった。「ホワイト・クランベリーというのは、ただの未熟なクランベリーだ」。オーシャンスプレー社の〝真っ赤な嘘〟について連邦取引委員会に苦情を申し立てた結果、ラベルの文言が変更された。「クランベリー栽培にうす汚い秘密なんぞひとつもない」と彼はいう。「ところが販売がからむと、ぞろぞろ出てくる」

オーシャンスプレー社は大々的な宣伝キャンペーンを開始し、「全米の沼」と題する双方向の企画を打ち出した。毎年秋になると、大都市に人工の沼をつくり、水深一メートルほどの沼でクランベリーの収穫を実演する。大勢の人がウエストまであるゴム長をはいて沼地で収穫にはげむ牧歌的な風景は、工業的な選別方法とは対照的だ。そちらでは、まず地面をはうように伸びた蔓から、「卵泡立て器」とよばれるトラクターと似た機械で果実がはたき落とされる。掃除機のようなチューブでトラックに吸いこまれ、ベイリー分離器とよばれる機械で選別されたあと、コンベアに載って、さながらクランベリーの滝のように垂直になだれ落ちる。百台以上のカメラを装備した光学選別機が撮影し、傷が少しでもあれば、正確な銃撃で空気を吹きつけてそのベリーをラインから吹き飛ばす。つぎの検証段階では、紫外線を点灯した部屋に運び入れる――傷んだベリーは蛍光色を発するので、コンベアから取り除く。

　オーシャンスプレー社のマーケティングの大きな目的は、ザクロジュースに奪われたマーケットシェアを取り戻すことである。ザクロ一〇〇パーセントのポム・ワンダフル・ジュースは、ビヴァリーヒルズの億万長者、スチュワートとリンダのレズニック夫妻の創案によるものだ。彼らは百万本を超えるザクロの木を植え、ザクロは健康によいというイメージを売りこんだ。レズニック夫妻のザクロは、「ひとつの命を救うかもしれません。そう、あなたの命を」という触れこみで販売されている。彼らのスローガンは「死神を出し抜こう」である。

　ザクロをめぐる逸話のいくつかは宗教にもとづいている。ムハンマドは信者に、「ザクロは嫉妬の仕組みを取り除く」から、それを食べよと教えている。ザクロには実際、山ほど有効成分が含まれている。タンニン、抗酸化作用のあるポリフェノール、エラグ酸、パニカラキンなど。ただし、アメリカの食品医薬品局が義務づけている警告によれば、あるザクロカプセルの製造業者のホームページにあるように、「これらの製品は病気の診断、治療、治癒、予防を目的とするものではありません」。とはいえ、ザクロ果汁に浸したコンドームといった新製品が、ＨＩＶの予防効果をうたって引きも切らずに販売されている。ウサギを使った実験では、ザクロが勃起障害に効果のあることが示された――その症状はふつう、ウサギとは結びつかないものだが。

ある果実やジュースが健康にめざましい働きをするというニュースが流れた場合、そのもとになる研究はたいてい、既得権をもつ製造業者から資金の援助を受けている。ボストン小児病院の研究者が、業者が出資した百十一種類の果汁および飲料の研究結果を調べたところ——なんと——それらの研究がしばしば偏向したものであることがわかった。アメリカ癌学会の紀要に掲載された、ザクロジュースの前立腺ガンへの効果に関する記事の小さな活字を読めば（その記事は、「今後の研究が待たれる」と結ばれている）、研究費がレズニック夫妻からの奨学金でまかなわれていることがわかるはずだ。

栄養学は移り変わりの激しい分野で、矛盾、誤った思い込み、幻想にむしばまれている。専門家たちは、さまざまな種類の果実と野菜をまんべんなく食べ、運動することが必要だと口をそろえているが、大方の人間はそれを実行していない。起業家たちは偏った情報につけこみ、マーケティングの力を利用して、特定の果物の治癒効果をおおげさに宣伝する。その結果、くだんの果物が万病に効くことを期待して、大金がつぎこまれる。

二〇〇六年の農業年鑑に載った、『食べ物の内なる治癒力を解き放とう Unleash the Inner Healing Power of Foods』という本の広告は、一週間に二サービングのブドウジュースは、「心臓発作、脳卒中、糖尿病およびガン」を退けると主張している。その主な根拠は一九二八年の『ブドウ療法 The Grape Cure』という本で、これまでに百万部以上売れ、いまなお版を重ねている。著書のジョウハナ・ブラントは、病人にブドウだけを食べることをすすめ、末期ガンの患者が回復した例を証拠として挙げている。ブロンクス在住の女性は昼夜を問わず嘔吐がつづいたが、ブラントが処方したブドウで吐き気がぴたりと収まった。また別の若い女性は直腸と結腸に問題を抱えていたが、ブドウ療法を始めると膿が出はじめた。「寄生虫が体外に出るに及んで、恐ろしい試練も終わりに近づいたことがわかりました。ブドウが症状の一番奥にある原因を探り出し、それを器官から追い払ったようです……苦難によって浄化されたこの女性は、若死にという深淵からよみがえり、ブドウの神聖な治癒力の証人となったのです」

アメリカ癌協会はブドウ療法についていくつかの事例を調査したが、ガンにせよその他の病気にせよ、ブドウに治癒力があるという証拠は確定できなかった。Quackwatch.org〔「偽医者を監視する」の意〕は、この本は無視するに限ると断じている。「ジョウハナ・ブラントの『ブドウ療法』に多少とも価値があるという科学的な証拠はない」

ブドウにつづき、充分な証拠もないままアンズの種子が一九六〇年代から七〇年代にかけてもてはやされた。このブームの発端となったのは、ヒマラヤの奥地に住むフンザ人が長寿で、体が丈夫、病気知らずで名高いという記事である。アンズがフンザ人の基本食品であり、生食のほか、干す、砕く、焼く、さらに仁《じん》からしぼった油の形でも利用する。やがて、アンズの仁に含まれるレアトリルという化合物が、天然の制ガン剤として売り出された。死期の迫っていたスティーヴ・マックィーンなど著名人や末期ガンの患者が、最後の希望としてレアトリルにすがったが、治癒した人はだれもいないようである。やがて、アメリカ国立癌研究所がレアトリルの効果を検証する研究を行なった。効果は何ひとつ見つからなかった。『ニューイングランド医学ジャーナル』は「進行ガンの患者には効果がないということは、合理的な疑いを差しはさむ余地なく立証され、早期のガンに対してもそれ以上の効果があると信じる理由は皆無である」と断定した。その結果、レアトリルの販売は禁止され、数人の販売業者は服役した。ただし、メキシコのティファナにあるクリニックは引きつづき、オンラインで販売している。アメリカでは近年、レアトリルを販売していたホリスティック・オータナティヴ社やワールド・ウイザウト・キャンサー社などの企業が厳しく取り締まられた。

市場に登場した最新の果物万能薬もフンザ人と関わりがある。『ゴジ——ヒマラヤ人の健康の秘密』

というパンフレットによると、赤外分光法による分子結合の観察、分光器によるゴジ愛用者の指紋分析、およびフーリエ変換とよばれる数式を用いたテストにより、ゴジが「地球上で栄養学的にもっとも濃密な食品である可能性がきわめて高い」ことが示唆されたという。著者のアール・ミンデル博士（自称「世界トップクラスの栄養学者」）は冒頭で、読者に何歳まで生きていたいかと問いかける。「八十歳、九十歳、百歳以上、それとも不老不死をお望みでしょうか」

ゴジ（クコの実）は寿命を延ばすだけでなく、性機能を改善し、暗視力を高め、ストレスを和らげ、頭痛を抑え、回春の妙薬であり、ガンを予防する。これらの主張を歴史的に立証するため、ミンデルはリー・チン・ユエン老師なる「ゴジを愛用しているもっとも著名な人物」をもちだす。ユエン老師は、伝えられるところでは、一六七八年生まれで一九三〇年没、享年二百五十二歳。長寿の秘訣は？　毎日ゴジの実を欠かさず食べていたことである。

ミンデルは彼が特別に調合したヒマラヤのゴジジュースを、毎日コップに数杯飲むことをすすめる――それは一リットルたったの四〇ドルで市販されている。ゴジの実はきっとあなたの健康によいだろう、たいていの果物がそうであるように。このジュースが中華街で一ポンド数ドルで手に入るクコの実とどうちがうのか知るために、ぼくは何度もミンデル博士に連絡をとろうとした。だが、留守電に残したメッセージはどれも返事がなかった。フリーライフ社（彼のゴジジュースの製造元）とモーメンタム・メディア（『ゴジ』の版元）に電話しても成果なし。全国健康詐欺対策協議会によると、ミンデルが博士号を授与されたベヴァリーヒルズ大学は、「無認可の学校で、キャンパスも研究施設もない」そうだ。ぼくはロサンゼルスのパシフィック・ウエスタン大学に連絡をとることにした。ミンデルは、著者略歴によれば、同大で栄養学の教授をつとめているので。ところが電話をかけると、大学側はミンデル博士という人物は在籍していないし、かつて栄養学の講座を受けもったこともないという。

このジュースの効能とされているものに関して、怒りのこもった議論がネット上でいくつもくり広げられている。偶然ではないが、もっとも声高な擁護派がたまたま売り手だったというのはよくある話だ。こうした売り手はホームページで、ゴジジュースを四本入り一箱、一八六ドルの十二か月払いで提供している――年額だと二二〇〇ドルを上まわる。

マルチ商法はネズミ講を合法的に見せかけたもので、新会員を年契約でがんじがらめにする。安価な果物ジュースの中身を再包装して万能薬と銘打ったマルチ商法の分割払いプランは、顧客の不治の病を一時的にせよ緩和するどころか、しばしば顧客に数千ドルもの借金を残す。

これはなにもゴジジュースに限ったことではない。タヒチのノニジュースは一九九〇年代、何千人ものカモをとりこんだが、それもネットワークビジネスが崩壊するまでだった。今日、モナヴィーのアサイーベリージュース――「人類への確かな回答」――が八本入り一箱二九八ドルで販売されている。十九種の果物（主にリンゴ）がブレンドされているが気にするには及ばない。フェアトレード（公正取引）で輸入されたサンバゾンの有機栽培アサイージュースが食糧雑貨店なら一本三ドル五〇セントで入手できるが、そちらも気にしないように。ほかにマルチ商法リストに追加されたのは、サンゴ社のマンゴスチンのジュースである。販売業者の宣伝によると、ガン、鬱病、熱病、緑内障、腫瘍、潰瘍、アレルギー、湿疹、カンジダ症、疥癬、頭痛、腰痛、勃起障害、リンパ節の腫れ、不正咬合が治癒するそうだ。これらの主張を裏づける臨床実験は発表されていないが、あのオプラ・ウィンフリーは愛用している。二〇〇五年の売上げは二億ドルを超え、サンゴ社は二〇〇九年度は十億ドルの年間売り上げを見込んでいる。

マルチ商法で販売されるサプリメントの売り上げは、年間四二億ドルを超える。ミラクル・ジュース産業は、「セルロースバレー（食物繊維ビジネスの拠点）」とよばれるユタ州の州間高速道路十五号沿いに集結している。たしかに信仰の押しつけはユタ州に本部があるモルモン教の古くからの伝統であり、何世代にもわたって教徒は個別訪問により福音書の教えを広めてきた。だが、ユタ州がこれら真偽のあやしい自然療法の中心となっているのには、別の理由もある。

オリン・ハッチ上院議員は栄養補助食品健康教育法を提案した人物だが、この法律によって、サプリメントの製造業者は食品医薬品局の承認を得ずに製品を販売することが可能になった。やはりというべきか、ハッチ議員自身がファーミックス社などユタ州の健康食品会社に投資し、巨額の献金をサプリメント業界から受けとっている。サンゴ社は二〇〇六年、ハッチの選挙戦に四万六二〇〇ドルを寄付した。

多くのマルチ企業は法の規制をうまくかわしてきたが、それは企業とは直接関わりのない販売員が、個人の責任で健康によいと虚偽の宣伝をしているからである。一般の人がまんまと口車にのせられて、大金をどぶに捨てることを妨げる有効な手立てはなさそうだ。それに、これらのジュースは、不当に高い価格にもかかわらず、一部の信奉者にはご利益があるかもしれない。嘘と事実が交錯するフルーツ・マーケティングの手法は、藁にもすがりたいというぼくたちの気持ちにつけこむ。その真相にたどりつくこと自体が冒険である、とぼくが思い知ったのは、まさに奇跡という名にふさわしい果物がアメリカで発売禁止となった経緯を調べはじめたときだった。

10　ミラクリン——ミラクルフルーツの物語

このあたりには果樹があって、その実が小川のせせらぎのような歌をうたいながら、乾いた喉を下っていった……見なれぬ現地の果物は、燃えるような赤色で、口にふくむと果汁がほとばしる。休日の自然は、酔った船乗りが有り金を使いはたすように、ありったけのものをふるまってくれる。

ガルブレイス・ウエルチ『トンブクトゥ紀行』

カメルーン最大の都市ドゥアラへの降下は闇に包まれていた。飛行機が雲の底で渦まいている靄をくぐり抜けると、眼下には街灯が二つ三つまたたいているだけで、それは一面に墨を流したような夜に、汚れた真珠がぽつりぽつりと浮かんでいるようだった。片方のヘッドライトが壊れたトラックが、滑走路ですきっ歯を見せてにやりと笑っている。

カメルーンは自称「アフリカの縮図」である。熱帯雨林から山岳地帯、砂漠、サバンナの草原、それに海岸地帯までそろった国土は、生物多様性の宝庫でもある。おびただしい数の野生の動植物に恵まれているので、エコ・ツーリズムの目的地にはうってつけだ——もう少し、旅行客に親切だったらいうことはないのだが。

移動の基本となるのは舗装されていない道路で、ぬかるんだ道に車は丸ごと飲みこまれてしまう。泥酔した十代の兵士がカラシニコフを担いで夜ごと町を徘徊する。汚職や腐敗防止の活動をしているNGO、トランスペアレンシー・インターナショナルによると、カメルーンは腐敗がもっとも激しい国家のリストで、イランとパキスタンのあいだに位置する。わずか数時間でも賄賂のシナリオに巻きこまれずにすむことは難しい。クレジットカードや銀行カードは使えない。通用するのは現金のみで、それもできれば米ドルが望ましい。外国人はことあるごとにぼったくられる。

ぼくも警備員にいくらか払って、荷物を税関に通してもらった。空港の外に出ると、十人あまりの赤い目をした若者にたちまち取り囲まれた。口々に情報をがなりたて、ホテルやタクシーの斡旋から荷物運びにいたるまで、あれやこれやとサービスの押し売りをする。ぼくの連絡相手は有名なリンベ植物園の園芸部門の責任者で、ジョゼフ・ムベレという人物なのだが、どこにも姿が見当たらない。これまで何度もeメールで、ぼくの名前を書いたプラカードを用意して待っていると念を押していたのに。彼から頼まれたおみやげ(「本皮のベルト」つきの銀メッキの腕時計)を握りしめながら、ぼくはそわそわとあたりを見まわした。と、すごく小柄な男が人混みをかき分け、ぼくのほうに突進してきた。「あんた、連れは?」小男はわめいた。「はぐれたのかい?」

ぼくは「連れはいないよ」と首を振った。彼はばかにしたような笑顔を見せると、足を引きずりながら遠ざかっていった。Tシャツの背中には「残虐の極み、これぞ都会の現実」と書かれていた。

トルコ帽をかぶりヤギを連れた男とすれちがった。赤いベレー帽をかぶった兵士がマシンガンを、ぼくに群がっている若者たちに向けて振りかざした。「どけ!」と兵士はどなった。「どかないと、痛い目にあうぞ!」若者たちが四方に散らばると、その兵士はぼくの隣にきて、「心付け」を渡すように説明した(結局、用心棒代として男が苛立たしげに要求してきた五〇ドルを支払うはめになった)。

じつはカナダの大使館から、車強盗が出没するので夜の外出は避けるようにと警告を受けていた。だがあいにく、飛行機が到着したのは午前二時。その夜はドゥアラでホテルに泊まる代わりに自分を雇うようにと、ジョゼフからすすめられたのだ——車と運転手とガードマンつきで。そうすれば空港に迎えにいって、その足で植物園に案内するという話だった。それから一時間半して、ジョゼフがふたりの不機嫌そうな男を連れて、ようやくあらわれた。彼らは警察に停められ、書類に不備があったせいで罰金をとられたのである。

暗闇のなかを走っていると、月明かりに照らされた掘っ立て小屋やあばら屋がときどき目に入った。十五分ごとに、軍隊による路上封鎖にぶつかった。そのたびに憲兵がぼくの書類に目を通し、どうにかして金をむしりとろうとした。ある将校は、ぼくが連れの男たちが何者か知らず、彼らに人質にされているという可能性はないのかときいてきた。そのあとどなり合いがつづいた。夜が白みはじめたころ、いまにも崩れそうな、ツタでおおわれた漆喰塗りの真四角な建物、創立百十年を迎えるリンベ植物園の敷地内にある宿舎に到着した。ぼくは蚊帳を吊すと、あっというまに眠りに落ちた。

翌朝、うっそうと茂る森とまぶしい陽光を通り抜けて、カメルーン山生物多様性保全センターの入り口に向かった。受付にはペンキ塗りの看板があり、訪問者に「自然を最高に楽しむために、自然の見方を学びましょう」と呼びかけている。筆記体の文字はガイドを雇うことをすすめていた。「さもなければ、緑の美しさや、物めずらしさに圧倒されるだけで、自然のもつ意味がわかりません」

物めずらしさに圧倒されるだけではもったいないので、ジョゼフの同僚だという三十七歳のベンジャミン・ジャイン・ジョミにガイドを頼んだ。童顔に世慣れた笑みを浮かべ、眉をぐいと上げたベンジャミンは、穏やかな口調ながらカメルーンの植物について深い知識をもっていた。生きた遺伝子銀行である園内をゆっくり歩きながら、彼はカメルーンに自生している木々の多くが、世界の製薬業界に原料を提供してきたのだと説明した。

アフリカン・チェリーは錠剤で販売され、前立腺の病気に効く。つる植物のアンキストロクラドゥス・コルペンシスは一九八七年、ガン治療に期待できる植物を探していたアメリカ人の採集専門家が、カメルーン西部のコルプ国立公園の近くで発見した。広範囲にわたる抗ＨＩＶ効力を示す新物質ミケラミンＢが含まれ、現在、前臨床試験が行なわれている。アフリカのバイアグラことアカネ科のヨヒンベノキは、勃起障害を改善するサプリメントに利用され、「夜の帝王」のキャッチフレーズで売り出されている。

「新しいことは常にアフリカからやってくる」大プリニウスは西暦一世紀、『博物誌』にそう記した。今日、製薬会社はビンカミンについて研究を進めているが、これはヒメツルニチニチソウに含まれる活性成分で、低血糖症と大脳循環代謝に効果があるとされている。ベンジャミンがいうには、地元の人たちは遊牧民族が千年間にわたって利用してきたのと同じように、つまり歯痛を治したり、母乳の分泌を促進するために利用している。出産後の母親の胸にこすりつけると、このハート型をした催乳剤からにじみ出た液が、母乳の出をよくする。

カメルーン人は薬効のある植物を、西洋人が鎮痛薬のアドビルや風邪薬のナイクルを飲むように摂取する。マジェメンジョンブ majaimainjombe は、「動物の血の植物」ともよばれ、鎮痛薬として用いられる。アブラヤシは麻疹からヘルニアまでありとあらゆる病気に効き目がある。アフリカマンゴノキはＹ染色体をつくるといわれ、エブ人やバヤンジ人は息子を授かりたいときは子づくりのまえにこれを食べる。ベンジャミンと細君のドリスには子どもが三人いるが、みな女の子だ。アフリカマンゴノキは食べなかったんですか？　「習慣はまちまちだから」と彼は笑った。「うちの故郷では食べないね」

ぼくたちは不思議の国のような庭園の奥深くに分け入り、先史時代のヒトデの化石のそばを通り過ぎた。ピンク色の針山のような形をしたモンキー・フルーツを拾った。ふんわりした黄色い果肉はマシュマロのような食感だ。ベンジャミンがしなびた茶色の、爪ぐらいの大きさの莢《さや》を指さした。そのなかには「楽園の種子」とよばれる甘くカリカリした種子があり、親がそれを嚙んで眠っている子どもの顔に塗りつけ、悪夢よけのおまじないにする。ぼくも種子を二、三粒、嚙んでみた。味は絶品だった——小粒のカルダモン入りチョコレートを、クローヴを煎じたバラ水に浸したとでもいおうか。中世には、ヨーロッパの王侯たちがこの楽園の種子を船でごっそり輸入した。文字どおり天国の味がすると考えて。

ヌ・ンガン、すなわち「根の人」とは、森の薬草類を用いた治療を専門とする昔ながらの医者のことである。都市化の波に乗って、この地域に自生するおびただしい植物にまつわる謎や誤った情報につけこむ詐欺師たちがあらわれた。『カメルーン・トリビューン』紙が最近の社説で、「にせ医者」やら「テキ屋」やらが街角に店を出し、万病に効くというあやしげな薬物療法を行なう昨今の風潮を嘆いている。「まったくのいかさまだ」と、社説は結んでいる。

現代の香具師が秘伝の薬を首都ヤウンデの辻々で売りさばいている一方で、裏庭に生えている、薬効が期待できそうな植物の多くは充分に活用されていない。キョウチクトウ科のイボガは黄色いしずくの形をした実がなり、ときどきゾウが食べるが、それよりも重要なのは、根皮がカメルーン南部からガボンにかけての地域で、ブウィティとよばれる部族宗教の儀礼に使われていることだ。エンセオジェン〔神経系に作用して強い幻覚を生じさせる物質。多くは植物に含まれ、宗教や祈禱に用いられる〕を用いたその儀礼は、「頭を割る」とよばれ、祖先との意思の伝達を図るために行なわれる。強い幻覚体験に加えて、イボガにはオピエート依存にともなう離脱症状を消失させる働きもある。ヘロイン中毒者たちはインターネット上に、依存症から脱却するためにカメルーンを訪れた体験記を載せている。現地では、ゾンビのように顔を白く塗った僧侶たちが法外な料金をとって、六日間にわたる不快な儀式を執り行なう。イボガに含まれる、幻覚作用を引き起こすアルカロイド、イボガインを使って麻薬依存を治療するクリニックがカナダ、メキシコ、ヨーロッパに開設されているが、アメリカではイボガインの使用は引きつづき禁じられている。

イボガのそばを通り過ぎて、ぼくたちは植物園の目立たぬ一画にやってきた。そこにはやはり法律で禁じられた別種の植物がひっそりと茂っていた。「これがきみのお目当てのものだよ」とベンジャミンがいって、近くの小川から水を吸いあげている低木を指さした。それはミラクルフルーツ、ピジン英語では「スウィーター」、ガーナのファント人には「アサーバー」、専門家にはシンセパルム・ドゥルキフィクムとよばれている植物の実で、ぼくがはるばるアフリカを訪れた理由はこの果実だった。ハワイのケン・ラヴや、フロリダのビル・ホイットマンと一緒にミラクルフルーツを試食してからというもの、この果物についてもっと知りたいという思いが募っていた。ここがその発祥の地だ。まさにこの植物園で、アメリカ農務省の研究者デイヴィッド・フェアチャイルドは一九二七年、ミラクルフルーツと遭遇したのである。

回想録『植物探訪の旅 Exploring for Plants』に書かれているように、彼の船がリンベ〔当時のヴィクトリア〕に到着したのは炎暑のさなかで、蒸し風呂のなかを歩いているようだった。植物園のガイドが「スウィーター」を指さしたときも、フェアチャイルドはあまり注意を払わなかった。その実を二、三粒食べたところ、「まずくはないが、とりたててどうということもない」味だった。しばらくして、ビールをすすめられ、喉の渇きをいやした。そのビールのあまりの甘さに、フェアチャイルドははっとひらめいた――これはミラクルフルーツにちがいない。「すぐさまレモンをいくつか用意してもらったところ、思ったとおり、オレンジのように甘かった」と彼は書いている。「種子をとるためにすでに大量の果実を採集していたのだが、今回は木になっている実をひとつのこらずもぎとった」

この小粒の赤い実が初めて言及されたのは、十八世紀のフランス人航海者、騎士デュ・マルシェの日記である。彼の旅行記をまとめた編集者は（『騎士デュ・マルシェのギニア紀行、一七二五年 Voyage du Chevalier des Marchais en Guinea, en 1725』として出版）、「噛むだけで飲みこまないでおくと、あとから食べる酸っぱいものや苦いものを甘くする性質がある」と書いた（もっとも、苦味は甘くならない。酸味のみである）。探検家で奴隷貿易商のアーチボルド・ダルゼルは、一七九三年の『ダオメーの歴史 History of Dahomey』（ダオメーは現ナイジェリア）で、現地の人びとはその果実を古くなったパンでつくったおかゆと一緒に食べる、と報告している。初めて詳細に説明されたのは一八五二年の『薬学ジャーナル』、W・F・ダニエルの記事である。西アフリカの人びとはまずその実を口にふくんでから、現地の食べ物――酸味のある穀物のパン、ビールの一種、発酵させたヤシワインなど、どれもぎょっとするほど酸っぱい――を食べることが記されている。未熟な果実も、「人工甘味料のサッカリンだけでできているような」味になると述べられている。

フェアチャイルドが記したように、ミラクルフルーツそのものはとりたてて風味豊かなわけではない。この果実の活性成分はミラクリンとよばれる糖タンパク質である。スーパーマンもどきのミラクリンの分子はいわば鍵であり、舌の味蕾にある鍵穴にすっぽり入るのだが、そのパズルがぴたりとはまるには、酸味物質がなければならない。味覚を専門とする生理学者のリンダ・バートシュク博士は、アメリカ陸軍の依頼でミラクルフルーツを研究し、ミラクリンのタンパク質には小さな糖がいくつも結合していると説明している。この糖は、舌が甘みを感じる場所のすぐそばに――でも、ぎりぎりで届かないところに――付着する。甘みの受容体は、鼻先にぶら下げられたニンジンをかじろうとするロバよろしく、砂糖を捕らえようとする。だが、酸味のある食べ物、たとえばレモンを食べたときに限って、ロバは首尾よくニンジンを捕まえることができる。ミラクリンの糖が甘みの受容体に結合すると、それに刺激されて一連の分子反応が起こり、電気信号が神経に伝わる。活動電位が神経に沿って増殖し、甘いというメッセージが脳に伝達される。いいかえれば、酸味が甘みに転化するのではなく、その酸味がタンパク質に付着した糖に打ち負かされるのである。ミラクリンに付着した糖は摂取されず、口のなかに一時間ほどとどまり、酸味によってふたたび活性化されるのを待つ。やがてその効果は徐々に薄れていく。

ぼくはカメルーン産のミラクルフルーツを何個か植物園の木から摘んで、一粒口に放りこんだ。噛むとさわやかな果汁がほとばしり、そのまま口のなかでころがして舌全体に果汁を行き渡らせた。種を吐き出し、自分で味覚テストを行なった。いくつかの食べ物をミラクルフルーツを食べる前後に試してみたのだ。ピーナッツには何の変化もなかった。マンダリンの味もほとんど変わらない。グレープフルーツは心もちおいしくなった。ヤシ酒は発泡性の醸造酒だが、ぴりっとくる刺激がミラクルフルーツのおかげでほとんど気にならない。ところがレモンへの効果たるや、えもいわれぬ甘みが加わり、鳥肌がたつくらいだった。

ミラクリンの風味は奥深くて、それを言葉で伝えるのは難しい。男声の最低音バッソ・プロフンドの響きというか、交響曲の通奏低音というか。最初はひと口なめただけで思わず顔をしかめるほど酸っぱかったアフリカのレモンを、いまではがつがつほおばり、あごにしたたる果汁をきれいになめとっている。歯にはさまったかけらでさえうっとりするほど甘く、純粋な喜びからできた繊維が溶けて液体になったようなおもむきである。頭がくらくらした。これまで一度も活性化されたことのない神経が、大脳皮質を興奮させているのだ。ぼくはレモンを丸ごとむしゃむしゃ食べ、砂糖漬けのブドウやキイチゴのかすかな風味を探りあてた。

アメリカ化学学会は一九六四年の総会で、ミラクリンを「これに勝るものはない」甘味料だと発表した。いわく、「ミラクルフルーツが引き起こす甘みの質は、天然、人工を問わずこれまで知られているいかなる甘味料よりも望ましい」。とりわけイチゴとの組み合わせがお気に召したようだ。「ミラクルフルーツのあとで食べた新鮮なイチゴのおいしさを、言葉で充分に説明するのは難しい」。別の複数の研究では、ミラクリンはステーキからトマト、はてはワインの一部にいたるまでおいしく変身させる万能調味料であることがわかった。マスコミは熱狂した。「赤ん坊は〝夢中〟になり、ティーンエージャーは〝興奮し〟、大人は〝降参〟するだろう」。

企業は競って、食欲増進剤や食欲抑制剤、拒食症の治療薬として特許をとった。食品大手のユニリーバ社や、イリノイ州の化学会社インターナショナル・ミネラルズ・アンド・ケミカルズ社（化学調味料ＭＳＧの製造元）など大企業が研究に着手したが、活性成分が複雑すぎるので、これを安定させて合成するのは難しいと断念した。

ミラクルフルーツはＷＡＷＡ〔「West Africa Wins Again」西アフリカには勝てないの意〕の例、この地域に関わる数多いビジネスの挫折のひとつになるかと思われた。

一九六〇年代末、生体臨床医学の若い研究者で夢想家肌のボブ・ハーヴェイは、前述のバートシュク博士の講義を聴講した。彼女がアメリカ陸軍士官学校で講義を行なうことは陸軍の極秘事項に分類されていた。「わたしは長髪で細い金縁の眼鏡をかけ、過激派の一味だと思われたんです」とバートシュクは語っている。

「すっかり魅了されたよ」とハーヴェイはいう。当時の彼は三十五歳、原子力で動く人工心臓の開発ですでに何百万ドルも稼いでいた。「わたしは充分な財産があり、どんな研究でも自由に取り組むことができた」彼はバートシュクの指導を受けて、ミラクルフルーツを研究することにした。

やがて彼は、ミラクルフルーツは必ず成功すると見込んで会社を興し、「シンセパルム・ドゥルキフィクム（ミラクルフルーツ）と神経の暗号化に関する味覚研究」と題した博士論文を完成させた。ハムスターを使って、味覚受容体と脳をつなぐ神経の変化をパルス幅変調方式を用いて測定した。「論文としては平凡な出来でした」とバートシュクはいう。「よっぽど雷を落とそうかと……いまなら、まず認めませんね。でも、なにしろ初めて受け持った博士課程の学生で、こちらも新米でしたから。結局、彼が関心をもっていたのはビジネス方面だったということです」

他人が失敗するのを尻目に、ハーヴェイはミラクリンを錠剤の形にする方法を工夫した。フロリダ州立大学の生物学の教授が一九六八年に活性タンパク質を分離することに成功したあと、ハーヴェイはその抽出物を栄養豊富な培養液に入れて一万倍に増殖する方法を開発した。この濃縮液を凍結乾燥させ、砕いて粒状にしたものを錠剤に固めた。生の果実がすぐに傷み、収穫してからわずか二日の貯蔵寿命だったのに対して、この錠剤は容易に貯蔵、流通、販売することができた。

それから五年かけて、ハーヴェイはイギリスのバークレイズ銀行、アメリカの大手アルミ製造元レイノルズ・メタルズ社、プルデンシャル保険といった大企業から七〇〇万ドルの資金を募り、ミラクルフルーツを商品化する大規模な商業プロジェクトに着手した。一九七〇年代初め、ハーヴェイが創設したミラリン社はジャマイカとプエルトリコで大農場を経営していた。これらの農場は年間百万個を超えるミラクルフルーツを産出し、さらに西アフリカでは子どもたちを雇って、野生の実を一リットル当たり一ドルで買い上げた。こうして集めたミラクルフルーツは冷凍して、船でアメリカへ運ばれた。

ミラリン社は無糖の製品を開発した。ミラクルフルーツ・ソーダ、ミラクルフルーツのドレッシング、ミラクルフルーツのキャンディ。ミラクルフルーツのアイスキャンディは表面がミラクリンでおおわれているので、最初の何口かは中身の酸っぱいアイスを食べる下準備となる。運動場で試食してもらったところ、この棒つきアイスは砂糖入りの甘いものより学童たちに人気があった。「その結果には驚いたよ」とハーヴェイ。「大多数の子どもたちは砂糖の入った製品より気に入ってくれた」

だが、商品化が実現することはなかった。

ミラクルフルーツで何十億と稼ぐ準備はととのった。糖尿病患者はすでにミラクリンに飛びついていた。精糖業界の大手企業は存亡の危機に瀕していた。それ以外の全員が分け前にあずかろうとした。ハッカドロップのライフセーバーズ社はミラクリンのテスト中だった。デンティーン、チクレッツ、トライデントなどのガムを製造しているワーナー・ランバート社はすでにミラクルフルーツ入りガムを開発していた。ミラリン社は八桁の取り引きを持ちかけられた。

そこですべてが台無しになった。

ミラクリンがまさにこれから広く出まわるというときになって、奇妙な出来事がつづいたのである。「おかしなことが重なってね」とハーヴェイはいう。正体不明の車がミラリン社の建物の近くで停車し、サングラスをかけた男たちが従業員の顔写真を撮るといういやがらせをした。さらに、ある夜遅く会社を出たハーヴェイは、一台の車がオフィスの正面で、通りから芝生になかば車体を乗り出すようにして、エンジンをかけっぱなしで停車していることに気づいた。妙だった。ここで働いている者は全員、それぞれ駐車場所を割り当てられている。その車のそばを通り過ぎながらなかをのぞくと、煙草の先端が赤く光った。その車も動きだし、ハーヴェイの車のあとをついてくる。ハーヴェイはアクセルを踏んだ。まもなく、時速百五十キロで曲がりくねった道をぶっとばすという空恐ろしいカーチェイスに巻きこまれた。ある急カーブを曲がったところで、ハンドブレーキを引いて、灌木のなかで停車し、ライトをすべて消した。一瞬後、例の車が矢のように走り抜けていった。「だれであれ、あのスピードで方向転換したら、ズボンを濡らすことになったはずだ」

それからまもない別の夜、ターキー・テトラツィーニの夕食をすませて仕事に戻る途中、ハーヴェイと共同経営者のドン・エマリーは二階のオフィスに明かりがついているのを見て驚いた。あわててビルに入ると、警報システムが切られていた。二階に駆け上がったときには、侵入者はすでに非常口から逃げていた。階下にある荷積み口の金属ドアが大きな音を立てて閉まったので、正面の窓に走りよると、車が一台、夜の闇のなかへ猛スピードで走り去るのが見えた。ファイルキャビネットの引き出しは開けっぱなしで、ファイルが床に散乱している。警察の捜査から、オフィスを荒らしたのはその道のプロの仕業だとわかった。鍵はひとつも壊されず、警報装置はすっかり解除されていた。

一週間後、奇妙な事件がつづくなか、ハーヴェイいわく「土台を揺るがす出来事」が起こった。一九七四年九月十九日、アメリカ食品医薬品局のサム・ファインから一通の手紙が送られてきた。そこには「ミラクルフルーツの製品」はどんな形であれ、販売は一切認められないと書かれていた。「ただちに会社をたたまなければ、処罰されるとのことだった」とハーヴェイは語る。

その時点まで、ミラリン社は政府筋から、ミラクルフルーツはすぐにも承認を得られるだろうと内諾を得ていた。そもそも複数の研究から、ミラクルフルーツは大量に摂取しても無害という結果が出ていたのだ。ミラリン社が十万ドルを投じて行なった毒性実験でも、ミラクルフルーツを食べたラットはペットフードで育てられたラットより健康であることが実証された。悪影響は、人間が普通消費する三千倍の量を摂取しても皆無だった。

禁止の理由はいまだに異論がある。ミラクリンは食品ではないと食品医薬品局は判断し、食品添加物とされた。さらに、ミラクリンはＧＲＡＳの認定も受けられなかった。ＧＲＡＳとは、アメリカで一九五八年、食品添加物規制の大幅な改訂のさいに設けられた制度で、それまでに慣習的に使用されてきた食品添加物、たとえば砂糖、塩、人工ブドウ香料などは、市場へ出すまえの承認試験が免除される。ミラクルフルーツはアフリカで何世紀にもわたって食用にされてきたが、ミラクリンはつい最近分離されたばかりだ。食品医薬品局は食品添加物として正式に申請することが必要と判定したが、それには追加試験に何年もの歳月と数百万ドルを要する。

　当時は人工甘味料が世間の注目をあびていた時期で、サッカリン、チクロ、アスパルテームをめぐって活発な論議が行なわれていた。その経緯を見れば、ミラリン社が自社製品の正式な承認を求めた場合、はたしてどんな問題に直面したのか、いくらか想像がつく。

　一九六〇年代から七〇年代にかけてサッカリンとガンの関連を認める研究があいつぎ、サッカリンは食品医薬品局から使用が禁じられそうになった。消費者の抗議により、サッカリンは市場にとどまることが許可され、「実験動物では発ガン性が認められている」と表示したうえで販売されている。だが、共和党が下院で多数を占めた二〇〇〇年、サッカリンに警告表示を義務づける法律は撤回された。

　チクロは一九六九年に食品医薬品局から使用を禁じられた。それ以来、チクロを製造しているアボット・ラボラトリーズは巨額を投じて食品医薬品局に承認を申請しているが、いまだに成功していない。奇妙なねじれ現象というべきか、サッカリンはカナダでは使用禁止だが、チクロは認可されている。よって、カナダでは人工甘味料のスウィートン・ロウやシュガー・トウィンはチクロ入りだが、アメリカではサッカリンが入っている。

　アスパルテーム（製品名イコール、ニュートラスイート）の認可は、アスパルテームが数多くの病気――勃起障害から脳腫瘍まで――との関連が疑われているので、いくつもの謀略説を生んだ。ドナルド・ラムズフェルドがアスパルテームの製造会社ＧＤサール社の最高経営責任者《CEO》だった時期、アスパルテームは七〇年代から八〇年代初めの規制期間をへて、使用が認可された。彼の政治力のおかげで、アスパルテームは一九八二年に晴れて食品流通網に組み入れられたのである。この決定を下した食品医薬品局長官、アーサー・ハル・ヘイズ博士は企業から賄賂を受けとったと非難され、一九八三年に辞任した（同年、ニュートラスイートは三億三六〇〇万ドルの収益を上げた）。ヘイズはただちにサール社が所有する大手広報会社バーソン・マーステラに迎えられた。アスパルテームの毒性に関する懸念は、現在継続中の研究でも明るみに出ている。

これら疑惑に満ちた人工甘味料が世間を騒がせていることで、政府もより慎重な対応を強いられたのかもしれない。食品医薬品局の職員ヴァージル・ウォディカは、ミラリン社が認可の下りるまえに企画した子どもによる味覚試験は認められないと主張した。また別の手紙では、子どもたちがミラクルフルーツの効果が持続しているあいだに、塩酸やバッテリー液を口にするかもしれないという毒物専門家の懸念を引用している。ミラリン社の副社長ドン・エメリーは、ミラリンは経験が浅く、規制委員会への対処に手落ちがあったかもしれないと認めている。

「その非難はいいがかりだ」とハーヴェイは反論する。「われわれはワシントンで最大手の、栄養学と食品添加物専門の法律事務所を使って、食品医薬品局と交渉した。取締役会は一流の顔ぶれをそろえた。学生のお遊びなんかじゃない、真剣なビジネスだった。食品医薬品局との関係も良好だった」産業スパイ、カーチェイス、不法侵入――なんらかの謀略がひそかに進行していたのだ。

ニクソンが辞任した直後で、株式市場は一九二九年以来という暴落を記録した。ワシントンも大混乱のさなかで、規制委員会による聴聞会の日程も決まらなかった。取締役会は打開策を打ち出せず、ミラリン社は破産の申し立てを余儀なくされた。「かいつまんで話せば、わたしは会社をたたんで、全員を解雇し（ミラリン社には二百八十人の従業員がいた）、みなが巨大な損失をこうむった。わたしの意見では、社会もしかりだが」

倒産から五年後、ハーヴェイはかつてミラリン社に投資した人物から電話をもらった。ニューヨーク在住のその投資家はマーケティング会社で働いていた。顧客企業のために、企画を競り合っている複数のグループからの提案を検討したおり、一枚の提出書類に目が留まった。そのグループは業績リストのなかで、精糖業界のロビー団体に雇われて計略を練り、それがミラリン社の終焉をもたらしたと主張していたのだ。

「そして彼らはみごと成功を収めた」とハーヴェイはいって、ミラクリンを抹殺したのと同じグループが、チクロを悪玉に仕立てあげたといううわさをつけ加えた。もっと情報はないのかとせがむと、情報源については決して口外しないと約束したこと、および、そのグループが「仕事を依頼してきたのは世界の精糖業界の権益を代表する大物だ、とのみ明かした」ことを教えてくれた。

ぼくが話をきいた別の情報筋は、やはり匿名を希望したうえで、ミラクルフルーツを葬り去ったのは競合他社のしわざだと断言した。ミラリン社が創業準備を進めていたころ、ペンシルバニア大学モネル化学感覚研究所の所長モーリー・ケアは、ミラクルフルーツとはまた別の、西アフリカ産果実二種類のタンパク質から人工甘味料を開発する最終段階にきていた。そのひとつはモネリンとよばれ、ツヅラフジ科のディオスコレオフィルム・クムミンシイの活性成分である。もうひとつがソーマチンで、クズウコン科タウマトコッカス・ダニエリの種子から抽出された。

「ケアの動機は財政がらみだった」とぼくの情報源は語る。「ケアはこのままでは市場でモネルが不利益をこうむると考え、食品医薬品局に連絡して、ミラクルフルーツには毒性があると吹きこんだ。ひどい話だ」(この非難は裏付けがとれなかったことをお断りしておく。モーリー・ケアは一九九〇年に亡くなり、たとえ実際に食品医薬品局の決定に影響を与えたとしても、彼の関与を示す証拠は残っていない。奇しくもケアは人工ブドウ香料を鳥忌避剤として使用する特許をもっており、期せずしてグレイプルの生みの親となった)。

ハーヴェイはケア犯人説を承知しているが、精糖業界による陰謀のほうが可能性は高いと考えている。「どちらも推測の域を出ないが、精糖業界の団体ならそれを実行するだけの政治力も資金もふんだんにある。犯人がだれであれ、食品医薬品局の担当者に、法律の正当な手続きを迂回するよう説得した。ぺてんだよ。政府のしかるべき地位の人間を買収したんだ」

弁護士はハーヴェイに、ミラリン社を立て直すには訴訟に何年もかかり、それに全精力を傾けても成功する保証はまったくないと助言した。「わたしはいきり立ち、取り乱した。全員を訴えるなど、できることは何でもやるつもりだったが、ストレスから体調を崩し、ほかにもいろいろな問題が起こった。それで家内や家族と相談して、もうあと戻りはしないことにした」彼はソラテックという医療機器の会社を設立し、年商十億ドルの企業に育てあげた。七十六歳になったハーヴェイは現在、ミラクルフルーツにまつわる回想記を執筆している。

ハーヴェイはミラクルフルーツやミラクリンが今後も、北アメリカで広く流通するとは思っていない。世界各地のプランテーションを管理するには巨額の費用がかかるからだ。「一九六八年の数千万ドルは、いまなら一億五千万ドルに相当する」と彼はいう。「むろん、だれかがその気にならないとも限らない。だが、いまの見込みをたずねられたら、あまり高くはないと答えるだろうね。そっちには賭けないな」とはいえ、現在いくつかの進展が見られ、その見込みは変わりつつある。

日本は冷蔵庫に収納できる四角いスイカや、モモ風味のイチゴが高値で売れるお国柄で、ミラクルフルーツは好評を博している。研究者はミラクルフルーツからミラクリンをつくる遺伝子を取り出し、遺伝子組換えによってミラクリンを生産するレタスとトマトの開発に成功した。また別の研究では、ミラクルフルーツのタブレットが開発され、室温での長期保存が可能になった。ミラクルフルーツを提供するカフェも大阪と東京の池袋に開店した。この店ではミラクルフルーツのフリーズドライ化に成功した。それをまず客になめてもらい、そのあとでタルトケーキや、酸っぱい果実、ローズヒップ・ティー、レモン味のアイスクリームなど、酸味の強い食べ物を試食してもらう段取りである。二人分のケーキと紅茶で約二五ドルかかるが、カロリーは通常のデザートの五分の一しかない。

日本はユリ科の植物クルクリゴの研究でも最前線にいる。クルクリゴの果実にはクルクリンというタンパク質が含まれていて、これはミラクリンと同様、酸味を甘みに変える働きがある。日本では天然甘味料のステビオサイド（キク科ステビアの葉に含まれる甘味成分）や、前述のソーマチンも販売されているが、北アメリカやヨーロッパでは商品化されているものはあまり見当たらない。

ミラクルフルーツの研究がないために、ウィスコンシン大学マディソン校の科学者たちはブラゼインの特許を取得した。ブラゼインは、遺伝子組換え技術を利用してトウモロコシに導入する研究が進められている。これもまた、西アフリカ原産のペンタディプランドラ属の果実から発見された甘味成分である。ガボンではこの果実は「ルーブリ（忘却の実）」とよばれている。あまりにも甘いので、何もかも忘れてしまうからだ。

ミラクルフルーツは、アメリカでは素人の愛好家によって個人の庭で細々と栽培されている。フロリダのウィリアム・ホイットマンは、一九五二年にフェアチャイルドの木から挿し木用の枝を一本手に入れて以来、二〇〇七年に亡くなるまで毎朝、フルーツサラダを食べるまえにミラクルフルーツを一粒食べていた。パームビーチのフォーシーズンズ・リゾートではデザートのまえに出される。フロリダのエクスカリバー果樹園では、リチャード・ウィルソンが収穫した果実の多くをガン患者に無料で提供している。化学療法を受けると、味覚がそこなわれ食感もゴムのようになる。フロリダのガン研究者によると、ミラクルフルーツは口に残るしつこい金気を甘い風味に変えるので、患者は食事をまた楽しめるという。「化学療法による吐き気も抑えられるんだ」とウィルソンは胸をはる。

「利用法はいろいろある。カメラの前じゃいえないけどな」ウィルソンはマイアミで初めてインタビューしたときにそういった。「つまりだな、ミラクルフルーツは何でも甘くしてくれるんだ」その後、電話をかけたとき、ぼくはそのことを説明してほしいと頼んだ。彼はざっくばらんに語った。「女の子たちに人気がある。彼氏のあれが甘くなるってな。あっけらかんとしたもんだ。『彼のをしゃぶると、ハチミツみたいに甘いの』だと。近所の男が夜中の二時に、うちの木から実を盗んでいるところを捕まえたこともある。ピストルをもって外に出て、『いったい何のまねだ』ときいた。やっこさんいわく、『すまん、かみさんがこの実をいますぐ欲しがってるもんで』」

パット・〝ブルーベリー王〟・ハートマンは一万本のミラクルフルーツの木を、一九九〇年代にミシガン州の温室で栽培していた。「しくじったよ。宝の山どころか、えらい目に遭った」アメリカ国内でミラクルフルーツは販売できないといわれたあと、彼は渡りに船とばかり、引き合いのあった中国人の買い手に一本のこらず売り払った。「全部まとめて中国に売った、一本五ドルでね」ハートマンはいまでもミラクルフルーツが国内で禁止されていることに腹を立てている。「おれたちをこけにして。食品医薬品局はおつむがどうかしてる。あほうだ。どうしようもない」

規制のグレイゾーンは混乱を生みだすもとである。ある栽培業者の話では、一度に四オンス（約一一三グラム）までなら販売できるといわれたそうだ。「食品医薬品局は小規模農家がミラクルフルーツを栽培、販売することは許可している」とウィルソンもぼくにいった。「おれが思うに、規則が禁じているのは大量に売買することだ」

もうひとり、フロリダのフォート・ローダーデールの栽培業者カーティス・モージーは、自分はミラクルフルーツを好きなだけ販売できるといっている。「ミラクルフルーツを売るのは何の問題もない。禁止されているのは実の加工で、ミラクリンを抽出して売りさばくのがだめなんだ」彼はその見解を食品医薬品局に確認したわけではない。わざわざ電話するには及ばないそうだ。けれどもぼくには何度も電話をよこして、その点を確認したかどうか知りたがった。

ぼくは食品医薬品局に二十回前後電話をして、ミラクルフルーツの取り扱いを確かめようとした。要領を得ない伝言やら会話やらをくり返したあげく、多少なりとも確信をもっていえるのは、ミラクリンは禁止、ミラクルフルーツのほうは灰色の領域にあるということだ。食品医薬品局の一九七四年の文書によれば、ミラクルフルーツは販売できない。ところが今日、食品医薬品局はミラクリンは食品添加物の認可リストにないことを確認する一方で（「つまり、販売は許可されていないという意味です」）、生の果実は彼らの所轄外だという。生果は農務省が管理しているのだ。そこで農務省の部局に問い合わせたところ、全員がミラクルフルーツの販売あるいは生鮮食品としての利用には何ら制限はないと答えた。そもそもそんな果実のことは聞いたこともないというのだ。

モージーは一五〇〇本の木を栽培し、それぞれが数百個の実をつけるが、収穫した果実をひと粒一・八ドル（現三ドル）で、インターネットのサイト上で販売している（www.miraclefruitman.com）。「いずれウィン・ディクシーでもどこのスーパーでも、うちのミラクルフルーツを買えるようになるよ」と彼はいう。二〇〇七年春には、収穫した数万個ものミラクルフルーツを完売することができた。さらに予約注文も数千件受けている。「ミラクルフルーツで一番いいのは、年中実がなるところだな」というモージーは、これまでその実でひと儲けした者がいないことが不思議でたまらない。「毎日注文がどんどん舞いこんでくる。夏までには十万個送りだせるはずだ。それでもはたして足りるやら」

11　大量生産――甘みの地政学

いっそ桃を食べてみようか？
T・S・エリオット「アルフレッド・プルフロックの恋歌」

二〇〇一年五月十六日の深夜、覆面をした十人あまりの人間がカリフォルニア州のとある企業の農園に侵入した。イチゴの試験栽培区画までくると、両手を土に突っこみ苗を引き抜きはじめた。襲撃者たちはフラガリア・フリーダム・ファイターズ（fragaria はラテン語でイチゴの意）、ゆるやかに団結した活動家の一派である。彼らが荒らしたのはバイオテクノロジー企業、DNAプラント・テクノロジー社の試験農場で、同社は遺伝子組換え果実を開発していた。「われわれは一年分の研究を十分足らずで台無しにし、計り知れない経済的損失を与えた」と果物の謀反人たちは声明を出した。「一夜にしてずたずたになった畑を後に、われわれは夜陰に姿を消した」

これはイチゴ解放軍の初陣ではなく、反遺伝子組換えの活動はすでに五十回を超えていた。初回は一九八七年、霜害に耐性のあるイチゴが標的とされた。このイチゴには、組換え細菌〔葉に霜害をもたらす氷核細菌から、その核となる遺伝子を人工的に取り除いた改造細菌〕が散布されていた。これらの活動は、ただの熱狂にかられた遺伝子組換え植物の撲滅運動ではない。フラガリア・フリーダム・ファイターズが求めているのは有機農法への回帰で、それは後日発表されたマスコミ宛の声明で説明されている。彼らはプラント・サイエンシーズ社という別のバイオ企業がもっている組換えイチゴの試験農場を襲撃したあと、荒らした畑に有機栽培によるさまざまな種子をまいた。「遺伝子組換え作物を破壊するだけでなく、持続可能な農業がその跡から芽吹くよう取り計らう」ためである。

形質転換とは、ある品種から別の品種にDNAが導入されたときに起こる現象だ。これまではウニとヤナギが交配する可能性はまったくなかった。ところが近年、分子生物工学の発達により、科学者は自然界では起こりえない遺伝子の組み合わせを研究することが可能になった。たとえばヤギにクモの遺伝子を組み込んで、クモの糸のタンパク質を含んだミルクを分泌させ、それで防弾チョッキをつくる。あるいは、ホタルの発光遺伝子を使って、暗闇で光るタバコの葉をつくりだす。食品においては、この技術は主として大規模なモノカルチャー、すなわちトウモロコシ、大豆、穀物など輸出用の単一換金作物の栽培に応用されてきた。果実栽培にも利用されているが、規模は限られている。

たとえば前述の、植物に霜害を引き起こす細菌から、そのもとになる遺伝子を除去した霜害防止菌「アイスマイナス」や「フロストバン」を散布したイチゴが栽培されたが、この技術はまだ試験的な段階にとどまっている。「フレーバーセーバー」というトマトは、トマトの実を熟成させる酵素の働きを抑制する遺伝子を組み込むことで、日持ちをよくしたものだが、わずか数年で市場から撤退した。また、北極圏に生息するカレイ（英名アークティック・フラウンダー）がもつ耐寒性のある遺伝子をトマトに組み込む方法も研究されたが、実用化にはいたらなかった。ハワイ産パパイアの大半は遺伝子組換えによって、パパイア輪点ウイルスに抵抗性のある遺伝子をワクチンのように導入されている。この技術のおかげでパパイアは復活したが、ハワイの栽培農家にとっては功罪相半ばする結果となった。収穫した果実は北アメリカでは販売できるが、ほかの多くの国では遺伝子組換えパパイアの輸入が禁じられているからだ。二〇〇四年には、環境団体グリーンピースの活動家がタイで、全身を防護服でかため、組換えパパイアを有害廃棄物処理用のゴミ箱に捨てる姿が大々的に報じられた。その後、この活動家は逮捕され、禁固刑に処せられた。

どの食品の遺伝子が組換えられているのか見分けるのは難しい。表示が義務づけられていないからだ。大方の消費者は遺伝子組換えの原料が含まれていると警告されればその食品を避けるが、遺伝子組換え作物はぼくたちがふだん食べている加工食品の多くにすでにこっそりと忍びこんでいる。組換え作物は収量の増大が期待できるので、工業化された農業では積極的に推進されている。一方、反対派は、組み込まれた遺伝子が近くの畑に拡散すれば周辺環境が汚染されると主張し、これまでの実験では遺伝子工学の安全性を確立するにはまだ不充分だと警告を発している。この技術は植物の多様性や持続可能な農業に逆行する道ではないかというのだ。この議論は今後もつづくことが予想されるが、耕作可能な農地が減る一方で、爆発的に増加している地球人口を養うには、遺伝子導入技術こそ唯一の方法だという声が高まっている。この技術はまた、迫りつつあるバナナ危機の解決策になることが期待されている。


一九六〇年代まで、世界一栽培の多いバナナといえばグロスミッチェル種だった。土壌菌感染によるパナマ病のせいで、バナナが壊滅的な打撃を受けたとき、真っ先にとられた対策は処女地に新たなプランテーションをつくることだった。ところが広大な面積の熱帯雨林を開墾しても、病原菌はどこまでも追ってくるとわかり、栽培業者はとうとうグロスミッチェルを断念せざるをえなくなった。そこで数十億ドルを投じて、キャヴェンディッシュとよばれる品種に切り替え、いまではそちらがグローバル市場で主流を占めるようになった。

ところが、キャヴェンディッシュの命運も尽きようとしている。パナマ病の変異株の脅威にさらされているからだ。バナナが一面に栽培された熱帯各地の渓谷が、パナマ病四型、および黒シガトガ病という感染力の強い真菌の被害を受けている。キャヴェンディッシュの窮状は、十九世紀半ばに起こったアイルランドのジャガイモ飢饉を彷彿とさせる。当時、アイルランドで栽培されていたジャガイモは単一の品種で、それが疫病によって全滅したのである。

いくつかの研究チームが、キャヴェンディッシュの惨事を未然に防ごうと活動している。パナマ病は多くの国で飢饉や政情不安、ひいては経済恐慌を引き起こすおそれがあるからだ。バナナは熱帯の多くの国で食生活に欠かせぬものであり、東アフリカ一帯では主要な炭水化物源になっている。毎年七二〇〇万トンが発展途上国で生産されるのに対し、先進国での生産はわずか一万トンにすぎない。

キャヴェンディッシュが病原菌やウイルスで絶滅するのを防ぐには、新たな病害に抵抗性のある品種を探し出すことが肝要である。ところが、過去の忘れられた品種の探索を始めたところ、野生種の多くは森林伐採と大規模な都市化のせいで、すでに姿を消していることがわかった。さいわいにも、いくつかの個別グループの尽力で、遠隔地に生えているおびただしい種類のバナナの目録がつくられ、万一の場合にそなえて世界各地の種子銀行で保存されている。タイ・バナナクラブはまだ残っている森林から稀少種を救い出し、世界各地で栽培している。このクラブの会員で、ヘルシンキ大学でバナナを研究しているマルック・ハッキネン教授は、フィンランドの自宅アパートに珍種のバナナをどっさり集め、マイアミのウィリアム・O・レサードは果樹園で数十年にわたって特殊な品種を栽培している。

国連によれば、カルカッタの植物園で保存されている一本の株（**Musa acuminata spp. burmannicoides**）には、黒シガトカ病に免疫のあるDNAが含まれているそうだ。もしほかに抵抗性のある遺伝子が見つからなければ、科学者には二つの選択肢しか残されていない。キャヴェンディッシュを別の品種に切り替えるか、あるいは、非近縁種の遺伝子を組み込むか。熱帯作物改良研究所はハツカダイコンのDNAを導入することで、黒シガトカ病に抵抗性のあるバナナをつくりだした。どうやらキャヴェンディッシュを救うには、遺伝子を組換える以外には方法がなさそうである。

一方、バナナの栽培業者や政府はいくつかの新たな品種に注目すべきだという声もある。農作物の多様性は病虫害に対して自然の緩衝材として働くからだ。赤バナナやサンジャクバナナが利用できるようになってきたが、ほかにも種類は豊富で、たとえばブラッドバナナ、シュガードフィッグバナナ、プレグナントバナナなどがある。アイスクリームという品種は、果皮が銀青色で、味はバニラアイスを思わせる。ハワイ産でパンノキの実とよく似たポプルーは、風船ガムのようにふわふわした食感で、ピンク色の果肉はまぎれもないリンゴの香りがする。ハーハーは派手なオレンジ色の果肉、バーミーズ・ブルーは名前どおり、ミャンマー産の青紫色のバナナである。バナナ通の人はマカブー、またの名をジャマイカン・レッドのおいしさに太鼓判を押している。中国ではゴールデン・アロマティックは過山聞〔「山の向こうまで芳香がする」の意〕とよばれる。センナリバナナは親指ほどの大きさの実をびっしりつける。リンキットは英語で「祈りの手」とよばれ、ひと房のバナナが融合して、野球のグローブ状になっている。ただし、ここに挙げた名前がどれほど刺激的でも、単一栽培農家がこうした効率の悪い品種に大きな関心を寄せるとは思えない。それは単純な理由、つまり、それらを栽培するのが、農業資本主義の根本原則である高い収量と信頼性に反するからだ。そもそも遺伝子工学に対する漠然とした不安は、かつて接ぎ木に向けられた疑惑の目と似ていなくもない。実際、遺伝子組換え作物がアフリカの食糧供給を爆発的に増加させるうえで、中心的な役割を担う可能性も否定できない。たとえば、バナナにワクチンを組み込むことによって、予防注射を受けることができない子どもでも、そのバナナを食べるだけで致死性のウイルスから命を守ることができる、という研究が進められている。この方法がうまくいけば、毎年数百万人もの子どもを助けることができるだろう。

それでも、一般の消費者は国境を越えて発展するアグリビジネスの将来に警戒を強めている。緑の革命では、殺虫剤の導入や灌漑設備の整備によってたしかに収量は増加したものの、世界の飢餓に終止符を打つことはできなかった。なるほど人命は救われたが、農家は化学種子会社への依存を強いられることになった。遺伝子組換え作物をめぐる論議は、現代の食糧生産の構造全体を視野に入れなければならない。科学技術を支持する側は、テクノロジーをあやういシステムを強化するひとつの方法だと見なしている。一方、それに反対する者は、石油化学に依存した単一栽培にとって代わる持続可能な代替策を要求している。政治哲学者たちが指摘するように、形質転換工学と戦うことは、見方によれば、グローバルな資本主義、およびその政治的な補完であるリベラルな民主主義という覇権にたてつく行動と解釈することができるかもしれない。

現代のバナナ物語が始まったのは一八七〇年代初め、二十三歳のアメリカ人マイナー・キースが、コスタリカの森林を通る鉄道網の建設を始めたときである。キースは鉄道沿いにバナナを植えたが、それらの苗木がいずれ果物の帝国に成長するとは夢にも思わなかった。乗客をコスタリカ各地に輸送するという投資は実を結ばなかったが、キースはバナナを積んだ列車を北アメリカへ運ぶことでどうにか収益を上げることができた。同じころ、マサチューセッツ州の漁師ロレンツォ・ダウ・ベイカーが、バナナをジャマイカから輸送しはじめた。彼らは協力してユナイテッド・フルーツ社を設立し、一八九九年には中央アメリカとカリブ海一帯のバナナ貿易を独占するまでになった。

「バナナ共和国」〔バナナなどの一次産品の輸出に頼り、アメリカなどの外国資本に牛耳られる政情不安定な中南米諸国〕として知られる国々は、実際にバナナ以外に輸出する産品がほとんどなかった。ユナイテッド・フルーツ社は各国のバナナ貿易と輸送施設を牛耳り、現地政府に対して強大な影響力を行使した。政治力を最大限に利用して、「タコ足」とよばれる、政治的野心、郵便業務、バナナのプランテーションなど複数の分野を統合した企業に成長した。

ユナイテッド・フルーツ社の人権侵害は枚挙にいとまがない。数十年間、労働争議を武力で制圧してきた。暴力を交渉術の中心に据え、一九二八年にはコロンビアで、同社の意向をくんだ軍隊がストライキに参加した労働者に発砲するというサンタマルタの虐殺事件が起こった。ユナイテッド・フルーツが所有するバナナ輸送船グレート・ホワイト・フリート号は、二度の世界大戦で兵士や補給物資を運搬した。戦後は、キューバのカストロによるプランテーション国有化に抵抗して、ピッグス湾事件〔一九六一年、亡命キューバ人が結成したゲリラ「反革命傭兵軍」がアメリカの支援をもとに革命政権の再転覆を試みた事件〕に資金を提供した。ホンジュラスでは、軍隊を使っていくつもの村を排除し、加工工場やバナナ畑をつくった。中米諸国の首脳に賄賂を贈り、輸出税の引き下げをもくろんだことを米国証券取引委員会に暴かれている。一九九五年に米国議会図書館が公表した資料から、ユナイテッド・フルーツが、一九五四年にグアテマラ政権を転覆し、その後数十年にわたる内戦を招いた軍事クーデターで、決定的な役割を果たしたことが明るみに出た。また、農薬の危険を知りながら、バナナ労働者たちを致死レベルの殺虫剤にさらしてきた。根食い線虫の防除薬DBCPの使用で、三万人を超える南アメリカの男性が生殖機能に障害を受けた。一九七五年、ユナイテッド・フルーツ社のCEOエリ・M・ブラックは、四十四階のオフィスからパーク・アベニューに飛びおりた。

いまでは〈バナナリパブリック《共和国》〉という服飾ブランドもあるようだが、この浅ましい搾取の遺産は、「よごれた洗濯物」〔内輪の恥、外聞をはばかること〕どころの話ではない。ユナイテッド・フルーツは社名をチキータに改め、労働者の生活環境を高めるべく、学校を建て、医療サービスを提供し、さらには環境保護団体レインフォレスト・アライアンスの「バナナ改善プログラム」をはじめ、農場経営への提言に耳を傾けるなど、さまざまな努力を行なってきた。だが二〇〇七年、チキータがコロンビアのテロリスト組織に資金を提供し、その見返りに同社のバナナ農園を保護してもらってきたことが発覚した。

チキータのいまなおつづく政治力が発揮されたのは一九九九年、アメリカとEUのあいだに勃発したいわゆるバナナ紛争である。EUが輸入割り当て制にもとづき、チキータからの輸入バナナの量を制限したことに対し、アメリカ政府が同社のために介入した。これはチキータのCEOカール・リンドナーが、EUの規制が熾烈をきわめていたころ、五〇〇万ドルを超える全米屈指の多額の政治献金を行なったという事実と何らかの関係があるかもしれない。当時、上院多数派の共和党院内総務をつとめていたボブ・ドールは、リンドナーが所有するジェット機をいつでも自由に使うことができた。チキータの大盤振る舞いは功を奏した。アメリカ政府は一〇〇パーセントの関税をカマンベールチーズ、カシミアセーター、高級ハンドバッグなど一部のEU製品に課した。この制裁措置は目的を果たし、EUのバナナの輸入割り当て制は撤回され、チキータはヨーロッパ市場で過去最高のシェアを獲得した。

このような強硬策が長らく国際貿易を支配してきた。アメリカは世界最大の食糧輸出国で、毎年四〇〇億ドルの農産物を——二〇〇億ドルの助成金つきで——輸出している。これらの作物の原産国では、いまやアメリカから買うほうが自国で栽培するよりも安くつく場合が少なくない。たとえば小麦農耕の起源地はイラクだが、いまではアメリカ産小麦を買っている。「昨年度（二〇〇六年）、わが国はイラク小麦市場の四分の三近くを押さえた。これはかなりの規模で、ゆうに三〇〇万トンを超える」と、アメリカ農務省海外農業局で穀物と飼料を担当しているボブ・リーメンシュナイダー部長は述べた（イラク戦争中、アンバー・ウエイヴズ作戦で、アメリカ産小麦の種子と肥料がイラクの農民に配られた。ただし収穫した種子をまくのは違法で、農家は新しい種子を毎年購入しなければならない）。トウモロコシについても同じである。一四九二年十一月五日、クリストファー・コロンブスの探検隊一行はキューバで、「穀物のたぐいで、現地の人間はマイスとよび、焼いても、干しても、粉にひいてもおいしい」植物と遭遇した。ところがいまではキューバが——残りの自由世界と同じく——遺伝子組換えトウモロコシをアメリカから買っている。トウモロコシはエタノール製造のために価格が高騰し、貧しい国での食糧問題を悪化させている。西洋諸国の補助金は欠陥のある制度で、資本が先進国へ継続して流入することを助ける一方、人為的に引き下げられた価格に対抗する力のない国内外の小規模農家の生計をむしばんできた。

これは何も目新しい問題ではない。熱帯の資源は十七世紀、重商主義の時代から北の国々によって搾取されてきた。奴隷がヨーロッパ人のために農作物を収穫したように、資本主義とグローバルな商業は不平等という湿った暗い土壌を通して広まった。無政府主義の父こと十九世紀のピエール・ジョセフ・プルードンは、私的所有が不正を引き起こすと考えた。ホッブズの信奉者たちは、それは人類の祖先がもっていた縄張り意識にまでさかのぼると主張している。

今日でも、ぼくたちの食の流れは移民労働者に依存し、彼らは人間にふさわしくない劣悪な環境で暮らしている。アメリカで果物を摘んでいるのは農場主でも農民でもない。多くは年季労働者で、物納契約で拘束されている。これら百三十万人の流浪の民の大半は、最低限の賃金でも得られたら幸運だとみなす。彼らはほとんど何ひとつ所有していない。平均寿命は短い。車のなか、洞窟、ダンボールのテントやビニールシートがひしめくむさ苦しいキャンプ場で寝起きしている。現代の果物摘みは、「ヴィクトリア朝ロンドンのねずみ捕りと同じたぐいである」と、ある経済学者はいう。だがこうした労働者がいなければ、世間の人びとは食べてゆけない。

その過程にいかに不備があるにせよ、少なくとも南の国々は農産物の先進国への輸出を管理しはじめた。外国産果物の販売は一九九〇年代から急増している。アメリカの国際貿易委員会によると、マンゴーの消費量は一九九〇年から二〇〇〇年のあいだに三倍に増加した。パパイアの一人当たりの消費量は、一九九八年から一九九九年のあいだに五六パーセントも上昇した。今日、チェリモヤ、ブンタン、パッションフルーツ、アジア産のナシはスーパーマーケットでごくふつうに見かける。申しぶんのない外見にもかかわらず、あいにく味は標準以下だが。

果物の販売は利益が大きく、いまでは主要な貿易の柱として、数百万ドルの売上げを果物栽培に適した気候の国々にもたらしている。地球上でどれだけの量の果物が取引されているのか正確にはわからない。なぜなら、多くの国ではそれを厳密に算出する仕組みがないからだ。およそ五億トンの果物が毎年生産され、全世界で数千億ドルを生みだしている。小売りの売上げはアメリカ一国で二〇〇六年には五五〇億ドルに達した。平均的なアメリカ人は年間約二〇〇ドルを果物に支払う。季節がさかさまなので、チリはいまや最大の供給国として、新鮮な夏の果物を北アメリカとヨーロッパに十二月から五月まで送り出している。チリ生果協会によると、果物の輸出は国の発展に向けた主要な戦略分野である。

ほかの国々もそれぞれの気候に適した果物を特産にしようとしのぎをけずっている。中国のリンゴ販売はほかのどんな国よりもきわだって多い。二位のアメリカはかなり水をあけられている。トルコはサクランボの大半を販売し、アメリカはここでも二位につけている。ベルギーは洋ナシの輸出ではトップだ。インドはバナナとマンゴーの原産地で、どちらの果実でも輸出の首位を占めているが、市場における割合も、アメリカがアルフォンソ種のマンゴーの輸入を解禁したことにともなって増加の傾向にある。北アメリカでアボカドとマンゴーの売上げをほぼ独占してきたメキシコは、他国産のアボカドを締め出すとともに、アメリカにインド産マンゴーの輸入協定を結ばないよう要請してきた。マンゴー市場に占める自国の割合が減少することになるからだ。

モロッコは四五万トンのマンダリンを生産している。中国は一一〇〇万トンだが、モロッコがマンダリンで（ヨーロッパや北アメリカへの販売によって）一億一五〇〇万ドルを稼いでいるのに対し、中国の売上げはわずか八五〇〇万ドルである（発展途上国が買い手なので）。一方、スペインは毎年二〇〇万トンのマンダリンを輸出し、一三〇億ドルを稼いでいる。

数十億ドルが果物の木箱の周囲を飛びかうなか、各国政府は長年、輸出が輸入を上まわるべく努めてきた。だが、この仕組みはかならず敗者を生みだす。発展途上国は先進国ほど輸入品に多額の金を払えず、北の農家がこうむる損失は巨額の補助金で補塡されている。さらに、輸出に頼る経済は環境の破壊をもたらす。それなのにイギリスは、オーストラリアにミネラルウォーターを二〇トン輸出し、二一トンを再輸入するようなまねをしている。このように無駄の多い貿易は、イギリスの〝行動するシンクタンク〟ニュー・エコノミック・ファウンデーションにいわせると、毎度のことであって例外ではない。しかし世界の人口が八十億人に迫りつつあるいま、フラガリア・フリーダム・ファイターズが説く素朴な有機農法への回帰では、現在進行中の世界の飢餓という悲劇の解決にはつながらないように思われる。

人類はこれまで果物の働きをきちんと理解してきたわけではない。ぼくたちの祖先は植物の神秘的な力を畏怖するあまり、それを栽培するにも魔術的な方法を編みだした。農業の秘伝書のたぐいには、種子のない果物、殻のない堅果、花の咲かない果実をつくる呪文があふれている。ほこりをかぶった錬金術の分厚い書物をひもとけば、リンゴの若木のまわりに雄牛の血をまけば赤いリンゴが育つとか、モモの木に山羊の乳をそそげばザクロの実がなるといった指南がごろごろしている。木に穴をうがち香料を詰めれば、果実の風味が変わると考えられていた。「知は力なり」という格言をのこしたフランシス・ベーコンでさえ、水の代わりに湯をまけば種なしの果実ができると信じていた。「あらゆる徴候《しるし》のうち、成果《フルーツ》から得られるものほど確実で卓越したものはない」と書き残している。

果実栽培の未来が不確かなものであるにせよ、その過去はさらに波乱に満ちている。肥料や殺虫剤や灌漑の代わりに、古代人は祈りや供物や威嚇を用いた――神に対しても、植物に対しても。多くの未開社会では豊作を祈って生贄をささげた。木を脅して実をならそうとした社会もある。マレーシアでは、村の呪術師がドリアンの木の幹を手斧でたたきながら、「なるか、ならぬか。ならねば切ってしまうぞ」という。これに対して、すぐそばのマンゴスチンの木に登った男がドリアンの木になりかわって、「なります、なります。だから許してください」と返事をする。

人間は果物のことが本当にはよくわかっていなくても、果物に影響を及ぼすことができると知っていた。また、果物の力を尊敬すると同時に恐れてもいた。インドネシアのガレラ人は、地面に落ちている果物を食べた者はつまずいて転ぶと信じていた。ひとつの房から二本のバナナを食べた女性は、双子を生むといわれた。ほかの部族宗教でも、儀式で妊婦に果物を食べさせて、果樹がたくさん実をつけるように祈願した。

土の働きの複雑さは長いあいだ人間を当惑させてきた。万物は大地から生まれ、死んでまた土に還る。つまり、大地は生《エロス》と死《タナトス》がひとつになったものである。ヨーロッパの農家の女性はその昔、母乳を畑にまいて豊穣をうながした。土を肥やすには髪でも血でも、使用ずみのかつらでも、古くなった毛布でも、かつて生きていたものなら何でも利用された。ボストンのあるブドウ農家は、根の組織をサーカスのゾウの腐乱した死体に植えつけた。科学者たちは最近、イタリアのトスカーナにあるブドウ園の土中からクジラの全身の骨格を発掘した。比較的最近の一九五九年でも、タンザニアの農夫たちはワニャンブダという豊穣儀礼を行ない、人間の血と体の一部を砕いてどろどろにしたものに種子を混ぜて畑にまいた。今日、アメリカのし尿処理会社は人間の排泄物を処理し、それを錠剤の肥料として販売している。

おそらく、かつて広く利用された肥料のうちもっとも忌まわしいものは人骨だろう。十九世紀には人骨は引く手あまたで、イギリスの園芸家たちはおおまじめに「貧民を堆肥にしてはどうか」と提案した。エジプトで発掘された何万体ものミイラがイギリスに運ばれ、細かくすりつぶして畑にまかれた。十九世紀のドイツ人ユーストゥス・フォン・リービッヒは――のちに化学肥料を開発する化学者だが――イギリスがヨーロッパの戦場から死体を掘り起こし、身の毛のよだつような植物の餌として調達していると非難した。「一八二七年には、肥料用の死体輸入は四万トンに達した」と記されている。

当時、グアノとよばれる化石化した鳥の糞は、死体と並ぶもっとも貴重な肥料だった。海鳥の大量の落とし物が、ペルーの海岸線に近い小さな島々で十九世紀半ばに発見された。「グアノ戦争」がアメリカとペルーのあいだで勃発したのは一八五二年のことである。当時、グアノの価格は一トンにつき七三ドル前後で高止まりしていた(この文章を書いている時点で、原油は一バレル七二ドル八〇セントである)。一八五六年のグアノ法はアメリカ市民に、無人島でのグアノ採集の権利を認めている。一八六〇年代には、スペインがチリとペルーに宣戦布告した。鳥の糞をめぐる嵐が収まったのは、人工の窒素、リン、カリウムが出現してからである。

一九八四年十二月三日の深夜、インドのボパールで木々の葉がいっせいに落ちはじめた。町の住民はひどい咳に襲われ、近所の人たちの尋常でない悲鳴で目を覚ました。通りでは人びとがばたばた倒れ、血の泡を吐き、流産が相次いだ。「体中にトウガラシを詰めこまれたみたいだった」と生存者のチャンパ・デヴィ・シュクラは当時の状況を語っている。

史上最悪の化学事故といわれるこのボパールの悲劇で、一万人以上の住民が亡くなり、被災者は数十万人にのぼった。先天性欠損、身体障害、さまざまな疾患、そして環境汚染がいまなおこの地域を苦しめている。事故後の調査で、猛毒のイソチアン酸メチルが漏出したことが原因と判明した。イソチアン酸メチルはカーバメート系殺虫剤の原料で、近くにあるユニオン・カーバイト社の現地工場で製造されていた。

果物に使われている化学薬品の多くは、もとをたどれば第二次世界大戦中に神経ガスやその他の化学兵器として開発されたものだ。戦時の化学兵器を製造していた各工場は操業をつづけるために、製品の用途を果物に変更した。それらは果樹のさまざまな敵を防除するのに抜群の効果を示したものの、食品の流通過程で使用することに対しては反対の声が根強い。

殺虫剤の製造業者は自分たちの製品を使用しても安全だといっているが、その主張を裏づける具体的な証拠が示されることはめったにない。それどころか、いくつかの個別の研究では、果物に散布される化学物質はガンや先天性欠損、不妊症、パーキンソン病、喘息、内分泌系の撹乱、その他多くの深刻な疾患と関連づけられている。こうした毒素は人間の神経系と神経化学に影響を与えるので、とりわけ子どもたちには危険が大きいと、アメリカ科学アカデミーは指摘している。それらは人間の精液と卵巣のなかで濃縮され、生殖機能の発達に影響を与える。殺虫剤は北アメリカの女性の母乳からも検出されている。『アメリカ疫学ジャーナル』は残留農薬と乳ガンとの関連を立証した。

これらの化学物質が体内でどのように反応するか、正確なところはだれにもわからない。なぜなら、何の研究も行なわれずに発売されることが少なくないからだ。一九七六年に制定された有害物質規制法では、化学物質が「人や環境に不当なリスクをもたらすおそれがあるという証拠が存在する」場合にのみ、健康、環境への影響に関する試験を行なう必要があると規定している。この条件に該当する事例はめったになく、化学物質の大半はいとも速やかに、世間への周知もほとんどないまま市場に出まわっている。殺虫剤はすべてアメリカ環境保護庁への登録が義務づけられているが、環境団体は「殺虫剤の毒性の影響は懸念すべきものだが、それが充分には理解されず、場合によっては研究も行なわれていないので、消費者は殺虫剤への曝露をできるかぎり最小限に抑えることが賢明だ」と警告している。新しい化学物質の九〇パーセントは制限が不要と認定されている。『ナショナルジオグラフィック』誌は、「現在アメリカで使用されている八万二千の化学物質のうち、毒性テストが実施されたものは四分の一にすぎない」と報じている。合成化学物質の原材料に関しては透明性が皆無で、成分として表示されることもない。

ふだんから食卓にのぼる果物にも、危険な毒物の痕跡が含まれていることは議論の余地がない。少量なら危険はなくても、大量に食べるとしばしば命にかかわる。ボパールの事故からベトナム戦争でのアメリカ軍による枯葉剤の使用まで、農薬のせいで数限りない人命が奪われてきた。

殺虫剤はブラボー、モニター、チャンプ、ゴールといったいかにも人畜無害な名前がついているが、その陰に凄腕の狙撃手を思わせる必殺の効果を隠している。殺ダニ剤はダニを標的にし、除草剤は雑草を根絶やしにする。殺菌剤はカビを防除し、殺鼠剤はネズミなどの小動物を殺す。浸透性の農薬は根から吸収された薬剤が作物体内に移行する。根、幹、大枝に小枝、樹液、花、そして果実と種子にも。それがめぐりめぐって人間の口に入る。最近の研究では、三十七種類もの化学製品が、一般に出まわっているリンゴから検出された。なかでも殺虫剤が大量に残留している果物が、皮ごと食べられる種類なのだ。ふだんからおなじみのイチゴ、モモ、ラズベリーは、さしずめ化学製品をたっぷり吸いこんだスポンジである。

アメリカ中毒管理センター協会の毒性曝露監視システムの報告によれば、二〇〇三年には六四四二件の農薬事故が起こったが、その大部分は故意によるものではない。一六九五人が緊急救命室で手当てを受け、十六人が死亡したと報じられている。救命室では、患者が有機リン系殺虫剤を嘔吐した場合、その嘔吐物を「危険化学物質」として取り扱うように指示されている。

有機リン系殺虫剤はリンゴの七一・六パーセント、サクランボの五九・六パーセント、ナシの三七・二パーセント、ブドウの二七・一パーセントに使われている。これらの殺虫剤は環境中ですばやく分解されるが、過剰に曝露すると目のかすみ、歩行困難を引き起こし、死にいたる場合もある。シアナミドは毒性が強く、悪心、嘔吐、副交感神経の機能亢進を引き起こすおそれがある。農家ではブドウ、サクランボ、キウイ、その他果樹の熟成均一のために使用される。パラチオンメチルは一九五〇年代に開発された神経毒で、昆虫の神経系をかく乱するが、人間にも同じように作用する可能性がある。食物の形をしたスタンガンとでもいうか、ひじの内側をぶつけたときのようにビリビリとしびれが走る。ただし、しびれるのは腕だけではなく、影響は全身に及ぶ。二〇〇〇年に児童を農薬曝露から守る法律が議会を通過するまで、この農薬は果物一般に広く散布されていた。使用量が減りつつあるとはいえ、いまだに野菜に使われているのは、調理によって毒性が弱まるからのようである。

ＤＤＴのような「奇跡の農薬」はしばしば数十年も被害がつづいたあとで、ようやく段階的に使用が禁じられる。そもそもお役所仕事は時間のかかるものだが、化学業界のロビー団体があの手この手で手続きをいっそう遅らせている。さらに、一般の農家にしてみれば、害虫は末永く駆除したいというのが本音だろう。殺虫剤のアジンホスメチルは一九五〇年代からリンゴ、ブルーベリー、サクランボ、ナシに散布されてきた。「この殺虫剤は毎年数千人もの農業従事者を重病の危険にさらしている」と全米農業労働者組合のエリック・ニコルソンはいう。二〇〇六年、アメリカ環境保護庁はアジンホスメチルを二〇一〇年までに段階的に全廃すると発表した。

その他の農薬は野放しにされている。ディルドリンは残留性の強い殺虫剤で、科学者は人類が絶滅したあとも環境に残存すると予言しているほどだ。臭化メチルは呼吸器障害、けいれん、狂躁状態を発症させるほか、モントリオール議定書でオゾン層破壊物質に指定されたが、アメリカの大手農薬企業は、議定書で定められた「不可欠用途《エッセンシャルユース》」〔人の健康、安全、社会の機能等のために当該規制物質の使用が不可欠であり、技術的・経済的に実用可能な代替技術がない用途〕をたてに、使用禁止を何度も延期にもちこんできた。二〇〇五年までに全廃されるはずだったが、いまでもイチゴには使用されている。アメリカの大手農薬メーカー、モンサント社が開発したグリホサート除草剤ラウンドアップは、大量散布によって人間の健康を損ない、おびただしい数の動植物を絶滅させた。ラウンドアップは麻薬撲滅の戦いにも好んで使われる武器であり、アフガニスタンのケシのプランテーションや、中部アメリカのコカ（コカインの原料となる植物）を撲滅すべく空中散布された。ラウンドアップはアメリカでは「人間には発ガン性がない」とされているが、いくつかの研究はこの農薬を、非ホジキンリンパ腫、遺伝子の損傷、および生殖機能障害と関連づけている。

二〇〇七年、ロサンゼルスの陪審はニカラグアの農場労働者六名に、三二〇万ドルの賠償金を認めた。彼らはアメリカの大手食品会社ドール社に雇われ、殺虫剤ＤＢＣＰを散布したせいで不妊症になったと訴えていた。ニカラグアの法廷で裁かれた同様の事例でも、ドール社をはじめとする企業は、殺虫剤の使用で被害を受けたと訴えている労働者に六億ドルを超える賠償金の支払いを命じられたが、企業側は労働者が訴訟を起こすことを認めた法律が違憲であるとの理由から、この判決には強制力がないと主張している。

ヨーロッパでは、ＲＥＡＣＨ（化学物質の登録、評価、認可及び制限に関する規則）という新たな規制により、企業は自社製品の安全性を証明するデータの登録が義務づけられた。この規制は化学企業の激しい抵抗に直面している。だが、ぼくたちの周囲にある毒物についてはもっと透明性があってしかるべきである。企業側が遺伝子組換え食品、農薬、クローン牛にまったく問題はないというなら、そう表示することになんの問題もないはずだ。どのみち男性の二人に一人、女性の三人に一人はガンで亡くなる、と全米癌予防連合のサミュエルＳ・エプスタイン理事長博士は発表している。

祖先たちと同じく、ぼくたちの行動も未来の社会を困惑させるだろう。軍産複合体制は化石燃料による大量生産・大量消費の農業システムを容易にした。何トンもの重金属と、なかには放射性物質まで含まれた危険な廃棄物がアメリカの農地にまかれている。一九九〇年代にはワシントン州クインシーの製造業者が意図的に、毒性のある産業廃棄物を肥料といつわって農家に販売し、そのせいでガン、脳腫瘍、肺疾患が急増した。インドの農家では最近、綿花やトウモロコシの畑にコカコーラの散布を始めた。コカコーラは化学薬品と同じくらい害虫を駆除する効果があり、しかも安価なので。インドでは、環境活動家ヴァンダナ・シヴァのレポートによると、借金で首がまわらなくなった農民がこれまで何万人も自殺しており、その多くは殺虫剤を飲んでいる。

一九九〇年代末、科学者たちは竜眼の木が季節はずれに実をつけるという現象を調査した。対象となった木は寺院の近くにあり、その寺では宗教儀式に花火が用いられていた。やがて、爆竹に含まれる硝煙が竜眼の開花を促していたことが判明した。いまでは大方の竜眼農園で、塩素酸塩、つまり硝煙が肥料として使われるようになった。ところがその結果、残留分が土壌内にしだいに蓄積し、付近の地下水を汚染するまでになっている。一九九九年にはタイの竜眼栽培者四十人が、肥料倉庫が引火して花火のように爆発した事故で亡くなった。

「毎年、七千六百万人のアメリカ人が食品に由来する害毒で病気になり、五千人が死亡している」とアメリカの消費者団体、公益科学センターは述べている。果物は安全だと思われがちだが、悲しいかな、果物も現代の工業化された食品流通に含まれるその他すべてと同じく、食中毒の原因となっている。毎年、汚染された農産物が引き起こす健康被害は、海産物や鶏肉や牛肉、あるいは卵よりも多い。有機農産物でさえ有害な病原菌を血液中に侵入させる可能性のあることは、最近のホウレンソウによる食中毒を見れば明らかである。〔二〇〇六年九月、アメリカでホウレンソウに付着している大腸菌O一五七を原因とする食中毒が発生し、二十三州で一四六人が感染、一人が死亡した件か〕。

折に触れて集団感染が発生する原因としては、メロンやリンゴジュースの大腸菌、オレンジジュース、カンタループ・メロン、トマトのサルモネラ菌、イチゴの肝炎ウイルス、ベリー類に含まれる寄生性原虫サイクロスポラ、さらには、汚染された水に接触した果物を介したコレラ菌などがある。リンゴジュースに放射性同位体が含まれていた例もいくつか記録されているが、それは濃縮果汁が、一九八六年に事故を起こしたチェルノブイリ原発からの放射性物質の降下範囲にあった果樹園で収穫されたものだったからだ。

最大の矛盾は、果物はいかにも清浄で健康にもよさそうなのに、流通過程で多くの妥協を強いられた結果、ぼくたちの口に入るころには、そもそも果物を果物たらしめていたそれらの特性が失われてしまっている、という点にある。

現代の食をめぐる枠組みの例として、カリフォルニアのパンケーキのチェーン店、アイホップの窓に貼ってあった二枚のポスターほど悲しいものは思い浮かばない。一枚はバナナ、イチゴ、ナッツ、シロップの上にホイップしたクリームのかかったパンケーキの写真と、「天国へようこそ」のキャプション。その下には、縦二五センチ横二〇センチのお知らせが、「ガン、先天性欠損、生殖機能障害を引き起こすとされている化学薬品が当店の食品および飲料品に含まれている可能性があります」と告げている。このたぐいの警告が多くのファストフードの店で掲示されている。天国はこの世には存在しない。少なくともこれらドライブスルーの店には。

持続性の高い農業生産方式の推進は、ようやく議論が始まったばかりだ。ヨーロッパでは、政府が補助金を農家に支払って農地を森林に転換するという先進的な取り組みが行なわれている。その結果、ヨーロッパの森林面積は過去二十年のあいだに十パーセント拡大した。このような造林運動を地球全体に広げていくことが望まれる。アメリカ学術研究会議の報告書によると、アメリカ政府が打ち出した政策の多くは、実際には、「環境にやさしい農業の実践や、慣行農法に代わる生産方式の導入を妨げている」。政府の規制委員会は後援者の恩義に縛られているというのみにとどまらず——アグリ企業は一九九〇年以降、民主、共和両党に四億ドルを超える献金をしている――目に余るほどの既得権をもった業界各社の意のままである。

「百人を超える環境汚染産業の代表者が、環境の質を管理する連邦機関において枢要な地位を占めている」と、故ケネディ大統領の甥で環境派弁護士のロバート・ケネディ・ジュニアは報告した。ホワイトハウス直属の環境問題諮問委員会で、二〇〇一年から二〇〇五年まで委員長をつとめたフィリップ・クーニーは、それまでアメリカ石油協会の大物ロビイストだった。クーニーは地球温暖化に関する報告書を改ざんしたという疑惑が報道されて辞職したが、その二日後には世界最大の石油会社エクソンモービルに迎えられた。商業伐採が国立公園や国有林で行なわれていることも、一九九八年から二〇〇二年まで農務省林野局を率いていたのがマーク・レイ、もと材木業界のロビイストだったという事実を考えれば驚くには当たらない。食品安全検査局の局長はかつて全米食肉協会の会長をつとめていた。農務省の長官自身、アメリカ食肉製造業者協会の元会長である（本書の執筆当時）。二〇〇六年には食品医薬品局の局長レスター・クロフォードが、本来なら取り締まりの対象である食品医薬品企業の株を保有していたことが発覚し、虚偽の報告と利益相反の容疑について有罪を認めた。

「どこもかしこもキツネが鶏小屋を所有している」と、著名なジャーナリスト、ビル・モイヤーズは述べている。彼がホストをつとめる公共放送ＰＢＳのドキュメンタリー番組は、農薬会社が製品に含まれる有害な毒物の情報を故意に伏せていることを暴いた。モイヤーズの調査は、企業の内部メモに残されていた証拠にもとづき、ぼくたちが「化学業界自身が意図した――安全より利益優先の――規制制度のもとで」生活していることを改めて浮き彫りにした。

一九〇〇年当時、アメリカ人の三八パーセントは農家だった。今日ではその割合は二パーセントを下まわる。元新聞記者で作家のウィリアム・ヘッファーナンの『食と農業システムの統合 Consolidation in the Food and Agricultural System』によると、農家が生産したものを消費者が買うたびに最大の利益を上げているのは、梱包、加工、および流通を担うアグリ企業約十社（カーギル、モンサント、アーチャー・ダニエルズ・ミッドランドなど）だという。

アメリカの農業従事者の自殺件数は全国平均の四倍にのぼる。発展途上国の巨大なプランテーションで働く労働者たちはわずかの賃金と引き換えに、致死レベルの殺虫剤にさらされ、大型のクモやサソリと戦いつつ、ねばねばした樹液と汗まみれになって炎天下で手斧をふるう。野外労働者を対象にした疫学調査によると、リンパ腫、パーキンソン病、各種のガンといった健康問題が増加している。果実の収穫は重労働で、暑さによる疲労、化学物質の曝露、神経の損傷および疾患に絶えず見舞われる。全米安全評議会いわく、農業は人びとの健康や安全を脅かすもっとも危険な産業なのである。

労働者に賠償金が支払われる確率は、収穫にはしごの上り下りが必要になると急増する。そこで、大規模な栽培業者はいまでは矮化された小型の果樹を植えている。アグリ企業が経営する農場では数年来、果実の収穫をロボットに代行させようとしている。ワシントン州のニュートン・リサーチ・ラブは、さまざまな色と形を見分けることのできる人工視覚装置を開発した。ニュージーランドのキウイフルーツはいまや分別、等級づけから受粉まで、一日二十四時間働くロボットが担当している。これらのロボットは一・五人の人間が八時間交代で監視し、「冷蔵貯蔵所の操作係がどの果物をいつ市場に出荷するか判断できるデータも集めています」と、設計者のローリー・フレマー博士は説明する。目標は果実収穫用のロボットを遠隔操作によって、昼夜の別なく果樹園で働かせることである。四千年前、古代エジプトで猿を訓練して果物を収穫させようとしたのに比べれば、こちらのほうが実現の見込みは高いとはいえ、その利点については議論の分かれるところだ。機械の指が摘んだラズベリーを欲しがる人はだれもいないだろう。

果物生産の機械化の実態はかなりショッキングである。木になった実は、『鏡の国のアリス』の珍獣ジャバーウォックを思わせる移動式の振動収穫機で、枝から揺すり落とされる。茶色の金属性ペンチが幹をがっちりはさんで激しく揺すぶるので、まるで点描画法で描かれたようにぼやけて見える。そのあと、摘み手が畑をまわって、まだ残っている実があれば枝を棒でたたいて落とす。落ちた実を並べる機械と吸引ポンプが、果物を集めてマットの上に吐き出す。収穫が終わるころには、さんざん痛めつけられた木はすっかり弱ってもはや見る影もない。

現代は精密農業の時代で、農家は電子機器を使って果物のサイズ、熟度、硬さを監視する。一部の栽培業者は自前の人工衛星システムを所有し、コンピューターとつないで天候のパターンを監視する。着氷性暴風雨がくると、レーダーつきの雹《ひょう》害防止装置が音波を上空に放ち、雲中の氷の粒を溶かして雨に変える。かつてレオナルド・ダ・ヴィンチは柑橘園を小川の近くにつくり、水力で冬期に温風器を動かすことを提案した。今日では、デジタル式警報機がプロパンガスのヒーターと水車風の温風器につながれ、寒冷期に農作物を守っている。ヘリコプターが畑の上空を飛んで、暖気を循環させ、霧や湿気を拡散させる。木々はスプリンクラーで散水され、植物の表面で水が氷結すると、スプリンクラーが放熱する仕組みになっている。

最近の調査から、かなりの数の消費者がシャキシャキした歯ごたえの、トラック運送に適した硬い外皮のモモを好んでいることがわかった。ぼくたちの大部分はおいしいモモを食べたことがない。木からもぎたての、甘い果汁がしたたる、うぶ毛の生えた淡い色合いのまん丸な果物はいうに及ばず。カナダの社会学者マーシャル・マクルーハンが指摘したように、人間は現実からあまりにも遠く引き離され、人工のものを好むようになっている。にせものでもかまわないと考える理由の一部は、そもそも選択の余地が少ないからである。みずみずしいモモはスーパーマーケットでは売ってすらいないが、それは主として輸送することができないからだ。カナダのオンタリオ州農務省でモモを栽培しているケン・スリンガーランドは、果汁たっぷりのモモが根っからの苦手だ。「果汁で顔じゅうべたべたになりますから」とぼくに言った。「消費者にとってもリンゴのようにサクサクした食感のモモのほうがいいと思いますよ。まあ、好みは人それぞれですが、わたしは歯ごたえのあるほうが好きですね」ぼくが取材した別の農家は、工業的に生産されたモモを「味気ないクラフト・ディナーのフルーツ版、死んだ脳みそが考えだしたものだ」とこきおろした。

たぶん硬いモモが好みの人は、それ以外のものは果肉がどろどろで味も香りもないと思いこんでいるのだろう。だが、身近で販売されているモモとは比べものにならないほどおいしいモモはたしかに存在する。一部の栽培者はそのモモを「カイロプラクティック果物」とよんでいるが、それは果汁がしたたり落ちるので、食べるときは前かがみにならざるを得ないからだ。とはいえ、読者のみなさんは、硬いほうがお好みかもしれない。モモの新しいキャンペーンは、「あなたはシャキシャキ派、しっとり派、それとも中間派?」とたずねている。

まだ食べたことがないなら、心を決めるまえに、まず正真正銘のしっとり派を試食してほしい。デイヴィッド・マスモトは栽培家で『モモの墓碑銘 Epitaph for a Peach』の著者でもあるが、マスモト家の土地でみのった品種についてこう記している。「サンクレストは掛け値なしに多汁なモモのうち、現存している最後のひとつだ……かぶりつくと果汁があごにしたたる。口のなかで神酒《ネクター》がはじけ、えもいわれぬ香りが鼻孔をくすぐる」。多汁とは、果肉全体が柔らかいということではない。それどころか、歯ごたえはきわめて重要だ。核果の専門家で、カリフォルニア州モーガン・ヒルのアンディ果樹園の経営者アンディ・マリアーニによると、完璧なモモには「心地よい歯ごたえ」、つまり、充分な圧力が加わらなければくずれない硬さが必要だと述べている。ぼくたちの歯が細胞壁を突破してはじめて果汁の水門が開くようでなければならない。「人によっては、ほとんど性的な経験だといえる」とマリアーニはいう。

マリアーニのベビー・クローフォード種のモモの食感と風味は、甘みと酸味がほどよく調和し、そこにいくらか渋みの混じった味の万華鏡で、まさにモモならではの恍惚感を覚える。「硬そうに見えるけど、口のなかでとろける。果汁がじんわりとにじみ出してくる」マスモトはベビー・クローフォードを試食して感動し、自分のサンクレストさえ凌駕すると認めた。

ぼくは二〇〇五年の夏、アンディ果樹園を訪ねてベビー・クロフォードをたっぷりご馳走になったおり、目のくらむ思いがした。翌年、マリアーニに電話してそのモモについて問い合わせたところ、平年より雨が多く気温も高かったので全滅したと悲しそうに教えてくれた。「完璧なモモを探すのは容易なことじゃない」と彼は言った。「しばらくはよくても、ほんの二、三日でだめになってしまう。栽培するのも難しい。湿度や気温がひと晩わずかにちがっただけで、品質ががた落ちすることもある」。農家がありとあらゆる手段に頼るのも無理はない。果物がぼくたちの手もとまで届けられたという事実は、英雄的といってもさしつかえない偉業なのである。

12　常夏の地球

スーパーマーケットにはろくな果物がない。リンゴはぼそぼそ、オレンジはぱさぱさ。パパイアはどうなってるやら見当もつかないよ。

コズモ・クレイマー〈となりのサインフェルド〉

「これじゃ、まるでマフィアの全国大会の会場だ」とご近所の八百屋、ギリシャ人のジミーはいう。湯気の立つコーヒーを発砲スチロールのカップからすすりながら、たこのできた指で、青果物卸売市場の入口近くの駐車場にずらりと並んだ、ベントレーやハマーやフェラーリといった高級車を指し示す。「連中が身につけてるものときたら総額で五〇万ドルにもなる。三〇万ドルの車に、十五万ドルの腕時計、宝石に指輪、それにシルクのスーツ。まえに見かけたやつは、腕時計を十五個もはめていた――ヴァシュロンに、ロレックスに、コンスタンタン。住んでいるのは一〇〇〇万ドルの豪邸だ。聞いた話だと、毎晩のようにコカイン・パーティーや売春パーティを開いているらしい。けたはずれの金を稼いでるが、いずれ痛い目にあうさ。おれたち庶民はトマトを売って、地道にやってくしかないがね」

ジミーとはじめて会ったのはモントリオールにある彼の店の前で、ジミーはオレンジの木箱をヴァンの後ろから降ろしているところだった。ぼくはさっそく質問をはじめ、どこで果物を仕入れているのかとたずねた。ジミーはいまは手が離せないが、よかったら朝の仕入れに同行しないかと誘ってくれた。一週間後、ぼくたちはがたがた揺れる彼の小型トラックで、このコンクリートでできた倉庫までやってきた。凍えそうに寒い早朝五時で、あたりはまだ暗い。ジミーは頭を振った。「この仕事についたときから汚職はあると知ってたが、ここまでとは思わなかった。情けない話だよ、果物をだしにするなんて」

果物業界がそれほど潤っている理由のひとつは、ジミーがいうには、農産物取引には税金がかからないからだ。生鮮食料品店に行っても、果物は無税で売られている。卸売の段階でも同じだ。だれもが現金で支払う。「まともな稼ぎも多いが、そうでない金もある」とジミーはいう。「この業界には暴走族にノミ屋に高利貸し、それにばくち打ちがごろごろしている。麻薬の売人も資金洗浄のために紛れこんでいるしな」

それを聞いて、ぼくはマイアミで聞いた話を思い出した。生産者はフルーツ・マフィアというアジアの組織と取引し、それを率いている女頭目はたしかジンジンという名前だとか。「アメリカで熱帯産の果物を売っているなら、ジンジンを知らなきゃもぐりだ」と竜眼の栽培業者はいった。竜眼がまだあまり出まわっていなかったころ、フルーツ・マフィアがニューヨークから飛行機で乗りつけ、茶封筒に入った三〇万ドルの現金で彼の作物を買っていった。日本のヤクザ、香港の三合会、それにコロンビアの麻薬王たちはみな果物を利用して資金を洗浄する。果物は武器の売買にも関係している。ドキュメンタリー映画『ダーウィンの悪夢』〔二〇〇四年。アフリカのヴィクトリア湖に外来魚ナイルバーチを放流したことから生ずる貧困、環境の悪化、武器密輸などグローバリゼーションの悪夢を描く〕には、衝撃的な場面がある。ナイルバーチを輸送するロシア人パイロットが、内戦のつづくアンゴラに武器を運び、帰りに南アフリカのブドウを積みこんでヨーロッパに戻ったことがあると打ち明けるのだ。「アンゴラの子どもたちはクリスマスプレゼントに銃を受けとり……」と、パイロットは良心の呵責をにじませて語る。「ヨーロッパの子どもたちはブドウをもらう……これがビジネスってやつだ」
果物の密輸でもうけるには、イディッシュ語でhondler、つまり、取引を仕切る口達者な交渉人になるしかない。ジミーは弁が立ち、そろばん勘定も達者なので、この商売にはうってつけだ――いくら本人が軽蔑していても。がっちりした体格で髪をポニーテールにしたジミーは、天使のような青い目といかつい顔が対照的で、老け顔の若者という印象である。労働時間と稼ぎからいえば、仕事をふたつかけもちしているのと変わらないので、青果物関連の仕事は賭博で借金のある者や、麻薬の常習者を引き寄せるという。ジミーは業者のひとりに合図して、ちょっと予定を教えてくれないかと頼んだ。その業者は月曜から土曜、夕方の五時から翌朝六時まで働き、退社後もいつでも連絡がとれるようにしている。「市場にいなくても、お客さんからの注文は携帯で週に七日、一日二十四時間いつでも受けつけている」と彼はいう。「寝ているあいだも電話がじゃんじゃんかかってくるよ――それが仕事だから」(この訪問後すぐに、彼はフォークリフトとぶつかってアキレス腱を切断した)
ぼくたちは卸売市場の敷地に入った。洞穴を思わせるアスファルトの部屋がずらりと並び、果物の木箱が詰めこまれている。青果物は温度ごとにまとめられていた。ある部屋は凍えるほど寒く、別の部屋は暑いくらいだ。異なる気候帯は分厚いプラスチック製の細長いカーテンで仕切られていたが、ジミーはそれを平然と押し分けて通った。警笛を鳴らしているフォークリフトに、ぼくは何度となく轢かれそうになった。「おいおい、気をつけてくれよ」とジミーがいう。「連中は気が短いんだ」
倉庫を歩きながら、ジミーは別の卸売商に電話し、価格を比較した。「だれもが安く買って高く売ろうとする」と説明する。「株の取引みたいなもんだ」ぼくたちが着いたとき、トマトは一箱二〇ドルだった。販売人と立ち話をしていると、別の積み荷が到着し、そのとたんトマトは一箱七ドルに下がった――買い時だ。ジミーはすかさず五〇箱買った。積み荷の破損、天候、それに品不足などのせいで価格は絶えず上下する。果物商売では、需要と供給の法則は、母なる自然のむら気に分かちがたく組み込まれている。

人間の性質も大きな役割を果たす。たとえば「廃棄品の投げ売り」という、卸売を介した古典的な手口がある。まず、輸入業者が保険をかけた果物を大量に市場に持ち込む。荷物が到着すると、かねてより袖の下を渡されていた検査官が、その果物は傷んでいると宣告する。となれば、輸入業者は保険金を請求して、支払った金を回収することができる。果物のほうは廃棄したり返送したりする代わりに（出港地がどこであれ帰り着いたころには、本当に傷んでいる）、卸売業者の手で安く売りさばく。

ジミーの話によると、買い手はいともたやすく生産者を「ぺてんにかける」。「まずは信頼関係を築く。『一度送ってみてくれ』それを支払う。『また頼む』それも支払う。これで評判はばっちりだ。それから取引を増やしたいともちかける。『十台分送ってくれ――売れたら払うから』それは踏み倒す。『くそ、やられた』で、メキシコ人たちはどうする？　おれを追っかけてくるかい？」法律の部門がないわけではない。「チキータとかデルモンテとか、大手をだますやつはいない」とジミーはいう。「それこそ、追いまわされるから」

卸売制度は小規模な農家には有利でない。農家は自衛策として、前払いを要求することに加え、プロデュース・レポーター社が発行するブルーブックを参照することができる。ブルーブックは卸売業者、運送業者、生産者の名簿で、どれだけ他人をだましたかにもとづいて等級づけされている。「道義的責任」の等級を見れば、その会社と取引しても大丈夫か、どんな条件をつければいいのか判断することができる。ブルーブックはもめごとの解決を手伝うための方策を練り、調停も行なう。さらに、集金部門を運営していて、支払期日が過ぎた未納代金の回収も支援する。

ニューヨーク市の中央卸売市場ハンツポイントでは、農務省の汚職検査官が長期にわたって卸売業者から賄賂を受けとっていた。一九九九年、連邦政府による覆面捜査〈禁じられた果実〉作戦により、八人の検査官と十三人の従業員が逮捕され、禁固または罰金刑が科された。下院の農業小委員会によると、「捜査の結果、ハンツポイント市場の農産物関連企業十二社が、農務省の検査官に日常的に賄賂を贈り、検査する青果物の等級を下げてもらっていたことが判明した。それにより卸売業者は積み荷ごとに相当額を節約でき、同時に生産農家は数千万ドルをだましとられたことになる」

外から見ると、この世界最大の青果物卸売市場、二千三百万人のニューヨーカーの胃袋は、刑務所以外の何ものにも見えない。汚れたビニール袋がからまった有刺鉄線が、敷地をぐるりと囲んだコンクリートの壁から威嚇するように見おろしている。ブロンクスのさびれた一画にあるハンツポイント中央卸売市場は、くず鉄の集積所、廃車置き場、それにフォークリフト修繕会社のあいだにひっそりと建っている。この巨大な産業施設は果物のユートピアどころか、傷みやすい商品をまとめて収容する監房である。

ここにニューヨークの小売店が果物を買い出しにくる。高度にコンピューター化されたセキュリティ・システムがあるので、ぶらりと市場に足を踏み入れることはできない。刑務所じみた雰囲気も、食の安全との関わりを考えればうなずける。ここはニューヨークへの食の供給を汚染しようとする者にとっては格好の目標なのだ。だが、市場の外れにあるフード・センター・ドライブを車で一周しながら、ぼくは安心感よりも、ジミーから聞いた汚職と犯罪の話を思い出さずにはいられなかった。

マフィアの影はジミーの想像の産物ではない。ぼくが訪問してからまもなく、ニューヨーク市警は、ハンツポイント市場を本拠地とする百万ドル規模の賭博場を摘発した。〈腐ったリンゴ〉作戦で逮捕された十一人のうち、ひとりはジョン・カジャーノ。ハンツポイント最大の青果物卸売業者C＆Sの社主で、ニューヨーク・マフィアの五大ファミリーの一角、ジェノヴェーゼ一家ともつながりがあるという。レイモンド・W・ケリー市警本部長は、「われわれは卸売市場からいかなるマフィアの活動も排除する決意だ」と記者会見で述べ、別の卸売業者がルッケーゼ一家やボナンノ一家と関係していることにも言及した。

一般の人はセキュリティゲートを通過できない。さいわい、ぼくは経営陣に取材する約束を取りつけていた。制服の警備員に許可をもらい、巨大な倉庫が建ち並ぶ敷地に足を踏み入れた。箱入りのアンズが破裂して路上で腐りかけているそばを通り過ぎ、車を駐車した。常連たちは長靴の着用をすすめる。なにしろ、そこらじゅうで果物を踏みつぶしてしまうので。廃棄率が高いのは、少しでも傷のある果物は売れないからである。ハンツポイントでは生ゴミの量が半端ではないので、終日、ブルドーザーで清掃しなければならない。

だだっ広い駐車場には数百台の大型トレーラートラックがひしめき、排気ガスをもうもうと吐き出している。ハンツポイントでは、トレーラーのアイドリングで年間三二トンの窒素酸化物、三一トンの一酸化炭素、九・六トンの煤煙その他揮発性の化合物が生じ、それが市場の空気を吸いこむ範囲にいる人たちの肺にこびりつく。サウスブロンクスで喘息にかかる割合が全米で一、二を争うのも無理はない。排気ガス削減の努力は見られるが、汚染物質削減車はまるで廃車だった。駐車場の端っこに停めたその車は、ぼこぼこにくぼんでいた。

玄関で出迎えてくれたのは、ハンツポイントの専務理事マイラ・ゴードンだ。小柄で引き締まった体つきのゴードンは、ニューヨーカーらしい歯切れのいい口調で、年齢とともに角がとれた気配はない。「うちとよく似た市場ならほかにもあります」と、野菜くずの散らばった市場をてきぱきと案内しながらいった。「でも、規模はそりゃあずっと小さいですよ」。ハンツポイントは年間十五億ドルの売上げがあるが、毎年どれだけの果物がここで販売されるか答えるのは難しい。「わたしの電卓じゃ間に合いませんね」とゴードンはいう。「何百万トンか、何千万トンか」ゴードンが別の卸売部門の責任者たちを指さしたとき、果物を載せたすのこの荷台が、温度管理された庫内の天井まで積み上げられているのが目に入った。くたびれた様子の現場監督が作業員に大声で指示を出している。フォークリフトが猛スピードで行き交い、ぼくのかかとをかすめる。買い手は値段を叫び、木箱に入った果物をじっくりと下調べしている。

このメインフロアでせりが行なわれる。卸売業者のオフィスは二階に並んでいるが、これほど長い廊下を見たのは初めてのことだ。五〇〇メートルはあろうか、突き当たりがあまりにも遠いので、合わせ鏡の迷宮に迷いこんだような気がした。廊下の幅はせまく、腕を広げると、両側の壁を同時になぞることができる。数百ものドアの後ろには人がいて、事実があり、数字がある――これらの膨大な情報をもとに、果物を市場に届ける物流戦略が立てられる。

数匹の猫が占領していた会議室に入るとゴードンは、せりの大半は夜明け前に行なわれ、世間の人びとが起きだすころには八百屋に新鮮な果物が並んでいると、仕組みを説明した。商品の到着時間はまちまちなので、卸売市場はずっと開いている。「きつい職場ですよ。いい暮らしはできますが――血のにじむ苦労の代償です。労働時間はおそろしく長くて、くたくたに疲れます。利益はわずかだから、業界トップでないとやっていけない。仕事に人生を丸ごとささげる覚悟が必要です。どの部門も大変なんですよ。社主から荷物の積み降ろしをしている作業員まで」

ハンツポイントには年間十万台を超えるトラックが品物を運びこむ。かつては鉄道輸送が好まれたが、いまでは頼りにならない。有蓋貨車がシカゴの操車場で足止めを食らったことがあり、数日たって線路に戻ってきたときには、商品は傷んでいた。カリフォルニアからニューヨークへ果物を運ぶには十日から二十日かかる。トラックなら四日ですむ。

それでも、果物がぼくたちの食卓に届くまでには数週間かかる。収穫、予冷、梱包をすませた果物は、冷蔵施設でさらに一日、出荷を待つ。トラックで国を横断したあと、平均して三日間、卸売市場か大型店の地元倉庫にとどまる。そのあとようやく小売店に並ぶ。果物が売れるのは、たいてい数日間スーパーマーケットで陳列されたあとだ。それから、しおれる寸前まで一週間かそれ以上、家庭の冷蔵庫にしまいこまれる。

百年前、モントリオールは地中海の果物が集まる北アメリカの集積地だった。貨物船が一度に七万個の木箱を積んで到着した。買い手はボストン、ニューヨーク、シカゴからやってきて、オレンジやレモンをカナダのせりで確保した。モントリオール中央卸売市場の変遷は、二十世紀の青果物販売の移り変わりを反映している。一九六〇年代、中央市場は港から、高速道路の幹線と鉄道から近い都市郊外の空き地に移転した。今日、市場は形骸化している。大半の鉄道線路は舗装されて巨大なショッピングモールになり、世界最大の家電量販店ベスト・バイや、ウイナーズ、会員制倉庫型店舗コストコなど大型店が並んでいる。青果物の卸売市場でいまでも残っているのはごく少数だ。市場の地価が高騰したせいで、卸売業者はやむなく離散し、町のあちらこちらで個別の市場を開いている。というわけで、北アメリカにいまも残る卸売市場は十か所ほどしかない。

空輸も伸びている。高級品で貯蔵寿命が短い果物は、幅の広い貨物専用機にぴたりとおさまるLDという大型の金属コンテナで輸送される。ニューヨークで販売される最高級のモモ、アンズ、ネクタリンは、カリフォルニア州かチリの貨物空輸業者がLD2に荷積みする。ニューヨークの高級食材の卸売業者、たとえばボールダーズが買いあげてグルメ向け小売店に届け、翌朝には一ポンド当たり七ドル九九セントで店頭に並ぶ。「柔らかくて、汁気たっぷりの果物はコールドチェーン〔生鮮食品の品質を保持するための低温流通機構〕にはなじまない」と、ニューヨークのある青果商がぼくに教えてくれた。「品質の高いものがほしければ、ファースト・クラスで空輸するしかない」

ニューヨークの農産物販売は、行商人や呼び売り商人がワシントン・スクエアで十八世紀末に始めた。一九六〇年代の終わりには、現在のワールド・トレード・センター跡地に市場が密集していた。二十世紀に入ると、卸売の果物はせりでいちばん高値をつけた客に売られるようになった。カタログを印刷し、果物には品目番号が割り振られた。せりによる入札が中断したのは、生産者が農産物を二束三文で買いたたかれることに嫌気がさしたからである。ロンドンでは十八世紀に、「ろうそくを灯して」せりにかける方式が行なわれた。入札の開始と同時にろうそくに火をつけ、炎から少し離れたところにピンを刺す。ろうが溶けてピンが倒れる直前に値をつけた者が勝者となる。

卸売業者はかつては個別の果物を専門に扱っていたので、細かな点まで知り尽くしていた。ほかの業界と同じく、農産物の世界でも最近では合併や吸収が見られる。ダリーゴ・ブラザーズはハンツポイントの卸売最大手だが、輸送と販売も手がけるほか、民間では世界最大規模の栽培業者でもある。垂直的統合や業界の壁を越えた合併により、果物の適切な取り扱いに関して理解が乏しくなっている。

ヨーロッパでは、生産者の組合がこの傾向に対抗して、地域に根ざした果実販売を推進している。フランスの特定地域からの果物は、「原産地統制銘柄（ＡＯＣ）」と表示されている。このような産地指定品は高値で売れる。南西部のモワサック市や中部リムーザン地方のブドウ、北部モントルイユのモモ、ロレーヌ地方のミラベル種のスモモなどは、どれもみな昔ながらの方法で栽培され、品質の高さが称賛されている。フランスの産地表示による成功が呼び水となって、ヨーロッパ各地では、〝知る人ぞ知る〟ひと昔まえの風味豊かな品種を求める声が高まってきた。「これまでは一にも二にも棚持ちでしたが、いまでは風味が見直されています」と、パリ郊外にあるランジス卸売市場の広報担当フィリップ・

スティージーは語る。「どうしたら消費者にもっと喜んでもらえるか、われわれはその方法を発見しつつあるのです」

ランジスを訪れたとき、屋台のおじさんがこんな小咄を教えてくれた。中国人の科学者が表はパイナップル、裏はマンゴー味というリンゴを発明した。金持ちの男がどちらも味見したあとでこういった。「悪くはない。だが、女の果芯の味がするのをもってきてくれたら、金をたんまりはずむぞ」。数か月後、くだんの中国人が新しいリンゴを差し出した。「いかがでしょう」と声に期待をにじませる。金持ちはひと口かじるなり、吐きだした。「なんだこれは。クソみたいな味がする」と悪態をついた。「まあまあ」と中国の科学者がとりなした。「では表側をどうぞ」

同じ日、ギシュトという陽気な年寄りの露天商に出会った。リンゴ一箱を十五ユーロで売っている。強引な売り込みにへきえきし、ぼくは自分がジャーナリストで小売商ではないからとやんわり断わった。「そうかい」と彼は肩をすくめた。「それなら、ひとついいものを見せてやるよ」と台の下からリンゴを取り出したが、それには男が女を抱き上げて交合している場面が細部まで入念に印刷されていた。まるで『カーマスートラ』の挿絵のようだ。ぼくがメモをとっているのを見て、老人は上機嫌ではやしたてた。「この好き者め、鼻の下を伸ばしおって。みっともないぞ！」

アメリカでは、果物は名称とバーコードと原産地を記したシールを貼るか、その情報を果皮にレーザー光線で焼きつける。こうしたいわゆる「レーザー光線による情報伝達システムにより、高度に安全性が保証された」果物は洗浄から、選別、サイズ分け、等級づけ、箱詰めにいたるまで、すべて食品包装工場内で行なわれる。その後、検査官の確認をうけて、ベルトコンベアで荷積み口もしくは倉庫まで箱ごと運ばれ、仮眠状態でトラック、船、飛行機、あるいは列車に積みこまれる。

生化学的な成長抑制剤とホルモンにもとづく遅延反応剤のおかげで、果実の平均寿命は大幅に伸びた。リンゴは低温、低酸素・高二酸化炭素に調整したCA貯蔵庫で、一年近く鮮度を保ったまま保存できる。海王星に近い大気組成をもつこれらの貯蔵施設は、氷のように冷えきった処刑室のおもむきで、まるでウォルト・ディズニーの想像の産物のようだ。果物はここに収容されると、すぐに震えだし、汗をびっしょりかいて、冷凍保存によるショック状態に陥る。やがて、エチレンガスの爆撃でたたき起こされ、わけのわからないまま追熟過程に追いやられる。バナナの場合はエチレンを自然に生成するので、ほかの果物をバナナの近くにおいておくと熟すのはこのためである。スーパーマーケットのトマトがボール紙のような味がするのは、まだ青いうちに収穫され、エチレンガスで処理されて赤く色づくからだ。多くのオレンジは熟しても緑色のままだが、エチレンが外皮の葉緑素の層を破壊するので、その下にあるオレンジ色の色素が発現する。ただしエチレンガスの処理と並んで、ぼくたちが食べるオレンジの多くには合成着色料が使われている。

人工着色されたオレンジは以前は個々の果物に紫色のインクで表示されたが、そのたぐいの警告は北アメリカではもう免除されている。輸送用の箱にときどき表示されているが、消費者がオレンジの木箱に印刷された小さな活字に目をこらすことはめったにない。シトラスレッド二号はアメリカとカナダではいまでもオレンジの果皮に使用されている。イギリス、オーストラリア、ノルウェーでは禁じられているのだが。世界保健機関（WHO）が定期的に警告を出しているほか、早くも一九七三年の研究から、この着色料がマウスやラットの内臓に損傷を与え、ガンを引き起こすことが判明した。皮をむかずに調理する、マーマレードにする、刻んだ果皮を料理の風味づけに使う、スライスしたものを飲み物に浮かべる、丸ごとかぶりつくことさえ、毒性をあなどった行為かもしれない。柑橘類が着色されているかどうか確かめるには、皮をむいて内側についている白い筋を見ればわかる——オレンジ色なら、それは着色料が果皮からにじみ出し、果実に染みこんだ証拠である。

果物に光沢を与え、貯蔵寿命を延ばすためには、ワックスの薄い膜をかける。ワックスの製造輸出業者であるセレックスアグリ社、ブログデックス社、ムア・アンド・モンガー社らによると、青果物の大半にはワックスがかかっているそうだ。ワックスの一部はシェラック（カイガラムシの分泌する樹脂状物質）やカルナバ（ブラジルロウヤシの葉の分泌物）を精製して得られる。しかし、多くの果物には、合成のポリエチレンワックスや、原油の蒸留過程で抽出されるパラフィンワックスが使われている。つまり、ぼくたちは石油の残りかす――ノーマン・メイラーがいうところの「石油の排泄物」――を口にしているわけだ。ぼくたちが買った果物を入れるビニール袋もポリエチレンからできている。化石燃料はトラクターや農業機器を動かし、果物の成長を助ける化学肥料や殺虫剤を製造し、倉庫からスーパーマーケットへ輸送するのにも使われる。

そういうわけで、青果物のコーナーには、新車の展示場よろしく、大きくて傷ひとつない、ワックスでつやつやした果物がずらりと並んでいる。百万ワットのスポットライトがいくつもの方向から色彩のスペクトルを強調し、低温管理された陳列ケースはうっすらとくもって、水滴がしたたり落ちるさまを際立たせている。残念ながら、これは新車ではなく、レモンの話なのだが。

「見かけはきれいなリンゴだが、芯は腐っている。虚偽とはなんとりっぱな外見をもつものだろう」と、シェイクスピアは『ヴェニスの商人』で嘆息している。チェーンストアのよく肥えた、はちきれそうな果物は、通常のものよりひとまわり大きい――スモモはモモに、モモはグレープフルーツに、マンゴーはカンタループに見える。ハンガリーでは、いわば整形美人の北アメリカ産果物を「聴くに堪えない」と評する。まるでジャズか何かのように。

昔の人は染みひとつない果物には疑いの目を向けた。「ごてごて塗りたくり、食べる気がしない」と十九世紀の専門家は書いている。その意見は正しい。当時、八百屋は果物の色つやをよくしようとしてアラビアゴムノキからとったゴム質の乳液を塗ったり、墨汁で欠点を隠したりしていた。酸化マグネシウムや硫黄の粉末をアンズに振りかけて、後光のような神々しい輝き生みだすこともした。

今日のスーパーマーケットの危険はもっと手がこんでいるとはいえ、十八世紀のオランダ商人ピーテル・ファン・デア・フールトの言葉はいまでも傾聴に値する。彼は品質の悪いモモを、「厚化粧の娼婦と同じだ。いかにもおいしそうに色づいているが、中身はリンゴのように硬くて、何の風味もなく、そのくせしつこくつきまとって色目を使う」と描写した。

「傷のあるリンゴをスーパーマーケットで売ることはできないが、まずいリンゴなら売ることができる。ただし、つやがあって、なめらかで、でこぼこがなくて、均一で、色鮮やかなものに限るが」と、イギリスの作家で環境保護論者のエルスペス・ハクスリーはいう。世間の大方の人が知らないのは、品質の悪い果物は返品できるということだ。ファーマーズ・マーケットや小さな青果店で返品するのはおすすめしない。でも、もし大手チェーン店で、見た目はおいしそうなのにゴム長のような味がするモモに一杯食わされたとしたら、ぼくなら返品する。必ず返金してもらえるし、それは青果物の担当者にシグナルを送ることにもなるからだ。

ふたり以上の客がある商品を頼んだら、小売商はその声に応えて商品を仕入れようとする——在庫があればだが。リクエスト五件につき、百人の顧客がそれを欲しがっているものと見なされる。消費者が質の高い果物を求めることは、果物の均質化という風潮を逆転する手助けになるかもしれない。

あいにく、たいていの人は果物の品種をあまりよく知らないが、じつはそれこそ業界の思うつぼなのだ。果物はしばしば品種名を出さずに販売される。イチゴはイチゴであって、モナークでも、シースケープでも、アルビオンでもない。北アメリカやヨーロッパで買えるのは、果肉がしっかりしていて、赤い色で、耐寒性のあるカマロッサやエルサンタ、ディアマンテ、ヴェンタナといった品種で、丈夫だが風味には欠ける。あまり知られていないが、かつては一三六二種ものイチゴが、一九二六年の目録『ニューヨークの小型果実』をにぎわしていた。

青果業界の意図的な判断によって、買い物客は果物の多様性から遠ざけられてきた。消費者が果物のさまざまな品種について学びだしたら、質の高さを求めるようになる。リンゴは最近、新しい品種が爆発的に増えたことから、果物の旬についての理解が高まり——リンゴの総売上高は減少した。C&O果樹園のトッド・スナイダーはこう説明する。「新しい品種をつけ加えたところで、果物の消費量は増えない。人びとがリンゴには赤と黄色の二種類しかないと思いこんでいたころは、ほかの品種を食べそこねているとは知らなかった。ガラやフジやジョナゴールドが出まわるようになって、だしぬけにえり好みをするようになった」

スーパーマーケットは消費者が品種にこだわることを望んでいない。なぜなら、それは質の劣る果物を周年販売するというスーパーの方針と衝突するからだ。旬の真っ盛りでさえ、大半のスーパーマーケットの棚には、相変わらず平均以下のリンゴ、オレンジ、イチゴが並んでいる。業界用語ではこの季節性のなさを、「地球に広がる常夏の世界」と称している。つまり、あらゆる品を年中取りそろえているということだ——ただし二級品を。

果物の多様性から見れば、店頭にあるのはそのごく一部にすぎない。ぼくたちが食べている食品の九〇パーセントは、わずか三十種類の植物に由来している。この伸び悩みはいくつもの理由から説明できる。たいていの果物は信頼できない。輸送に向かない。サイズが均一でない。全国展開のチェーン店が必要とする収量にはとうてい届かない。まったく収穫のない年もある。そもそも果物は柔らかくて多汁で——積み重ねるだけで傷んでしまう。伝統的なエアルームの品種には、まるで水風船のようにすぐにはじけるものがある。コーズ・ゴールデン・ドロップという昔のスモモの品種など、果汁が多すぎてかぶりつくこともできない。少しかじって小さな穴をあけ、そこから香り高い蜜をすするのである。味のよいものが市場に出まわっている果物もあれば、そうでないものもある。レモンやオレンジ、リンゴ、バナナ、ブドウなら、おいしいものが地元のスーパー、ピグリーウィグリーでも手に入る。でも、イチゴやモモやイチジクとなるとそうはいかない。金属臭のしないアンズを見つけるのは不可能に近い。イランではアンズは太陽の卵とよばれているが、それでも、商業品種のうち売上げトップはアメリカ産のケイティである。果物は世界各国に輸送されるという苦役に耐えなければならない。果肉の白いサラーハや赤いトムチャムといった優良種は、収穫してから数日しかもたない。傷みやすく、見た目も悪く、熟すには風変わりな要件を充たすことが必要だ——それでも、味は絶品。ひと言でいうなら、棚持ちのよい果物とは対極にある。

富裕層にとっては、状況はよくなりつつある。果皮の白いアンズ、エンジェルコットはニューヨークやカリフォルニアの高級果実店で、目の玉の飛びでるような高値で売られている。だが庶民にとっては、おいしいアンズはいまだに高嶺の花である。「ペルシャのどこかにある宮殿の、涼しげな噴水の音しか聞こえない静かな庭園こそ、アンズにふさわしい舞台である。似合いの金の皿に載せられ、気だるげなシェヘラザードに供されるのを待っている」と、十九世紀イギリスの園芸家で美食家でもあるエドワード・A・バンヤードは記している。

二十世紀前半、オレンジほどよく食べられた果物はない。濃縮技術が開発されてからは、丸ごと食べるよりもジュースにして飲むほうがはるかに多くなった。「凍結人間」と揶揄される濃縮果汁メーカーは、新鮮な果物の魅力を台無しにするうえで決定的な役割を果たしてきた。冷凍のオレンジ果汁をかきまぜるほうが、わざわざ生のオレンジをしぼるよりもお手軽である。濃縮果汁がいつでも同じ味がするのは、まず煮沸し、基本的な成分に分けて構造を変え、人工の香料を加えたうえで、最後に厚紙の容器に入れて冷凍するからだ。多忙な現代人はとてもそれだけの手間をかけられないので、トロピカーナを飲んで、しぼりたての果汁と同じくらいおいしいと思いこむ。

都市化と工業化によって、ぼくたちは食の源から引き離され、食物が自然のなかでどんなふうに育つのかも忘れてしまった。だからといって聖アントニウスをまねて、山にこもって修業するわけにもいかず、これからも自分で食料を採集したり栽培する代わりに、店から買ってくるという生活を送るしかない。

ヘンリー・ソローは果物には「移ろいやすく霊妙な性質があり、それは果物の最高の価値であって、俗悪にすることも売買することもできない」と考えた。この言葉はいろいろな意味で当たっている。ラズベリーは木からもいですぐに食べるのが一番おいしい。摘んでから十分もすれば、何かが失われてしまう。「取引されるものは決まって、果実の一番粗悪な部分だ」と、ソローも『野生の果実』のなかで書いている。「美しい果物あるいはその一部を、売り買いすることができないのは厳然たる事実であって、つまり、果物の有用性にしろ楽しみにしろ、最良のものは買うことができない。それは果物を実際にもぎとる人に与えられるものである」

たいていの小売店は、質のよい果物を仕入れるという厄介な問題にあえて関わろうとしない。果物はしばしば入り口近くに積み上げて、客をおびき寄せ、もっと値の張る加工食品や軽食、ソフトドリンクなど、棚置き料をよろこんで支払ってくれる大企業の製品を買ってもらうおとりにする（ちなみに、これらの食品の成分表示も信用できない。クラフツ社のグアカモーレ〔つぶしたアボカドにトマト、タマネギを混ぜたクリームソース〕に含まれるアボカドは二パーセント以下である。クエーカー社のオートミール、ピーチ&クリームにはモモの代わりに、着色し乾燥させたリンゴのフレークが入っている。ある種のブルーベリーワッフルは、じつは青く染めたリンゴのワッフルだ。スイカのフルーツロールアップはナシ入りだが、スイカはまったく入っていない。大量生産されたフルーツケーキには、カブが原料のものもある)。コンビニに生の果物がほとんどない、あるいはまったくないのは単純な理由による。儲けが少ないからだ。ある小さな八百屋で聞いたところでは、「大きな店は青果物をきらっている。厄介払いできるなら、三十秒で片づけてしまうだろう。そもそも野菜や果物は儲からない」それを考えれば、スーパーマーケットの棚に並んでいるものがどうして一番安くて、質の悪い果物であるかは自明である。

進歩的な小売店は、地元の農産物を仕入れようと努力している。さらにおすすめなのは、ファーマーズ・マーケットに買い出しに出かけることだ。地中海性の気候なら、ファーマーズ・マーケットは一年中開いている。そういう暮らしこそ人間本来の生き方のような気がする。だが、果物のなかには繊細すぎて、ファーマーズ・マーケットでも手に入らないものがある。ほんとうにおいしい果物が食べたければ、農場に足を運ぶしかない。栄養士のマリソン・ネッスルはこう書いている。「もぎたての果物を食べたことがなければ、果物のほんとうの味はわかりません」

ぼくは、質の高い果物店の店主とふだんから親しくしておくのが大事だと肝に銘じている。欲をいえば、その土地の果物を扱っている業者がいい。うちの近くの市場には、顔に深いしわの刻まれた、まるで地の精のような老人がいて、ぼくは彼の店に必ず立ち寄るようにしている。おやじさんはぼくにいろいろ味見をさせて、いつ何が食べごろかを指南し、傷んだ果実のほうがじつはずっと甘いのだと教えてくれる。手引きしてくれる人がいないと、果物を買うのは一か八かの賭けになる。どれが旬なのかもわからない。だから、近所の八百屋さんとはなじみになっておくに限る。

ぼくにとって、夏はメロン、モモ、スモモ、それにキイチゴの季節だ——ほかの時期には手を出さない（南半球から輸入される季節はずれの果物は、味がいまひとつなので）。リンゴやナシはいつでも手に入るが、秋がだんぜんおいしい。ザクロ、マルメロ、柿もしかり。柑橘類の品質は冬になるとぐんと跳ね上がる。チェリモヤはパパイアと同じく晩冬のごちそうで、とりわけライムをしぼり、砕いたアーモンドを添えるとおいしい。ロサンゼルスに春の訪れを告げるのはビワで、町じゅうの木がいっせいに実をつける。つづいてマンゴー、さらにサクランボ、アンズ、イチゴが晩春にやってくる。旅先ではもちろん、これらの埋め合わせとして地元の果物を賞味する。

どの果物を食べたらいいのかよくわからないのは、理由はそれだけでないにしろ、青果物は消費者が広告攻めにされない数少ない分野の一つだからだ。利幅が小さいので大規模なキャンペーンは手控えられ、大量の宣伝広告にさらされないとなれば、決め手となるのは外見である。ところがご存じのように、人は見かけにだまされやすい。客はとかく非の打ちどころのないものを求め、スーパー側も少しでも傷があるものは廃棄してしまう。ちなみに、収穫された果物のうち二五パーセントは生ゴミになるといわれれている。ヨーロッパではこれを阻止しようとする動きがあり、規格外の果物（ＥＵでは第二類に分類される）は、一キロ当たり五〇ペンスから一ポンド安く販売されている。第二類は小さな傷がついていたり目立った欠点があるかもしれないが、食味に問題はない——往々にして、第一類の果物よりもおいしいくらいだ。

店舗における果物の選択は、いまだに謎の多い研究分野である。消費者性向の調査によると、実際に買い物リストに載せられる果物はリンゴ、バナナ、オレンジ、それにイチゴぐらいで——それ以外はことごとくそのときの気分で買ったものである。ある果物の見かけや手ざわりが気に入れば、消費者はそれを買う。このような衝動買いで勝利を収めた結果、モモやサクランボはキウイやメロンよりも家庭によく浸透している。

見ばえ重視という基本を補完すべく、買い手も数限りない奇抜な方法を編み出してきた。マーケティング担当者はこの選択の過程を「スーパーマーケットの快楽」とよんでいる。――握りしめる、まさぐる、においを嗅ぐ、なでまわす、さする等々。うまくいく場合もある。アボカドのごつごつした皮を指ではじけば、中身がどんなようすかおぼろげにわかる。うまくいかない場合もある。パイナップルの葉をいくらむしっても、熟しているかどうかとは無関係だ。

メロンの達人たちはそれぞれに奥義をきわめている。ある者はお尻をたたく。またある者は、甘くなるまで日なたに出しておく。悪徳業者がメロンの表面に人工的に網目《ネット》を刻んで、買い物客をあざむくという話にはこと欠かない。カンタループという品種の熱烈な愛好家は、熟度をより正確に測定するには、へたの離層の状態を見ればわかるとしている。つるがついているものは、ナイフかはさみで切りとった証拠であって、そのメロンは十中八九、未熟なうちに収穫され、この先もおいしくなる見込みはない。つるのまったくないもの――「フルスリップ」とか「フルムーン」とよばれる――が理想だ。つるの切れ端がわずかに残っている場合は、へたの周りにリング状に割れが生じているものを探すこと。ただし見た目がいくら完璧でも、そのメロンがジャガイモのような味がする可能性もなきにしもあらずだが。

スーパーマーケットで果物を買うのは基本的には賭けである。なぜなら完熟していないのがふつうだから。果物はしばしば熟したのを見計らって――つまり出荷できるまで生育した段階で――収穫されるが、成熟をピークにまでおし進めるのに必要なさまざまな品質の変化はまだ起こっていない。商業果物は収穫された時点では、エチレンの生成も、でんぷんの糖化も、細胞壁の軟化も、適度な酸味の形成もこれからが本番だ。

柑橘類、ブドウ、サクランボ、イチゴ、ラズベリー、パイナップル、スイカなどは非クライマクテリック果実とよばれ、収穫されると、もうそれ以上は成熟しない。収穫のときが最高の状態で、そこから品質は低下していく。すぐに食べることをおすすめしたい。

収穫後も成熟がつづくものは、クライマクテリック果実とよばれる。このカテゴリーにはどちらともいえない灰色の領域がある。アンズ、モモ、ネクタリン、ブルーベリー、スモモ、それにある種のメロンがそれで、収穫後も果肉は軟化し、より多汁になるものの、特有の香りや甘みは収穫されてしまうとそれ以上は増えない。リンゴ、キウイ、マンゴー、パパイアその他、ある種の熱帯果実では収穫後に甘みが増す。内部のでんぷんが分解されて糖に変わり、追熟の過程で呼吸量が急激に増加し、各種のガスが発生する。茶色い斑点でおおわれたバナナは、人間にたとえるならば、出産で荒い息づかいをしている母親である。

ある種のクライマクテリック果実、たとえばバナナ、アボカド、洋ナシは実際には収穫してから追熟させることが必要とはいえ、それでも適切な時期に収穫しなければならないことに変わりはない。さらに取扱いにも注意しなければ、本来のおいしさは味わえない。バナナは冷凍貯蔵室で保管しておくと灰色になり、追熟不良が起こる。洋ナシの収穫には成熟度を精密に測定する装置、ペネトロメーター（硬度を測定）あるいはポテンシオメーター（電位差を測定）とよばれる測定器が使用されている。収穫後は予冷し、食べごろになるまで貯蔵しなければならない。スーパーマーケットのナシは十週間ものあいだカビの生えた加湿器の下に置かれているので、食べごろを見分けるのは難しい。一ダース買って、一日一個ずつ食べてみてはどうだろう。運がよければ、そのうち一個から果汁がほとばしるはずだ。「ナシの一生で、食べごろはわずか十分である」と、十九世紀アメリカの思想家、哲学者であるラルフ・ウォルド・エマーソンは書いている。

追熟とは、気難しいエチレンが金色の靄となって感覚を刺激し、酸味と甘みが複雑にからみ合うときを指すが、それは一瞬のことであっというまに消え失せてしまう。この瞬間をあやまたず見分けるには、経験と幸運が必要だ。「イチジクが完全に熟した瞬間は」とコレットは書いている。「夜露を含んでふっくらし、甘い樹液の涙がただ一滴、目からあふれでたときです」スグリに関しては、それがホワイト・スワンかレッド・シャンパーニュかアーリー・グリーン・ヘアリーかを問わず、バンヤードによれば「夏の盛りの七月の日曜日、十二時三十分に教会から帰ってきて、果物がほんのりと温かく感じられるそのときこそ、まさしく熟れどきなのである」。あらゆる果物には最高の食べどきがあるのだが、それを見つけるのはまずもって不可能に近い。まさに食べ頃という果物を味わいたければ、ぼくたちもフルーツ・ハンターの仲間になるしかない。

第4部　情熱

13　保護——果物への情熱

果樹よ、果樹よ、
あなたを知っているのは、雨と風だけ。
心配しないで。みなはいずれ立ち止まり、あなたのことを思い出す。
あなたはもういないけれど。

ニック・ドレイク『フルーツ・トゥリー』

アメリカ、ニューハンプシャー州のポヴァティ・レーン果樹園では、雨もようの空の下、熟して落ちたリンゴの健やかで、爽快な香りが漂っている。農場の裏手にまわって、リンゴのジャムやシロップのわきを通り、低温殺菌しない、禁酒法時代の製法でつくられたリンゴ酒の売り場を行き過ぎると、「つむじ曲がりのリンゴ」と表示された風変わりなリンゴが展示されている。通りかかった者は試食をすすめられる。

ざらざらした手ざわりで果皮が茶色いリンゴは、アッシュミード・カーネルといって起源は一七〇〇年までさかのぼり、ナツメグ入りのワインを思わせる芳香がある。フランス生まれのカルヴィーユ・ブラン・ディヴェールはカボチャのようなうねをもつ十六世紀の料理用リンゴで、こちらもとびきりおいしい。トーマス・ジェファーソンの好物だったといわれるエソパス・スピッツェンバーグは、ぼくの未熟な舌には、これぞまさしくリンゴだと感じられた。こうした昔からあるリンゴをかじると、過去へと時間をさかのぼるような気がする。ルネサンス時代の廷臣、あるいは、ヴァージニアの富裕な地主の人生の香りがする。

ポヴァティ・レーン果樹園のスティーヴン・ウッドはたくましいあごをした、自信に満ちた人物で、農場を維持できるのはこれらの由緒あるリンゴのおかげだと考えている。一九六五年から九〇年代初めまで、ウッドはマッキントッシュ種とコートランド種を栽培していたが、破産の瀬戸際まで追いこまれた――リンゴ農家がどこもそうだったように。「自分たちの手に負えないもろもろの理由、おもに世界的なリンゴの過剰栽培のせいで、業界全体が余命いくばくもないのが、だれの目にも明らかになってきた」とウッドはため息をついた。ゲーリー・スナイダーから聞いた話とそっくり同じだ。

リンゴを買うほうが育てるよりも安いとわかった時点で、ウッドは新しいことに挑戦しようと決意した。それが、先祖代々受け継がれてきたエアルーム品種の発掘である。昔ながらのリンゴをマッキントッシュに接ぎ木したところ、あっと驚くような香気のあるものがいくつか見つかった。「くせのある香りが魅力的で――脳天にガツンとくるようだった」とウッドはいう。「こういっためずらしい品種のなかに、びっくりするほど優秀なものがあるとわかってね」十種類ほどの主力を決めると、つぎは販路の開拓に取りかかった。見ばえのする箱に梱包して都会の高級市場に出荷したところ、みるみる需要が伸びだした。彼が売っているポム・グリーズ――ルイ十四世ご用達の品種である――の箱詰めは、マッキントッシュの五倍もの値段がついている。

「これが賢明な策だったのかどうか、まだ結論は出ていない」とウッドはいう。ちなみに彼は、ハーバード大学で中世史を学んだ学究肌の人間である。「リスクは小さくないが、死にかけているリンゴ産業が息を吹き返すのをじっと待っているよりはましだろう。十年したら、これが小手先のあざとい策にすぎなかったかどうかはっきりするよ。でもいまのところ見込みはあるし、めったにない作物を育てるいい機会になった。こんなことでもなければ世間に出まわったかどうか」

ウッドは大きな潮流に与《くみ》している。品質の悪い果物であふれかえっている市場で、小さな農家は斬新で創意工夫に富んだ策を練らなければ、競合していくことはできない。ありきたりでない、稀少な、とっておきの品種を栽培し、しかもそれを市場に出す努力を怠らない農家は、その果物が高値で売れることを実感している。

「農家にとって持続可能性とは、収支とんとんなんだ」北カリフォルニアのペンリン・オーチャード・スペシャリティーズのジェフ・リーガーはいう。「つまり、税金を支払い、来年も農場をやっていくだけの金が稼げればいい」リーガーのとってきた手法は、数種類のエアルームに的をしぼることである。果皮の黒っぽいアーカンソー・ブラック・アップル、グリーンゲイジという緑色のスモモ、それにフランス原産のシャランテというメロン。日本古来の干し柿もつくっている。柿を数週間吊るし、ときどき手で丹念にもんで、干しぐあいを均一にする。できあがった干し柿はしっとりと柔らかく、表面は天然の果糖が結晶化した白い粉でおおわれる。リーガーは干し柿を一ポンド三三ドルで、サンタモニカのファーマーズ・マーケットや、トーマス・ケラーなどの超一流シェフに卸している。二〇〇六年に収穫したものは数週間で完売した。

ジム・チャーチルとリサ・ブレネイスはチャーチル果樹園を経営している。自称「反逆児のブランド」だ。ぼくがこれまで食べたなかで最高のミカンを栽培している。小型で、甘酸っぱく、見場もよい果物で、キシュウ（紀州）という日本の古い品種である。彼らはカリフォルニア大学リバーサイド校の柑橘類園を訪れたとき、キシュウの栽培を思いついた。そこでは九百を超える品種が栽培され、シトランジクアット、メガロロ、オランジェロ、タンゴ、シトレモン、シトレンジ、シトルメロ、レマンダリン、ブラッドライム、果肉が紫色のタンジェロ、緑の地に黄色の縞模様で果肉がピンク色のレモンなどがある。「大学院生にどれが好きかきいたんですよ。だって、一日じゅうあの果樹園にいるわけだから」とブレネイスはいう。学生たちは異口同音に、キシュウと答えた。いまでは、チャーチル果樹園のキシュウはカリフォルニア州のファーマーズ・マーケットとメールオーダーであっというまに売り切れる。人気レストラン、シェ・パニースではキシュウをそのままデザートに出す。チャーチル果樹園のほかの果物も同じようにユニークで、酸味の少ないバニッリャ・ブラッドオレンジはバニラアイスクリームのような味がする。

ぼくがこれまで食べたなかで一番の変わり種は、チャーチル果樹園の近くにあるオージェイ農場のオレンジだ。それは名もない枝変りだが、どうしたものかチキンヌードルスープそっくりの味がした。すべての素材がそろっている。赤肉、白肉、鶏肉のスープ、おまけに麺まで。だが、私見では、チャーチルのキシュウに匹敵するほどおいしい柑橘類はない。ハリウッドのファーマーズ・マーケットの常連は、今期はもうおしまいだと聞くと自制心を失う。「根っからのキシュウ好きは、キシュウと聞くと目の色が変わって」とブレネイスは笑う。

たいていの場合、農家は効率よくたくさん実をつけるような果樹を育てる。味がよくても、忘れられた往年の優良種はいまさらお呼びではない。品質のよい果物をすすんで栽培しようという人は、自分が育てた作物に深い愛情を寄せていることがままある。情熱は必要欠くべからざるものだ。気まぐれな果物にいどむ技術的、芸術的な難しさは、生半可なものではない。畑を売ってしまうほうがよほど儲かる。果物を育てる以外に何もやりたいことがない、というなら話は別だが。

ゼブロフ一家が農業で食べていくには、子どもも孫も甥も含めた家族全員、親戚一同が、年がら年じゅう畑仕事に明け暮れなければならない。「農業は楽じゃない。だが、わたしたちは畑の世話を仕事とは考えていない」とジョージ・ゼブロフはいう。「ここは労働の場所じゃない。生活の場なんだ」

ぼくは、カナダのブリティッシュコロンビア州、シミルカミーン谷にある彼の農場を二〇〇六年八月に訪ねた。奥さんのアンナが門のところで出迎えてくれた。長靴下のピッピがそのまま大人になったような女性だ。スカーフのぐあいを直しながら納屋に入り、新鮮な牛乳にスプーン一杯のハチミツを入れてどうぞと差し出す。その飲物はここの暮らしを象徴するようであり、おいしかった。しぼりたてでまだ暖かい牛乳にハチミツが溶ける。ジョージは大釜でモモのジャムをつくるのに忙しかったので、ぼくたちは起伏の多い農場をひとめぐりした。野菜やら花やらハーブやら果樹やらが、少しでも土のあるところならどこでも勢いよく芽吹いている。裏庭は山腹の急な斜面にあって、独特の気候をつくりだしている。ニワトリがあたりをうろつき、アンナがいうには、リンゴの木に肥やしをやっているそうだ。「よその農場はヴェルサイユ宮殿みたいでしょ。ここは木のまわりも雑草だらけだけど、そのままにしているんです。うちの農場は、動物と植物と昆虫が合わさってひとつだから」そう話すアンナのまぶたにハエが止まり、羽を休めた。アンナは自然の一部になりきっているので、それに気づきもしないようだった。

ジョージ・ゼブロフはジャムが一段落したので、外に出てきた。最初は口数が少なくて、近よりがたい雰囲気がした。ぼさぼさの灰色の髪に、もじゃもじゃのあごひげがお似合いだ。とても背が高い。彼と握手するのは、ロードス島の巨像〔紀元前三世紀ごろ、ロードス島に建造された太陽神ヘリオスをかたどった彫像。世界の七不思議のひとつ〕に挨拶するような気がした。ぼくのことを疑わしげにじろじろ見ながら、きみが書いているのはどんな本なのかときいてきた。簡にして要を得た質問で、本の内容について納得すると、とたんに社交的になり、博識ぶりを披露しながら、折り目正しい口調で雄弁に語りだした。

リンゴ農家のウッドがいうように、実際には食物はつくるより買ったほうが安上がりだと認めたうえで、農家はかつては高く評価されていたと話した。「ところが、いまや農家は補助金ねだりのはた迷惑な輩だと見なされている」とゼブロフはいう。「どうやっても赤字が出る仕組みだ。企業の農業モデルはそれを前提にしている。企業が行なってきた不正行為の数々は記録に残っているよ。それを足がかりに、連中は自分たちの世界をつくりあげた」

農場でとれたブドウを試食していると、スズメがブドウのネットにからまっているのをジョージが見つけた。やさしい手つきでネットをはずし、大空に飛びたたせてやった。ゼブロフの農場では、多くの農家とちがって、迷いこんできた動物を殺さない。山から下りてきたヘビでさえ、罠で捕まえたあと放してやる。コストに耐え、それをみなで分担する。損失を丸ごと土地に押しつけてはだめだ、とゼブロフは説明する。農場の目的は調和をつくりだすことであって、金儲けではない。それを実践するため、ここでは多くのものを一緒に育てている。一番いいものを食べ、あまったものを売る。

ぼくもそのお相伴にあずかった。わくわくしながら、非の打ちどころのないグリーンゲイジを木からもいで味わい、まいったと思った。生きているのはすばらしい。モモは頬っぺたが落ちるほどおいしかった。みずみずしいクワの実の果汁で指先が染まった。「うちが目指しているのは、規格にも均質化にも当てはまらない果物だ」とゼブロフは説明する。「そのもの本来の性質は、それぞれに異なる形、食感、味と香り、感覚的および栄養的な価値のなかにある。果物はふたつと同じものはない――またそうあるべきでもない」

ここではさまざまな種類の木を別々の年に植え、毎年、どれかの果実が確実にみのるようにしている。「一年おきに実をつけるのは、大方の木にとって自然なことだ」と彼はいう。「毎年、結実するほうがおかしい。だからうちでは木にまかせている。よそは無理やり実をつけさせるがね。木だって休みをとる必要がある。それでも、枯れるときは枯れる。それひとつをとっても、いろんな種類を育てておくほうがいいという立派な理由になる」

ゼブロフの農場は化学薬品を一切使わず、ほかの大規模な有機農家についてはきびしい見方をしている。有機とはつまり多様性だというのが彼の信念だ——農薬を散布している単一栽培の大農場とはちがう。ゼブロフ家では農機具、ガス、その他の生活必需品を別にすれば、ほとんど買い物をしない。ときには食品の買い出しにいくが、農場で栽培できないものに限られている。アンナはちょくちょくバナナを買うことは認めたが、それはここの気候ではバナナは育たないからだ。

ゼブロフ一家はほかの農家の暮らしぶりについてはよく知らない。自分の農場の世話で精一杯で、そのことまでは手がまわらない。農業で食べていくことは可能ですかときくと、ジョージは答えた。「もちろん。畑仕事が苦でなければ。だれでもできるかって？ そりゃあできるさ、ただし世間の常識にはどこまでも抵抗しなきゃならん。『シティー・スリッカーズ』という映画を見たことは？」

「ビリー・クリスタル主演の？」

「ジャック・パランス演じる老カウボーイが、人生の秘訣について話す場面がある。彼は指を一本立ててこう語る。『秘訣は、よそ見をしないことだ。ひとつのことに打ちこみ、ひとつのことを極めるとね。なに、そんなものは秘訣じゃない。文化的な刷りこみだ』。ぼくはインタビューの最後に、どうしてこういう農場が消えつつあるのかと質問してみた。ゼブロフは天を指して、くり返した。「ジャック・パランスの指のせいだよ」

ピクニックテーブルに腰かけ、自家製のパンとチーズに庭からとってきたトマト、赤ピーマン、香草を添えたものを食べながら、ぼくはバンクーバー美術館で見てきたばかりの展覧会の話をした。ブリティッシュコロンビア州の沖合い百キロにある群島で暮らすカナダの先住民、ハイダ人の美術品を展示した回顧展である。彼らの日用品はどれもみな——カヌーも、衣服も、家庭用品も、櫂も——昔ながらの美しい伝統工芸品だ。ギフトショップの本をめくっているうちにふと目にとまったハイダ人のことわざが、ぼくの記憶に深く刻みこまれていた。「喜びとは巧みにつくられた物で、それに匹敵するのは、それをつくる喜びだけである」ゼブロフは自家製のスモモ入りハチミツ酒を注ぎながら、うなずいた。「それはそっくりそのまま、うちの信条だ」

ぼくたちはいま大量絶滅の時代に生きている。熱帯雨林を継続的に破壊して木材や紙や牧場をつくることで、毎年およそ一万七千五百種もの植物が失なわれている。それらの種は記録にとどめられるまもなく消えていく。

だが、絶滅もまた自然現象のひとつだ。かつて生存した種のうち九九・九パーセントは絶滅した。そのほぼすべては人間がこの地上に出現するまえに消えていった。ぼくたちはそれらの大半について、それがどんなものだったのか想像するしかない——とはいえ、いまなおぼくたちの周囲に残っている種の豊富さを尊重することは可能だ。

農家はある特定の品種を栽培することで、多様性の維持に手を貸すことができる。ジョルダーノ農場のデイヴィッド・ジョルダーノはムアパーク種のアンズを、彼の父親が一九二〇年代に栽培したときと同じ根株から増やすことで救出した。「よそでもムアパークを手に入れられるだろうけど、うちのはちがう」と彼はぼくに語った。「わたしが守ったのはこれだよ」やや緑色がかっているものの、彼のアンズにはたぐいまれな芳香がある。「お客さんはこれを見たら、鼻をくんくんうごめかす。そこでひとつ試食してもらったら、みんな絶句する。最初は半信半疑だったのが、『いくつ買えますか?』に変わるんだ」

果物を絶滅から救う最善の方法は、その果物に対する需要を呼び起こすことである。どのみち、果物のほうでも子孫を増やすために食べてもらうことを望んでいる。消費者のなすべきことは、その果実を求めることだ。実際、過去のものだと信じられている果物の多くが、小さな農場ではまだ育っている。一九七〇年代にはシード・セイバーズ・エクスチェインジのケント・ウィリーが、青果物のエアルーム品種という概念を広く紹介し、一九二〇年代に人気のあった甘みの強いスイカ、ムーン・アンド・スターズの種子を求むと呼びかけた。あいにく、ひとつも見つからなかった。そのスイカは絶滅したというわさが流れた。だが一九八〇年になって、ミズーリー州メイコンの農場主でマール・ファン・ドーレンという人物から、うちでその品種を栽培しているという連絡があった。ムーン・アンド・スターズはいまやシード・セイバーズ・エクスチェインジで一番人気の高いエアルームで、数えきれない家庭菜園で栽培されている。

ぼくの母が住んでいるモントリオール近郊のノートル・ダム・ド・グレースでは、かつては町ぐるみで特別な品種のメロンを栽培し、二十世紀初めにはおしゃれなニューヨークのレストランに高値で卸していた。第二次世界大戦後、農地が宅地にのみこまれると、そのモントリオール・メロンは消えてしまった。あるいは、だれもがそう思いこんだ。何通もの手紙が世界各地の種子銀行に送られた。一九九六年、アイオワのエイム大学から種子の袋が届いた。ウィンドミル・ポイント農場で栽培されていたものである。ノートル・ダム・ド・グレースのＹＭＣＡの裏庭にあらためてメロン畑がつくられ、いまではカンタループの庭とよばれている。

毎年、国際自然保護連合は、絶滅危惧種のレッドリストを発表している。絶滅のおそれがある約二万種の植物のほとんどは被子植物、つまり果実をつける植物である。危機に瀕している植物には、ブラジル大西洋岸の熱帯雨林に生えるフトモモ科のカンブカー、中東産ナツメヤシが数種類、トルコ産のナシが五品種、マンゴーとその近縁の三十五品種などが含まれている。

アメリカの食の伝統と多様性を守ることを目的にしたNPO団体、RAFTも独自のレッドリストを作成し、七百を超える北アメリカ固有の植物および動物に由来する食品のなかで絶滅が危惧されているもの、たとえば、芳香のあるイチゴのマーシャルや、一五〇〇年代に先住民が栽培していたといわれる小型で甘いセミノール・パンプキンを掲載している。ところが政府の規制が、在来種を市場で広く売買しようとする動きを妨げている。ハチミツを思わせる独特な風味にもかかわらず、ピットマストン・パイナップルというリンゴはサイズが小さすぎてEUで販売できない。ヨーロッパでは種子法により未登録種子は商業利用できないが、登録料が高いため多くのエアルーム品種が公式の経済から排除されている。イギリスの高級紙『インデペンデント』はこう報じている。「(在来種を) 販売することは違法になる。そのせいで植物が栽培されなくなると、将来のために種子を供給することができず、その植物はいずれ絶滅してしまう」

しかし、絶滅種の報道については誇張されるきらいがなきにしもあらずだ。たとえば、トリヴァー・アップルは、失われた品種の悲劇的なシンボルとしてしばしば取りあげられる。トーマス・ジェファーソンはこのリンゴについて、リンゴ酒の原料に最適で、シャンパンのようになめらかな舌ざわりの飲物ができると書き残した。しかし少し調べてみると、まだ身近に残っている可能性のあることがわかった。「わたしはもう何十年も、父の跡を継いで探しています」と、トム・バーフォードはeメールのやりとりで書いてきた。「これまでの二十年間で、候補が四つあらわれました。どれもトリヴァーについてのわずかでしかも矛盾するところのある文献の記述と似ています」これはいわばリンゴ版のアナスタシアで、ロシア皇帝ニコライ二世の遺児と称する人物が何人も名乗りをあげている状況である。「このリンゴを熱心に探しているひと握りの人間は、今後、たとえば新たな資料の発見などでさらに詳しい特徴がわからないかぎり、どれかひとつに決定することは難しいという点で意見が一致しています」いいかえれば、トリヴァーそのものでなくても、ジェファーソンの記述に一致し――そして舌ざわりのよいリンゴ酒ができる――加工用のリンゴが四種類あるということだ。

国際自然保護連合によると、栽培リンゴの原種マルス・シエウェルシイもまた絶滅に瀕している。だが調べたところ、生息環境へのさまざまな圧力にもかかわらず無事に保護されてきた。

この甘い野生リンゴのふるさとは天山山脈で、カザフスタンとキルギスタンと新疆ウイグル自治区のあいだにある。リンゴの木が群生しているのはカザフスタン南東部の都市アルマトイの郊外で、ちなみにアルマトイは「リンゴが豊富」という意味である（ソビエト時代はアルマ・アタ、すなわち、「リンゴの父」とよばれていた）。これらの木は千年に及ぶ天候の変化や病害虫を生き延びてきたわけで、ぼくたちの食の供給における大惨事を未然に防ぐために利用できるさまざまな特徴をそなえている。だが、町の人口が二百万人に迫り、シルクロードの都市化の波がこの古代リンゴの森にもじわじわと侵入している。

さいわいにもアメリカのフルーツ・ハンターたちが過去十年間、カザフスタンの荒野をくまなく歩きまわって、この地方に固有なリンゴの遺伝子プールの収集に努めてきた。ニューヨーク州ジェニーヴァにある、アメリカ農務省リンゴ生殖質研究所の主任研究官フィリップ・フォースリンは、二千五百種の品種を管理しているが、そのなかには天山山脈で採集したリンゴの原種も含まれている。フォースリンは彼がもち帰ったリンゴが将来、病害虫に耐性のある新種の育成に利用できると自信をもっている。

ジェニーヴァは生きたリンゴの博物館だ。さまざまな種類のリンゴの木が隣り合い、見渡すかぎり何列も植えられている。「これぞ多様性ですよ」フォースリンはぼくを案内しながらそういった。「ジェニーヴァはカザフスタンの生まれ変わりです」

ジェニーヴァは全米で二十六か所ある生殖質貯蔵庫のひとつだ。生殖質とは植物の増殖手段に使う生きた組織、つまり種子、茎、枝、花粉、挿穂、細胞、およびDNAを指す専門用語である。五十万種にのぼる植物がアメリカ農務省の植物遺伝資源システム（NPGS）に保存されている。コロラド州フォートコリンズにある種子貯蔵研究所では、万一の事態にそなえてアメリカの主要農産物の生殖質が貯蔵されている。約五十万種の標本の多くは、マイナス一九六度の液体窒素のタンクで凍結保存されている。

世界各国には千四百か所を超える種子銀行がある。このような施設の設立資金や人件費はしばしば民間企業や個人の寄付によってまかなわれ、植物の保存にきわめて大きな役割を果たしている。昔から伝えられてきた優良品種は、地球温暖化、変異をくり返す害虫、その他の脅威に対して抵抗性のある作物の育種に利用することができる。四十五か国以上で一万二千種を超える植物を採集したプラント・ハンターのひとり、ジャック・ハーランはかつてこう書いた。「これらの資源は、想像もつかないほどの規模で起こる悲劇的な飢餓とわたしたちのあいだに立ちはだかっている。きわめて現実的な意味で、人類の未来はこれらの資源に支えられているのである」

全世界にまたがる植物園のネットワークは、植物の遺産を維持保存しようとする人間の努力のたまものである。少なからぬ植物園は政治的に不安定な地域にあるので、そこで眠っている遺伝子資源も危険にさらされている。イラクの種子銀行はかつてアブグレイブにあり、イラク戦争中に米軍の攻撃によって破壊されたが、さいわい二百種の貴重な種子は保管のためにシリアに搬送されたあとだった。人類がこれまで試みたなかで一、二を争う大掛かりな保存計画は北極近くにある種子貯蔵庫で、非常時にそなえて世界でもっとも貴重な植物の遺伝子を保存することを目指している。

ノルウェー領スヴァルバート島の永久凍土層の氷山をくりぬいた洞穴の内部にあるスヴァルバード国

際種子保存施設は、人類の農作物にかかわる遺産を守るセーフティ・ネットである。地球規模の大災害に見舞われても、この氷河に守られたノアの方舟なら世界中の農作物を再生する手助けができるだろう。それでも万一失敗したときにそなえて、〈文明救済のための連合〉という民間組織は、地球上のあらゆる生命体のＤＮＡを保存する研究施設を月に建造することを提案している。

ソ連が崩壊するまで、カスピ海東部のコペット・ダグ山脈に自生するザクロの遺伝子は、ガリガラとよばれるトルクメニスタンの農業研究所が保存していた。この施設の責任者グレゴリー・レヴィンは世界に名だたるザクロの研究者であった。ザクロを収集するために数十か国を訪れ、彼のコレクションには黒色、紫色、桃色の品種に加え、種なしのシャミ種、きわめて甘みが強く、赤ん坊の頭よりも大きな実がなるといわれるサヴェ種も含まれていた。ソ連崩壊後の混乱のせいで、レヴィンは手塩にかけた一一二七種のザクロを残してガリガラを離れざるを得なくなった。だがさいわいにも、予備の標本を世界各地の植物園に送っていたので、彼の研究成果はカリフォルニア大学デーヴィス校の生殖質貯蔵庫をはじめとする各施設で保管されている。

グルジアで一九九三年に内戦が勃発すると、この地域の種子銀行も破壊されたが、八十三歳の環境保護主義者アレクセイ・フォーゲルはコーカサス山脈を越えて脱出することに成功した。彼が携えていた二二六種の亜熱帯果実の標本には、ソチの町に生えていたレモンの品種がひとつも欠けることなく含まれていた。自分の命と引き換えに遺伝子資源を守った人たちもいる。第二次世界大戦時、ドイツ軍のレニングラード包囲でニコライ・ヴァヴィロフ研究所は閉鎖されたが、ピーナッツの研究者アレクサンドル・スチューキンや米の収集家ドミトリイ・イワノフは、貴重な種子を食用にまわすより餓死する道を選んだ。

果物を保存する必要に迫られた人たち、たとえば、メイン州のジョン・バンカーは山野をくまなく歩いて、消えつつあるリンゴを探した。フレッチャー・スイートというリンゴは、ある木のかろうじて生きていた一本の枝になっているのが見つかった。イタリアの樹木考古学者たちは、ルネサンス時代までさかのぼることのできるコレクションを保存している。イギリスにはM1高速道路沿いを歩いて、車窓から投げられたリンゴから芽吹いた木の果実を標本にしている父子もいる。ブラジルの果実写真家シルヴェストレ・シルヴァは十年かけて、白いジャボチカバを探し出した。ようやく見つけたのはサンパウロ州グアラレマ市の近郊だった。絶滅まぎわで救出された白いジャボチカバは、その後栽培され、近い将来、実を結ぶことが期待されている。

果実の保護に熱心な人々の多くは、スーパーヒーローの一面をもち合わせている。〝レモン〟・クレイグ・アームストロング、〝バナナサウルス〟・リック・ミッソー、フランクリン・〝果実医〟・レムレン、アドルフ・〝無口な植物男〟・グリマル、エド・〝マンゴスチンマン〟・クラウジャリス、J・S・〝メイホー〔アメリカ南部で五月に小さな赤い実をつけるサンザシの一種〕王〟・エイキン等々。〝ミスター肥料〟ことドン・ニップがチランジット・〝知られざる植物人間〟・パーマーと取っ組み合いをしているさまが脳裏に浮かぶ。

果物保護団体はしばしば形式ばらない、草の根の市民による科学団体で、たとえば、イギリス果実救済協会、忘れられた果実の保護促進連合、イチジク関係者団体、稀少核果協議会などがある。

ポポー協会は、北アメリカで一番大きな食用果実を愛する団体である。ポポーはオンタリオ州からフロリダ州にかけて栽培され、バナナと少し似ているが、果皮は緑がかった黄色あるいは茶色、果肉はクリーム状でカスタードプリンを思わせる。ルイスとクラークという会員はアメリカ横断旅行のあいだ、野生のポポーで食いつないだ。

北アメリカ果実探検家協会（ＮＡＦＥＸ）はアメリカの果実愛好家団体のうち最大のひとつである。

戦後の果樹栽培を均質化しようとする動きへの対案として誕生した。昔から受け継がれてきた品種が商業という冷淡な寺院から締め出されるのを見て、果実愛好家の団体が結集したのである。

ＮＡＦＥＸの『果実探索家のためのハンドブック』によると、会員はみな「果物やナッツの優良品種の発見、栽培、および賞味に情熱を傾けている」。彼らはトム・ソーヤーのお気に入りのリンゴや、ハックルベリィ・フィンの名の由来になったというベリーを栽培している。庭先に植えられた果樹の調査も行なっている。彼らは果物の開拓者とはいえ、それは実験精神ゆえであり、利潤が目的ではない。その地域で栽培されていない果物について他人がどういおうと気にしない——それを育てる方法を見つけるまでだ。プロの園芸農家の仕事は主にコールドチェーンを利用した青果店向けの果物をつくることだが、ＮＡＦＥＸはさにあらず——彼らはずば抜けた品質を追求する素人《アマチュア》なのである。

「知られざる未知の生き物は、あなたがすわっている場所から歩いていけるところに住んでいる」と、高名な昆虫学者のエドワード・Ｏ・ウィルソンは書いている。ＮＡＦＥＸの会員は正当な評価を受けていない珍種、たとえばチャボトケイソウに夢中になる。パッションフルーツと総称されるクダモノトケイソウの一種で、強く握るとはじけるのが特徴だ。アケビの果実は、ある会員いわく、見た目は太った紫色のバナナのようなのに、「果皮が割れて、白い果肉とべとべとした衣につつまれたスイカみたいな種がどっとあらわれる。好きにならずにはいられない」

ベリー類をいくつか挙げるだけで、北アメリカに自生する果物のうち、食べたことのないものがいかに多いか、およその見当がつくだろう。クラックルベリー、ビルベリー、エゾキイチゴ、クマコケモモ、サーモンベリー、ラクーンベリー、ロックベリー、ハニーベリー、ナニーベリー、セッコウボク、ベリーベリー。ダングルベリーは多汁質で甘く、黒ずんだ青色の実がなる。トゥリークルベリーは糖蜜のような風味がある。アメリカウルシはアメリカ南西部に分布するベリーで、先住民はこれでピンク色のレモネードをつくった。モクシープラムの白い果実は、かすかに甘いトウリョクジュのような香りがする。ホロムイイチゴはカナダ大西洋岸ではベークアップルとして知られている。この名前は彼の地を訪れたフランス人の植物学者に由来する。果実の名前を知ろうとして、彼は地元の人間にこのベリーを何とよぶのかとたずねた（「la baie《ラベ》—qu'appelle ?《クアペール》」）。ニューファンドランドの人はフランス人がこのベリーの名前を教えてくれたのだと勘違いし、そこでこの果実は「ベークアップル」とよばれるようになったのである。

ＮＡＦＥＸの会員にとって、果物とはとどのつまりは香気である。ハンドブックには、大方の消費者はそもそも何を見過ごしているのかも知らないと書かれている。「これは現代生活にまつわる小さな悲劇のひとつです」。だが会員の多くが自覚しているように、趣味の園芸から極めつけの果物マニアまではほんの一歩である。とりわけ熱心な会員は、「病膏肓に入る」と称している。前副会長のエド・ファクラーはかつてこう警告した。「果実の収集は病みつきになります」

カリフォルニア稀少果実生産者組合（ＣＲＦＧ）も果物の通ぞろいである。数千人の会員を擁し、全米に支部のある全国組織で、果実愛好家のバイブル、『フルーツ・ガーデナー』誌を隔月に発行している。フルカラーで官能的な果実の写真が満載で、広告も成人向け広告欄を彷彿とさせる。「求む稀少果実。連絡を乞う。マイク」とか、「トロピカル・グアバ愛好家の皆さまへ。本場インドネシアの種なしグアバがまもなく入荷！　予約受付中！」

最近の号には、ヘラルド・ガルシア・ラミスが「果物に取りつかれ、家庭菜園で二百種の果実を育てたい、〝果実〟と名のつく本を一冊のこらず手に入れたいと切望する」人びとのことを書いている。「みなさんもお心当たりがあるでしょう。じつはわたしもそのひとりです」。何日もかけて『フルーツ・ガーデナー』の既刊すべてに目を通した結果、ＣＲＦＧの熱心な会員たちは信者、神経病み、あるいは好事家と自称していることがわかった。学者肌の人たちは「果実の求道者」という言葉を使っている。求道者とは特定のものに打ちこみ、その道を究めようとする人のことだ。宗教やカルトの狂信的な教徒のことも意味するが。

　こうした熱心な信者の多くは果物への興味を表だって語ろうとしない。それがわかったのは、ＣＲＦＧの事務局長をつとめる歴史家に電話したときである。Ｃ・トッド・ケネディは「カリフォルニアを代表する果物保護推進派で歴史家」、「稀少果実の専門家」、「名だたる果実の目利き」、「果物の救済者」などと紹介されている。ぼくは勇んで話しだしたが、彼がどうして「果物のへそ曲がり」ともよばれているのか、すぐに思い知らされた。彼はまず果物に情熱はもっていないと表明した。古い品種を守っているのはただの習慣だというのだ。会話の途中で――といっても、木で鼻をくくったような返事ばかりだったが――彼は噛みつくようにいった。「きみは何を期待してるんだ――めざましい大発見かね？」「いえ、ただお話をうかがえればと」驚きと失望のあまり床に落とした受話器を拾い上げて、ぼくはしどろもどろに答えた。

　この経験にひるむことなく、ぼくはＣＲＦＧに入会し、支部の会合に出席するようになった。会合はロサンゼルス北西のオックスナードに近いヴィクトリア朝風大邸宅の東屋で開催された。メキシコ人の作業員たちが庭の手入れをしていた。議題は南アフリカ産の果実。六人の出席者は全員が八十代である。「金持ちの老人の道楽だよ」とひとりが冗談めかしていった。だがたとえそうだとしても、彼らは果物の保護にも関心をもっていた。ＣＲＦＧの会長ビル・グライムが書いているように、「わたしたちは遺伝子の多様性を守り、市場性に乏しく遺伝子組換えでもない青果物の、優良品種の維持保存をめざしています」

　二度目の会合はサンディエゴの教会の地下室で開かれた。五十人ほどの出席者が会場をぶらつき、ピクニックテーブルに積み上げられためずらしい果物を見物した。展示されていた果物の本に目を通していると、ひとりの老人がよろよろと近づいてきた。ぼくに「お若いの」と呼びかけ、もっと大勢の若者に興味をもってほしいのはやまやまだが、果物がどうして老人の心を引きつけるかはよくわかるという。「年をとると、ひまつぶしがほしくなる」痰のからんだ声は震えていた。「果樹を育てるのは、やりがいのある仕事だからな」

この日の主な講演者は、ダリオ・グロスバーガーというチェリモヤの専門家だった。チェリモヤはアンデス原産で、マーク・トウェインは「美味そのもの」と絶賛した。緑色の果皮はうろこ状で、白い果肉は洋ナシのクリームカスタードのような味がする。「十年前、わたしはチェリモヤのことは何ひとつ知らずに、一個食べてみました」とグロスバーガーはいった。「とても気に入りました。みなさんと同じように、わたしも気に入った果物は植えることにしています。種を一粒まいたら、五年後には大木になりました。運がよかったのです。その木を幸運の女神《フォルトゥナ》と名づけました。こんなにすくすく育つのはめずらしいとは知りませんでした。途中で失敗することが多いとわかったのはあとになってからです。たまたま植えたのに——いまではチェリモヤ協会の会長をつとめております」

それから半時間、チェリモヤの育て方について説明があった。その後、全員でピクニックテーブルを囲んで、クーチー・アイランド、コンチャ・リサ、ビッグ・シスターなどチェリモヤのめずらしい品種を試食した。ふと見ると、少し離れたところに、箱入りの一風変わった黄色い果物があったので、手にとってしげしげとながめた。それはタマゴノキの実で、ハワイでケン・ラヴと一緒に試食したものだった。赤ら顔のずんぐりした男があわてて駆けよってきた。「それを降ろせ」と叱りつける。「これはとてもめずらしい果物なんだ。つぶれてしまうじゃないか」ぼくはあやまろうとしたが、タマゴノキの持ち主は足音も荒く遠ざかっていった。その日は最後まで、彼はぼくと目を合わせようとしなかった。あとでその果物を切り分けると、ぼくが一緒にいたグループのところまでやってきて、全員に一切れずつ配った。ただし、ぼくだけは除いて。

14　果物探偵の事件簿

あらためてこのリストを見直したら、書きもらした果物が青白い亡霊になって、この先何年も夢に出てくるだろうと思われた。私の手落ちをどう弁解すればいいのやら。

エドワード・A・バンヤード『デザートの解剖学』

子どものころ、デイヴィッド・カープは祖母のルバーブ畑を探検するのが好きだった。自宅の庭にある果樹にも心を惹かれた。毎年花をつけるわけではなかったが、ときおり舌にこびりつくほど甘いグリーンゲイジというスモモの実がなった。ティーンエージャーになると、果物への執着は微妙な色合いを帯びるようになった。夜中にベッドからこっそり抜けだしては、食品貯蔵庫に忍びこみ、バニラ香料のにおいを嗅ぐのだった。

大人になったカープは、この情熱を究めて、果物専門の私立探偵になった。「果物探偵」という呼び名は、『エース・ベンチュラ』〔一九九四年。ペット専門の私立探偵エース・ベンチュラの活躍を描いたアクション・コメディ〕のことを聞いて、「ふと、ひらめいた」ものである。肩書きは軽めでも、カープはその仕事に真摯に取り組んだ。古い園芸学の教科書と首っぴきで、芳香で有名な品種の名前を調べると、数か月、場合によっては数年を費やして、その美味な伝統種を栽培している農家を探し出す。掘り出し物――新種も絶滅危惧種も含めて――と、それを栽培している先進的な農家について丹念に調査した記事を何十本も書いた結果、カープは一流の果物にくわしいアメリカの権威となった。

　カープは『フルーツ・ガーデナー』の花形記者および写真家として、『ニューヨーク・タイムズ』や『スミソニアン』誌にも果物に関する記事を寄稿するようになった。彼は口ぐせのように、大方の農家は芳香のある果物を育てるくらいなら、「いっそオーストラリアの珍獣ウォンバットを育てるだろう」という。栽培が難しい作物にあえて挑戦する農家を褒めそやし、農家のほうでもその好意に報いる。なぜならカープも彼らと同じ、ドン・キホーテのひとりだからだ。たとえば、カープは栽培家ビル・ドノヴァンのすごみのある目を描写したうえで、彼の言葉を引用する。「寝食を忘れて、極上の果物づくりに邁進している」

　カープも極上の果物となると寝食を忘れ、「美果」を探して全米をさすらう。たとえば、秘蔵の原木になったネーブルオレンジ、「度肝を抜かれるほど力強い、原初の香気に充ちた」マスク・ストロベリー、「香り高く高価な」ライチーの品種で、楊貴妃が好んだといわれる妃子笑など。ときには外国まで足を伸ばすことがあり、マンゴスチンを求めてプエルトリコに、ブラッドオレンジを求めてイタリアに、グリーンゲイジを求めてフランスに赴いたが、仕事の本拠地はあくまでカリフォルニアである。

　栽培者はちょくちょくカープに珍品を提供するが、その価値は余人にはわかりにくいかもしれない。ある年、ジェフ・リーガーは干し柿から天然の果糖をこすりとり、その骨のように白い粉を小さな容器に詰めてクリスマスに贈った。「カープはそりゃあ喜んでね」と、リーガーはそのときのことを思い出す。「『これだけ集めるのに、何個の柿を丸裸にした?』なんていうんだ」

　カープはアルコール中毒の治療中なのでワインは飲めないが、ワイン通のように果物にうんちくを傾ける。有名なワイン評論家のロバート・パーカーはボルドーワインを「フレーバーの爆弾」とよぶ。カープはスタンウイック・ホワイト・ネクタリンを「フレーバーの核爆弾」とよぶ。十九世紀にイギリスで育成され大評判を呼んだ、独特の芳香をもつ白肉のネクタリンである。カープから見た最高の果物の目印は、「天上レベルの甘みとフローラルな酸味とのほどよいバランス」、あるいは「目がくらむほど凝縮された甘酸の味わい」である。彼は個々の果物に的をしぼって記事を書き、現存する最上の例を探し出し――読者にメールオーダーの宛先を教える。

〝果実マニア〟を自認するカープは、香りの追求に一身をささげてきたが、その探究はあらゆる面を含んだ包括的なものとなった。『ロサンゼルス・タイムズ』の記事では、アンズに耽溺しすぎるとオレンジに目移りすると書いている。その記事を締めくくるのは、夕暮れのなか、カープが手が届きそうで届かないムアパーク種のアンズに向かってジャンプしている場面である。ようやくひとつをはたき落としたのは「アンズにまつわるこれまでにない体験」だったという。調査に出かけない日は、夜明けまえに起きだして、サンタモニカのファーマーズ・マーケット近くの、シャングリラホテルの影になった駐車スペースを確保する。「あいつはイカレてる」と、彼の友人の農場主はぼくにいった。核果を栽培しているアンディ・マリアーニはいう。「奇人変人のたぐいだよ。その点はまちがいない。根はいいやつなんだが、果物のことになると目の色が変わる。取りつかれてる、というのかな」

フルーツ・ツーリズムがらみのハワイの記事で、カープにインタビューすることはできなかったが、彼の紹介記事が『ニューヨーカー』に載った直後、ひょんなことから、ぼくはふたたび果物探偵に関わることになった。ぼくがニューヨークで、カート・オセンフォートと一緒にマイアミで取材した国際稀少果実振興会の録画を編集しているとき、ガールフレンドのリアーヌは映画のオーディションでロサンゼルスにいた。リアーヌが、以前に主演した映画の監督でオセンフォートの元ルームメイトでもある、アラン・モイルと夕食に出かけたとき、モイルは友人をつれてきた。それがデイヴィッド・カープだったのである。

翌日、オセンフォートの留守中に電話がかかってきた。ロサンゼルスの市外局番だったので、てっきりリアーヌからだと思って受話器をとった。電話をかけてきたのはカープだった。ぼくが名乗ると、彼は開口一番、「きみのガールフレンドはいかすな」といった。ぼくは挨拶に困った。なにしろ、それまで言葉をかわしたのは二回きりで、用件も取材の申し込みと、ホロムイイチゴ狩りに一緒に行く相談だったからだ。カープは〝リアーヌ〟〔フランス語で「ツタ」の意〕をもじって〝ツタちゃん〟とよんだ。彼女がお気に召したのは、リアーヌがホロムイイチゴ〔英名「クラウドベリー」（雲の実）〕は一角獣の食べ物みたいといったからだ。

それからまもなく、リアーヌとぼくは新番組のパイロット・シーズンに合わせてロサンゼルスに引っ越した。アパートが見つかるまでモイルの家にやっかいになった。彼は太平洋岸のヴェニスにコンパウンド〔分棟式の集合住宅〕を持っていて、映画関係者や俳優の卵や過激な活動家など、体制からはみ出したタイプの人間がしょっちゅう出入りしていた。気が向けば、午後に音楽療法士を訪ねてピラミッド型をした治療用のカプセルに入り、内側に取りつけられたチャイムの音で内なる魂を〝癒し〟てもらうことができるし、モイルがひいきにしている霊能者のグループセッションに参加することもできる。その霊能者はサンタモニカのトパンガ・キャニオンからきたダリル・アンカという男で、トランス状態に入って〝バッシャー〟という全知全能の異界の霊体とチャネリングすることができるという。モイル本人は、気どらない、ほとんど子どものような率直な物言いをした。脱毛症でまったく髪がないので、よけいにそう思うのかもしれないが。つるつるの頭でにっこりすると、茶目っ気のある大きな赤ん坊のように見えた。彼の自己分析によると、人の関心を引きつけたいという飽くなき欲求があるそうだ。

ご近所にはバロータという映画プロデューサーが住んでいた。彼は呼吸法を会得するために修行中だった。その方法はというと、頭頂部にあるチャクラを開いて、日光を液体の呼風《プラーナ》に変換するのだそうだ。この神の飲料はこの世のいかなる食物よりもずっと滋養になるらしい。呼吸法を一年半ほど実践している友人が何人もいて、果実食は人間が光合成を行なうという目標に到達するためのひとつのステップとしてとらえるべきだと指摘した。もう二度と食物は口にしないはずなのに、それから二、三週間後にあったパーティーで彼がワインを飲んでいるところを、ぼくは見てしまった。

モイルが開いたパーティーで、浴槽につかりながらできるエクササイズの本を書いている人と会った。また、相手に電気ショックを与えてその人間の〝周波〟を測るという装置を発明した人にも会った。エッカンカーの僧侶たちにも会った。エッカンカーはニューエイジ・グループのひとつで、モイルは「ぼくのカルト」とよんではばからない。僧侶のひとりは、みなでマントラを唱えるまえに、つい最近果物の夢を見たおかげで、しつこく悩まされてきた体調不良が治ったという話をした。これまで七人の医者に診てもらったが、診断がつかなかった。ところが果物を毎日たっぷりとる夢をみて、それを実践したところ、三週間ですっかりよくなったという。

そういう風変わりな集まりのひとつに、デイヴィッド・カープがふらりと顔を出した。ぼくたちが顔を合わせたのはそのときがはじめてだ。彼はまたリアーヌのことを褒め、〝女神のようなツタちゃん〟とよんだ。ぼくたちはもっぱら著述業について話し、物書きは金にならないとこぼし合った。彼はぼくのようなフリーのライターはどうやって生計を立てているのかときいた。ぼくはいつもなんとかなるものですと説明した。たまたまそのとき二〇〇ドルの小切手をもらったばかりだった。ドイツの映画監督ヴェルナー・ヘルツォークについて雑誌に書いた原稿料だ。カープは毎月数千ドルを「うなるほど金のある実家」から受けとり、そのうえ、カリフォルニアの果実に関する著作で五桁の前金をもらったばかりだといった。

本書のために取材させてほしいと説明しかけたところで、モイル好みのヒッピー風で少しイカレた感じの女の子が割りこみ、ぼくたちのどちらでもスカッパーノン種のブドウを食べたことがあるかときいてきた。もちろん、とカープは答え、そのブドウの特徴と原産地についてうんちくを傾けた。「ほんと、あれは世界一おいしいブドウよね」と女の子はうなずき、おもねるようにいった。「よく知ってるんだ。これまでだれも知らなかったのに」

カープはそれからまもなく帰っていった。だれかがカープは路地に生えている野生のベリーの取材に出かけたのだとジョークをいった。パーティーはお開きになり、ぼくはまたしてもインタビューを申し込む機会をふいにしたと感じた。

一年後、リアーヌとぼくはロサンゼルスのエコパークにあるアパートに住んでいた。果物労働者の権利を求める活動家セザール・チャベスがまえに所有していたものだ。カープとは連絡を絶やさず、簡単なeメールを交換し、たまに電話で話もしていた。「ツタちゃんは元気?」と彼はいつもきくのだった。カープは自分のことを三人称で話すくせがあった。「果物は暑い夏が好きだが、果物探偵はそうじゃない」とか。あるとき電話で、群発性頭痛の治療薬のせいで頭がまったく働かないとぼやいた。「まぬけな果物探偵なんて、しゃれにもならない」

モントリオールで売っているマンゴスチンについてのやりとりで、彼はそのマンゴスチンからゴムのようなねっとりした液がにじみ出しているかときいてきた。それは「恥垢のような」物質で、果皮の表面に穴をあけるという。ぼくは果物の話にそんな言葉を使うのはどうかと思ったが、カープは冗談をいっているのではなさそうだった。

その後、モイルと控えめで慎ましやかなチヨコ夫人が、リアーヌとぼく、それにカープと彼のガールフレンドのシンディー・キャットを夕食に招待してくれた（彼女の友人たちからの頼みで本名は伏せておく。「名前は出さないほうがいい」と彼らはいった。なんでも、自分のことを書かれるのが病的に嫌いなのだそうだ）。到着してすぐに、気づまりな雰囲気になった。ぼくはカープと握手し、シンディー・キャットにも挨拶しようとしたが拒まれてしまった。近寄って頰にキスしようとすると手でふさがれたので、けっきょくその手と握手したのだった。彼女はぐにゃりとしたまったく力のこもらない握手をすると、ぼくをこわい目つきでにらみつけた。なにか無作法なことをしでかしたのだろうか？　ぼくはばつが悪くなり、うろたえた。けれども彼らがコートを脱いでいるあいだに、モイルがぼくをわきへ連れていった。「彼女の握手の仕方を見たかい？」と彼はきいた。「まるで皇后陛下だな」

リアーヌが彼女に、どうしてシンディー・キャットというのかとたずねた。彼女は答えなかった。長い沈黙のあと、カープがいった。「女性のなかには馬族《イクワイン》もいれば、牛族《ボウヴァイン》もいる。彼女の場合は猫族《フィーライン》なんだ」

「リアーヌの場合は、ツタ族《ヴァイン》ですよね」ぼくはその場の雰囲気をなごませようとしてそういった。

カープは同意し、リアーヌのどこがツタに似ているかこと細かに説明した。「とても背が高い……ほっそりしているし……まさに花盛りだ」

「地べたを這うしね」と、シンディー・キャットが口をはさんだ。

「巻きついたり」ぼくも〝ツタ〟の冗談に加わろうとして、つけ加えた。

モイルがそのときシンディー・キャットの黒い十字架のメダルを指して「とてもゴスっぽいね」といった。彼女はまたもや無言である。ややあって、モイルが聞こえよがしに「シンディー・キャットのほうは今晩、姥《うば》盛りだな」といった。

テーブルにさっと緊張が走った。他人に気まずい思いをさせるのが十八番のモイルは、その緊張をおおいに楽しんでいた。カープはシンディー・キャットの肘をつかんでいった。「猫はその気にならないとおしゃべりはしないんだ」話題を変えるために、彼は最近死んだという飼い猫のサハラのことを話しだした。その猫がいないのが寂しくてたまらず、いまだに毎朝名前を呼んでしまうという。

それから話題はモントリオールのことに移り、モイルはマックギル大学を退学処分になってモントリオールの町を出たのだとなつかしそうに語った。ぼくは母も同じ大学ですといった。

「文学部？」

「ええ、たしか。ひょっとしたら同級生かも」

「お名前は？」

「リンダ・リースです。ご存じですか？」

「彼女と寝たことがあるぞ！」とモイルはいって、げらげら笑った。本気にしていいかどうかわからず、顔が赤くなった。

モイルはあるパーティーでウラジーミル・ナボコフと同席したおり、一匹のハチが迷いこんできてみんなが迷惑をしたという話をした。「ハチは思慮分別というものがない」とナボコフはいったそうだ。それから話題は前世のことになり、モイルはみな前世ではだれだったのか調べようといいだした。霊媒に予約して見てもらうという話になった。その霊媒の手助けで、シャーリー・マクレーンは自分があるときは日本の芸者、あるときは象に育てられた孤児、またあるときはカール大帝の愛人だったことを知ったという。

カープの話では、かつて紳士たちは果物に、今日のゴルフに対するような愛着をおぼえていたそうだ。チヨコ夫人が皿を片づけると、カープはテーブルにチョコレートとシナモン味の柿を出した。つてをたどって、ほんの少ししか出まわっていないものを手に入れたとか。その柿を切り分けて配った。香りがすばらしく、なるほどチョコレートとスパイスの風味がする。こんなおいしい柿は初めて食べましたと、ぼくはいった。

たいていの人はおいしい果物を食べたことがない、とカープは答えた。スーパーマーケットで売っている青果物はどれもこれも二級品ばかりだ。「店で買った柿は、口のなかが妙にざらざらします」とぼくはいった。カープも同感だといい、熱心にうなずいた。「あれは柿の渋、というやつですか?」ぼくはためらいがちにたずねた。

そのとおり、とカープは答え、それからイギリスの探検家でバージニアを開拓したジョン・スミスの、「熟していない柿をかじると、口がひんまがる」という言葉を引用した。みな声をそろえて笑った。気の利いた話題を思いついたことにほっとして、ぼくはここぞとばかりにカープにインタビューさせてもらえないかと切りだした。たとえば彼の取材に同行するとか。カープは考えておくといった。それから、来週本棚を運ぶのを手伝ってくれたら相談にのっていいといった。ぼくは承諾し、ようやくインタビューがとれそうだと胸を躍らせた。

カープとシンディー・キャットが帰ったあと、リアーヌとぼくは後片づけを手伝った。思わず大きな息をつき、それを取り繕おうとした。「じゃあカープとのカルマがようやく解けたんだな?」とモイルがきいた。

それからしばらくして、カープがぼくを白いピックアップトラックのベッシーで迎えにきたが、ぼくが何年かまえにやっていたパンクバンドがツアーに使っていた白いヴァンとたまたま同じ車種だった。カープとぼくはラッシュアワーで渋滞している四〇五号線を通って、さびれた工場地区へ、カープが特注した本棚を引きとりに向かった。カープはハンドルにおおいかぶさるようにして運転し、道路と会話の両方に注意を払うことはむずかしそうだった。

ビバリーヒルズにあるバンガロー式の自宅に戻ると、ぼくたちは彼のオフィスで本棚を組み立てた。

家の裏手にあるガレージを改装した部屋だ。カープは果物の優良品種をアルファベット順にまとめたロバート・ホッグの『果物の手引 Fruit Manual』をぱらぱらめくったあと、最近手に入れたばかりだという、一八八〇年に出たG・R・ベイリーのカタログを見せてくれた。そこにはこんな一文があった。「果物を愛さない人がいるだろうか――熟した、輝かしい果物を――偉大な創造主の手による貴重な恵みを?」ぼくは書き写してもいいかとたずねた。カープはかまわないといったが、少しばかり迷っているように見える。そこでぼくはお返しに、ダンテの『神曲』「煉獄編」のなかで最近たまたま見つけた果物に関する引用を教えた。

マンガおたくのように、カープはこれまでに蒐集した柑橘類の文献のコレクションを見せびらかし、そのひとつひとつがどれほどめずらしいか、あるいは高価かを自慢した。そのころにはいっぱしの果実マニアとなっていたぼくは、オレンジが描かれたお気に入りのロココ調絵画をカープがもったいぶって見せてくれるのを、心から楽しんだ。彼は自分の好きな言葉は、「パンプルムース」(フランス語でグレープフルーツの意)と「アルベード」(グレープフルーツの皮と実のあいだにある白い綿状の層)のふたつだと言った。「『あのパンプルムースのアルベードを見ろよ』なんてね」と彼はいった。ぼくが笑うと、彼は気を悪くした。冗談だと思ったのだが、どうやらちがったらしい。

彼のクラブハウス風の書斎の一画は、イギリスの果樹園芸家、エドワード・A・バンヤードの著作に捧げられていた。一九二九年の名著、『デザートの解剖学 The Anatomy of Dessert』は、ある種、官能的なまでの愛に満ちた果物探究の案内書である。ひとつの果物に一章が当てられ、複雑な味わいをもち強烈な甘みと酸味をそなえていた、二十世紀初頭のさまざまな品種が紹介されている。その多くは残念ながらいまではもう手に入らない。本書は審美家ならではの華麗な美文調でつづられており、それはたとえば、レーヌ・クロード・ディアファンヌという品種のスモモの描写からもうかがえる。「刷毛で描いたようなわずかな赤みの下に、透明な琥珀色の深淵がどこまでもつづいている。宝石のオパールをのぞきこむのと同じで、はたしてどれだけ奥深くまで見通せるのか心もとない」

バンヤードが果物に寄せる賛辞の数々は、果物信者のあいだでカルト的な人気を集めている。堅苦しくて風変わりな伊達男で、園芸好きの彼は、十九世紀のスイス人建築家ル・コルビュジエ風の眼鏡をかけ、りゅうとした背広姿で、バナナが苦手だった。というのは、彼には、バナナは「黒色人種」に見えたからだ。スイカときたら「南アメリカの土着人」の粗食扱いである。そんな彼を擁護して、カープはバンヤードの「スイカを食べる人たちへの侮蔑は、彼が属していた階級全体の偏見をうかがわせるものである」と書いている。それともこのような人種差別は、猿人たちの森林での内輪もめのなごりだろうか。

彼は繁盛している果樹園を父親から引き継いだが、富裕な父にならって貴族階級と親しくつき合い、また恩顧も受けた。ある種の果実には「格がある」と、大まじめに書いている。自宅の庭は、ジェファーソンの庭園と同じく、紳士のコレクションだと考えた。ただし、庭木を世話する奴隷たちはいなかったが。あいにく、バンヤード一族は代々、財務面が放漫だったと、ハーバード大学の昆虫学者エドワード・ウィルソンが、二〇〇七年に編集した『究極の美食家――エドワード・バンヤード The Downright Epicure: Essays on Edward Bunyard』のなかで説明している。

バンヤードは過激ともいえる蒐集家で、とめどなく増大する情熱はしばしば商業的な失敗を招いた。それにも懲りず、果実を求めてはるばるアルジェや南アフリカやチュニジアに出かけた。チュニジアではりんごの木が一本、「スファックス〔チュニジア南東部の地中海に臨む都市〕のヤシ林の木陰に」生えているのを発見した。リヴィエラ周辺にのんびり滞在しながら、ナイチンゲールの鳴き声に耳をかたむけ、同時代の教養人で、ワインに造詣の深いジョージ・セインツベリーが「極めつき」と形容したワインを、マグナム瓶で何本も注文した。

バンヤードは生涯独身を通し、「生物の科学」への関心を抱きつづけたが、彼自身も科学者であった。一九〇六年に開かれた植物の交配に関する会議で——ちなみにこの席上、〝遺伝子〟という言葉が初めて採用された——バンヤードはキセニアについて論文を発表した。キセニアとは、種子に親である花粉の影響があらわれる現象である。バンヤードは何日もかけて果実を解剖し、拡大鏡やその他の測定器具を使って、自分が発見したことを記録した。彼はこうして「道楽」と称していた果物の実験をつづけた。数百本の異なる品種のナシの木を植えたり、知られている限りのグーズベリーの標本を集めた。熱心な愛書家であるバンヤードの書斎は、性科学の棚が際立って充実し、さまざまな時代の性愛に関する習俗や慣習の文献がそろっていた。また、バンヤードはバラに関する著作があり、しばしばロジーヌ・ローザットの名義を用いた（現代美術家マルセル・デュシャンの別名義ローズ・セラヴィを思い出させる）。

バンヤードは、同性愛のせいで国外追放されたイギリス人たち、たとえばレジー・ターナーに同行して頻繁に大陸を訪れた。ターナーはオスカー・ワイルドの身近にいた耽美主義者である。現存する手紙が証明するように、バンヤードはイギリスの作家ノーマン・ダグラスとも親しかった。このダグラスは、エドワード・ウィルソンいわく、「重篤な小児愛好者」で、イタリアとフランスの国境の町ヴェンティミッリァに住んでいる十四歳のルネ・マリという少年や、レナータという十歳半の少女と関係をもっていた。ウィルソンは明言こそ避けているが、著作の行間を読めば、バンヤードにも同じ性向があったのではないかと疑っている。確かなのは、バンヤードと友人たちがどの港のスモモがおいしいかだけでなく、添い寝して子どもを窒息させてしまうことを医学用語でどういうか話し合ったことである。「おおいかぶさる」か、それとも「おおいかぶせる」だろうか、と。

友人たちは「バニー」と愛称でよんだ。そのバニーは彼らに性的にきわどい戯詩を書き送り、友人たちはお返しに、フィレンツェにいる年若い事務員たちの名前を教えた。ひとりはパルチェヴァルという名で、ダグラスはこう書いている。「あの子はなんでもいいなりだ。遠慮せずにこき使ったらいい!」

バニーはイタリアの少年たちよりメロンに祟られたようで、完璧なメロンという理想に到達できないことを嘆いている。鬱病をわずらい、しかも破産に見舞われたバンヤードは、一九三九年の初冬に拳銃自殺した、カンタループ・メロンのシーズンが終わるまで決行を延期していたのだ。「草葉の陰までは彼のあとを追うまい。その陰に何が隠されているのか、はたまた、いかなる秘密の寺院で彼の魂が平安を見つけたのか、われわれには知るよしもない」と、死亡記事には記されている。「いついかなるときも彼は探索し、探究していた。いまは天国の果樹園を探しているのだろう」

多くの追随者たちもそうだが、バンヤードは果実の栽培に官能的なよろこびを感じ、「生気あふれる」モモに対する、秘めやかな肉欲の高まりについて書いている。「そのはちきれそうな若さ」について未練がましい文章を書き、ナシには「達成という穏やかな喜悦」を見いだした。

ほかの果物本の著者たちも性的衝動をこっそりもらしている。十九世紀の牧師で小説家のエドワード・P・ロウはイチゴについて、「〝舌で抑えて隠しておいた悪(「ヨブ記」二十・十二)〟よりも美味なイチゴ」が、「心臓や頭に対する支配をかつて失ったことがない、あの下のほうにある専横な器官」をじかに刺激すると書いている。『すべての庭にめずらしい果実を Uncommon Fruits for Every Garden』の著者リー・ライヒは、『ロリータ』の語り手ハンバート・ハンバートの霊と交信しているかのようだ。旧ユーゴスラビアに自生する、小粒のナシのようなシポヴァについてこう語っている。「シポヴァ、その名前を声に出してみる。快い音がする。とりわけふたつめの音節が強調され、あるかなきかに引き延ばされる。その名前を唱えるのは唇にとっても快い。各音節の最後で、唇はすでにつぎの音の始まりにそなえている。シ……ポ……ヴァと」

カープはファイリング・キャビネットまで行って、彼が撮ったゴールデン・ラズベリーの「成人向け」写真を何枚か取り出した。出版禁止になってもおかしくない代物だという。それから、シンディー・キャットが彼を本気で興奮させたいときは、スモモのある品種の名前を口にしさえすればいいのだと告白した。ぼくの記憶が正しければスモモ属のプルヌス・スブコルダタだ。

性欲を果物が昇華させることと、一風変わった趣味への限度を超えた耽溺とのあいだには微妙なつながりがある。ブルース・チャトウィン『ウッツ男爵――ある蒐集家の物語』のなかで、マイセンの磁器に夢中になった息子を心配した母親が医者に連れていく場面がある。

「どうしたものでしょう」ウッツの母親はかかりつけの医者に相談した。「カスパールときたら、やきものにすっかり夢中で」

「いれあげるというやつですな」と医者は答えた。「べつにめずらしいことじゃありません」

しかしあらゆる性的倒錯《フェティシズム》の対象の背後には、より込み入った欲求が隠れている。十六世紀の神聖ローマ帝国皇帝ルドルフ二世は熱心な博物学者でオオミヤシの実の実物をひとつもっていたし、宮廷画家のアルチンボルドに果物を組み合わせた独特の肖像画を描かせた。鼻は洋ナシ、頬はリンゴ、目はクワの実、髪はブドウとザクロとサクランボからできている。異国の珍品を蒐集することは、余の気鬱の病をなぐさめるただひとつの方法である、と皇帝は述べている。マイセン磁器の生みの親、十七世紀のザクセン選帝侯アウグスト剛胆王と同じく、ルドルフ二世も磁器の蒐集熱に取りつかれていた。真珠の頭飾りに組みこまれた宝石のカナリア、ロダンの大理石像のような踊る水の精、ほっそりした体に金の肩章、丸い脚つきの玉座によりかかった憂鬱そうな王子といった小さな磁器人形《フィギュリン》に、国庫の金を惜しみなく注ぎこんだ。このような蒐集家はえてして完結や達成を求める。その核には完璧なもの、すなわち、死への希求が潜んでいる。「磁器の蒐集熱は、オレンジのそれと似ていなくもない」アウグストはあるとき、彼の「磁器病」を説明しようとしてそう述べた。

たしかに両者には重なり合う部分がある。果物も磁器も驚異の的、地位の象徴、尊敬の印だ。表面的には、色欲とおごりを示唆している。とはいえ、それらの欲望を超えたところには、物質的ではない何かがひそんでいる。「磁器熱とは」と『ウッツ男爵』の著者チャトウィンは結んでいる。「不死の物体を求める努力である」と。

カープは書棚の本に目を戻すと、並みいる果物作家のなかで、バンヤードが図抜けて重要なのはなぜかを説明した。カープ自身のまもなく発売される三十五種類の果物をテーマにしたガイドブックは、「果物の目利きのための本、エドワード・A・バンヤードが解明した原則にもとづく」と宣伝されている。バンヤードは、カープが心酔している養樹家アンディ・マリアーニや、「果物のへそ曲がり」ことC・トッド・ケネディといった栽培家にとっても拠って立つべき規範である。ケネディはネクタリンの理想的な香りを、熟成したキジ肉にたとえる。ぼくがナシの木にいるウズラの味についてへたなジョークを口にすると、カープは『めずらしい果物と野菜 Uncommon Fruits and Vegetables』という本を示して、著者のエリザベス・シュナイダーを師と仰いでいるといった。「ぼくに霊感を与えてくれた。青果物に真摯に対峙することが可能だと教えてくれたんだ」

カープは私淑する先達の名を挙げることで、遠回しに、自分の知識をぼくに分け与えるといっているのだろうか。正式なインタビューの約束を取りつけるチャンスだと考え、ぼくは近々取材に出かける予定はあるのかとたずねた。カープはうなずき、カリフォルニア州ベンチュラ郡にイチゴの取材にいくつもりだといった。彼の仕事ぶりについて書きたいので同行させてもらってもよいかとたずねた。彼はかまわないといい、ただし彼が写真を撮るとき反射板をもってくれるならと条件をつけた。ぼくは天にも昇る気持ちで家路についた。ようやくインタビューが実現する。

遠征の前日、eメールで送られてきた予定表では、出発は午前四時となっていた。目的地には一時間半もあれば到着するが、夜明けに撮影を開始したいとのことだ。カープはぼくに、前夜から彼の家に泊まってはどうかとすすめた。そうすれば翌朝、遅れずに出発できる。こうして二〇〇五年三月九日、ぼくはリアーヌに果物探偵の家まで車で送ってもらった。パジャマと着替え、歯ブラシ持参で――それに、ノートも忘れずに。

ぼくが家に入ると、カープはぼくの白いランニングシューズにすぐさま目を留めた。脱ぎましょうかときいたが、シンディー・キャットはかまわないという。彼らはリビングに敷いてあるザクロを刺繍したラグのことを話していた。最近亡くなったカープの母親のものだそうだ。しばらくまえからシロアリに悩まされていると説明した。カープはシロアリを食べるツチブタを飼ってはどうかといいだした（彼はツチブタが大好きで、昔、フィラデルフィアの動物園で柵にのぼって一匹をなでようとしたらしい）。

もうしばらく世間話をしたが、そのあいだもカープはぼくの靴が気になってしかたないようで、とうとう長靴はもってきたのかとたずねた。ぼくはいいえと答えた。「そんな靴じゃ、まったく役に立たない」彼は苛立たしげに、顔をしかめた。「果物探偵の助手をつとめるつもりがあるなら、実地調査にふさわしい靴が必要だ」

さいわいにも、果物探偵の古い長靴がリビングに転がっていた。サイズもちょうどよかった。こうして危機は回避され、そろそろ寝ることになった。カープが歯を磨いているあいだに、シンディー・

キャットがぼくを脇へよんで、カープの運転が心配だと言った。「赤信号が見えていないようなら、声をかけてやって」と彼女はいった。「注意してほしいの、ときどき見えていないから」ぼくは、わかりました、ご心配なくと請け合った。シンディー・キャットはすっかり安心したようには見えなかった。

カープは暗いうちにぼくを起こした。ぼくたちは干し柿のスライスを少しつまんで、出発した。正確にいうと、何度か出発しかけては急停止した。カープの運転はまるでアスファルトが憎い敵か何かのように、アクセルとブレーキをせわしなく踏みかえる。そのようすときたら、まるでタップダンスをしているサーカスの熊である。最初の四十五分間はほとんど口もきかず、カープはサンセット大通りとの格闘をつづけた。

空いた高速道路に出ると、カープはイチゴの取材についてぽつりぽつりと話しだした。このテーマに三年越しで取り組み、数十人もの情報源に当たり、たまった取材ノートは百五十ページを超えるという。ぼくはどのイチゴが一番おすすめかとたずねた。彼はとくに味がよいのはマーシャルという品種だといったが、ある種子銀行で栽培されている一株をのぞいて姿を消してしまったそうだ。ぼくが「マーシャル」と書きとめていると、カープが急ブレーキを踏み、何をしているのかと詰問した。

「え、メモをとっているんですけど。インタビュー用に」

「それは困る」と彼はいった。「きみの前で何をいったか気にしたり、自分の考えを検閲したりするのはごめんだ。卑猥なことを口走ったらどうする？　〝黒んぼ〟なんていったらどうなる？」

ぼくはペンをしまい、沈黙のなかドライブはつづいた。

それから一時間後、州の南西部オックスナードにある〈ハリーのベリー農園〉に到着した。畑を通り抜けながら、ぼくは見渡すかぎりのイチゴにわくわくして、さっそくこっそりと味見に取りかかった。ここではガヴィオタとシースケープの二種類が栽培されており、汁気たっぷりで、甘くて、早朝の空気できりりと冷えていた。イチゴの苗は背丈が低く、地面すれすれのところに実をつける。苗が整然と並んだ畝がはるか彼方までつづいている。帽子をかぶったイチゴ摘みの労働者が、畝と畝のあいだにしゃがんで収穫していた。

カープは味見にはさほど熱心でなかった。むしろ夜明けが近づき、刻一刻と移り変わっていく光に注意を払っていた。緊張しているのがうかがえた。ぼくに反射板をもたせ、写真を何枚か撮った。と、不意にうわずった声でいった。「いまのを見たか？　雲が切れて光が変わっただろ？」彼は機関銃なみの勢いで写真を撮りはじめた。

まるでオースティン・パワーズがファッションモデルの写真を撮っているかのようだ。一秒間に数十枚の写真を撮りながら、「うー」だの「あー」だのため息を洩らし、甘い声でささやきかける。「いいぞ、そうそう、そうだ！　その調子……うー！」ぼくはそれについてコメントした。「だからフード・ポルノ〔食物や料理をクローズアップで撮った、視覚を刺激する映像や写真〕とよぶんですね」カープは写真を撮るのを止め、真顔になって問いただした。「それはどういう意味だ？」ぼくは釈明しようとしたが、彼は耳を貸さず、露で濡れたイチゴに向き直った。

農園主のリック・ギーンとモリー・イワモト・ギーン（彼女の父親が、この農園を始めた〝ハリー〟である）の夫婦が挨拶にきた。彼らは道中は順調だったかとたずねた。カープはどうってことはなかったと答えた。

リックはぼくが新進の栽培家かときいた。「いえ、ぼくはジャーナリストで、果物に情熱を注いでいる人たちを取材しているんです」と答えた。

「ほう、まさにどんぴしゃりの相手だよ」と彼は笑った。

「アダムは果物の追っかけでね」カープがにこりともせずにいった。「今日は写真を撮る手伝いにきたんだ」

ぼくは驚いてまじまじとカープを見つめた。たしかに、反射板をもつことは承知したが、彼もインタビューに応じると約束したはずだ。ぼくたちが台所にすわると、カープはリックとモリーを質問攻めにした。本物の警官――あるいは探偵――が尋問するように。ぼくは彼らのあいだにすわり、テニスの観客よろしく首を左右に振って、散水や栽培方法や品種についてのやりとりを追った。カープはマーシャルを栽培する意向はあるかとたずねた。彼がとくに関心をもっているのは、この農園のおもな目的が芳香かどうかだった。モリーは香りも大事だが、収量も考えなければと答えた。カープは有罪の証拠を見つけたように、頭を振り、唇をかたく引き結んだ。ぼくは同席しているのがしだいに気づまりになり、メモをとることもはばかられるので、失礼とことわってイチゴ畑に戻った。イチゴをいくつか頬ばり、空を見あげて光が変化したかどうか確かめたあと、たったいま経験したことを書き留めた。

カープの用件が終わると、ぼくたちは小さな簡易食堂で昼食を食べた。古い柑橘類の木箱を使った工芸品が壁に飾ってある。カープのサンドイッチがくると、彼は乾燥させたトウガラシの入った容器をいくつか取り出し、パンにはさんだ具に大量に振りかけた。オセンフォートから以前、カープがカプサイシンの中毒だと聞いたことを思い出した。カプサイシンはトウガラシのおもな成分である。

ぼくたちは帰り道ほとんど口をきかなかった。カープが〝どうってことはない〟運転にあまりにも集中していたので。ぼくはうとうとしかけたが、カープに起こされた。ぼくは果物を追っていろいろな国を旅したことを少し話した。彼は旅行には興味がないが、インド洋のマダガスカル島とパース島にはさまれたある群島には行ってみたいそうだ。「そこは一年三百六十五日、温度がきっちり十五度なんだ」

といった。「草木は一本も生えていない、風が強すぎるから。でも月のような荒涼たる風景のなかを歩きまわれるし、第一、その景色を台無しにするような人間が、島にはひとりもいないんだ」

それからひと月ほどして、ぼくはカープから一斉メールを受けとった。数多くの栽培家、農家、販売業者、果樹園など、イチゴの記事の取材でお世話になった人たちに宛てたものだ。

彼は果物について書くことを、果物を栽培することにたとえてみせた。「人はありったけの精力と技術を傾けてすぐれたものをつくろうとするが、自分ではどうにもならないさまざまな制約にはばまれる」彼をはばんでいるのは紙面の制約である。記事の半分近くは編集者に切り刻まれる。あとに残ったものは、カープいわく、「どうにか要約とよべるだけで、味もそっけもない」。彼が三年以上も費やして収集した内容なのに。

二、三週間後、ぼくがモントリオールへ戻る準備をしているとき、カープは〝ツタちゃん〟とぼくをブランチに招待してくれた。ぼくたちは友人のサラを同伴した。彼女はライターでふだんはレコード店の店員をしているのだが、たまたまサンディエゴから遊びにきていたのだ。約束の時間よりも遅れたのは、何者かに前夜、シンダーブロックを車の後ろの窓から投げこまれたせいだった。シンディー・キャットはパンケーキにクロミキイチゴのシロップをかけたものをつくっていた。

「わたし、クロミキイチゴが大好きなんです」とサラが言った。

「ほう？」とカープがきいた。「これまで食べたことがあるの？」

「だと思いますけど、スウェーデンで」

カープの眉がぴくりと動き、クロミキイチゴの自生地域は実際には北アメリカの太平洋岸で、サラがスカンジナビアのどこであれ本物のクロミキイチゴを食べたはずがないと声を荒らげた。

ぼくは、カープのお気に入りのひとつ、白いアンズを味見したことがありますよと口をはさんだ。彼は味見するだけでは充分ではないといった。どんな果物にせよきちんと書くためには——と、ひときわ声を張り上げた——個人の農場や企業の栽培施設、生殖質の保存所、大学の研究室に何年も通わなければならない、それもいやというほど通いつめなければならないのだ、と。

15 異界との接触

それから彼はポケットに手を入れ、とある木の種を取り出した……それをぼくの手にのせてこういった。「逃げるんだ——まだ逃げられるうちに」

『マイ・ディナー・ウィズ・アンドレ』

カート・オセンフォートに電話して、果物探偵への取材がその後どうなったか話すと、オセンフォートはカープから〈光の子どもたち〉の話を聞いたかどうか知りたがった。〈光の子どもたち〉というのは、不老不死を求める性的に純潔な男女からなる教団で、アリゾナ州の砂漠でナツメヤシの古い品種を栽培しているそうだ。果食主義者たちが個々に不老不死を目指しているというのは耳にしていたが、ユートピアを求める果物栽培のカルトというのは、なんとも奇妙な話だった。

そこで、カープに〈光の子どもたち〉のことを問い合わせたが、彼はあまり気乗りしないようだった。このまえ取材に同行した経験から、ふたりで〈光の子どもたち〉を訪問する見込みはまずなかったが、ぼくはいずれにしても彼らに会いにいくことにした——手遅れにならないうちに。一時は数十人いた信徒のうち、自称〝不老不死〟の会員たちの大半はすでに老衰で亡くなっていた。だからといって、残りの会員が意気消沈しているようすはない。「われわれのうち何人かは望みをかなえるだろうと思っています」と、骨と皮までやせこけた老人エレクト・フィリップが、一九九五年に『オレンジ・カウンティ・レジスター』紙で語っている。その当時、教団にはまだ七人の信徒がいて――全員が八十代から九十代の老人だったが――この世の終末は近いと信じていた。

ぼくは教団の近くの町にあるデーツランド農場のチャーナ・ウォーカーに電話し、教団の場所を突き止めた（ウォーカー夫妻は給油所、簡易食堂、ギフトショップ、駐車場、井戸、ナツメヤシの果樹園からなる農場を一九九四年に購入した）。「正直いって、あの人たちのことはよく知らないんですよ」とウォーカーはいった。「それにあまり話したくもないし、だってそれが正しいことだとは思えないから」それでも彼女は電話番号を教えてくれた。

エレクト・スターと名乗る女の人が電話に出た。ぼくは彼女にこの本のことを伝え、そちらに出向いてお話をうかがいたいといった。「どうぞ」と彼女は笑いながらいった。「お待ちしています」

三週間後、リアーヌとぼくは低木しか生えないアリゾナの灼熱の砂漠を通り抜けて、デーツランドまでドライブした。タンブルウィードが何百となく風に吹かれ転がっているさまは、砕けた骨が散らばっているようにも、あるいは、からからに乾いたサンゴの残骸のようにも見えた。ウォーカーのオアシスに立ち寄り、ナツメヤシの実のシェイクで喉を潤したあと、ぼくたちは荒涼とした砂漠の道に戻った。

それから数キロというもの人影はまったく見えなかった。やがて廃屋のような酒場があらわれたが、まるで地中に呑みこまれつつあるように見えた。色褪せた飾り文字で店の名前がつづられている。〈ささやく砂〉と。荒涼たる風景のなかをさらに二十分ほど進むと、やがて朽ちてたわんだ教会がどこからともなく出現した。あっというまに謎めいた衰退をとげた古代文明の遺跡のように見えた。信徒席に悔い改めた砂漠の枯れ草がずらりと並び、あの酒場でどんちゃん騒ぎをした二日酔いでぐったりしているところが思い浮かんだ。

ぼくたちはさらに先へ進んだ。案内標識といえば〈奇岩の柱〉などという名の小さな峡谷ばかり。どれもこれもみんな蜃気楼じゃないかと思いはじめたころ、二メートルはあろうかという棒つきキャンディのような標識が地平線にあらわれた。虹を描いた渦巻きのなかほどに、ペンキによる手書きの活字体で「〈光の子どもたち〉、この先二キロ半」と表示されている。

ぼくたちが車を停めた砂まみれの車寄せの隣には、大ぶりな石づくりの煙突とけた外れに大きな窓という一九五〇年代風のバンガローが建っていた。屋根の上には旗がひるがえり、金色の星に「純潔、約束、平和、完璧」と書かれている。車のドアをしめ、ナツメヤシの木がずいぶんたくさんあることに驚いていると、白いゆったりしたローブに赤いベスト、青いエプロンというおそろいの格好をした老人が三人、ぼくたちを出迎えてくれた。名前がベストに刺繍されていた。エレクト・スター、エレクト・フィリップ、エレクト・デイヴィッド。「いまではこの三人だけになってしまいました」とフィリップがいった。かつては六十人を超える〈光の子どもたち〉が暮らしていたというのに。

エレクト・スターが裁縫室からクレヨンで彩色した図表を出してきた。そこには、〈光の子どもたち〉が神秘的な力によって、一九四九年に神から選ばれたいきさつが説明されていた。

フィリップは一本の木にいろいろな種類の果物がなっている自作の絵をもってきた。庭のナツメヤシの木を示しながら、彼は自分たちが旧世界のさまざまな品種、たとえばメジョール、ハラウィ、カドラウィ、バールヒ、ダイリなどを栽培していると話した。

フィリップはぼくたちをだ円形の祈りの部屋に案内し、教団の歴史を語りはじめた。彼らはもともと、カナダはブリティッシュコロンビア州の〝カナダ産果物の首都〟として知られるケレミオスという小さな町の果物農家だった。山あいの肥沃な谷に位置するケレミオスは一九五一年一月、全世界の注目を集めた。〈光の子どもたち〉が農場に閉じこもり、世界の終末は近いと宣言したのだ。「わしらはその町の面目を——つぶしてしまいました」フィリップはそのときのことを思い出しながら、ぽつりぽつりと話した。

教団の指導者エレクト・ゴールドことグレイス・アグネス・カールソンは、それまでに神から啓示を受けていた。火の玉が山を転がり落ちてくるというお告げで、終末の日は一九五〇年十二月二十三日だと知らされていた。

その夜、信徒たちは整列して、風のなか賛美歌を歌いながら「K山」の山頂へ向かった。そうよばれていたのは、山くずれのせいで山肌に巨大なKという文字が刻まれていたからだ。エレクト・ゴールドはKの文字は「王国《キングダム》」を表わし、それは手の届くところにあるのだと告げた。

だが、審判の日はやってこなかった。クリスマスの朝がくると、一同は山を下って、それぞれドアにかんぬきをかけ、さらなるお告げを待った。

その週、地震が二回谷を襲った。窓と皿がカタカタ鳴ったが、被害はなかった。年が明けてまもなく、まずオカナガン谷の周辺に噂が広まり、やがてバンクーバーの新聞社の耳に届いた。四十人の人びとが学童も含めて、農場の建物に閉じこもりこの世の終末を待っているというのだ。

新聞記者たちが農場の外で張りこみ、信徒たちが金色の繻子で縁どりした赤いケープと白いシャツを着て、放射線をはね返そうとしているという事実を大々的に報じた。また、金属でできたパンのかたまりの写真が、教団の信仰の対象のひとつとして各紙に掲載された。いずれにしろ、とマスコミは断じた。屋内で多人数がひしめくように生活しているのは公衆衛生上よろしくない。

フィリップはぼくたちをリビングに案内した。テレビはあるが――彼はそれを〝地獄《ヘル》ビジョン〟とよんだ――オリンピックのスケートの録画か、アメリカの無垢の象徴といわれたシャーリー・テンプルの古い映画しか見ないと説明した。「昨今はどの番組もみだらで」と彼はため息をついた。「わしらは少しでも清らかなものを見るようにしています」

ケレミオスでは、マスコミの記事が呼び水となって、怒り狂った地元の人たちが農場を襲撃したが失敗に終わった。町の人たちはこんどは、催眠状態に陥った子どもたちが大人と不自然な経験をしたと口やかましく非難した。一週間後、カナダ騎馬警官隊員がやってきて、農場から十三歳以下の子どもたちを何人か保護した。外に出てきた子どもたちは、まわりを取り囲んだ新聞記者たちをにらみつけた。

一月十三日、教団は決め手となるしるしを受けとった。人間の手の形をした雲が白色から赤色に変化し、ふたたび白色に戻ったのだ。その夜、彼らは吹雪のなか足音をしのばせて、いねむりをしている記者やカメラマンの横を通り抜けた。車に乗りこむと、猛スピードで脱出し、これをかぎりに故郷と訣別した。猛吹雪のせいで雪崩が起こり山道がふさがれたので、マスコミは彼らのあとを追うことができなかった。

〈光の子どもたち〉は北アメリカ一帯をそれから十二年間にわたって放浪しながら、約束の地を探した。カリフォルニア州サンバーナディーノにいたとき、空に炎で「アグア・カリエンテ、アリゾナ」という文字が描かれるのを目撃した。それからほどなく緑色の円板が太陽の正面にあらわれた。その円板には、「一九六三年、五月二十一日」という日付が刻まれていた。

まさにその日、彼らはアグア・カリエンテの新しいわが家に到着した。デーツランドにほど近いアリゾナ砂漠のこの地所である。三三ヘクタール（約十万坪）もの土地をどうやって手に入れたかははっきりしない。エレクト・スターは、「まえまえから、神の土地に入植させてくださるというお告げがありました。それがここ、アグア・カリエンテだったのです」といった。フィリップは幻覚や、富裕な後援者や、彼らがやってくる夢を見たという先住アメリカ人のスカウト・グレイ・イーグル（〝斥候役の灰色ワシ〟の意味）らが登場する入り組んだ話をした。

そのいきさつが実際にはどのようなものであったにせよ、彼らはそれ以来ずっとここにいる。「去る者は追わず、来たる者は拒まずです」とフィリップがいった。夕食の席で、あとから教団に加わったというふたりの老婦人と会った。彼女たちは正式の信徒ではなく、〈光の子どもたち〉の制服も着ていなかった。おばあさんの片方は前世でぼくと会ったことがあるとかたく信じていた。彼女の話では、一九六〇年代末にはヒッピーたちがよく訪ねてきたが、セックスもドラッグもない生活になじめず早々に退散したそうだ。

ロックンロールとまではいかないが、〈光の子どもたち〉には幼稚園レベルの賛美歌があり、それを夕食まえに歌った。食卓には名前を書いたカードが置かれ、各自の席を示している。男女が向かい合わせにすわるのは、教団の禁欲主義によるものだ。エレクト・スターが子ども用のヤマハのキーボードをコンセントにつなぎ、一同声をそろえて賛美歌を歌ってくれた。ぼくたちも一度ばかりコーラスに加わった。

彼らの信仰のあらまし——果物を食べ、肉体関係を慎み、不死をめざす——を聞きながら、夕食をとった。ナツメヤシの実が六個、ピスタチオとクルミが十個ほど、樹液のジャムと、缶詰のピーチ数切れが仕切りのあるトレイで出された。主菜は皮をむいたバナナで、それをフォークとナイフで食べた。教団としては果実食を守りたいが、自家製のヨーグルトとポップコーン、それに農場で栽培した野菜も食べている。フィリップがいうには、天使がかつて彼らの前にあらわれ、「エデンの園式の食事」に従うように指示したそうだ。どうやらぼくたちがその夜ご馳走になったのがそれらしい。その天使は仕事をして対価を得ることは罪だとも告げた。「わしらはこの五十六年というもの、一銭たりとも稼いでいません」とフィリップはいった。とはいえ、会員たちは社会保障の小切手はしっかりもらい、毎年国税局に給付の申請を行なっている。

バナナの最後のひと切れをフォークで口に運びながら、この貞潔な信徒たちが全員亡くなってしまったら教団はどうなるのだろうと思った。みんなとても年をとっていた。エレクト・デイヴィッドは食事のあいだも両手が細かく震え、そろそろお迎えが近いように見えた。彼らは教団の行く末についてはあまり気にかけていないようだった。どうせ、世界全体が終末に向かっているのだ。掲示板に一枚の紙がピンで留めてあった。「いまは有史以来もっとも由々しき時代です。どの徴候《しるし》もみな、神の時計の最後のときだと告げています」その紙には、大文字で彼らのモットーが記されていた。「**あえて馬鹿をやる者だけが……不可能を可能にする**」

夕食のあと、ぼくたちはひと晩――なんなら死ぬまでずっと――泊まっていけばどうかと誘われた。三人の選民《エレクト》たちと彼らのふたりの友人と握手して、ぼくたちは歓待と昔話の礼を述べ、車に乗りこんで手を振った。

そのころには、外はもう真っ暗だった。街灯はひとつもなく、路面は記憶にあるよりずっとでこぼこしていた。一分か二分ほどして棒付きキャンディ型の看板に差しかかったところで、リアーヌが窓から顔を出して、あっと叫んだ。教団のあたりに火の手があがっている。引きかえすことも考えたが、すっかり気が動転していた。車を走らせながら、携帯で安否を確かめた。エレクト・スターが電話に出た。ぼくは巨大なかがり火がお宅のすぐ外で燃えているようですがといった。彼女は外に見に行ったが、すぐに電話口に戻ってきて、何も見えなかったといった。それから何キロものあいだ、遠くの炎がちらちらと見え隠れしていた。たぶん、砂漠のはずれで突発的に起こる説明のつかない野火のたぐいだろう。それとも、ぼくたちを勧誘するために〈光の子どもたち〉が仕組んだ花火細工だろうか、あるいは、神さまのお告げだったのか。結局、その答えはわからずじまいだった。

果物はほかの霊的《スピリチュアル》な活動、たとえば、ベリー類を栽培していた鞭打苦行派の流れを組むロシアの宗教セクト〈キリロヴナ〉から、ケンタッキー州とインディアナ州でブドウ栽培を始めたジョン・ジェイムズ・デュフォーの共同体にいたるまで、一定の役割を果たしてきた。また、二十世紀初頭カリフォルニア州南部にあった〈友愛会〉は、タレスという名の果樹栽培家が率いていた。〈プラセンシア菜食主義者の会〉ともよばれるこの会では、霊たちは建物の角に集まると信じて、四角い部屋がまったくない大きな邸宅を建てた。亡霊がこの地所に出没し、火の玉がときどき煙突から飛び出すのが見えるという噂が広まった。〈友愛会〉はやがて子どもたちの栄養失調が訴訟ざたになり、また、若い女性会員のひとりが自殺したことから解散に追いこまれた。

一九六〇年代には、裸体主義を実践する果実栽培コミューンが全米にぞくぞくと誕生した。「大地へ帰れ」運動の追随者たちは衣服も社会的な抑制も脱ぎ捨て、ユートピア的な団体に集結した。トレミー・トンプキンズは『楽園惑乱 Paradaise Fever』のなかで、彼の父が創始した、ヌーディストの果樹園共同体について書いている。「あの果樹園を始めるに当たってカギとなる要素は、会員が敷地内で働くときは裸体か、少なくとも上半身裸であることだった」(著者の父、ピーター・トンプキンズは『植物の神秘生活』のなかで、「リンゴは人間が愛情と尊敬をこめて食べれば、オーガズムに相当するものを経験する」と書いている)。こうした実験の痕跡は、神秘思想家ルドルフ・シュタイナーが提唱したバイオダイナミック農法を実践した、フリーラブの農場やヌーディスト・ガーデンなど、世界各地のヒッピー社会に認めることができる。クワの栽培家でナチュラリズムの研究者でもあるゴードン・ケネディから聞いた話では、オーストラリア南東部のニンビンにはブッシュの奥地でテント住まいをしている人たちがいて、現代の野生人こと「フェラル」とよばれる彼らは、いまでも裸で果物を栽培しているという。

これまで見てきたように、多くの宗教では果物を利用して、人間が神の意識に到達したり、霊との交信ができるという可能性を示している。たんなる象徴的な役割にはとどまらず、果物はぼくたちの分子構造に理性でははかりがたい方法で影響を与える。多くの興奮性飲食物、たとえばコーヒーも、もとを正せば果実である。アフリカ原産のアオギリ科のコラノキの種子はコラナッツとして、いまでもコカコーラはじめコーラ飲料に利用されている。ビンロウジはビンロウヤシの種子で、東南アジアではコショウ科のキンマの葉で包んで噛む習慣がある。これを噛むと唾液が赤煉瓦色になり、その唾液を吐き出した跡で通りが赤く染まっている。これらの神経興奮作用のある果物には習慣性がある。

おいしい果物には、それを食べることで感覚が大きく揺すぶられ、思わずひれ伏したくなるような力がある。この衝動を解き明かすには何年もかかったが、ぼくはこれは身を横たえる感覚なのではないかと考えるようになった。あまりにも完璧に近いものは、死を連想させるところがある。それと同時に、降参してわが身をゆだねるというあの感覚は、人間が自然と一体であることを一瞬にせよ受け入れたということではないだろうか。

世界じゅうどこでも、果物には神秘的な力がそなわっている。釈迦は舎衛城の神変（千仏化現の奇跡）で異教徒たちの挑戦に応じて、多くの化仏を一度に出現させたが、そのおり、マンゴーの種子からたちまち大木を生やしたといわれている。インドでは、占い師は手相や茶葉ではなく、マンゴーの種子に止まったハエの動きから将来を読む。ナイジェリア北部に住むヌペ人は、占いにベリーの数珠を用いる。西アフリカのヨルバ人はヤシの実を、ユクン人はヒョウタンの丸い殻片を利用する。

部族社会では、植物の神秘的な性質を理解している者がシャーマンに選ばれ、この世とあの世の仲介役を果たした。何世紀にもわたって呪医たちは果実を使ってトランス状態を引き起こしてきた。植物のあらゆる部位――根、樹皮、樹脂、葉、小枝、花、蔓――は宗教儀式においてエンセオジェンとして用いられるが、果実はとくにその効能が大きい。

ウカバの樹脂は太陽の精液ともよばれ、摂取するとトリプタミンによる幻覚作用が生じる。六種あまりのギンバアサガオの種子は、ＬＳＤによるトリップとよく似た症状を引き起こす。強い効果をもつダチュラ（シロバナヨウシュチョウセンアサガオ）の果実は、先史時代から宗教儀式に使われてきた。チリトーはヒクリ・ムラートというメキシコ産サボテンの果実で、酸味があり食用になる。それを食べた仲介者は霊界と交信できるという。悪人は正気を失い、狂気から逃れるために崖から飛びおりる者もいるといわれる。ラトゥエの果実は、チリの先住民マプチェ人の呪医が行なう「夢の仕事〔幻覚性植物を用いて、心の病を治療する方法〕」を容易にする。メキシコ人はヒルガオ科のオロリウキの種子を粉末にして飲料に混ぜ、静かな夜にひとりで飲むための強力な幻覚剤をつくる。赤い睾丸のように見えるサナンゴは、西アフリカに分布し、強い幻視誘発作用がある。マンドレイクとヒヨスには幻覚を起こすアルカロイドが含まれ、中世には魔女の煎じ薬として利用された。シリアン・ルーの種子は、アマゾンの先住民がシャーマニズムの儀式などに用いる幻覚性のつる植物アヤワスカと同じような効用がある。カバロンガ・ブランカとよばれる種子は、アヤワスカに添加され、使用者を霊の障りから守る働きがある。セビルは別名「文明の種子」で、別の現実へ近づくために使われる。乾燥させたバナナの皮に火をつけ、その煙を吸いこむという通過儀礼もある。幻覚作用があるといわれるが、たいていは頭痛がするだけだ。ベネズエラのワイカ（ヤノマミ）人は儀式で、ヨポの果実を粉末にしたものを長いパイプを使って別の人間の鼻に吹きこむ。相手はそれを吸うとすぐに、激しく歌い踊るという狂躁状態に陥る。

数多くの果実がもっている向精神性は一種の毒性である。植物に毒が含まれているのは、小動物に食べられないようにするためである。人間がこれらの植物を摂取すると、神経系に作用するこれらの物質が、緊張の緩和や酩酊から、はては麻痺や死にいたるまでの影響を及ぼす。

カシューナッツは煎るまでは強い毒性をもっている。種子は二重の殻におおわれ、この殻にはウルシと同じように接触性皮膚炎を起こす物質が含まれている。かぶれの原因になる樹液はカシューナットシェル液（ＣＮＳＬ）とよばれ、ナッツを食べるまえに除去しなければならない。ムクロジ科のアキーはジャマイカの国民食だが、取り扱いには慎重を要する。未熟な果実には毒物のヒポグリシンが含まれ、激しい嘔吐を引き起こし、最悪の場合には死にいたらしめるからだ。また種子と種皮をつなぐ縫線は常に有毒である。シアン化物やジシアン（青素）は、柑橘類やナシ状果〔花托が肥大して果肉になった果実。リンゴ、ナシなどリンゴ科に特有〕に微量ではあるが含まれている。スターフルーツにはシュウ酸が含まれている。シロサポテがグアテマラでは「マタサノ」（「健康を殺す」の意）とよばれるのは、種子に催眠作用があるからだ。未熟なホウライショウはシュウ酸を多く含んでいるので、食べると喉を刺激する。西アフリカのガンビア人が矢毒に用いるキンリュウカ（ストロファントゥス）属の種子は猛毒なので、人間はものの十五分で死にいたる。パンギノキ（ブアクルア〝催吐作用のある木の実〟の意）は槍に塗られるが、シンガポールでは一か月以上も土中に埋め、そのあと数週間水にさらして毒を抜き、煮てから食べる。オランウータンはタカラマメ（ストリクノス・イグナティイ）を食べ、種子を散布する。この種子には多量のストリキニーネが含まれるが、オランウータンはストリキニーネに耐性があり、唾液の分泌量が増すだけである。

「果実探検であわや命を落とすところ」という題で『フルーツ・ガーデナー』に掲載された記事では、有毒植物と遭遇した経験が語られている。〝匿名のおバカ〟なる投稿者は、新種のおいしい果物の発見者になりたいという夢をもっていた。カリフォルニア大学ロサンゼルス校のキャンパスにソーセージノキが生えているのを発見し、まるで大きなハンガリーサラミがぶら下がっているようなその実を、ひとつもぎとって一口かじったところ、湿ったコーンスターチのような味がした。これではとても名声は得られないとわかり、それきり忘れていたが、三十分後、顔がぴくぴく引きつることに気がついた。

口がブタの鼻面に変わってしまった、と彼女は思いこんだ。まもなく、さまざまな幻覚に襲われた。

「現実が巨大な透明のゴムバンドになって、どんどん引き延ばされ、わたしの視覚のすべてをおおってしまいました。そのくせ、わたしの知覚は外へ伸びていき、どんどんふくれあがり、わたしはそのなかに閉じこめられてしまって、すぐに外に出られるという見込みはまったくありませんでした」

彼女は万一の場合にそなえて身なりを整えた。パニックにならないよう努めながら、何人かの果物の専門家に電話したところ、みな彼女をなだめ、その毒では死なないと教えてくれた。「このごろでは、その木のそばを通り、ふくらんだ硬い茶色の果実を見るたびに」と彼女はまとめている。「親近感というか——その木とのきずなを感じるのです。心のなかでささやきかけます。『あなたを知ってるわ……あなたのことを味わった。こんな経験した人はまずいないでしょうね。これはふたりだけの秘密よ。あなたがほんとうは何者なのか、疑っている人はだれもいないから』」

ぼくたちは果物のために命を投げだし、果物と愛を交わし、果物を使って霊界と交信する。ぼくたちは果物にすっかり魅せられ、ついにはその気持ちが高じてわれとわが身を滅ぼす。ワイン好きは発酵させたブドウに、ヘロイン中毒者はケシの果実からにじみ出る乳液に夢中になる。サミュエル・ベケットの戯曲『クラップの最後のテープ』では、話し手はバナナ中毒らしく、食べ過ぎたことをテープに吹きこんだあとで、「(録音を)カットしろ!」と激しく自分を叱りつける。

歴史上、もっとも過激な果物好きといえば、ブリタニア属州の総督からローマ皇帝となったクロディウス・アルビヌスである。彼は一日にメロン十個、イチジク五〇〇個、モモ一〇〇個、おまけに山盛りのブドウをぺろりと平らげた。またディオクレティアヌス帝が退位したのは、庭園の世話に専念するためだったとか。十七世紀の飄逸なフランスの文人アントワーヌ゠ジラール・ド・サン゠タマンは、メロンを心から愛していた。「なんたる香りが部屋に満ちていることか。/麝香と竜涎香のなんたる甘き香りが／私のあたまを酔わせ、／私のこころを浮き浮きさせていることか……おお黄金よりも尊い、アポローンの傑作。／果物のなかの華、おお、ほれぼれするメロンよ」

著名な歴史上の人物が何人も生の果物、とくにメロンへの執着のせいで不慮の死に見舞われたといわれている。ルネサンス期のローマ教皇パウルス二世は、一四七一年に自室でひとり、メロンが引き金となった脳卒中で亡くなった。一五三四年には、メロンの食べすぎがクレメンス七世の命を奪った。十五世紀の神聖ローマ皇帝フリードリヒ三世とその子のマクシミリアン一世も、メロンの「過剰摂取」で死んだ、等々。その他、メロンによる暗殺が疑われる犠牲者には、ルイ十三世の侍医で植物学者のギイ・ド・ラ・ブロッス、ルジュモン男爵こと小説家のミシェル＝ニコラ・バリッソン（一八四〇年）や、ドイツ王のアルブレヒト二世（一四三九年）らが名をつらねる。マグナ・カルタを認めたイギリスのジョン王も一二一六年、暴食がたたって亡くなったが、彼の場合はモモだったそうな。

芸術家とは過激なものだが、果物への耽溺ぶりも度を越している。アレクサンドル・デュマはリンゴを毎朝一個、夜明けに凱旋門の下で食べた。また、全著作をフランス南西部のカヴァイヨンに献呈したが、それは特産のメロンを毎年送ってもらうのと引き換えだった。ダダイストのジョージ・グロスは、友人と彼がかつて「腹が飛行船のようにふくれあがるまでスグリを食べ、〝怠け者の天国（美食と怠惰に明け暮れる中世ヨーロッパの理想郷。ピーテル・ブリューゲルの絵で有名）〟に迷いこんだ旅人よろしく、大きな腹を抱えて寝そべった」といった。アンディ・ウォーホルはサクランボを思う存分食べるには思わぬ障害があると書いている。「散らばった種を見たらいくつ食べたか正確にわかる。それ以上でもそれ以下でもない。種子がひとつという果物は、だから厄介なのだ。そういうわけで、わたしはプルーンを食べるくらいならレーズンを食べる。プルーンの種はサクランボよりもいっそう目立つから」。ヒッチコックはグーズベリーを種ごと、毎朝欠かさずに食べた。イギリスの詩人コールリッジは果物を枝から直接、口でもぎとるのが好きだった。アガサ・クリスティーは青リンゴを浮かべた風呂につかって執筆した。ドイツの詩人フリードリッヒ・シラーは傷んだリンゴを引き出しにしまっておき、創作のひらめきを得るためにときどきそのにおいをかいだ。D・H・ロレンスは裸でクワの木に登って執筆した。フランスの詩人で画家のアンリ・ミショーは二十年かけて果物の身になって考えることを学んだという。「机にリンゴを置く。つぎにリンゴのなかに入りこむ。とても安らかな気持ちだ」

ぼくも思いきって果物の世界に身を投じ、果物の核心に迫ろうとした。果物を愛する人たちの情熱を理解したくて、数か月かけて索引に「果物」という言葉が含まれている本を片っ端から調べた。ニューヨーク植物園の図書館、カナダのナイアガラ王立植物園の図書館、およびロサンゼルス中央図書館にも足を運び、果物関係の古書の渦中に巻きこまれた。

果物について書かれた本は三千五百冊、周辺書を含めると八千冊を超える。果樹園芸学の専門書にざっと目を通しながら、ぼくはシルヴィア・プラスがある物語について書いていたことを思い出した。ひとりの男と修道女が、男の家と修道院のさかいに生えているイチジクの実をもぎにくるたびに顔を合わせる。ある日、ふとしたはずみでふたりの手が軽く触れ、その日から修道女は姿を見せなくなる。「わたしは柵をくぐるように、そのページの黒い文字のあいだにもぐりこみ、その美しくて大きな緑のイチジクの木の下で眠りたかった」。ぼくは有名な『熱帯の果物 Fruits of Warm Climates』の著者ジュリア・F・モートンと、植物採集家で『熱帯および亜熱帯果実の手引 Manual of Tropical and Subtropical Fruits』を遺したウィルソン・ポピノウは関係をもっていたのではないかと、想像をたくましくした。

本を何十冊も引っぱりだして、「(パイナップルの)果皮の中央にいる天使」を見つけようとした。アメリカの詩人ウォレス・スティーヴンズが「だれかがパイナップルをひとまとめにする」という詩のなかで、そう表現したのだ。インドでは貞淑な妻は夫に殉じるのが理想とされる。ぼくは貞女《サティー》たちがどんなレモンを手にガンジス河岸で火中に身を投じたのか突き止めようとした。元KGBスパイ、アレクサンドル・リトビネンコがロンドンで毒を盛られたとき、だれもセイヨウサンシュユを与えることを思いつかなかったのはなぜだろう。その果実には、前述の『すべての庭にめずらしい果実を』によると、血流から放射性物質を取り除く働きがあるというのに。ぼくはまた、ホメーロスの『オデュッセイア』でロートパゴイ人が常食としているロートスとは、正確にはどの果実か特定しようとした。リビア沿岸に生えるナツメの一種ジジフス・ロトゥスだろうか、それとも、甘い果肉を食用にするイナゴマメだろうか。

十九世紀のドイツ人神秘思想家、ヤコブ・ローバーの難解な作品も熟読した。ヤコブ・ローバーは晩年の二十四年間を、ボルヘスいわく、「一連の引き延ばされた啓示の瞬間」として過ごした。一八四〇年に神の声がローバーにペンと紙で、彼が聞いたことを書き記すように命じた。そのときから一八六四年に死ぬまで、彼はほぼ毎日書きつづけ、二十五巻各五百ページの大著を書きあげた（ほかの小品は含めずに）。ローバーは宇宙で見つかるたくさんの果物についても書いている。土星は、愉快なことに、ピラミッドフルーツ、ファイアフルーツ、そしてボートとして使われる虹色のシップフルーツを産出する。ウブラフルーツというのは、ローバーいわく、三メートル近い丈の水銀でできた袋状の果実で、枝のない木の幹からじかに生える。四角い幹は緑色のガラス製で鏡のように輝き、通りすがりの人たちは自分の姿を確かめることができるという。

神話にはあまりにもたくさんの果実が登場するので、たとえ死ぬまでかかってもそれをすっかり記録することはできない。じつは、それに近いことを社会人類学者のジェイムズ・ジョージ・フレイザーが『金枝篇』で身をもって体験している。フレイザーの出発点は、古代の森の祭司がその職を継承するために、聖なる木から枝を折りとったあと前任者を殺すという奇妙な儀式を説明することであった。この運命の枝こそ著作の題名となった「金枝」である。この儀礼的な殺人が何を意味していたのか周到に解釈するうちに、『金枝篇』は十二巻もの大著となった。簡約版でも、神秘的な呪術や宗教儀式における果物とその役割について、おびただしい事例が紹介されている。結局、フレイザーは「金枝」とはおそらく、今日でも儀式に用いられる小さな実のなる木、すなわちヤドリギと見てまちがいないと結論を下した。

果物の世界に終わりはない。数限りない小さなコミュニティに分かれ、熱心な愛好家が集っている。それが特定の果実の病変を研究している植物病理学者の団体であれ、パパイアの原種を求めて東奔西走している生殖質の収集家の集団であれ。「重箱の隅をつついているようだと笑う連中もいるが、果物の世界を極めたければ、関心の幅が狭くてはとてもつとまらないね」と、果物探偵のカープがぼくにいった。「狭いというなら、たとえばリンゴの台木の研究だが、それでも実際には狭いどころではなくて――やや狭いというところだ」アグリリトグラフ（果実の木箱のラベル）の蒐集家は、数千ドルを一八〇〇年代のラベルに支払う。このネットワークの中心人物がパット・ジェイコブスンで、この三十年というもの果実の木箱についているラベルについて何十万語もの言葉を書きつづけてきた。

文学作品にあらわれる果実の挿話を集めつづけているロバート・ポルター、ビワについて数千ページもの資料を集めているケン・ラヴ、接ぎ木の名人クラフトン・クリフトのジャングルの小部屋、そして果物探偵の病的なまでの執着が、つぎつぎと脳裏をよぎった。彼らは全員、手の届かないものを必死で追い求めているようにみえる――そして、このぼくもまた。

果物が頭にこびりついて離れないのは、どうにかして果実のすべてを知りたい、何もかも知り尽くしたいという欲望のあらわれである。もしかしたら人間は知恵の木の実を食べたあとで、もう一本の木、すなわち生命の木の実も口にし、永遠の生命を見つけたのかもしれない。

でも「創世記」がそれとなく語っているように、知識を得ることは必ずしも人間を自由にはしない。それどころか、ぼくたちは知識のとりこになり、へたをすると命を落としかねない。美には支払うべき義務がある。永遠を探し求める旅に終わりはない。ぼくたちは果物にそなわった象徴性の森で迷子になってしまうかもしれない。ユートピアとは「どこにもない場所」という意味のギリシャ語である。それでも、オスカー・ワイルドが書いたように、ユートピアのない地図など一顧だにする価値もない。ぼくたちはいつだって、決してユートピアにたどりつくことはできないけれど。

文字に記された世界最古の物語といわれる『ギルガメシュ叙事詩』は、不死を求めて森をさまよう物語である。だが、ギルガメシュが見つけたものは人間の運命、すなわち、避けがたい運命がすべての人間を等しく待ち受けているという認識だった。その運命とは、土に還ること。あらゆるものは土から生まれ、死んでまた土に戻る。土は子宮であり、墓場なのだ。

完全無欠の世界をこしらえ、そこで永遠に暮らすという幻想は、芸術作品を生みだす糧になる。だが、猿でさえパラダイスナッツを手放さなければならないときがやってくる。「天は」と、エミリー・ディキンソンは思慮深くも書いている。「私には手が届きそうにない／木のこずえのリンゴの実」

16　結実――あるいは創造への熱意

快楽についていえば、ぼくはいまこの瞬間、片手でこの手紙を書き、もう一方の手でネクタリンを口に運んでいる――まいったよ、なんておいしいんだ。しっとりした果肉がとろとろに溶け、じわじわと果汁をにじませながら――美味な、丸々と肥えた実が、まるで大きな美しいイチゴのように喉を下っていく。ぼくはこいつを植えるつもりだ。

ジョン・キーツ、一八一九年の書簡

一八〇〇年代半ば、アメリカにおいしい洋ナシがはじめてお目見えし、ニューイングランドの住人たちはその魅力のとりこになった。「往年のナシ・パーティーをこの目で見たかった」と、牧師で自然主義者、果実栽培にもくわしいE・P・パウエルは一九〇五年にそう記し、喫煙室につめかけたボストンの住民たちが舌つづみを打ち、もみ手をしながら、新顔の果物をがつがつ食べている場面に思いを馳せた。この騒ぎをじかに経験しなかった者には、果肉が軟らかで、甘みが強く、多汁なナシの出現によって引き起こされた熱狂ぶりを理解することはむずかしい、とパウエルはいう。この現象は「ナシ熱」として知られるが、いうなれば、一九六〇年代に、ビートルズなどイギリスのロックバンドがアメリカのポピュラー音楽界に巻きおこしたブームの果物版である。

ジョン・レノンとポール・マッカートニーに代わるこちらの立役者は、ベルギー南西部モンス出身のふたりの栽培家だった。ニコラ・アーデンポンとジャン・バティスト・ヴァン・モンはブーレ種をつくりだした。ボスク種やフレミッシュ・ビューティと同じく、軟らかいバターのような食感で、かぶりつくと果汁がしたたり落ちる美果である。

彼らは草分けとして努力を重ねたが、それ以前からナシは二手に分かれていた。シャンパンのような味のするものとしないものである。プリニウスは『博物誌』のなかで四十二品種のナシを記録しているが、火を通すか乾燥させたものでないと食用には適さないと付記している。ダーウィンも昔のナシは品質がお粗末だったと記した。水気がなく、ざらざらした舌ざわりなので、アメリカではもっぱら発泡性のペアワインの原料に使われていた。

ルネサンスまで、みずみずしいナシなど思いもよらぬものだった。めったにないご馳走で、「モンデュー《おやまあ》」のごとき優良種――ルイ十四世がひと口食べてそう叫んだといわれている――を賞味できるのは国王に限られていた。十八世紀、十九世紀のベルギーで、前述のアーデンポンやヴァン・モンの発見があったからこそ、おいしいナシは主流になったのである。

これらの新種を諸手をあげて歓迎したのが新世界の人びとだった、とイアン・ジャクソンが『一八二五年から一八七五年におけるマサチューセッツ州のナシ熱の歴史 History of the Massachusetts Pear Mania of 1825-1875』（未刊行）で書いている。上流社会では試食会が催され、理性を失った投資家たちは果樹園に資金を投じたが、多くは失敗に終わった。「稼いだ金よりも失った金のほうが多かった。というのは、ナシ栽培で儲けた者ひとりにつき、まったくの失敗に終わった者を五人挙げることができるからだ」と、P・T・クィンは一八六九年の『ナシの商業栽培 Pear Culture for Profit』で書いている。

マサチューセッツ州園芸協会主催の秋の品評会は大騒ぎだった。オウジョウ、シェルドン、クレルゴーといった新種のあいだで熾烈な競争が行なわれた。おいしいナシが味わえるうえ、ナシ長者になることも夢ではないと、アメリカの素人園芸家たちはこぞって新種づくりに乗りだした。りっぱな果樹園の持ち主である工場長から、郊外で小さな菜園を耕している労働者にいたるまで全員が、突如としてナシ熱に取りつかれた。マサチューセッツ州の栽培家に当てた手紙で、ヴァン・モンは最善の方法はまだ見つかっていないと書いている。「しんぼう強く苗木を育てていけば、いずれわたしのナシをしのぐものが生まれるでしょう」ヴァン・モンの方法は単純だった。多汁質のナシの種子をまき、さらに多汁な品種があらわれるのを待つのである。

あいにく、実生の木にはたいていまずい果実しかならなかった。百本のうち九十九本まではは ずれの可能性がある、とA・J・ダウニングは一八四五年の『アメリカの果実と果樹 The Fruits and Fruit Trees of America』で警告している。それでも、果物に興味のある者にとって、「栽培の世界で、新種の開発ほど心が浮きたち、純粋な喜びを味わえるものはない——というのは、それがある種の創造だからである」

ダーウィンが進化論を出版するかなりまえから、果実栽培家は優良品種をつくりだすために人為選択を利用してきた。自然界では、果実は健康で、種子に発芽能力がありさえすればよい。高品質で食用に適した果物はすべて、人間が栽培することによって誕生した。ぼくたちがいま享受している栽培品種を生みだした先駆者は、たいてい無名の人たちである。十八世紀の作家で植物学者のジャック＝アンリ・ベルナルダン・ド・サン＝ピエールが書いたように、「これら社会の恩人の名前は概して伝わっていないが、彼らの恩恵は世代から世代へと受け継がれている」。その一方で、人類を滅ぼそうとした連中の名前は書物のページというページに載って、現代まで伝わっている」。北アメリカ果実探検家協会は、自分たちが過去の実験家たちの精神的な跡取りであると自負している。「彼らは男女を問わず、有名無名を問わず——あらゆる時代に、世界各地で——苦労を重ねて最高の果物を発見し、栽培し、そして改良を加えてきた」

ダーウィンは『種の起原』で、ぼくたちの祖先が果物の改良に果たした役割を認め、彼らがどのようにとぼしい原料からみごとな成果を生みだしたかを記している。「その技術が単純なものであったことは疑いないと思う。つねに、知られた最上の変種を栽培し、その種子をまき、そのなかから少しでもすぐれた品種が出現することがあれば、それを選択するという過程をつづけていくのである」

ポーランド戦後派を代表する詩人ズビグニェフ・ヘルベルトは、かつてこんな祈禱文をつくった。「主よ、われらが果物をつくることを助けたまえ／混じり気のない甘さの面影を」遺憾ながら、二十世紀は見た目と収量が重視されたせいで、食味の劣る果実が多く生みだされた。かさが大きく、果肉が硬く、貯蔵寿命の長い果物は運送業者、卸売業者、小売業者には好都合だ――けれども、いまや品種改良は消費者を念頭において行なわれている。そのなかで香気は、果物を選抜し育種するに当たって、考慮すべきおびただしい変数のひとつにすぎない。その他、外観、日持ち、貯蔵寿命、収穫高、大きさ、形、色、病害虫への抵抗性、開花時期、花の多寡、作物のかさ、完熟まえに収穫できるかどうかなど、さまざまな条件が加味される。大半の果物はある程度まで食味のよさが追求されるが、丈夫さなど大量輸送のための諸要件を同時に満たすことは容易でないと思われてきた――これまでは。

世界各地の育種家は、政府機関であれ、大学の研究所であれ、民間企業であれ、みな自然の方法を用いて優良種の開発に努めている。ニュージーランドのバイオ企業ホートリサーチは近い将来、果肉の赤いリンゴ――昔からあるエアルーム種を品種改良したもの――が主流に食いこめば、それでひと稼ぎするだろう。同社の花形育種家であるアラン・ホワイトは「果物のデザイナー」を自認し、遺伝子組換えでない、バートレット種のナシとアジア産ナシの交雑種《ハイブリッド》をつくりだした。そのナシはとてもおいしいので、彼いわく、世間はあっと驚くはずである。

カナダのケベック州政府機関の育種専門家シャーロフ・ハニザデは、最近、切り分けても果肉が茶色くならないリンゴの品種を発見した。このリンゴは遺伝子組換えによってつくられたものではなく、自然に起こった突然変異で、たまたま彼の果樹園で見つかったものである。エデンと名づけられたこの品種は切ってから一週間、果肉の白さ、みずみずしさ、香気を失わない。マクドナルドから大手スーパーマーケットまでありとあらゆる販売業者が、彼の発見を確認するために空路はるばる訪ねてきた。エデンは保存料でべったり表面をおおったリンゴのスライスに取って代わる、天然の代替品となる可能性がある。

これまで見てきたように、食用になる果物は人間がつくりだしたものである。今後もひきつづき改良の手が加わることはまちがいない——ぼくたちがそれを望むなら。そうではないと考えるのは進化を誤解していることになる。だが、エアルームがいついかなる場合もすぐれていると考える者もいれば、過去の品種に大騒ぎするのは感傷のなせるわざと決めつける者もいる。「わたしはエソパス・スピッツェンバーグやリブストン・ピピンといった古い品種には魅力を感じない——それぞれ欠点があるからね」と、アメリカ農務省のフィル・フォースリン主任研究官はいう。これまで人類が知りえた数千というリンゴの最優良品種に囲まれているにもかかわらず、彼の秘蔵っ子はハニークリスプというミネソタ大学が作出した新種である。実が大きくて、多汁で、シャキシャキした食感がいつまでも失われず、食味も申し分ない。

ぼくがこれまで食べたなかで最高のラズベリーは、ツラミーンという大粒の宝石を思わせる品種だ。一九八〇年代にカナダ農業省のヒュー・ドーブニーが育成した。カリフォルニア大学リバーサイド校のミカイル・ルーズは種なしのマンダリンをいくつも手がけていて、そのひとつヨセミテは粉末ジュースのクールエイドに負けないくらい甘い。今日入手できる最高の品質のイチゴのひとつは、フランスで一九九〇年に開発された。マラ・デ・ボワとよばれ、適度な大きさで、しかも小粒の野生イチゴにそなわった味と芳香を追求した成果である。四つの栽培種、ジェント、オスタラ、レッドガントレット、コロナをかけ合わせたもので、どれも野生種ではないが傑出した香気成分をもっている。

ある南カリフォルニアのイチゴ栽培業者は、ぼくたちが今日食べているゴムのような食感のイチゴに取って代わろうという野心的な計画を温めている。「マラ・デ・ボワをはじめて食べたときは」とデイヴィッド・チェルフはいう。「たまげました。口のなかで、芳香が一気にはじけるんです。香りが口腔から鼻孔に突き抜け、嗅覚を直撃する——うわぁってね。子どものころからイチゴは好物でしたが、あれは記憶にある最高のイチゴもしのぐものでした」

彼のマラ・デ・ボワを一箱食べたあと、ぼくもその意見に同意せざるを得なかった。マラ・デ・ボワは、いまぼくたちの大半が入手できるイチゴとはひと味もふた味もちがっている。チェルフはウィッキッド・ワイルズという会社を立ち上げ、ゆくゆくは風味のよいイチゴがどこでも手に入るようにしたいと考えている。「まだ秘密なんですが、世界じゅうどこでも応用できる技術を開発しました」と彼はいう。「いまじゃニューヨークだろうがロンドンだろうが、本物の香気をもった有機イチゴを一年中栽培することが可能です」

チェルフの企画の目玉は、彼が特許をとった温室である。その温室というのはアルミ箔を貼った強化ポリエステルフィルムの反射板を取りつけるだけで照度が上がり、しかも経費は従来の温室の四分の一ですむという。この温室はどんな都会のまんなかでも簡単に建造できるので、地元産のイチゴを本来なら栽培に適さない環境でも育てることができる。チェルフはさらに、簡単な太陽光発電をとりいれた温室を途上国向けに開発した。ちなみに、これらのイチゴはどれも有機栽培されるが、それは温室だとほとんどの害虫をよせつけないからだ。「最近、アブラムシが発生したので、温室に五ドル分のテントウムシをいれました。二、三日のあいだにアブラムシを全部片づけてくれましたよ。危険性が低いとされている農薬でも使わないに越したことはありませんからね。テントウムシがおすすめです」

もうひとり新進気鋭の若手は、コーネル大学の研究者ジョスリン・K・C・ローズで、果物の貯蔵寿命を延ばす新たな方法を開発している。「日ごろ食べている果物の大半は、まだ未熟な段階で収穫されたものです」とローズは説明する。「きちんと熟すまで待たないから、防虫剤をかじったような味がするんです」彼は、ぼくたちが完熟果と聞いて思い浮かべる香気成分をすべてそなえながら、果物をコールドチェーンによる流通から締め出している「軟化」を抑制する果実の栽培方法を模索している。「これが成功すれば、収穫後果実の生物学で聖杯が獲得できますよ」

従来の研究では、果実内部の細胞壁に重点が置かれていた。だがあいにく、細胞壁は風味と食感に大きな影響を及ぼす。細胞壁を丈夫にすれば、ぱさぱさした味気ない果物ができあがる。ローズは別の解決法を思いついた。果皮の強化である。

ローズはヨーロッパで突然変異のトマトを見つけた。熟しても実は硬いままで、六か月ものあいだ形が崩れない。トマトの果皮に含まれるタンパク質がどのように働いているか解明できれば、エアルームならではのさまざまな長所――強い酸味、強い甘み、すばらしい芳香、豊富な栄養価――を、商業輸送の手荒な取扱いで劣化させない方法がかならず見つかるとローズは信じている。

ローズが丈夫な果皮を研究する一方で、別の育種家が長期にわたって取り組んできた野心的な研究は、果物の味と香りの向上に顕著な貢献をしてきた。フロイド・ザイガーはプルオットの生みの親である。プルオットはスモモ（プラム）とアンズ（アプリコット）のハイブリッドで、食味がよく、商業的にも華々しい成功を収めた。現代の交雑育種の第一人者であるザイガーは数十年かけて、香気があり、かつコールドチェーンの枠組みに耐えられる核果を生みだした。

今日の果物がどこへ向かっているかを調べるため、ぼくは「世界じゅうの果物を改良するファミリー企業」ことザイガー・ジェネティック社の研究所を訪問した。


カリフォルニア州モデストにあるザイガー・ジェネティック社の研究所に到着すると、人なつこい豹柄の犬が玄関ドアを鼻づらであけてくれた。背中は黒い毛でおおわれ、灰色の首はオオカミのようで、脚は赤褐色、ダルメシアンの胴体にテリアの耳をもっている。「絵に描いたようなハインツ五十七〔食品メーカー、ハインツの創業当時の商品数。多民族国家のアメリカ、ひいては雑種を意味する〕だろ」フロイド・ザイガーがふくみ笑いをもらした。顔をほころばせたザイガーは八十歳を超えているが、野球帽にオーバーオールといういでたちだ。品種改良の研究所というより森林監視員の山小屋に近い雰囲気のオフィスで、ザイガーの成人した息子たちゲーリーとグラント、それに娘のリースとも顔を合わせた。ザイガーがいうには、亡くなった奥さんがキースという名前が好きだったので、それをもじって娘の名前をつけたそうだ。

ザイガーは昔から、思いがけない組み合わせに魅力を感じる子どもだった。好物は鮭缶とバナナ。「バナナひと房と鮭缶二個が二五セントで買えた時代だ」と彼はいった。「缶詰にバナナを混ぜて食べるのが好きだった」

プルオットはアンズよりスモモの割合が多いが、ザイガーはスモモよりもアンズの割合が多い中間種もつくり、アプリウムと名づけた。さらにピーチプラムやスパイスの香りがするネクタプラムにピーチャリンも生みだした。ネクタコタムはネクタリン、アンズ、スモモをかけ合わせたものだが、ノルウェーのブラックメタルバンドを思わせる名前である。ピーコタムはモモとアンズとスモモの交雑種で、フルーツポンチのような味がする。「第二のキウイになるかもしれませんよ」ザイガー社の販売員は、ひょっとしたら大当たりするかもかもしれないとほのめかした。

ぼくたちが果肉の白いモモやネクタリンを買うことができるのは、ザイガーのおかげである。ザイガーが輸送できる品種の栽培方法を見つけるまでは、味のよい白肉の核果は軟らかすぎて、いかなる輸送にも耐えられなかった。今日、市販されているモモとネクタリンのおよそ三分の一は白肉系が占めている。ちょうどよい時期に収穫すれば、ザイガーが開発した白肉の品種は極上の味わいが楽しめる。

ザイガー社のつぎなるヒット商品はサクランボ（チェリー）にスモモ（プラム）をかけ合わせたものになる見込みだ（〝チャム〟とか？）。これは、たとえば野生のミロバランスモモのような、小粒のサクランボとスモモの雑種ではない。ザイガーがいっているのは、大きなスモモほどもあるビング種である。

このような変異は、遺伝子工学の技術で遺伝子（ＤＮＡ）を導入してつくられたわけではない。自然のやり方で育成されたものである。果物のハイブリッド品種は、ある花の雄しべから採取した花粉を別の花の雌しべにつけて、その結果できる種子を育てるという方法でつくられる。しかしこの方法には限界がある。近縁種の花どうしでないと受精がうまくいかないからだ。あるモモの花は別のモモの花と交わってネクタリンを生みだすことはできるが、パイナップルの花粉を、たとえばキンカンの柱頭につけてもなんの効果もない。

野生のハイブリッド品種が生じるのは、交雑によってできた果実から新しい木が生長したときである。ローガンベリーはラズベリーとブラックベリーの交雑種で、ある日、カリフォルニア州サンタクルーズのＪ・Ｈ・ローガン判事の庭に出現した。スモモ、アンズ、モモ、サクランボなど、広義のスモモ属の果実は共通の原種を祖先にもち、中央アジアが原産である。つまりこれらの花が交雑すれば種間雑種が生まれる。メロンの花は相互に自由に交雑する。カンタループ、ハネデュー、およびバナナメロンがたまたまひとつになったものはカンタバナナデューとよばれる。

では、バナナにできないことは何か？　メロンと交雑することである。外部の遺伝子を組みこむ形質転換技術が用いられないかぎりは。ザイガーはいかなる遺伝子導入も行なわず、スモモ属の交雑育種に生涯をかけて取り組んできた。できるだけ多くの花の雄しべから花粉を採取し、それをできるだけ多くの別の花の雌しべの柱頭につける。ついで、その種子をまいてどんな雑種があらわれるかを観察する。毎年、五万株の交雑種を植え、プルオットや斑入りの「恐竜の卵」や、アプリウムのような成功例がほんのひと握りでも生まれることを期待する。

ザイガーが面談を締めくくると、ゲーリーがぼくをオフィスから連れ出し、花をつけた果樹がぎっしり植えられた温室を案内してくれた。甘い香水のようなかぐわしい香りがする。陽気なメキシコの民族舞踊の音楽がＢＧＭで流れている。床には花びらが敷きつめられている。十人あまりの女性が木に登って、花びらをむしっているのだ。ゲーリーは髪に花びらを散らしながら、スモモの花を掲げてぼくに雄しべを見せてくれた。それをむしりとりながら、彼女たちはザイガーが設計したピンセットでひとつひとつの花から雄しべを引き抜くのだと説明した。こうするのは雌しべを露出させるためである。取り除かれた雄しべは、つぎにハサミで葯《やく》を切りとられる。金色の埃のように見える花粉を採取するために、切りとった葯は茶こしにかけられる。その花粉は慎重に、別の果樹のむきだしになった柱頭にやさしく押しあてられる。女性たちがはしごに登り、ドラッグストアのウォルグリーンで買ってきたアイシャドウ用のブラシを使ってその仕事を行なう。「この仕事には忍耐が必要なんです」と、目の覚めるようなピンク色の花柄のシャツを着た女性がいった。「男の人には無理でしょうね」

ザイガーがやってきて、女性たちがはしごの上で軽やかに動きまわっているのを嬉しそうに眺めた。「彼女たちは鳥やハチの動きをまねているんだよ」と低い声で笑った。ぼくは彼が『プレイボーイ』の創刊者ヒュー・ヘフナーにうりふたつなことに気がついた。ここはただの果物と花の工場じゃない。ヒュー・ヘフナーが数多くの美女に囲まれて暮らしている豪邸、果物界の「プレイボーイ・マンション」にぼくはいるのだ。

十八世紀末、ゲーテは花が死んで果物に「生まれ変わる」ことに気がついた。その当時、果実はしばしば囚人や修道士たちの手で育てられていた。一七六八年に刊行された『果樹栽培家 The Fruit Gardener』いわく、「社会から隔絶された男たちには娯楽が必要である」。ほかの修道士たちと同じく、オーストリアの司祭グレゴール・ヨハン・メンデルも植物栽培が趣味だった。とりわけ気に入っていたのがエンドウだ。軽い気持ちからエンドウの交配実験に取りかかり、後世に残る重要な発見をした。ある花の花粉を別の花の柱頭につけることで、あらゆる形質の雑種をつくりだすことができたのである。彼は三万種近いエンドウをモラヴィアにある修道院の農場で試験栽培したあと、「植物の雑種に関する実験」と題する論文を発表した。論文は世間に認められず、メンデルは無名のまま亡くなった。

ところが二十世紀初めになって、彼の業績は再発見された。メンデルは死後、「遺伝学の祖」とよばれることになった。彼の研究は遺伝にまつわるさまざまな神秘に光を投げかけ、二重らせんへの道を開き、分子遺伝学者が今日ＤＮＡを用いて行なっている研究の先駆けとなった。だが、そのうちいくつかは世間の激しい抗議を招いた。

メンデルの死から九年後の一八九三年、カリフォルニアの果物園芸家ルーサー・バーバンクは『果実と花の新たな創出 New Creation in Fruits and Flowers』というカタログを発行した。そこにはあっと驚くような果物、たとえばイチゴとキイチゴのハイブリッドや、カリフォルニア産デューベリーとシベリア産ラズベリーの交配種、表が甘く裏が酸っぱいというなんとも奇妙なリンゴが載っていた。彼が交配したアフリカ原産のイヌホオズキとヨーロッパ原産のアカミノイヌホオズキの雑種からは、まったく新しい果実が生まれた。どちらの親も食用になる実はつけないのに、バーバンクのハイブリッド品種には味のよいベリーがみのったのである。バーバンクは新しい果物を創出するその才能ゆえに、「園芸の魔術師」とよばれた。植物や果実は、彼にいわせれば、「陶芸家の手のなかの粘土、画家がカンバスに塗った色と同じで、しかも、画家や彫刻家が生みだしたいと望むいかなる形や色よりもさらに美しい形や色に容易につくりかえることができる」。自然の状態は完成にはほど遠いと、彼はいっているようだ。果物は常に進化しつづけているのだと。

このバーバンクの衣鉢を継いで、ザイガーは全国に輸送できることを意図したスモモの育成に努めている。そもそもザイガーは、バーバンクの弟子だったフレッド・アンダーソンのもとで育種を学んだ。「ネクタリンの父」として知られるアンダーソンは、アメリカで商業栽培のネクタリン第一号を開発した人物である。「フレッドは育種熱をバーバンクから受け継ぎ、わたしはその恐るべき病気をフレッドからもらった」とザイガーはいう。アンダーソンの指導のもと、ザイガーはサクランボとアンズの交配に着手し、土壌や気候、それに害虫への抵抗性をもつ木を探した。最初はどの木も結実しなかったが、そのうちぽつぽつと実のなる木が出てきた。それを味見したのが決め手となって、ザイガーの人生は一変した——そして、ぼくたちがいま食べている果物も。

ザイガーが育ったのはダストボウル恐慌のさなかである。一九三〇年代、アメリカ中西部では過剰な開拓によって表土がむきだしになり、巨大な土砂嵐の被害を招いた。「子どものころ、リンゴといえばたいてい虫食いで、クリスマスにオレンジが靴下のなかに入っていたらもっけの幸いだった。モモなんて食べたことがない。そんな余裕はなかったから」とザイガーは回想する。生の果物が高嶺の花だった子ども時代が、良果を身近なものにするという彼のライフワークの土台である。

「いまでは、世界じゅうがお得意さまだ」とザイガーは自負をにじませる。これまで何百万本もの果樹を販売し、その木から何十億個というおびただしい数の果実が、アルゼンチン、チリ、ブラジル、エジプト、中国、チュニジア、および南アフリカといった国々で生産されている。ザイガー社が目指しているのは、流通網に適応できる新種の開発である。「富裕層は質の高い果物を求めていますが、輸送に耐えられる果物でないと届けることができません」と息子のゲーリーは説明する。「昔のモモはどれも傷みやすくて、指で触るだけで茶色の跡がつきました。うちでは旧来の品種とよく似た香気成分をもち、なおかつサイズが大きくて、充分な硬度があり、輸送に耐える品種をつくっています。もう多汁なだけではだめなんです。とろけるような舌ざわりで、果汁がシャツにしたたり落ちるようなモモは、いくらおいしくても売り物にはなりません。道路をひとつ渡るだけで傷んでしまいますから。自分で栽培するなら話は別です。うちでは家庭菜園向きの品種もそろえています。昔なつかしい最高の品種がいまでも手に入りますよ」

ザイガー一族は未来については楽観的だ。「いまのところは見た目がよくて、輸送に耐えられる品種ならあるが、風味がいまひとつでね」とザイガーは認めている。「あと二十年もすれば、申し分のないものができるだろう。うちが一番力を入れている分野がそこだよ。要は、業界全体を改善したい。いずれ、輸送に三週間かかっても食味の落ちない核果が生まれるだろう。いまでもあるはずだ。努力を惜しまなければ、きっと見つかる」

ザイガーは彼らが現在取り組んでいるハイブリッド品種の設計図を見せてくれた。それは数十もの異なる果物を寄せ集めたものだ。個々の品種を土台となる計画にもとづいて加えてゆき、最終的には「恐竜の卵」や「ダップル・ダンディー」といった新種ができあがる。ザイガーは、遺伝子間の結合を切断することが重要であること、果物のなかに実際には存在していても表面にあらわれない遺伝子があるかもしれないこと、さらに、隠れた特徴を出現させるには異なるDNAを決まった配列にしなければならないことを説明した。

「わかったような気がします」とぼくはいった。

「それはうらやましいな」と彼は答えた。「先に行けば行くほど、自分がろくにものを知らないことがわかってくる。情報という富は拡大していく一方だ。果物について学ぶのは、漏斗の底から登っていくようなもので——進むにつれて、なかはますます広がっていく」

彼はそこで机の引き出しをあけ、封筒を取り出した。それをぼくに渡しながら、こういった。「くじけそうになるたびに、これを見るんだ」

封筒に入っていた手紙の日付は二〇〇五年八月十八日、アイダホ州ボイシの愛好家から送られてきたものだ。「最近すっかりプルオットにはまっています……わが家にこの果物を届けてくださったみなさんに心よりお礼を申し上げます。こんなおいしい果物があれば、一日に五サービングの果物と野菜をとるなんて何でもありません——プルオット五個ですませる日もあります。野菜には申しわけありませんが」

ザイガー社を辞去して、ぼくはレンタカーでサンフランシスコに戻った。ザイガーの漏斗のことを考えると妙に気持ちがなごんだ。

そのたとえ話から、ポヴァティ・レーン果樹園でリンゴの伝統種を栽培しているスティーヴン・ウッドが、あの秋の日、ぼくとふたりでエソパス・スピッツェンバーグをかじりながらいったことを思い出した。自分はもう何十年もリンゴを相手にしてきたというのに、これまで学んだものといえば、ほんの二、三種類のリンゴを自分の地所でどう育てればいいかということだけだ。「果物について知れば知るほど、自分の知識などたかが知れているとわかってくる」

キルケゴールはこう書いている。「いずれ決定的な瞬間がおとずれ、すべてが逆転する。それ以降は、この世には理解できないものがあるということを徐々に理解していくことが肝要になる」果物はぼくたちを、永遠に不可知なる世界まであと一歩というところまで連れていく。そこを過ぎれば、自然界は崩壊し、超常現象の世界に入ってしまう。

ぼくは充分に学んだ。充分に学んだからこそ、これから先も充分に知り尽くすことなどとうていできないと知っている。果物の無限の広がりの前にただ頭を垂れるのみだ。この先、オーストラリアの奥地に出かけて、ブッシュに自生する果物を味見する機会はまずないだろう。グルメ垂涎の的であるレッド・ゴウシュウビャクダンも、ダチョウの卵にメタリックブルーのペンキを吹きつけたようなブルー・ゴウシュウビャクダンも、あまりにも時代に先駆けているので、果物好きの口に入るのは遠い将来だと思われているシルバー・ゴウシュウビャクダンも。二、三か月先に開かれる北アメリカ果実探検家協会の年次品評会に出席し、せめて「コーカサス山脈で野生の果実を探して」の講演だけでも聞きたいという気持ちは残っているが、それでどうなるものでもないと分かっている。果物の魅力にはきりがないのだ。

ぼくはペパーミントガムを一枚取り出し、たまたまそのときブルーガム・ドライヴという通りを横切っていることに気がついた。道路を曲がって高速道路に乗ったとたん、視野いっぱいに果樹園が広がった。あたり一面、見渡すかぎりの果樹園だ。木々の列が何列も何列も、地平線の彼方までつづいている。霊魂があの世でさかさまにぶら下がっているようにも見える。ごつごつした葉のない枝に花がちらほらと咲いている。命の再生だ。白い花が、冬の陽射しを浴びた氷のかけらのようにまばゆく輝いている。いずれ実が熟すだろう。

謝辞

本書はカート・オセンフォート、デイヴィッド・カープ、ミレイユ・シルコフ、タラス・グレスコー、ジョスリン・ズーカマン、ウィリアム・サートル、チャールズ・レヴィン、キャット・マクファーソン、サラ・アムラー、アンナ・ド・フリース、マーサ・レナード、キャスリーン・リッツォ、アンバー・ハズバンズ、そしてミスカ・ゴウルナーの協力なしに実を結ぶことはなかった。果物の栽培家、加工業者、愛好家、学者、および販売業者のみなさんには、じっくりお話をうかがわせていただいた。カナダ芸術協会からは早くからご支援をたまわった。すばらしい文芸エージェントのミッシェル・テスラーはこの物語を形にするのを手伝ってくれた。ダブルディのサラ・レノーヌとエイミー・ブラックには貴重な構成上のヒントをいただいた。スクリブナーのナン・グレアム、スーザン・モルドウ、そしてサラ・マグラースは本書を認め、すべてを実現してくれた。アレクシス・ガーガリアーノのような編集者と仕事ができるのは得がたい幸運だ。リアーヌ・バラバンとぼくの家族に心からの感謝をささげる。

訳者あとがき

本書は、Adam Leith Gollner, *THE FRUIT HUNTERS: A Story of Nature, Adventure, Commerce and Obsession* の全訳である。

アサイー、マラクジャー、ジャボチカバ、チェリモヤと聞いて、熱帯でも指折りのおいしい果物だとぴんとくる方は、そうそういらっしゃらないのではないだろうか。本書はこうしためずらしい果物を追って、若手ジャーナリストが世界各地の熱帯を訪れ、果物と人間とのかかわりを、歴史、宗教、文学、ビジネスなど幅広い視点からとらえ直し、果物の尽きせぬ魅力を浮き彫りにしたノンフィクションである。

一読してまず感じるのは、果物にそなわった一種のしたたかさだ。果物は人間や動物に食べられるという受身一方の存在ではなく、食べられることによって自らは動けないという制約を打ち破り、種子——つまり自分の子孫——を広範囲に散布してもらう。果物は自らおとりとなって、捕食者をおびきよせ、自分の遺伝子を後世に伝えるという高等な戦略を用いているのかもしれない。

実際、人間は有史以来、果物と「持ちつ持たれつ」の関係を築いてきた。そもそも人類が森を出て草原に移動し、二足歩行を始めたのも、果物という栄養豊富で手軽な食糧があったからだ。また、人間はより味のよいもの、より収量が多いものを選択するという形で植物の進化に手を貸してきた。その傾向は農耕が始まってからはいっそう顕著になる。たとえば野生の稲は熟すとひとりでにはじけて種子をばらまいたが、人間がそうではない変種を見つけて選別、栽培したことで、現在のような稲が主流を占めることになった。やがて人間は接ぎ木や交配の技術を生みだし、さらに現代ではバイオテクノロジーの発達により、遺伝子組換えという手段で、自然界では考えられないような植物をつくりだすまでになっている。

生物学的に見れば、植物には雌雄の別があり、生殖によって次代をのこすという性《エロティック》的な一面がある。ふだんは意識にのぼらないかもしれないが、わたしたちの潜在意識にはその事実がしっかり刷りこまれ、果物は豊穣や収穫に重ね合わされてきた。本書ではジェイムズ・フレイザーの『金枝篇』等を引用しつつ、豊作を祈って多産の女性に種をまいてもらう風習、接ぎ木を活着させるために月明かりの下で男女が交合するなど、具体的な事例が多数紹介されている。果物は宗教にも顔をのぞかせる。たとえば、聖書の「創世記」に登場する禁断の木の実の正体については、リンゴ、オレンジ、ナシ、イチジクなど、さまざまな解釈がある。釈迦やムハンマドは果食主義者だったともいわれる。輪廻の思想も果物と深くかかわっている。果物は現世と来世というふたつの世界の橋渡しという役割を担っているのである。

本書にはそんな果物に魅了され、情熱を傾ける人びとが大勢登場する。めずらしい植物を採集するために秘境に分け入り、ときには非業の最期を遂げたプラント・ハンターたち。これぞという果物を見つけたら接ぎ木をせずにはいられない接ぎ木マニア。一日十四回も果物だけの食事をとる果食主義者。新種の育成に取り組み、毎年五万株もの交雑を試す育種家。富豪の息子に生まれ、紆余曲折の末、果物取材の第一人者となった果物探偵など。著者はハワイ、フロリダ、タイ、ボルネオ、バリ島を訪れ、みずからの足で彼らの足跡を追う。うがった見方をすれば、本書は〝アダム〟が禁断の木の実を探して、世界をさすらう旅といえなくもない。

その過程でいやおうなしに目に入るのが、熱帯地域の破壊と消失である。世界の植物の約三分の二にあたる十七万五千種が生育しているといわれ、生物多様性の宝庫である熱帯雨林が、単一栽培や商業伐採によっておそろしいスピードで消失し、それにともなって多くの貴重な動植物が失われていく。

ビジネスの世界へと目を転じれば、外国産の果物は病害虫の心配、あるいは政治的な思惑から輸入が禁じられているケースが少なくない。需要の高まりと供給の不足が、密輸業者の暗躍する余地を生みだしてきた。輸入が認められても、放射線照射、燻蒸、ガス消毒など、安全性への懸念は尽きない。農薬や添加物による健康への影響も心配である。低温輸送や貯蔵技術の発達で果物の日持ちはよくなったが、原産地のおいしい果物の大半は輸送に耐えられず、わたしたちの手もとには届かない。スーパーマーケットは周年を通して標準以下の定番果物でお茶をにごしている。

だがその一方で、果物への愛情と進取の気性に富んだ個人栽培家は、情熱を武器にあらたな市場を開拓しつつある。昔から伝わる優良品種（エアルーム）を再発見し、販路を開拓しようとする意欲的な小規模農家が続々とあらわれている。一流シェフがその果物をとりあげ、市場で新たなブームを呼び起こすという現象も興味深い。

本書には当然ながら数多くの果物が登場する。初めて耳にする果物も多いが、ウルトラ・エキゾチックと呼ばれる熱帯果実の描写はじつに魅力的で、ぜひ一度味わってみたいという気になる。そのひとつが、十章で大きく取りあげられるミラクルフルーツである。ミラクルフルーツとは西アフリカ原産の植物の果実で、ミラクリンというタンパク質を含んでいる。ミラクリンには酸味を甘みに変えるという不思議な性質があり、この性質をうまく利用すれば、生活習慣病やダイエットなどで糖分を制限されている人でも甘い味を楽しめるものと期待されている。

本書にも書かれているとおり、日本では現在ミラクリンの研究が精力的に行なわれている。ミラクルフルーツは熱帯原産であるために日本では栽培や大量生産がむずかしい。そこでミラクリンの遺伝子を取り出し、レタスやトマトに組みこんで安定した収量を上げることを目指した研究が、筑波大学の江面浩教授のもとで進められている。また、日本福祉大学の島村光治氏と台湾の森郁農業科技有限公司との共同研究によって、ミラクルフルーツのタブレットが開発された。

先日、そのミラクルフルーツを本書の担当編集者と試食した。ミラクルフルーツはオリーブとよく似た、二センチほどの大きさの赤い実である。口当たりはフリーズドライ品のせいか、パサパサしたサクランボのようで、ほのかに甘い。このミラクルフルーツを舌の上で転がすようにしながら口のなかに三分ほど含む。味覚がどのように変化するかを確かめるために、トマトジュース、酢、レモン、すだちといった酸味の強い食品をその前後に食べる。結論からいうと、酸っぱいものは確かに甘くなった。とりわけレモンとすだちは、柑橘類特有の爽快さに濃厚な甘みが加わり、極上のオレンジかグレープフルーツを食べているようだった。酢は甘くはなったものの、喉に感じる強い刺激は変わらずで、比較実験のために飲んだ青汁はまったく変化なし。食品の味を変えるのではなく、酸味があるものに限って甘味をプラスするというミラクリンの不思議な性質を、まざまざと実感することができた。

本書にはこのほか、植物に関するうんちくも多い。たとえば、植物が人間の声に反応すること（園芸好きの人はもしかしたら、植物とテレパシーを交わしているのかもしれない）。バナナの原種には小豆のような種がぎっしり詰まっていること。なかでも、インド洋のセーシェル諸島にだけ自生する、女性のお尻に酷似したオオミヤシの実には心底びっくりした。オオミヤシの謎に満ちた生態のほか、著者がゼリーのようなその果肉を現地で試食するまでの悪戦苦闘や、おみやげに購入したオオミヤシの殻を無事に税関を通すまでの顚末も合わせてお楽しみいただきたい。

果物に関係する古今東西の文学作品がおりに触れて紹介されているのも、本書の魅力のひとつであろう。シェイクスピア、ダンテはもとより、『オデュッセイア』や『アエネイス』といった西洋の古典、中国の楚辞、ケルトの古詩から、ジョイス、ベケット、ケルアック、ガルシア＝マルケスなど二十世紀の作家にいたるまで、国籍も時代も多様な作品が果物の世界に文学的な彩りを添えている。

今日、地球温暖化や森林の消失、生態系の乱れ、食の安全など、わたしたち人間の生活を根底からおびやかす環境や自然の問題が報じられない日はないといっても過言ではない。今年四月には、アマゾンの奥地で暮らすヤノママミ人の生活を克明に追ったドキュメンタリー番組が放映され、評判を呼んだ。森で生まれ森で死んでいく彼らの姿を目の当たりにして、人間も大自然の一部であるという思いを新たにした人も多かったのではないだろうか。そんなおり、果物を切り口に、植物と人間のかかわりを歴史的、文化的、社会的に概観した本書の出版は時宜を得たものだといえよう。さまざまな読みどころのある本書を、おいしく味わっていただければ幸いである。

本書の訳出にあたっては数多くの方々のお世話になった。著者アダム・リース・ゴウルナー氏には訳出上の疑問にいつも迅速丁寧にお答えいただいた。本書の植物に関連する箇所は、熱川バナナワニ園の清水秀男氏にご助言をいただいた。清水氏は同園で長年、熱帯植物の研究と栽培に取り組むかたわら、『熱帯植物 天国と地獄』（ＳＣＣ）を初めとする専門書、一般書を執筆されている。口絵の美しい写真は、ハワイのケン・ラヴ氏はじめ、著者とハルトムート・エーヴェルス氏からご提供いただいた。中国関連の知識については、今回も袁海氏にご教示いただいた。アンソニー・ヘクトの詩の解釈は、群馬大学の宮本文氏のご研究による。ドリアンを詠んだ一句は、俳人の立石萌木氏のご翻案である。その他、幅広い文献・資料の検索と収集に当たっては図書館に大変お世話になった。そして、白水社編集部の糟谷泰子さんには、本書を訳す機会を与えていただいたうえ、翻訳全般にわたってこまやかな気配りとご助言をいただいた。この場をお借りして厚くお礼申し上げたい。

二〇〇九年八月

立石光子

＊本文中の引用のうち、巻末の参考文献にないものは、左記の邦訳を使用あるいは参照させていただきました。ここに記して感謝いたします。（訳者記）

『神曲』ダンテ・アリギエーリ／寿岳文章訳　集英社
『神曲』ダンテ／山川丙三郎訳　岩波書店
『悪の華』シャルル・ボードレール／安藤元雄訳　集英社
『ベルト・ブレヒト』菊盛英夫著　白水社
『ハムレット』ウィリアム・シェイクスピア／小田島雄志訳　白水社
『エドワード・オールビー全集3』鳴海四郎訳　早川書房
『星投げびと――コスタベルの浜辺から』ローレン・アイズリー／千葉茂樹訳　工作舎
『世界文学全集11』ユリシーズⅡ　伊藤整、永松定訳　新潮社
『ロリータ』ウラジーミル・ナボコフ／若島正訳　新潮社
『侵略の生態学』チャールズ・S・エルトン／川那部浩哉、大沢秀行、安倍琢哉訳　思索社
『ミシェル・フーコー思考集成Ⅷ』蓮實重彦、渡辺守章監修　筑摩書房
『ウィリアム・カーロス・ウィリアムズ詩集』片桐ユズル、中山容訳　国文社
『アンドルー・マーヴェル詩集』星野徹編訳　思潮社
『マーヴェル詩集――英語詩全訳』吉村伸夫訳　山口書店
「マーヴェルの「庭」とカウリーの「庭」」茅原道昭著『流通経済大学論集一二六号』

『冬物語』ウィリアム・シェイクスピア／小田島雄志訳　白水社
『洞窟の女王』Ｈ・Ｒ・ハガード／大久保康雄訳　東京創元社
『タイムマシン』Ｈ・Ｇ・ウェルズ／雨沢泰訳　偕成社
『楽園の回復・闘技士サムソン』ジョン・ミルトン／新井明訳　大修館書店
『カンディード』ヴォルテール／吉村正一訳　岩波書店
『アンデルセン童話集２』大畑末吉訳　岩波書店
『青い犬の目』ガルシア＝マルケス／井上義一訳　福武書店
『定本　詩経訳注（下）楚辞訳注』目加田誠　龍渓書舎
『囁きの霊園』イーヴリン・ウォー／吉田誠一訳　早川書房
『ノヴム・オルガヌム』フランシス・ベーコン／桂寿一訳　岩波書店
『鏡の国のアリス』ルイス・キャロル／岡田忠軒訳　角川書店
『ヴェニスの商人』ウィリアム・シェイクスピア／小田島雄志訳　白水社
『コレット著作集11』ガブリエル・コレット／高木進訳　二見書房
『勝負の終わり／クラップの最後のテープ』サミュエル・ベケット／安堂信也、高橋康也訳　白水社
『澁澤龍彦全集19』河出書房新社
『ベル・ジャー』シルヴィア・プラス／青柳祐美子訳　河出書房新社
『ミソネタ大学編アメリカ文学作家シリーズ第三巻』日本アメリカ文学会　北星堂書店
『愛と孤独と――エミリ・ディキンソン詩集１』谷岡清男訳　ニューカレントインターナショナル

ビー・ウィルソン　高儀 進訳

食品偽装の歴史

歴史家でもある英国最高のフードライターが、偽装や混ぜ物、保存料やＤＮＡ問題など、食品をめぐる「暗黒の歴史」を博引旁証し、食品への安心・安全が揺らいでいる現代に警鐘を鳴らす。

ドン＆ペティ・クラドストラップ　平田紀之訳

シャンパン歴史物語

――その栄光と受難

ナポレオンをはじめ、シャンパンに関わる多くの著名な人物をめぐる逸話の数々と古代から現代にいたるシャンパーニュ地方の苦難にみちた歴史をたどる。世界一魅力的なワインの歴史。

ウィリアム・ブラック　北代美和子訳

極上のイタリア食材を求めて

ロンドン有名レストラン御用達のカリスマ買付け師と巡る、美食の王国イタリア。その多様な食の歴史にも迫る痛快エッセイ。白トリュフ、ズッキーニの花などを使った29の極上レシピ付。

ビル・ビュフォード　北代美和子訳

厨房の奇人たち

――熱血イタリアン修行記

全米一のイタリアン・シェフに弟子入りした元『ニューヨーカー』編集長が、鬼才マリオ・バタリの熱き厨房から学んだものとは？　『フーリガン戦記』以来、待望の体当たりノンフィクション！

訳者略歴
立石光子（たていし・みつこ）
一九八一年、大阪外国語大学英語科卒
翻訳家
主な訳書
ミルトン・ブレナー『傑作オペラはこうしてできた』
デボラ・モガー『チューリップ熱』（以上白水社）
ウェズリー・ステイス『ミスフォーチュン』（早川書房）
カール＝ヨーハン・ヴァルグレン『怪人エルキュールの数奇な愛の物語』（ランダムハウス講談社）ほか

フルーツ・ハンター
果物をめぐる冒険とビジネス

二〇〇九年 九 月一五日 印刷
二〇〇九年一〇月一〇日 発行

著 者 アダム・リース・ゴウルナー
訳 者 © 立 石 光 子
発行者 川 村 雅 之
印刷所 株式会社 理 想 社
発行所 株式会社 白 水 社
東京都千代田区神田小川町三の二四
電話 営業部〇三（三二九一）七八一一
編集部〇三（三二九一）七八二一
振替 〇〇一九〇-五-三三二二八
郵便番号 一〇一-〇〇五二
http://www.hakusuisha.co.jp
乱丁・落丁本は、送料小社負担にてお取り替えいたします。

松岳社 株式会社 青木製本所

ISBN978-4-560-08025-2

Printed in Japan

索引

あ行

か行

さ行

た行

な行

は行

ま行

や行

ら行

わ行

参考文献

Ackerman, Diane. A Natural History of the Senses. New York: Random House, 1990. ［ダイアン・アッカーマン『「感覚」の博物誌』岩崎徹・原田大介訳，河出書房新社，1996 年］

—. The Rarest of the Rare: Vanishing Animals, Timeless Words. New York: Random House, 1995. ［ダイアン・アッカーマン『消えゆくものたち──超稀少動物の生』葉月陽子・結城山和夫訳，筑摩書房，1999 年］

Anderson, Edgar. Plants, Man and Life. Boston: Little Brown & Co., 1952.

Ardrey, Robert. African Genesis: A Personal Investigation into the Animal Origins and Nature of Man. New York: Atheneum, 1961. ［ロバート・アードレイ『アフリカ創世記──殺戮と闘争の人類史』徳田喜三郎・森本佳樹・伊沢紘生訳，筑摩書房，1973 年］

Armstrong, Karen. In the Beginning: A New Interpretation of Genesis. New York: Alfred A. Knopf, 1996.［カレン・アームストロング『楽園を遠く離れて──「創世記」を読みなおす』高尾利数訳，柏書房，1997 年］

—. A Short History of Myth. Edinburgh: Canongate, 2005. ［カレン・アームストロング『神話がわたしたちに語ること』武舎るみ訳，角川書店，2005 年］

Asbury, Herbert. The French Quarter. New York: Garden City, 1938.

Atwood, Margaret. Negotiating with the Dead: A Writer on Writing. Cambridge, U.K.: Cambridge University Press, 2002.

Barlow, Connie. The Ghosts of Evolution: Nonsensical Fruits, Missing Partners, and Other Ecological Anachronisms. New York: Basic Books, 2000.

Barrie, James Matthew. Peter Pan: The Complete and Unabridged Text. New York: Viking Press, 1991. ［ジェームズ・マシュー・バリ『ピーター・パン』高杉一郎訳，講談社　他］

Beauman, Fran. The Pineapple: King of Fruits. London: Chatto & Windus, 2005.

Behr, Edward. The Artful Eater: A Gourmet Investigates the Ingredients of Great Food. Boston: Atlantic Monthly Press, 1992.

Borges, Jorge Luis. The Book of Imaginary Beings. London: Vintage, 1957. ［ホルヘ・ルイス・ボルヘス『幻獣辞典』柳瀬尚紀訳，晶文社，1998 年］

Brautigan, Richard. In Watermelon Sugar. New York: Dell, 1968. ［リチャード・ブローティガン『西瓜糖の日々』藤本和子訳，河出文庫，2003 年］

Bridges, Andrew. “Ex-FDA Chief Pleads Guilty in Stock Case.” Washington Post. October 17, 2006.

Brillat-Savarin, J. A., trans. and annotated by M. F. K. Fisher. The Physiology of Taste. New York: Alfred A. Knopf (1825), 1971. ［ブリア・サヴァラン『美味礼讃』関根秀雄訳，白水社，1996 年］

Broudy, Oliver. "Smuggler's Blues." www.salon.com. Posted January 14, 2006.
Browning, Frank. Apples: The Story of the Fruit of Temptation. New York: North Point Press, 1998.
Bunyard, E. A. The Anatomy of Dessert: with a Few Notes on Wine. London: Dulau, 1929.
Burdick, Alan. Out of Eden: An Odyssey of Ecological Invasion. New York: Farrar, Strauss & Giroux, 2005.
Burke, O. M. Among the Dervishes. New York: Dutton, 1975.
Burroughs, William S., and Ginsberg, Allen. The Yage Letters. San Francisco: City Lights, 1963. ［ウイリアム・バロウズ，アレン・ギンズバーク『麻薬書簡　再現版』山形浩生訳，河出文庫，2007 年］
Campbell, Joseph. The Hero with a Thousand Faces. Princeton, N. J.: Princeton University Press, 1968. ［ジョゼフ・キャンベル『千の顔をもつ英雄 上下』平田武靖・浅輪幸夫監訳，人文書院，1984 年］
Chatwin, Bruce. Utz. London: Jonathan Cape, 1988. ［ブルース・チャトウィン『ウッツ男爵――ある蒐集家の物語』池内紀訳，文芸春秋，1993 年］
Cooper, William C. In Search of the Golden Apple: Adventure in Citrus Science and Travel. New York: Vantage, 1981.
Coxe, William. A View of the Cultivation of Fruit Trees, and the Management of Orchards and Cider. Philadelphia: M. Carey 1817.
Cronquist, Arthur. The Evolution and Classification of Flowering Plants. Boston: Houghton Mifflin, 1968.
Cunningham, Isabel Shipley. Frank N. Meyer: Plant Hunter in Asia. Ames, Iowa: Iowa State University Press, 1984.
Dalby, Andrew. Dangerous Tastes: The Story of Spices. Berkeley: University of California Press, 2000. ［アンドリュー・ドルビー『スパイスの人類史』樋口幸子訳，原書房，2004 年］
Darwin, Charles. The Origin of Species. London: Murray, 1859.［チャールズ・ダーウィン『種の起原 上下』八杉龍一訳，岩波書店　他］
Daston, Lorraine, and Park, Katharine. Wonders and the Order of Nature, 1150-1750. New York: Zone Books / MIT Press, 1998.
Davidson, Alan. Fruit: A Connoisseur's Guide and Cookbook. London: Mitchell Beazley, 1991.
—. A Kipper with My Tea. London: Macmillan, 1988.
—. The Oxford Companion to Food. Oxford: Oxford University Press, 1999.
Davis, Wade. The Clouded Leopard: Travels to Landscapes of Spirit and Desire. Vancouver: Douglas & McIntyre, 1998.
De Bonnefons, Nicholas, trans. by Philocepos（John Evelyn）. The French Gardiner: Instructing on How to Cultivate All Sorts of Fruit Trees and Herbs for the Garden.

London: John Crooke, 1658.
De Candolle, Alphonse Pyrame. Origin of Cultivated Plants. London: Kegan Paul, Trench, Trübner & Company, 1884.
De Landa, Friar Diego. Yucatan Before and After the Conquest. New York: Dover, 1937.［ドゥ・カンドル『栽培植物の起原　上中下』加茂儀一訳, 岩波文庫, 1991 年］
Diamond, Jared. Guns, Germs, and Steel: The Fates of Human Societies. New York: Norton, 1997.［ジャレド・ダイアモンド『銃・病原菌・鉄――一万三〇〇〇年にわたる人類史の謎　上下』倉骨彰訳，草思社，2000 年］
Didion, Joan. "Holy Water," in The White Album. New York: Simon & Schuster, 1979.［ジョーン・ディディオン『60 年代の過ぎた朝：ジョーン・ディディオン』越智道雄訳，東京書籍，1996 年］
Downing, A. J. The Fruits and Fruit Trees of America. New York: Wiley and Putnam, 1847.
Duncan, David Ewing "The Pollution Within." National Geographic. October 2006.
Durette, Rejean. Fruit: The Ultimate Diet. Camp Verde, Ariz.: Fruitarian Vibes, 2004.
Eberhardt, Isabelle, trans. Paul Bowles. The Oblivion Seekers. San Francisco: City Lights, 1972.
Echikson, William. Noble Rot: A Bordeaux Wine Revolution. New York: Norton, 2004.［ウィリアム・エチクソン『スキャンダラスなボルドーワイン』立花峰夫訳，ヴィノテーク，2006 年］
Edmunds, Alan. Espalier Fruit Trees: Their History and Culture. 2nd ed. Rockton, Canada: Pomona Books, 1986.
Eggleston, William. The Democratic Forest. New York: Doubleday, 1989.
Eiseley, Loren. The Immense Journey. New York: Random House, 1957.
Eliade, Mircea. Patterns in Comparative Religion: A Study of the Element of the Sacred in the History of Religious Phenomena. Translated by R. Sheed. London: Sheed and Ward, 1958.［ミルチャ・エリアーデ『大地・農耕・女性――比較宗教類型論』堀一郎訳，未来社，1968 年］
—. The Sacred and the Profane: The Nature of Religion. Translated by W. Trask. London: Harcourt Brace Jovanovich, 1959.［ミルチャ・エリアーデ『聖と俗――宗教的なるものの本質について』風間敏夫訳，法政大学出版局，1969 年］
—. Myths, Dreams and Mysteries: The Encounter Between Contemporary Faiths and Archaic Realities. Translated by P. Mairet. London: Harvill Press, 1960.［ミルチャ・エリアーデ『神話と夢想と秘儀』岡三郎訳，国文社，1994 年］
—. Images and Symbols: Studies in Religious Symbolism. Translated by P. Mairet. London: Harvill Press, 1961.［ミルチャ・エリアーデ『イメージとシンボル』前田耕作訳，せりか書房，1971 年］
—. Myth and Reality. Translated by W. Trask. New York: Harper and Row, 1963.［ミルチャ・エリアーデ『エリアーデ著作集　第 7 巻　神話と現実』中村恭子訳，せ

りか書房，1973 年]
—. Shamanism: Archaic Techniques of Ecstasy Translated by W. Trask. London: Routledge and Kegan Paul, 1964.［ミルチア・エリアーデ『シャーマニズム　上下』堀一郎訳，ちくま学芸文庫，2004 年］
Epstein, Samuel S. The Politics of Cancer Revisited. New York: East Ridge Press, 1998.
Evans, L. T. Feeding the Ten Billion: Plants and Population Growth.Cambridge, U.K.: Cambridge University Press, 1998.［ロイド・エヴァンス『100 億人への食糧——人口増加と食糧生産の知恵』日向康吉訳，学会出版センター，2006 年］
Facciola, Stephen. Cornucopia II: A Source Book of Edible Plants. Vista, Calif.: Kampong, 1990.
Fairchild, David G. Exploring for Plants. New York: Macmillan, 1930.
—. The World Was My Garden. New York: Scribner, 1938.
—. Garden Islands of the Great East. New York: Scribner, 1943.
Fisher, M. F. K. Serve It Forth. New York: Harper, 1937.［M.F.K. フィッシャー『食の美学——さあ召しあがれ』本間千枝子・種田幸子訳，サントリー博物館文庫，1986 年］
Fishman, Ram. The Handbook for Fruit Explorers. Chapin, Ill.: North American Fruit Explorers, Inc., 1986.
Forsyth, Adrian, and Miyata, Ken. Tropical Nature: Life and Death in the Rain Forests of Central and South America. New York: Scribner, 1984.
Frazer, J. G. The Golden Bough（12 volumes）. London: Macmillan, 1913-1923.［J.G. フレイザー『金枝篇——呪術と宗教の研究　第 1 巻〜第 5 巻』神成利男訳，石塚正英監修，国書刊行会　他］
Freedman, Paul, ed. Food: The History of Taste. Berkeley: University of California Press, 2007.
Fromm, Erich. The Heart of Man: Its Genius for Good and Evil. New York: Harper, 1964.［エーリッヒ・フロム『悪について』鈴木重吉訳，紀伊国屋書店，1965 年］
The Fruit Gardener, publication of the California Rare Fruit Growers. 1969-present.
Frye, Northrop. Creation and Recreation. Toronto: University of Toronto Press, 1980.
Gide, André. Fruits of the Earth. London: Secker & Warburg, 1962.［アンドレ・ジイド『地の糧・ひと様々』今日出海訳，白水社，1936 年］
Graves, Robert, and Patai, Raphael. Hebrew Myths: The Book of Genesis. New York: Doubleday, 1964.
Grescoe, Taras. The Devil's Picnic: Around the World in Pursuit of Forbidden Fruit. New York: Bloomsbury, 2005.［タラス・グレスコー『悪魔のピクニック——世界中の「禁断の果実」を食べ歩く』仁木めぐみ訳，早川書房，2006 年］
Guterson, David. "The Kingdom of Apples: Picking the Fruit of Immortality in Washington's Laden Orchards." Harper's. October 1999.
Healey, B. J. The Plant Hunters. New York: Scribner, 1975.

Hedrick, U. P. The collected works.
Heintzman, Andrew, and Solomon, Evan, eds. Feeding the Future: From Fat to Famine, How to Solve the World's Food Crises. Toronto: Anansi, 2004.
Heiser, Charles. Seed to Civilization: The Story of Man's Food. San Francisco: W. H. Freeman, 1973. ［C.B. ハイザー Jr.『食物文明論——食料は文明の礎え』岸本妙子・岸本裕一共訳，三嶺書房，1989 年］
—. Of Plants and People. Norman, Okla.: University of Oklahoma Press, 1992.
Hennig, Jean-Luc. Dictionnaire Litteraire et Erotique des Fruits et Legumes. Paris: Albin Michel, 1998. ［ジャン＝リュック・エニグ『「事典」果物と野菜の文化誌——文学とエロティシズム』小林茂他共訳，大修館書店，1999 年］
Hopkins, Jerry. Extreme Cuisine. Singapore: Periplus, 2004.
Hubbell, Sue. Shrinking the Cat: Genetic Engineering Before We Knew About Genes. Boston: Houghton Mifflin, 2001. ［スー・ハベル『猫が小さくなった理由』矢沢聖子訳，東京書籍，2003 年］
Huysmans, J. K. Against Nature. New York: Penguin, 1986. ［J.K. ユイスマンス『さかしま』澁澤龍彦訳，河出文庫，2002 年］
Jackson, Ian. The uncollected works.
James, William. The Varieties of Religious Experience: A Study in Human Nature. New York: Modern Library, 1902. ［W. ジェイムズ『宗教的経験の諸相 上下』桝田啓三郎訳，岩波文庫，1969/70 年］
Janson, H. Frederic. Pomona's Harvest. Portland, Ore.: Timber Press, 1996.
Karp, David. The collected works.
Kennedy, Gordon, ed. Children of the Sun. Ojai, Calif.: Nivaria Press, 1998.
Kennedy, Robert F., Jr. "Texas Chainsaw Management." Vanity Fair. May 2007.
Koeppel, Dan. "Can This Fruit Be Saved?" Popular Science. June 2005.
Levenstein, Harvey. A Revolution at the Table: The Transformation of the American Diet. Oxford: Oxford University Press, 1988.
Lévi-Strauss, Claude. Tristes Tropiques. New York: Athenium, 1971. ［レヴィ＝ストロース『悲しき熱帯 1, 2』川田順造訳，中公クラシックス，2001 年］
McIntosh, Elaine N. American Food Habits in Historical Perspective. Westport, Conn.: Praeger Press, 1995.
Nabhan, Gary Paul. Gathering the Desert. Tucson, Ariz.: University of Arizona Press, 1985.
Manning, Richard. Food's Frontier: The Next Green Revolution. New York: North Point Press, 2000.
—. Against the Grain: How Agriculture Has Hijacked Civilization. New York: North Point Press, 2004.
—. "The Oil We Eat." Harper's. February 2004.
Mason, Laura. Sugar Plums and Sherbet: The Prehistory of Sweets. Totnes, Devon:

Prospect Books, 1998.
Matt, Daniel C. The Zohar: Pritzker Edition. Palo Alto, Calif : Stanford University Press, 2004.
McGee, Harold. On Food and Cooking: The Science and Lore of the Kitchen. New York: Scribner, 1984.［ハロルド・マギー『キッチンサイエンス──食材から食卓まで』香西みどり監訳，北山薫・北山雅彦訳，共立出版，2008 年］
McKenna, Terence. Food of the Gods, The Search for the Original Tree of Knowledge. New York: Bantam, 1992.［テレンス・マッケナ『神々の糧──太古の知恵の木を求めて：植物とドラッグ、そして人間進化の歴史再考』小山田義文・中村功訳，第三書館，2003 年］
McPhee, John. Oranges. New York: Farrar, Strauss & Giroux, 1966.
—. Encounters with the Archdruid. New York: Farrar, Strauss & Giroux, 1971.［ジョン・マクフィー『森からの使者』竹内和世訳，東京書籍，1993 年］
Mintz, Sidney W. Sweetness and Power: The Place of Sugar in Modern History. New York: Viking, 1986.［シドニー・W. ミンツ『甘さと権力──砂糖が語る近代史』川北稔・和田光弘訳，平凡社，1988 年］
Mitchell, Joseph. Joe Gould's Secret. New York: Viking, 1965.
—. Up in the Old Hotel and Other Stories. New York: Pantheon, 1992.
Morton, Julia F. Fruits of Warm Climates. Miami: Florida Flair Books, 1987.
Musgrave, Toby et al. The Plant Hunters: Two Hundred Years of Adventure and Discovery Around the World. London: Ward Lock, 1998.
Nabokov, Vladimir. Speak, Memory. New York: GP Putnam and Sons, 1966.［ウラジーミル・ナボコフ『ナボコフ自伝──記憶よ、語れ』大津栄一郎訳，晶文社，1979 年］
Nestle, Marion. What to Eat. New York: North Point Press, 2006.
O'Hanlon, Redmond. Into the Heart of Borneo. New York: Random House, 1984.［レドモンド・オハンロン『ボルネオの奥地へ』白根美保子訳，めるくまーる，1990 年］
Pagels, Elaine. Adam, Eve and the Serpent: Sex and Politics in Early Christianity. New York: Vintage Books, 1989.［エレーヌ・ペイゲルス『アダムとエバと蛇──「楽園神話」解釈の変遷』絹川久子・出村みや子訳，ヨルダン社，1999 年］
Palter, Robert. The Duchess of Malfi's Apricots, and Other Literary Fruits. Columbia, S.C.: University of South Carolina Press, 2002.
Partridge, Burgo. A History of Orgies. New York: Bonanza, 1960.
Piper, Jacqueline. Fruits of South-East Asia: Facts and Folklore. Singapore: Oxford University Press, 1989.
Pollan, Michael. The Botany of Desire: A Plant's-Eye View of the World. New York: Random House, 2001.［マイケル・ポーラン『欲望の植物誌──人をあやつる 4 つの植物』西田佐知子訳，八坂書房，2003 年］
Popenoe, Wilson. Manual of Tropical and Subtropical Fruits. New York: Hafner Press, 1974.

Quinn, P. T. Pear Culture for Profit. New York: Orange Judd, 1869.
Raeburn, Paul. The Last Harvest: The Genetic Gamble That Threatens to Destroy American Agriculture. New York: Simon & Schuster, 1995.
Reaman, G. Elmore. A History of Agriculture in Ontario. Toronto: Saunders, 1970.
Reich, Lee. Uncommon Fruits for Every Garden. Portland, Ore.: Timber Press, 2004.
Roberts, Jonathan. The Origins of Fruits and Vegetables. New York: Universe, 2001.
Roe, Edward Payson. Success with Small Fruits. New York: Dodd, Mead, 1881.
Roheim, Geza. The Eternal Ones of the Dream: A Psychoanalytic Interpretation of Australian Myth and Ritual. New York: International Universities Press, 1945.
Root, Waverly, and de Rochemont, Richard. Food: An Authoritative and Visual History and Dictionary of the Foods of the World. New York: Simon & Schuster, 1981.
Rossetti, Christina. Goblin Market. London: Macmillan, 1875. ［クリスチナ・ロセッティ「妖魔の市」『ヴィクトリア朝妖精物語』所収，風間賢二編，筑摩文庫，1990 年］
Sarna, Nahum M. Understanding Genesis: The World of the Bible in the Light of History. New York: Schocken Books, 1972.
Schafer, Edward H. The Golden Peaches of Samarkand: A Study of T'ang Exotics. Berkeley, Calif.: University of California Press, 1963. ［エドワード・H. シェーファー『サマルカンドの金の桃――唐代の異国文物の研究』伊原弘監修，吉田真弓訳，勉誠出版，2007 年］
Schivelbusch, Wolfgang. Tastes of Paradise: A Social History of Spices, Stimulants, and Intoxicants. New York: Pantheon, 1992.
Schlosser, Eric. "In The Strawberry Fields." The Atlantic Monthly, November 1995.
—. Fast Food Nation. Boston: Houghton Mifflin, 2001. ［エリック・シュローサー『ファストフードが世界を食いつくす』楡井浩一訳，草思社，2001 年］
Schneider, Elizabeth. Uncommon Fruits & Vegetables: A Commonsense Guide. New York: Harper & Row, 1986.
Seabrook, John. "The Fruit Detective." The New Yorker, August 19, 2002.
—. "Renaissance Pears." The New Yorker, September 5, 2005.
—. "Sowing for Apocalypse." The New Yorker, August 27, 2007.
Shephard, Sue. Pickled, Potted, and Canned: How the Art and Science of Food Preserving Changed the World. New York: Simon & Schuster, 2001. ［スー・シェパード『保存食品開発物語』赤根洋子訳，文春文庫，2001 年］
Silva, Silvestre, with Tassara, Helena. Fruit Brazil Fruit. São Paulo, Brazil: Empresa das Artes, 2001.
Soulard, Jean. 400 Years of Gastronomic History in Quebec City. Verdun, Canada: Communiplex, 2007.
Steingarten, Jeffrey. "Ripeness Is All," in The Man Who Ate Everything. New York:

Alfred A. Knopf, 2002.［ジェフリー・スタインガーテン『すべてを食べつくした男』柴田京子訳，文春文庫，2005 年］
Thoreau, Henry David. Wild Fruits. New York: Norton, 2000.［ヘンリー・デイヴィッド・ソロー『野生の果実――ソロー・ニュー・ミレニアム』伊藤詔子，城戸光世訳，松柏社，2002 年］
Tinggal, Serudin bin Datu Setiawan Haji. Brunei Darussalam Fruits in Colour Brunei: Universiti Brunei Darussalam, 1992.
Tompkins, Peter, and Bird, Christopher. The Secret Life of Plants. New York: Harper & Row, 1975.［ピーター・トムプキンズ , クリストファー・バード『植物の神秘生活――緑の賢者たちの新しい博物誌』新井昭広訳，工作舎，1987 年］
Tompkins, Ptolemy. Paradise Fever. New York: Avon Books, 1998.
Tripp, Nathaniel. "The Miracle Berry." Horticulture, January 1985.
Visser, Margaret. Rituals of Dinner. New York: Penguin, 1993.
—. Much Depends on Dinner. New York: Collier Books, 1986.
Warner, Melanie. "The Lowdown on Sweet?" New York Times. February 12, 2006.
Weisman, Alan. The World Without Us. New York: St. Martin's Press, 2007.［アラン・ワイズマン『人類が消えた世界』鬼澤忍訳，ハヤカワ・ノンフィクション文庫，2009 年］
Welch, Galbraith. The Unveiling of Timbuctoo. London: Victor Gollancz, 1938.
Whiteaker, Stafford. The Compleat Strawberry. London: Century, 1985.
Whitman, William F. Five Decades with Tropical Fruit. Miami, Fla.: Fairchild Tropical Garden, 2001.
Whitney, Anna. "'Fruitarian' Parents of Dead Baby Escape Jail." The Independent. September 15, 2001.
Whittle, Tyler. The Plant Hunters: 3,450 Years of Searching for Green Treasure. London: William Heinemann, 1970.［タイラー・ホイットル『プラント・ハンター物語――植物を世界に求めて』白幡洋三郎・白幡節子訳，八坂書房，1983 年］
Whynott, Douglas. Following the Bloom: Across America with the Migratory Beekeepers. Harrisburg, Pa.: Stackpole, 1991.
Wilde, Oscar. "The Decay of Lying: A Dialogue." The Nineteenth Century, January 1889.
Wilson, Edward O. Biophilia: The Human Bond with Other Species. Cambridge, Mass.: Harvard University Press, 1984.［エドワード・O. ウィルソン『バイオフィリア――人間と生物の絆』狩野秀之訳，ちくま学芸文庫，2008 年］
—, ed. The Downright Epicure: Essays on Edward Bunyard. Totnes, Devon: Prospect Books, 2007.